中国法评注与适用丛书·社会法系列
总主编 林 嘉

劳动合同法条文评注与适用

主 编 林嘉
撰稿人 （以撰写章节先后为序）
范 围 杨 飞 单国军
邓 娟 林海权 魏 丽
田 野 王 稳 王立明

中国人民大学出版社

序

近年来，构建社会主义和谐社会已成为我国社会发展的主旋律。2006年《中共中央关于构建社会主义和谐社会若干重大问题的决定》明确提出了构建社会主义和谐社会的总目标。从本质上说，和谐社会是法治社会。社会法与和谐社会的建设有着高度的契合性。和谐社会的构建，需要解决人民群众最关心、最直接、最现实的利益问题，而社会法产生和发展的最大动因就是现实存在的各种社会问题，为了解决这些社会问题，需要制定大量的社会立法、通过法律调整手段予以规范。此外，社会法与和谐社会在价值追求上也具有一致性，两者都是以社会公平正义作为其价值目标和价值判断。社会法作为规范和解决社会问题的基本法律，在和谐社会构建中具有重要的作用。

在目前我国法制化进程中，社会立法已驶入了快车道，当前及未来几年都将是我国的社会立法年。本届全国人大常委会的立法计划就突出了社会立法，2007年吴邦国委员长在其工作报告中强调要"着力加强社会领域立法，为构建社会主义和谐社会提供有力的法律保障"。2007年6月29日十届全国人大常委会第二十八次会议通过了《中华人民共和国劳动合同法》，这是继《劳动法》之后又一部调整劳动关系的重要法律，其颁布和实施对保护劳动者的合法权益、发展稳定和谐的劳动关系将起到重要的作用。此外，《就业促进法》、《劳动争议调解仲裁法》、《社会保险法》等法律也进入了全国人大审议、制定或起草阶段，这些法律将在未来几年内陆续颁布，并成为影响我们生活的重要法律，真正发挥社会法对于构建和谐社会的功能。

作为一名从事社会法学研究的学者，我为自己能亲历社会立法的繁荣盛世而倍感幸运。应中国人民大学出版社之邀，我主编了这套"中国法评注与适用丛书·社会法系列"，希望本套丛书能为繁荣我国的社会法学研究和推动社会法的发展尽一点绵薄之力。

本册为《劳动合同法条文评注与适用》，主要是针对《劳动合同法》各个条文的学理解释，每个条文基本都包括了［相关法条］、［草案相关条文比较］、［法条评析］以及［理解与适用］等项内容，其中［相关法条]主要是从现行的法律、行政法规以及部门规章等规范性文件中甄选的与劳动合同法法条相关的规定；[草案相关条文比较]主要是将立法过程中审议的四个草案的相关条文的变化进行比对，概括提炼立法过程中的争议焦点；[法条评析]是根据法律条文的重点、难点和关键点进行的针对性的学理解析；[理解与适用]则是结合实践，突出分析条文在实践中存在的理论争议或者适用陷阱进行的具体分析，增强本书的实用性。

参与本书编写的有高校的教授、资深法官以及中国人民大学劳动法和社会保障法博士研究生。具体的编写安排为（以撰写章节先后为序）：

范围：第一章、第五章第一节、第三节、第七章（第89～95条）、第八章；

杨飞：第二章；

单国军：第二章（第26、27、28条）；

邓娟：第三章；

林海权：第四章；

魏丽：第四章（第49、50条）；

田野：第五章第二节；

王稳：第六章；

王立明：第七章（第80～88条）。

全书由林嘉主编和审定。

由于水平有限，加之时间紧迫，编写工作难免存在不足和错误，希望各位读者批评指正。

林嘉

2007 年 7 月

contents 目录

目录

第一章 总 则

第一条 （立法宗旨）

为了完善劳动合同制度，明确劳动合同双方当事人的权利和义务，保护劳动者的合法权益，构建和发展和谐稳定的劳动关系，制定本法。

【相关法条】

《劳动法》

第一条 为了保护劳动者的合法权益，调整劳动关系，建立和维护适应社会主义市场经济的劳动制度，促进经济发展和社会进步，根据宪法，制定本法。

【草案相关条文比较】

关于立法宗旨的规定，在劳动合同立法过程中争议较大，具体的条文在草案中也是几经变更，送审稿第 1 条规定："为了调整劳动关系、规范劳动合同，维护当事人的合法权益，促进经济社会的协调发展，制定本法。"征求意见稿第 1 条规定："为了规范用人单位与劳动者订立和履行劳动合同的行为，保护劳动者的合法权益，促进劳动关系和谐稳定，根据《中华人民共和国劳动法》，制定本法。"二审稿第 1 条规定："为了规范用人单位与劳动者订立、履行、变更、解除和终止劳动合同的行为，构建和发展和谐稳定的劳动关系，保护劳动者的合法权益，根据劳动法，制定本法。"三审稿第 1 条规定："为了完善劳动合同制度，构建和发展和谐稳定的劳动关系，保护劳动者的合法权益，制定本法。"本条规定与四审稿的规定相同。

本条在立法过程中的变化体现了大家的争议焦点：（1）《劳动合同法》的立法宗旨是什么？是倾斜保护劳动者利益还是平等保护双方当事

人的利益？（2）《劳动合同法》的立法依据是否需要明确规定在条文中？

【法条评析】

一、劳动合同法的立法依据

与相关法条比较，该条规定没有明确"根据宪法或《中华人民共和国劳动法》，制定本法"，但是，这并不表明劳动合同立法能够超越宪法和《劳动法》的约束，违反宪法和劳动法的规定。

（一）根据宪法制定本法，是宪法效力的根本性的应有之义

宪法是国家的根本大法，规定最根本的内容，具有最高效力，其他法律规范都必须遵守宪法的规定，不得与宪法相违背。"法律规范的产生、内容、变更、效力等特征都必须以宪法规范的存在为前提，从逻辑上看，没有宪法规范，就不可能有法律规范的存在，或者是说没有宪法规范的存在就不可能产生除了宪法规范之外的普通的法律规范。"[1]

（二）劳动法与劳动合同法具有一般法和特别法的关系

《劳动合同法》征求意见稿和二审稿都明确规定了，根据劳动法制定本法，而本条没有相关的规定。在劳动法律体系中，劳动法与劳动合同法之间是一般法与特别法的关系，劳动法的基本原则和制度规定对于劳动合同法关系的制定和适用具有重要的指导作用，一般法具有补充特别法适用的特点，特别法没有规定的适用一般法。在征求意见过程中，有人提出，1994年的《劳动法》对劳动关系做了全面系统的规范，规定的都是基本制度和基本原则，应当承认劳动法是规范劳动关系的基本法，是建立劳动法律体系的基础和依据，是保证劳动法律制度统一的重要保障。是否以劳动法为依据制定劳动合同法，将会影响劳动合同法立法的走向，会影响劳动合同法的制度设计，最终影响劳动者利益的保护，影响到劳动关系的和谐稳定。[2]

二、立法宗旨一——完善劳动合同制度，明确劳动合同双方当事人的权利和义务

劳动合同是建立劳动关系的重要基础，是明确当事人双方权利义务

---

[1] 许崇德主编：《宪法》，28页，北京，中国人民大学出版社，1999。

[2] 参见全国人大常务委员会法制工作委员会行政法室编：《劳动合同法（草案）参考》，47页，北京，中国民主法制出版社，2006。

的重要依据。在劳动合同法立法过程中，关于立法宗旨在学界一直存在"单保护"与"双保护"的争论，在四审稿和最终的通过稿中，加入了"明确双方当事人的权利和义务"的表述，这是立法者对于"双保护"意见的在法律文本上的一种反馈，但是该规定从根本上是突出了劳动合同的功能，因为，劳动合同的本质就是当事人双方协商一致的结果，其内容就是双方的权利义务。

三、立法宗旨二——倾斜保护劳动者

关于劳动合同法的立法目的的争论一直贯穿于整个立法过程，《劳动合同法》送审稿规定为"维护当事人的合法权益"，而在此后的征求意见稿和二审稿中都明确规定为"保护劳动者的合法权益"，因此，理论界出现了"侧重保护劳动者"和"平等保护当事人双方"之争。

有学者认为：应当坚持劳动法所确立的倾斜保护劳动者利益的宗旨，认为劳动法作为社会法应该倾斜保护作为弱势方的劳动者的利益，而双保护中体现的民法的理念，其前提是双方当事人的地位平等。[①]

有人则认为：单保护原则过分强化对于劳动者的保护，不利于企业的经营，会削弱国家的竞争力，因此，应该要确定保护当事人双方的合法利益的立法宗旨。[②]

本条突出了"保护劳动者的合法权益"，在立法上确立了侧重保护劳动者的宗旨。因为，从劳动法的社会法属性来看，倾斜保护劳动者的利益是其本职之所在；工业化进程中，劳动者的辛酸历史促使劳动法的产生和发展，劳动法从产生之日就是劳动者利益的保护法。此外，从劳动法律体系的角度来看，劳动法确立了单保护的宗旨，应该在劳动合同立法中予以维持。

我们需要注意的是，"侧重保护劳动者"与"平等保护当事人双方利益"的观点并无本质上的矛盾，"侧重保护劳动者"说并不意味着只保护劳动者的合法权益，而不保护或者排斥用人单位的合法权益。"平等保护当事人双方"是在对劳动者和用人单位双方合法利益保护的基础上，对劳动者

---

① 参见林嘉：《劳动合同法：突出保护劳动者是对不平等的矫正》，载《工人日报》，2007-05-21；王全兴：《浅议我国劳动合同立法的基本取向》，载《中国劳动保障报》，2005-10-16；常凯：《关于〈劳动合同立法〉的几个基本理论问题》，载《当代法学》，2006 (6)。

② 参见张喜亮：《〈劳动合同法（草案）〉十大问题探悉及立法建议》，载《中国人力资源开发》，2006 (4)；《中国企联雇主部分析〈劳动合同法〉立法》，载中企联合网，http://www.cec-ceda.org.cn/news/? id=946。

给予一定程度的倾斜保护，并不忽视对用人单位的合法权益的保护，不会导致劳动合同双方主体的权利失衡。① 此外，从劳动者和用人单位双方的关系角度来看，现代劳动法已经实现了二者从"斗争"向"合作"的转变，保护劳动者利益既是目的也是手段，其终极目标是"构建和发展和谐稳定的劳动关系"，其中当然也包括用人单位的利益实现。对于条文中增加的"明确劳动合同双方当事人的权利和义务"，全国人大常委会法工委行政法室一位负责人解释说："这实际上是一个指导思想性的修改，用人单位和劳动者之间的劳动关系和谐稳定了，双方的合法权益必然就受到了保护。"② 全国总工会书记处书记、纪检组组长张鸣起认为，因为《劳动法》作为社会法，在立法宗旨当中明确规定出来要保护弱者，这次《劳动合同法》承袭了劳动法的规定，除了规定合同双方主体的权利义务之外，更侧重于提出保护劳动者的合法权益，但这不会对企业利益产生不利影响。③

【理解与适用】

劳动合同法的立法宗旨是一个纲领性问题，其不仅关系到劳动合同法的基本定位、劳动合同法的具体制度设计问题，而且也关系到劳动合同法作为一个子法与劳动法律体系的协调和衔接问题。④ 而在劳动法司法实践中，立法宗旨的作用主要体现为以下几个方面：

一、可以弥补劳动合同立法空白

立法总是滞后于法律实践，并且由于立法者自身的局限性，使得任何立法难谓完美，劳动合同法也不例外。对于日新月异的劳动法实践，劳动合同法可能在适用中出现制度性空白，而法院则不能以法律没有规定为由拒绝司法裁判，因此，针对立法空白，法院可以在司法实践中援引相应的法律原则以及立法宗旨来进行裁判。

二、确立法官释法的基本方向

由于法律语言的模糊性，会使得具体法律条文在适用中存在理解争

---

① ④ 参见林嘉：《劳动合同法：突出保护劳动者是对不平等的矫正》，载《工人日报》，2007-05-21。

② 程刚、崔丽：《劳动合同法对用人单位权益作出有限让步》，载新浪网，http://news.sina.com.cn/c/l/2007-06-30/040913342948.shtml。

③ 参见常红、雷阳：《全国总工会：劳动合同法未过分倾向劳动者利益》，载央视国际网站，http://news.cctv.com/society/20070703/100114.shtml。

议，所以，需要法官在司法裁判过程中对相应的法律条文进行解释选择，而在劳动合同法的司法裁断中，法官对于某个争议条文的解释选择的基本方向应该是维护劳动者的合法权益，突出体现劳动合同法"侧重保护劳动者利益"的立法宗旨。

第二条 （适用范围）

中华人民共和国境内的企业、个体经济组织、民办非企业单位等组织（以下称用人单位）与劳动者建立劳动关系，订立、履行、变更、解除或者终止劳动合同，适用本法。

国家机关、事业单位、社会团体和与其建立劳动关系的劳动者，订立、履行、变更、解除或者终止劳动合同，依照本法执行。

【相关法条】

《劳动法》

第二条 在中华人民共和国境内的企业、个体经济组织（以下统称用人单位）和与之形成劳动关系的劳动者，适用本法。

国家机关、事业组织、社会团体和与之建立劳动合同关系的劳动者，依照本法执行。

劳动部《关于贯彻执行〈中华人民共和国劳动法〉若干问题的意见》（劳部发〔1995〕309号）

1. 劳动法第二条中的"个体经济组织"是指一般雇工在七人以下的个体工商户。

2. 中国境内的企业、个体经济组织与劳动者之间，只要形成劳动关系，即劳动者事实上已成为企业、个体经济组织的成员，并为其提供有偿劳动，适用劳动法。

3. 国家机关、事业组织、社会团体实行劳动合同制度的以及按规定应实行劳动合同制度的工勤人员；实行企业化管理的事业组织的人员；其他通过劳动合同与国家机关、事业组织、社会团体建立劳动关系的劳动者，适用劳动法。

4. 公务员和比照实行公务员制度的事业组织和社会团体的工作人员，以及农村劳动者（乡镇企业职工和进城务工、经商的农民除外）、现役军人和家庭保姆等不适用劳动法。

5. 中国境内的企业、个体经济组织在劳动法中被称为用人单位。国家机关、事业组织、社会团体和与之建立劳动合同关系的劳动者依照劳动法执行。根据劳动法的这一规定，国家机关、事业组织、社会团体应当视为用人单位。

劳动部《关于〈中华人民共和国劳动法〉若干条文的说明》（劳办发 [1994] 289 号）

第二条 在中华人民共和国境内的企业、个体经济组织（以下统称用人单位）和与之形成劳动关系的劳动者，适用本法。

国家机关、事业组织、社会团体和与之建立劳动合同关系的劳动者，依照本法执行。

本条第一款中的"企业"是指从事产品生产、流通或服务性活动等实行独立经济核算的经济单位，包括各种所有制类型的企业，如工厂、农场、公司等。

本条第二款所指劳动法对劳动者的适用范围，包括三个方面：（1）国家机关、事业组织、社会团体的工勤人员；（2）实行企业化管理的事业组织的非工勤人员；（3）其他通过劳动合同（包括聘用合同）与国家机关、事业单位、社会团体建立劳动关系的劳动者。

本法的适用范围排除了公务员和比照实行公务员制度的事业组织和社会团体的工作人员，以及农业劳动者、现役军人和家庭保姆等。

《北京市劳动合同规定》

第二条 本市行政区域内的企业、个体工商户及民办非企业单位（以下统称为用人单位）与劳动者建立劳动关系，应当依据本规定订立劳动合同。

国家机关、事业单位、社会团体与劳动者建立劳动合同关系，依照本规定执行。

【草案相关条文比较】

本条是关于劳动合同法的适用范围的规定，四次审议稿条文变化主要体现在该条第 2 款。

征求意见稿第 2 条第 2 款规定："国家机关、事业单位、社会团体和与其建立劳动合同关系的劳动者，依照本法执行。"并且其第 3 条明确定义了劳动关系和劳动合同:"本法所称劳动关系,是指用人单位招用劳动者为其成员,劳动者在用人单位的管理下提供有报酬的劳动而产生的权利义务关系。本法所称劳动合同,是指劳动者与用人单位确立劳动关系、明确双方权利和义务的协议。"在征求意见过程中,多数意见认为,实行聘用制的事业单位与劳动者订立的聘用合同也体现了双方的劳动关系。目前除公务员和参照公务员法管理的工作人员之外,事业单位中签订聘用合同的人员由于行政管理部门权限划分的原因,不适用劳动法的规定,发生争议时无法可依,不利于保护这部分劳动者的合法权益,因此建议将这类劳动合同纳入本法适用范围。① 二审稿第 2 款规定:"除公务员和参照公务员法管理的工作人员外,国家机关、事业单位、社会团体与劳动者建立劳动关系的,其劳动合同的订立、履行、变更、解除和终止,依照本法执行。"三审稿的表述与二审稿相类似。四审稿第 2 条第 2 款规定:"国家机关、事业单位、社会团体和与其建立劳动关系的劳动者,订立、履行、变更、解除或者终止劳动合同,依照本法执行。"

从以上条文的变化,以及结合《劳动合同法》第 96 条的规定,可以看出立法争议主要为:(1)劳动合同法的适用范围中,事业单位适用劳动合同法的具体规定是否应该根据事业单位的不同类型进行区别对待,即是坚持"人事—劳动双轨制"还是完全适用劳动合同制度?(2)第 2 款的变化还体现为自二审稿开始用"劳动关系"替代了"劳动合同关系"的表述。根据立法者在《三审稿的草案说明》中的阐释,草案二审稿第 7 条中规定,用人单位自用工之日起即与劳动者建立劳动关系。建立劳动关系应当订立书面劳动合同;第 16 条中规定,劳动合同经用人单位与劳动者签字或者盖章生效。有些意见认为,按照草案规定,订立书面劳动合同有三种情况:一是在建立劳动关系的同时订立,二是在建立劳动关系后一个月内订立,三是在用工前订立。本法应针对以上不同情况,对建立劳动关系与订立劳动合同的关系进一步予以明确,以防止产生纠纷。

---

① 参见全国人大法律委员会:《关于〈中华人民共和国劳动合同法(草案)修改情况的汇报〉》(二次审议稿)。

【法条评析】

本条是关于劳动合同法适用范围的规定，即哪些主体是劳动法上的用人单位和劳动者。

一、第 1 款从正面规定了哪些属于用人单位的范畴

本条第 1 款规定："中华人民共和国境内的企业、个体经济组织、民办非企业单位（以下称用人单位）与劳动者建立劳动关系，订立、履行、变更、解除或者终止劳动合同，适用本法。"

（一）企业

企业是经营性的从事生产、流通或服务的某种主体；作为概括的资产或者资本和人员集合之经营体，企业也可以作为交易的客体。[①] 主要包括：

1. 企业法人

企业法人是指具有独立的财产，有健全的组织机构、组织章程和固定场所，能够独立承担民事责任、依法经核准登记的享有民事权利和承担民事义务的经济组织。根据《中华人民共和国企业法人登记管理条例施行细则》（2000 年修订）第 2 条的规定，企业法人应该包括全民所有制企业、集体所有制企业、联营企业、在中国境内设立的外商投资企业（包括中外合资经营企业、中外合作经营企业、外资企业）和其他企业。《公司法》第 2 条规定："本法所称公司是指依照本法在中国境内设立的有限责任公司和股份有限公司。"《公司法》第 3 条第 1 款规定："公司是企业法人，有独立的法人财产，享有法人财产权。公司以其全部财产对公司的债务承担责任。"因此，具有法人资格的有限责任公司和股份有限公司可以成为用人单位。

2. 合伙企业

《合伙企业法》第 2 条规定："本法所称合伙企业，是指自然人、法人和其他组织依照本法在中国境内设立的普通合伙企业和有限合伙企业。普通合伙企业由普通合伙人组成，合伙人对合伙企业债务承担无限连带责任。本法对普通合伙人承担责任的形式有特别规定的，从其规定。有限合伙企业由普通合伙人和有限合伙人组成，普通合伙人对合伙企业债务承担无限连带责任，有限合伙人以其认缴的出资额为限对合伙

[①]　参见史际春等：《企业和公司法》，2 页，北京，中国人民大学出版社，2001。

企业债务承担责任。"

3. 个人独资企业

《个人独资企业法》第 2 条规定："本法所称个人独资企业，是指依照本法在中国境内设立，由一个自然人投资，财产为投资人个人所有，投资人以其个人财产对企业债务承担无限责任的经营实体。"

（二）个体经济组织

根据劳动部《关于贯彻执行〈中华人民共和国劳动法〉若干问题的意见》第 1 条的规定，"个体经济组织"是指个体工商户。《民法通则》第 26 条规定："公民在法律允许的范围内，依法经核准登记，从事工商业经营的，为个体工商户。个体工商户可以起字号。"因此，个体工商户具有劳动法用人单位的主体资格。

前述劳动部《关于贯彻执行〈中华人民共和国劳动法〉若干问题的意见》还明确个体经济组织为"雇工在七人以下的个体工商户"。这是根据国务院 1987 年颁布的《城乡个体工商户管理暂行条例》第 4 条规定确立的，该规定为："个体工商户，可以个人经营，也可以家庭经营。个人经营的，以个人全部财产承担民事责任；家庭经营的，以家庭全部财产承担民事责任。个体工商户可以根据经营情况请一、二个帮手；有技术的个体工商户可以带三、五个学徒。"尽管相关规范依然有效，但是，我们认为根据个体工商户登记的立法和实践来看，雇工人数已经不再是个体工商户具有用人单位主体资格的要件之一。

第一，我国将雇工人数作为个体工商户和私营企业的区别标准之一，《中华人民共和国私营企业暂行条例》（国务院令第 4 号）第 2 条规定："本条例所称私营企业是指企业资产属于私人所有、雇工八人以上的营利性的经济组织。"北京市劳动局《关于建立北京市个体工商户、私营企业雇工劳动管理情况统计制度的通知》对于雇工规模的统计也坚持雇工人数，其规定："雇工 7 人以下：指持'北京市个体工商户营业执照'的个体工商户。雇工 8 人或 8 人以上：指持'北京市私营企业营业执照'的私营企业。按北京市工商行政管理局（1989）个字第 6 号文件的有关规定，从事科技及特种行业的私营企业可雇 7 人以下。"这是受过去计划经济体制下国有经济占主导地位的思想的影响。实际上，该立法并不具有合理性，一方面，个体工商户和私营企业之间的区别主要在于责任形式、法律地位以及出资形式等方面，而雇工人数并非其区别，实践中，有的公司的职员也可以少于 8 人；另一方面，个体工商户与私营企业之间并没有对应性，私营企业是从所有制角度来看，应该对应国有企业，根据《中华人民共和国私营企业暂行条例》（国务院令第4号）第6条关于私营企业种类的规定，独资企业、合伙企业、有限责任公司，三者之间根本没有共同点，独资企业是以出资人的数量为标准确立，有个人独资企业和国有独资企业；合伙企业和有限责任公司则是以法律地位和责任形式为标准，既可以有国有的有限责任公司也可以有个人出资的有限责任公司。

第二，从现行的相关法律、法规的规定来看，雇工人数的要求在登记实践中已经被取消。《个体工商户登记程序规定》（国家工商行政管理总局令第13号）第5条关于申请登记提交文件的规定没有要求雇工人数的相关证明材料，而《中华人民共和国私营企业暂行条例》（国务院令第4号）第6条规定："私营企业分为以下三种：（一）独资企业；（二）合伙企业；（三）有限责任公司。"对于该规定的企业类型都先后制定了单行法以及相应的登记管理办法，都没将雇工的人数作为登记条件。

第三，从《工伤保险条例》第2条规定来看，其已经将有雇工的个体工商户认定为用人单位。"中华人民共和国境内的各类企业、有雇工的个体工商户（以下称用人单位）应当依照本条例规定参加工伤保险，为本单位全部职工或者雇工（以下称职工）缴纳工伤保险费。中华人民共和国境内的各类企业的职工和个体工商户的雇工，均有依照本条例的规定享受工伤保险待遇的权利。有雇工的个体工商户参加工伤保险的具体步骤和实施办法，由省、自治区、直辖市人民政府规定。"此外，《劳动保障监察条例》（国务院令第423号）第2条第1款规定："对企业和个体工商户（以下称用人单位）进行劳动保障监察，适用本条例。"其明确规定个体工商户为监察对象，而没有要求雇工人数的限制。

（三）民办非企业单位

《民办非企业单位登记管理暂行条例》第2条规定："本条例所称民办非企业单位，是指企业事业单位、社会团体和其他社会力量以及公民个人利用非国有资产举办的，从事非营利性社会服务活动的社会组织。"这类组织具有民间性、社会性、公益性和非营利性的特点。

二、第2款规定了国家机关、事业单位和社会团体依照本法执行的基本原则

本条第2款规定："国家机关、事业单位、社会团体与其建立劳动关系的劳动者，订立、履行、变更、解除或者终止劳动合同，依照本法执行。"本款规定实际上是确立了《劳动合同法》适用于"国家机关、事业单位和社会团体"的基本原则。即国家机关、事业单位、社会团体和"与其建立劳动关系的劳动者"之间就劳动合同的订立、履行、变更、解除或者终止，依照本法执行。

因此，根据《公务员法》的相关规定以及《劳动合同法》第96条的规定，我们可以认识到，下列人员与国家机关、事业单位和社会团体之间的关系应该不属于依照本法执行的情形。

（一）公务员

《公务员法》第2条规定："本法所称公务员，是指依法履行公职、纳入国家行政编制、由国家财政负担工资福利的工作人员。"因此，只有同时符合依法履行公职、使用行政编制和国家财政负担工资福利这三个标准或条件的国家工作人员，才能成为国家公务员。

在我国公务员与其他类型工作人员的主要区别在于行政编制问题，其需要经过人事部门和组织部门的审批确定。大致应该包括：一是国家机关，包括政府机关、人大和政协机关中除工勤人员以外的所有工作人员；二是法官、检察官纳入公务员范围的同时，根据其职务特点和《公务员法》第3条的规定，另行设置法官法、检察官法相衔接；三是除工勤人员以外民主党派机关工作人员与共产党机关工作人员一样纳入公务员范围，这是我国单一制国家管理体制和共产党领导的多党合作制度的现实管理需求。

（二）参照公务员法管理的人员

《公务员法》第106条规定："法律、法规授权的具有公共事务管理职能的事业单位中除工勤人员以外的工作人员，经批准参照本法进行管理。"根据参照公务员法管理的相关规定，参照公务员法管理的单位审批应该满足以下条件：一是，"法律、法规授权的具有公共事务管理职能的事业单位"其中，"法律、法规授权的"包括：（1）全国人民代表大会及其常务委员会制定的法律规定的；（2）国务院制定的行政法规和决定规定的；（3）省、自治区和直辖市人民代表大会及其常务委员会制定的地方性法规规定的；公共事务管理职能主要是指，党委系统的事业单位担负的党的领导机关工作职能以及政府系统事业单位行使的行政管理职能，包括：政策、规划的研究制定；行政执法、行政审批、行业管理等。二是，"除工勤人员（劳动者）以外的工作人员"。三是，"经批准参照"公务员法进行管理。符合条件的事业单位，应该由主管部门提交审批表等材料经当地组织部门或人事部门批准。

上述的公务员和参照公务员法管理的人员之所以不属于本款规定的依照劳动合同法执行的主体，其原因在于：

其一，其与劳动者所承担的义务不同。公务员和参照公务员法管理的人员其行使的是行政管理权力，因此，其所承担的是对国家的公法义务；而劳动者基于劳动合同对用人单位承担劳动给付的义务。

其二，二者的法律关系的基础不同。公务员和参照公务员法管理的人员的权利、义务产生的基础是公法，是基于公法的授权和任命。"公务员、法官、军人不是雇员，因为他们参与的是一个通过公法行为建立起来的公法上的服务关系，有独立的公法规则调整，比如《联邦公务员法》、《公务员权利法律总纲》，特别是这些公职人员的雇佣条件，首先工资是法律规定的"[1]。因此，公务员或者参照公务员法管理的工作人员与国家机关、事业单位和社会团体之间的关系是基于公法上的契约建立的，而非是基于劳动合同。[2]

基于以上分析，我们认为与国家机关、事业单位、社会团体之间订立劳动合同而形成权利、义务关系的劳动者，应该要依照本法执行。如：

1. 国家机关、事业组织、社会团体的工勤人员

工勤人员是指国家机关、事业组织、社会团体中，不实行或不能参照公务员制度的工作人员。《公务员法》第106条规定："法律、法规授权的具有公共事务管理职能的事业单位中除工勤人员以外的工作人员，经批准参照本法进行管理。"该规定将事业单位中工勤人员排除在公务员法的适用范围之外。人事部《关于国家机关、事业单位工勤人员依照执行〈劳动法〉有关问题的复函》（人办法函［1995］8号）第1条规定："根据《劳动法》第二条第二款的规定和国家机关、事业单位工勤人员的劳动特点，凡与工勤人员普遍签订劳动合同的单位，其工勤人员的管理依照《劳动法》进行。"

2. 实行企业化管理的事业组织的非工勤人员

劳动部办公厅《关于实行企业管理的事业组织与职工发生劳动争议

---

[1] ［德］W. 杜茨著，张国文译：《劳动法》，17页，北京，法律出版社，2005。
[2] 参见黄越钦：《劳动法新论》，99页，北京，中国政法大学出版社，2003。

有关问题的复函》（劳办发［1996］165 号）规定："实行企业化管理的事业组织是指国家不再核拨经费，实行独立核算、自负盈亏的事业组织。"第 2 条规定："关于劳部发［1995］309 号文件中'实行企业化管理的事业组织的人员'范围及采取何种形式建立劳动关系问题。实行企业化管理的事业组织的人员包括该单位的全体职工。他们应按照《劳动法》的规定，与所在单位通过签订劳动合同建立劳动关系。"该条规定了"实行企业化管理的事业组织的人员包括该单位的全体职工"应该适用劳动法，可以将全体职工分为工勤人员和非工勤人员。

3. 其他通过劳动合同（包括聘用合同）与国家机关、事业单位、社会团体建立劳动关系的劳动者

主要是指除工勤人员以外的，通过劳动合同与国家机关、事业单位、社会团体建立劳动关系的劳动者。主要包括：单位自行聘用的干部、医院医生、护士以及学校教师等。根据中央组织部和人事部《全民所有制企业聘用制干部管理暂行规定》的相关规定其聘用制合同与劳动合同在内容等诸多方面都具有相似性。

【理解与适用】

本条关于劳动合同法的适用范围的规定，将民办非企业单位、事业单位纳入进来，拓展了劳动合同的适用范围。劳动合同法关于主体资格的确立采用的是一种宏观的、静态的、相对的标准。然而实践中"非常态"的双方当事人或一方当事人会使得劳动合同法的适用与否存有争议。

一、非法用工主体与劳动者建立的关系认定

非法用工主体与劳动者建立的关系是指不具有劳动法上的用工资格而与劳动者建立了实际的用工关系。对此是否适用劳动合同法呢？目前我国的司法实践中，不承认非法用工主体的用人单位地位，进而否认这种与劳动者实际建立的用工关系为劳动关系。但是对比在理论上一直有人认为，为了保护劳动者利益，应该视同有效处理。[1]

我们对此表示认同，一是，从有利于保护劳动者的立法宗旨出发，如果否认其为劳动关系，则应该适用民法的相关规定，而劳动者就失去

---

[1] 参见许建宇：《关于适用范围》，载《中国劳动》，2006（5）。

了劳动法的倾斜保护；而从责任承担的理论来看，相对方——非法用工单位的违法行为不应该成为劳动者的承担某种不当利益的理由。

二是，非法用工单位主要是因为没有工商登记等原因不具有用人主体资格，然而经营者办理工商登记的义务属于行政许可的范畴，是公法义务，而用人单位用工则是基于劳动合同对劳动者所承担的私法义务，混淆违反公法义务的责任与违反私法义务的责任。

三是，从既有的法律规范来看，《工伤保险条例》和《非法用工单位伤亡人员一次性补偿办法》都对非法用工单位的用工关系进行了初步的确认。此外，更为重要的是，《劳动合同法》第93条规定："对不具备合法经营资格的用人单位的违法犯罪行为，依法追究法律责任；劳动者已经付出劳动的，该单位或者其出资人应当依照本法有关规定向劳动者支付劳动报酬、经济补偿、赔偿金；给劳动者造成损害的，应当承担赔偿责任。"似乎该规定从反面认定了非法用工的劳动关系属性。

二、退休人员的用工关系认定

退休是指劳动者因为年老或因工致残、因病致残确认完全丧失劳动能力，依法退出生产、工作岗位养老或休息。但是，许多达到法定年龄退休的人员，实际上并没有丧失劳动能力，并且，他们往往具有丰富的工作经验，所以，有许多退休人员再次受原单位的返聘或者与其他单位建立新的用工协议。实践中，对于退休人员建立的用工关系认定为劳动关系还是劳务关系存有争议。劳动部《关于实行劳动合同制度若干问题的通知》第13条规定："已享受养老保险待遇的离退休人员被再次聘用时，用人单位应与其签订书面协议，明确聘用期内的工作内容、报酬、医疗、劳动待遇等权利和义务。"劳动部办公厅《对〈关于实行劳动合同制度若干问题的请示〉的复函》（劳办发〔1997〕88号）第2条规定："关于离退休人员的再次聘用问题。各地应采取适当的调控措施，优先解决适龄劳动者的就业和再就业问题。对被再次聘用的已享受养老保险待遇的离退休人员，根据劳动部《关于实行劳动合同制度若干问题的通知》（劳部发〔1996〕354号）第13条的规定，其聘用协议可以明确工作内容、报酬、医疗、劳动保护待遇等权利、义务。离退休人员与用人单位应当按照聘用协议的约定履行义务，聘用协议约定提前解除书面协议的，应当按照双方约定办理，未约定的，应当协商解决。离退休人员聘用协议的解除不能依据《劳动法》第28条执行。离退休人员与用人单位发生争议，如果属于劳动争议仲裁委员会受案范围的，劳动争议仲裁委员会应予受理。"该复函对于退休人员的问题规定得较为模糊。一方面，明确离退休人员的聘用协议的解除不适用经济补偿金制度；另一方面，又规定"离退休人员与用人单位发生争议。如果属于劳动争议仲裁委员会受案范围的，劳动争议仲裁委员会应予受理"，从侧面肯定了离退休人员与用人单位建立劳动关系的可能。江苏省高级人民法院《关于审理劳动争议案件若干问题的意见》第4条规定："劳动者办理退休手续后又被其他用人单位聘用，与实际用人单位发生的争议，不属于劳动争议，应作为雇佣合同纠纷予以受理。"

我们认为，对于退休人员的用工关系是否应认定为劳动关系，应该根据具体的聘用协议的约定以及实际的履行情况来定。如果双方在聘用协议中约定不明确，则应该根据聘用协议履行过程中，退休人员和用工单位的具体关系来认定，其核心的判断标准在于退休人员是否从属于用工单位，即退休人员接受用工单位的指示命令，服从用工单位的管理，那么应认定为劳动关系。因为，从根本上来说，退休人员与一般劳动者并没有太大的区别，《劳动法》仅规定了最低就业年龄（其第15条第1款规定："禁止用人单位招用未满十六周岁的未成年人"），也就是具有劳动行为能力的起始年龄，但并没有规定劳动行为能力的终止年龄。而退休既不表示丧失劳动能力也并不能理解为丧失劳动能力。此外，根据《劳动合同法》第44第2项的规定，"劳动者开始依法享受基本养老保险待遇的"，劳动合同终止。立法者的观点是劳动者达到退休年龄但没有享受养老保险待遇的被用人单位聘用的要停发养老保险待遇，用人单位继续为其缴纳社会保险。[1]

三、实习生的用工关系的性质认定

实习生，是指大中专院校、职业教育机构、职业培训机构组织到企业实习的尚未毕（结）业的在校学生。根据实习的目的不同可以分为就业型实习、培训型实习以及勤工俭学型实习，就业型实习主要是指应届毕业生在就业过程中，应用人单位的请求，在用人单位从事实习工作，其主要目的是用人单位考察实习生，从而决定是否接受实习生就业；培训性实习一般是指根据教学需要由学校组织或者由学生自己联系但获得学校许可的实习，其目的是积累经验，完成专业学习任务，如教学实

---

[1] 参见全国人大常务委员会法制工作委员会行政法室编：《劳动合同法（草案）参考》，83页，北京，中国民主法制出版社，2006。

习；勤工俭学型实习是指学生进行实习的目的主要是勤工俭学，与学生的专业结合不甚紧密，并且与学校教学没有联系，具有松散性和随意性的特点，如学生外出充当临时销售员。

劳动部《关于贯彻执行〈中华人民共和国劳动法〉若干问题的意见》第12条规定："在校生利用业余时间勤工助学，不视为就业，未建立劳动关系，可以不签订劳动合同。"在司法实践中，都不认定实习生为劳动者，因此，实践中出现很多拖欠实习生工资或者实习期间受工伤的情形而无法获得劳动法的倾斜保护。学界也不断地呼吁给予实习生一个适当的身份，使他们获得充分的保护，如给予实习生劳动者身份。

对此，我们表示认同，一是，"从契约到身份"的回归是对现代法治核心的概括，而实习生作为一个具有多重身份的自然人，其既具有"学生"身份又具有"劳动者"的身份，我们不能因为其与学校之间存在教育管理关系从而否定其成为劳动者的可能，并且主体身份的多元化是现代法制必须面临的一个问题，这只能通过提高立法技术来识别主体相应的身份，而不能直接地以主体具有某种身份而拒绝其成为另一法律的适格主体。在《劳动合同法》中也体现了从"身份排斥"向"身份兼容"过渡的转变，关于双重劳动关系的规定即是例证。

二是，从实习生在实习过程中的具体角色来看，其与劳动者并无本质区别，尽管，其不拿报酬或者少拿报酬，但是劳动关系的本质在于人格的从属性，即接受用人单位的指示命令，放弃自己在时空方面的自由，因此，可以认定实习生为劳动者。

但是，从我国目前的劳动法律制度以及劳动实践来看，将所有的实习生纳入劳动法适用范围或许有些困难，因此，根据不同的实习类型来区别对待或许是一个可行的过渡措施。

第一，对于实习生是否认定为劳动者，应该严格遵守《劳动法》关于劳动年龄的规定。《劳动法》第15条第1款规定："禁止用人单位招用未满十六周岁的未成年人。"因此，对于未满16周岁的实习生不宜认定为劳动者。

第二，我们认为培训型实习生根据其本质可以暂时将其不认定为劳动者，因为，培训型实习实际上是教学的延伸，通过实习积累经验，提升学生的技术能力。因此，劳动和社会保障部办公厅专门针对培训型实习发布了《关于加强技工学校生产实习管理工作的通知》（劳社厅函〔2005〕274号），其中明确的都是学校作为教学组织者的义务，而没有涉及用工单位。此外，如果在教学培训型实习中发生事故，导致实习生伤亡，对于实习生的保护而言，其既可以根据学校的过错请求损害赔偿，同时，也可以根据最高人民法院《关于审理人身损害赔偿案件适用法律若干问题的解释》第9条第1款的规定，"雇员在从事雇佣活动中致人损害的，雇主应当承担赔偿责任；雇员因故意或者重大过失致人损害的，应当与雇主承担连带赔偿责任。雇主承担连带赔偿责任的，可以向雇员追偿"。并且，学校与用工单位一般会签订实习协议，双方当事人可以就责任承担在合同中进行约定。

第三，对于就业型实习我们认为其与用工单位的正式职工并不存在太大区别，用人单位之所以让其实习，其根本目的是考察了解从而确立是否建立劳动关系，因此，就业型实习生应该被认定为劳动者。

第四，对于勤工助学型的实习，我们认为应该认定其具有劳动者身份。一方面，其与用工单位具有从属性，接受用工单位的指示命令；另一方面，与其他类型的实习相比，勤工俭学实习生与学生身份相对疏离。此外，从勤工助学型实习生的救济来看，其可能获得的保护与救济是最弱的，因此，从强化对弱者的救济角度，赋予其劳动者身份具有一定的合理性。

四、出租车司机与出租车公司之间关系的认定

与一般的劳动者与用人单位的关系相比，出租车司机与出租车公司之间的关系具有一定的特殊性：一是，出租车司机并不接受出租车公司的指示命令，其从属性也不甚明确；二是，出租车司机与出租车公司之间似乎也不存在一方给付劳动，另一方给付报酬的对应关系；三是，出租车公司向加入的出租车司机通过协议授权其出租车的营运许可，而出租车司机则缴纳"份钱"；四是，在劳动标准的执行上，出租车司机也具有特殊性，他们并不执行标准工时。

国务院办公厅《关于进一步规范出租汽车行业管理有关问题的通知》（国办发〔2004〕81号）明确提出："依法理顺出租汽车企业与司机的劳动用工关系，切实保障司机的合法权益。"北京市劳动和社会保障局、北京市出租汽车管理局颁布实施了《出租汽车企业加强劳动管理和规范劳动关系有关问题的通知》，规定"出租汽车企业应与存在劳动关系的职工依法订立劳动合同，并完善劳动合同制度，加强劳动合同管理，依法做好劳动合同的订立、变更、续订、终止、解除等工作。""出租汽车企业及其所属城镇职工应依照国家的有关规定，依法缴纳养老、失业社会保险费用；出租汽车企业（不含乡镇企业）及其使用的农民合同工应依照原北京市劳动局《关于印发〈农民合同制职工参加北京市养老、失业保险暂行办法〉的通知》的规定从 1999 年 6 月 1 日起参加北京市的养老保险和失业保险；出租汽车企业（不含乡镇企业、中央在京单位）及其所使用的职工（包括农民工）还应依法参加大病医疗保险。"

以上规定明确了出租汽车司机与出租汽车企业的关系是劳动关系，其相互之间应当遵循劳动法的规定。但是，有一个问题是关于出租车司机发生车祸的工伤问题，根据上述规定出租车企业只用为出租车司机办理养老和失业保险，而没有提及工伤保险的问题。而实践中无论是出租车司机还是出租汽车企业都认为，企业已经为所有的出租汽车办理了相关的商业责任保险以及交强险，并且一般情况下作为肇事方的对方也参加了交强险。因此，一般出现事故后，直接找保险公司理赔就可以了，并不会出现无法救济的问题。实际上，这里涉及工伤保险赔偿、交强险赔偿的竞合问题，而从另一个角度来看，则是作为义务人的出租车公司身上义务竞合时，是需要履行全部义务，还是只要履行一项义务即可？我们认为：从根本上来说，出租车公司应该同时为司机办理工伤保险：

第一，办理社会保险是用人单位的强制性义务，《劳动法》第 73 条规定："劳动者在下列情形下，依法享受社会保险待遇：（一）退休；（二）患病、负伤；（三）因工伤残或者患职业病；（四）失业；（五）生育。"《劳动合同法》第 38 条规定："用人单位有下列情形之一的，劳动者可以解除劳动合同：……（三）未依法为劳动者缴纳社会保险费的……"

第二，从工伤保险与交通事故责任保险的性质来看，工伤保险属于社会保险，其具有强制性、互济性和社会性的特点，而责任保险从本质上说是属于商业保险，其运营模式和法律适用等诸多方面与工伤保险存有差异。"投保人自愿购买的机动车第三者责任保险，与投保人被依法强制购买的机动车第三者责任保险，都属于商业保险。"[1]"强制汽车责任保险虽属强制保险，但仍不能否认其私法契约之性质，与一般商业保险并无差别。"[2]

第三，从工伤保险与交通事故责任保险的对象来看，工伤保险是为了

① 何江：《商业三者险和强制三者险的法律衔接》，载人民法院报网，www.rmfyb.chinacourt.gov。
② 江朝国编著：《强制汽车责任保险法》，22 页，北京，中国政法大学出版社，2006。

保障劳动者受到职业病或职业伤害的侵害而设立，其根本目的是保护劳动者（出租车司机）的权益；而责任保险，尽管《机动车交通事故责任强制保险条例》第 3 条规定："受害人中不包括本车人员及被保险人。作为被保险机动车发生道路交通事故时的受害人，是机动车交通事故责任强制保险合同双方以外的第三方。"但是，"强制三者险的根本目的在于保护受害人，使受害人得到及时、便捷的补偿，而不在于转移被保险人的风险"①。

第四，从义务的属性来看，其相互之间不能替代履行。办理工伤保险的义务具有双重属性，一方面，其是基于法律的强制性规定，是用人单位对国家必须履行的一种行政义务，《劳动法》第 100 条规定："用人单位无故不缴纳社会保险费的，由劳动行政部门责令其限期缴纳；逾期不缴的，可以加收滞纳金。"另一方面，其又是基于劳动合同而对于劳动者所承担的契约上的义务。因此，办理工伤保险的义务具有兼容性，而办理交通事故责任保险的义务从根本上说是具有私法属性。

第五，从工伤保险与商业责任保险的赔偿额和赔偿范围来看，二者差距较大，工伤保险赔偿涉及医疗待遇、医疗停工留薪待遇以及因工致残的待遇等，而商业责任保险只能在投保的最高限额内承担赔偿责任。

五、外国企业常驻代表机构聘用中国雇员②

外国企业常驻代表机构，应当是从事非直接经营活动的代表机构。外国企业确有需要在中国设立常驻代表机构的，必须提出申请，经过批准，办理登记手续。未经批准、登记的，不得开展常驻业务活动。外国企业常驻代表机构在我国没有用工的主体资格，其招聘中国雇员，必须委托外事服务单位办理，不得私自或者委托其他单位、个人招聘中国雇员。中国公民必须通过外事服务单位向外国企业常驻代表机构求职应聘，不得私自或者通过其他单位、个人到外国企业常驻代表机构求职应聘。而《北京市人民政府关于外国企业常驻代表机构聘用中国雇员的管理规定（修正）》第 8 条规定："外事服务单位应当按照《中华人民共和

---

① 李祝用、徐首良：《机动车第三者责任强制保险与自愿保险的区别》，载《保险研究》，2006（01）。

② 外事服务单位应该经过严格的审批。目前北京市经批准的外事服务单位有：北京市外国企业服务总公司、中国国际企业合作公司、中国国际技术智力合作公司、中国国际人才开发中心、中国四达国际经济技术合作公司、北京外航服务公司（仅限向外国航空公司北京代表处派遣雇员）。参见《外商代表机构注册》，载北京市工商行政管理局网上工作平台，http://www.hd315.gov.cn/zczn/wstz.asp。

国劳动法》的规定与中国雇员签订劳动合同，并依法为中国雇员缴纳社会保险费用。外事服务单位与中国雇员发生劳动争议，应当按照《中华人民共和国劳动法》的规定处理。"因此，外国企业常驻代表机构尽管在实际上是用工者，但是，他并不是劳动合同的当事人。

六、家庭保姆、农业劳动者和现役军人不属于劳动者

根据最高人民法院《关于审理劳动争议案件适用法律若干问题的解释（二）》（法释〔2006〕6 号）第 7 条第 4 项规定，"家庭或者个人与家政服务人员之间的纠纷"不属于劳动争议。劳动部《关于〈中华人民共和国劳动法〉若干条文的说明》（劳办发〔1994〕289 号）也将"农业劳动者、现役军人和家庭保姆等"排除在劳动法的适用范围之外。

目前，我国实践中认为家庭保姆与个人或家庭之间是雇佣关系，其根本原因在于我国《劳动合同法》第 2 条第 1 款坚持《劳动法》所确立的适用范围的规定，将用人单位限定在办理工商登记的主体的范围，因此，个人和家庭就不能成为适格的用人单位。而实际上，家庭保姆所履行的劳动给付过程与一般劳动者没有太大的区别，他们往往接受个人和家庭的指示命令，具有人格的从属性。并且，由于保姆并非劳动者，不能享受劳动法的倾斜保护，实践中出现了大量侵害家庭保姆权益的事件，而无法获得充分的救济。现役军人与军队之间的关系是否属于劳动关系，各个国家规定不一。有些国家基于军队建立方式等承认军人的劳动者地位，如英国。但是，我国规定现役军人不属于劳动者，主要是因为现役军人所履行的职责并非是劳动给付，而是为了国家安全和公共利益的具有公法属性的职责。

第三条 （订立原则）

订立劳动合同，应当遵循合法、公平、平等自愿、协商一致、诚实信用的原则。

依法订立的劳动合同具有约束力，用人单位与劳动者应当履行劳动合同约定的义务。

【相关法条】

《劳动法》

第十七条 订立和变更劳动合同，应当遵循平等自愿、协商一致的原则，不得违反法律、行政法规的规定。

············

《劳动合同法》

第二十六条 下列劳动合同无效或者部分无效：

（一）以欺诈、胁迫的手段或者乘人之危，使对方在违背真实意思的情况下订立或者变更劳动合同的；

（二）用人单位免除自己的法定责任、排除劳动者权利的；

············

第二十九条 用人单位与劳动者应当按照劳动合同的约定，全面履行各自的义务。

第三十七条 劳动者提前三十日以书面形式通知用人单位，可以解除劳动合同。劳动者在试用期内提前三日通知用人单位，可以解除劳动合同。

第三十八条 用人单位有下列情形之一的，劳动者可以解除劳动合同：

············

（五）因本法第二十六条第一款规定的情形致使劳动合同无效的；

············

第八十一条 用人单位提供的劳动合同文本未载明本法规定的劳动合同必备条款或者用人单位未将劳动合同文本交付劳动者的，由劳动行政部门责令改正；给劳动者造成损害的，应当承担赔偿责任。

劳动部《关于实行劳动合同制度若干问题的通知》（劳部发〔1996〕354号）

1. 在签订劳动合同时，按照《劳动法》的规定，只要当事人双方协商一致，即可签订有固定期限、无固定期限或以完成一定工作为期限的劳动合同。

【法条评析】

本条是关于劳动合同订立原则以及效力的规定：

（一）合法原则

合法原则是劳动合同订立的根本性原则，其包括程序合法，即当事人双方订立劳动合同程序，要约承诺等必须符合法律规定；内容合法，劳动合同中所确立的权利义务不得违背法律、法规的规定，如劳动合同中所确立的劳动基准不得低于《劳动法》的规定；主体合法，即劳动合同的订立主体必须符合法律规定，即当事人双方具有劳动法主体资格。

（二）公平原则

公平是指劳动合同的内容，即当事人双方的权利义务的配置合理。具体表现为当事人双方的权利义务具有对等性，一方享有权利，他方负有义务；一方享有权利，就必须对他方承担相应的义务。需要明确的是，劳动合同法倾斜保护劳动者，其目的就是平衡实践中劳动者和用人单位的不平等，从而实现实质公平。

（三）平等自愿原则

平等是指劳动合同的缔约双方具有平等的法律地位、适用同样的法律规则、享有同等的法律保护。尽管，劳动者在劳动过程中隶属于用人单位，但是在缔约过程中具有与用人单位平等的法律地位，能够就劳动合同中自身的权利和义务与用人单位展开协商。自愿是指当事人不受他人干涉，根据个人意志自主决定是否订立合同以及合同的具体内容。平等的法律地位是对于意志自由的根本保障，缔约过程中平等地位和规则的丧失，将会使得缔约当事人失去缔约的自由。

（四）协商一致原则

协商一致是指双方当事人就劳动合同的订立意思表示一致。我们认为协商是指合同订立的方式，其根本的内涵在于当事人的自愿，即通过当事人的自主协商，而非行政强制等其他方式，而一致则是从订约结果角度来说当事人的意思表示达成一致。

（五）诚实信用原则

诚实信用原则是道德原则的法律化，是指双方当事人在缔约过程中应该守诺践信，按照诚信原则履行自己基于缔约或者法律规定而对对方所承担的保护照顾义务，如：《劳动合同法》第8条规定了用人单位的信息披露义务："用人单位招用劳动者时，应当如实告知劳动者工作内容、工作条件、工作地点、职业危害、安全生产状况、劳动报酬，以及劳动者要求了解的其他情况；用人单位有权了解劳动者与劳动合同直接相关的基本情况，劳动者应当如实说明。"

【理解与适用】

劳动合同的订立原则与劳动合同的效力具有密切关系，本条第1款规定了劳动合同的订立原则，而第 2 款则规定劳动合同的效力问题。法律主体只服从基于自己个人意志（契约）和民主机制下集体意志（法律）所设定的义务。而在劳动合同领域，无疑劳动者和用人单位双方都必须信守自己基于个人意志所作出的承诺。但是，如果个人意志违反法律规定或者由于其他原因而存有瑕疵，将会导致劳动合同的效力瑕疵，因此，当事人对于履行和遵守合同约定也会存有疑义。

（一）依法订立的合同具有法律效力，当事人必须全面履行

我们认为本条第 2 款中依法的"法"的内涵要远远宽于第一款中的合法的"法"，前者包括实体法也包括程序法，既包括实然的制定法规范，也包括应然的自然法理念（公平正义），也就是说，依法的"法"统摄了第 1 款中的合法、公平、平等自愿、协商一致以及诚实信用；而后者仅仅是包括实然的法律规范，即制定法。因此，只有遵守以上原则的劳动合同，才能有效成立，才能对当事人双方产生拘束力。进而，当事人必须履行自己的承诺，按照劳动合同的约定全面履行义务。

（二）违法的劳动合同，并不必然完全无效

自治性规范与法规范有时会发生冲突，一般而言，违反禁止性法律规范将导致约定"无效"的法律后果，但禁止性规范中又分为取缔性规范和效力性规范，违反取缔性规范将导致约定的部分无效，而违反效力性规范将导致约定的全部无效。此外，基于现代劳动法制对于劳动者保护的特别强调，在违反强行法时，仍需视其结果是否对劳动者有利而定其效果：如果对劳动者不利，当然无效；对劳动者有利，则为有效。如：《劳动合同法》第 19 条第 1 款规定："劳动合同期限三个月以上不满一年的，试用期不得超过一个月；劳动合同期限一年以上不满三年的，试用期不得超过二个月；三年以上固定期限和无固定期限的劳动合同，试用期不得超过六个月。"如果当事人约定的试用期期间超过了上述规定，其效力如何呢？我们认为应当认定超过的部分无效。

（三）意思表示的瑕疵导致的劳动合同效力瑕疵类型

根据合同法的基本理论，由于生效要件的瑕疵导致合同效力瑕疵的类型包括：效力待定的合同、可变更可撤销的合同以及无效的合同。然而在劳动合同领域，对于因为生效要件的瑕疵导致的劳动合同的效力类型一直存有争议，有学者认为应当借鉴合同法的分类方法和相关的法律

调整制度。然而，尽管《劳动合同法》（征求意见稿）第19条规定："对存在重大误解的劳动合同或者显失公平的劳动合同，用人单位和劳动者均有权请求劳动争议仲裁机构、人民法院予以撤销。用人单位乘人之危，使劳动者在违背真实意思的情况下订立劳动合同，劳动者有权请求劳动争议仲裁机构或者人民法院予以撤销。"该规定借鉴了合同法的规定，将重大误解、显失公平以及乘人之危订立的劳动合同认定为可撤销的劳动合同。而正式颁布实施的《劳动合同法》第26条则规定："下列劳动合同无效或者部分无效：（一）以欺诈、胁迫的手段或者乘人之危，使对方在违背真实意思的情况下订立或者变更劳动合同的；（二）用人单位免除自己的法定责任、排除劳动者权利的……"实际上第1项规定的欺诈、胁迫、乘人之危订立的劳动合同无效，是因为违反了劳动合同订立的合法原则和协商一致原则而第2项规定的是显失公平的劳动合同无效，当然要注意的该规定明确为用人单位利用其优势地位，导致劳动者的权义显失公平的情形，至于是否将司法实践中出现的高级劳动者利用其强势地位订立的显示公平的劳动合同用人单位是否可以主张无效，需要法律或者司法解释进一步明确。

从理论上看，由于劳动合同的特殊性，效力待定和可变更可撤销合同的类型和规则并不完全能为劳动合同所借鉴，这也是为何最后《劳动合同法》没有规定可撤销劳动合同的原因。一方面，效力待定的合同主要是适用于主体行为能力或者处分权利的瑕疵情形，而在劳动合同领域，主体适格是前提条件，并且由于劳动给付的人身属性，其不具有可替代性；另一方面，由于劳动合同的履行具有不可撤销性，所以，可撤销合同的制度从根本上来说是违背劳动合同的属性的。尽管如此，但是还是需要正视意思表示瑕疵对于劳动合同效力的影响，采取相应的制度协调好劳动合同效力的维持和当事人利益的保护问题。

（四）劳动合同的法律拘束力和履行

依法有效订立的劳动合同对当事人双方具有法律拘束力，而法律拘束力是指依法成立的合同对当事人的强制力，具体包括：（1）当事人负有适当履行合同的义务；（2）违约方依法承担违约责任；（3）当事人遵守合同约定，不得擅自变更、解除合同等。因此，劳动合同的拘束力包括了当事人按约履行的拘束，但是，对于当事人双方而言，劳动合同的履行没有先后顺序，具有同时性，但是用人单位应当为劳动者履行劳动合同提供必要的劳动条件。

第四条 （劳动规章制度）

用人单位应当依法建立和完善劳动规章制度，保障劳动者享有劳动权利、履行劳动义务。

用人单位在制定、修改或者决定有关劳动报酬、工作时间、休息休假、劳动安全卫生、保险福利、职工培训、劳动纪律以及劳动定额管理等直接涉及劳动者切身利益的规章制度或者重大事项时，应当经职工代表大会或者全体职工讨论，提出方案和意见，与工会或者职工代表平等协商确定。

在规章制度和重大事项决定实施过程中，工会或者职工认为不适当的，有权向用人单位提出，通过协商予以修改完善。

用人单位应当将直接涉及劳动者切身利益的规章制度和重大事项决定公示，或者告知劳动者。

【相关法条】

《劳动法》

第四条 用人单位应当依法建立和完善规章制度，保障劳动者享有劳动权利和履行劳动义务。

第二十五条 劳动者有下列情形之一的，用人单位可以解除劳动合同：

············

（二）严重违反劳动纪律或者用人单位规章制度的；

············

第八十九条 用人单位制定的劳动规章制度违反法律、法规规定的，由劳动行政部门给予警告，责令改正；对劳动者造成损害的，应当承担赔偿责任。

《公司法》

第十八条 公司职工依照《中华人民共和国工会法》组织工会，开展工会活动，维护职工合法权益。公司应当为本公司工会提供必要的活动条件。公司工会代表职工就职工的劳动报酬、工作时间、福利、保险和劳动安全卫生等事项依法与公司签订集体合同。

公司依照宪法和有关法律的规定，通过职工代表大会或者其他形式，实行民主管理。

公司研究决定改制以及经营方面的重大问题、制定重要的规章制度时，应当听取公司工会的意见，并通过职工代表大会或者其他形式听取职工的意见和建议。

《劳动保障监察条例》（国务院令第 423 号）

第十一条 劳动保障行政部门对下列事项实施劳动保障监察：

（一）用人单位制定内部劳动保障规章制度的情况；

··········

《全民所有制工业企业厂长工作条例》

第十二条 本条例第十一条所称重大问题是指：

一、经营方针、长远和年度计划、重大技术改造和技术引进计划、职工培训计划、工资调整计划和财务预决算、自有资金分配和使用方案；

二、企业党政工团等脱产人员编制和管理机构的设置和调整；

三、重要规章制度的建立、修改和废除。

上述重大问题的讨论方案，均由厂长提出。

第十三条 管理委员会讨论本条例第十二条规定事项中需经企业主管机关审批的，由厂长负责上报。

《违反〈中华人民共和国劳动法〉行政处罚办法》（劳部发［1994］532 号）

第三条 用人单位制定的劳动规章制度违反法律、法规规定的，应给予警告，并责令限期改正；逾期不改的，应给予通报批评。

劳动部《关于〈中华人民共和国劳动法〉若干条文的说明》（劳办发［1994］289 号）

第四条 用人单位应当依法建立和完善规章制度，保障劳动者享有劳动权利和履行劳动义务。

本条中的"依法"应当作广义理解，指所有的法律、法规和规章。包括：宪法、法律、行政法规、地方法规，民族自治地方，还要依据该地方的自治条例和单行条例，以及关于劳动方面的行政规章。

最高人民法院《关于审理劳动争议案件适用法律若干问题的解释》

第十九条 用人单位根据《劳动法》第四条之规定，通过民主程序制定的规章制度，不违反国家法律、行政法规及政策规定，并已向劳动者公示的，可以作为人民法院审理劳动争议案件的依据。

最高人民法院《关于审理劳动争议案件适用法律若干问题的解释（二）》

第十六条 用人单位制定的内部规章制度与集体合同或者劳动合同约定的内容不一致，劳动者请求优先适用合同约定的，人民法院应予支持。

劳动部《关于贯彻执行〈中华人民共和国劳动法〉若干问题的意见》（劳部发〔1995〕309号）

87. 劳动法第二十五条第（三）项中的"重大损害"，应由企业内部规章来规定，不便于在全国对其作统一解释。若用人单位以此为由解除劳动合同，与劳动者发生劳动争议，当事人向劳动争议仲裁委员会申请仲裁的，由劳动争议仲裁委员会根据企业类型、规模和损害程度等情况，对企业规章中规定的"重大损害"进行认定。

劳动部《关于对新开办用人单位实行劳动规章制度备案制度的通知》（劳部发〔1997〕338号）

三、各级劳动行政部门对新开办用人单位规章制度备案审查的内容主要是：劳动规章制度内容是否符合法律法规规定；制定劳动规章制度的程序是否符合有关规定。经审查，发现用人单位的劳动规章制度内容违反法律法规规定的，应责令其限期改正。

【草案相关条文比较】

征求意见稿第5条规定："用人单位应当依法建立和完善劳动安全卫生、劳动纪律、职工培训、休息休假以及劳动定额管理等方面的规章制度，保障劳动者享有劳动权利、履行劳动义务。用人单位的规章制度直接涉及劳动者切身利益的，应当经工会、职工大会或者职工代表大会讨论通过，或者通过平等协商作出规定。用人单位的规章制度应当在单位内公告。"在征求意见过程中，有些常委会组成人员认为，规章制度的内容不少属于用人单位的经营自主权，草案规定企业规章制度要经工会、职工大会或者职工代表大会讨论通过，实践中难以操作，也与其他相关法律的规定不尽一致。① 因此，二审稿第4条修改为："……用人

---

① 参见全国人大法律委员会：《关于〈中华人民共和国劳动合同法（草案）修改情况的汇报〉》（二次审议稿）。

单位在制定、修改或者决定直接涉及劳动者切身利益的劳动报酬、工作时间、休息休假、劳动安全卫生、保险福利、职工培训、劳动纪律以及劳动定额管理等规章制度或者重大事项时，应当经职工代表大会或者全体职工讨论，提出方案和意见，与工会或者职工代表平等协商确定。在规定制度实施过程中，工会或者职工认为用人单位的规章制度不适当的，有权向用人单位提出，通过协商作出修改完善。用人单位的直接涉及劳动者切身利益的规章制度应当在单位内公示，或者发给劳动者。"三审稿、四审稿本条第 4 款变更为："直接涉及劳动者切身利益的规章制度应当公示，或者告知劳动者。"本条是关于用人单位劳动规章的规定，从草案条文的变迁来看，争议焦点主要为：（1）从二审稿开始，在第 2 款中都明确列举规定"涉及劳动者切身利益"的事项，如劳动报酬、工作时间、休息休假等，主要是对于劳动规章的性质的争议的体现。因为，有人认为劳动规章为用人单位经营管理权的体现，应该具有单方性，如果所有都需与劳动者协商，则与集体合同无异，所以，立法上通过例举的方式进行了限缩，平衡劳动者与用人单位之间的权益冲突。（2）三审稿、四审稿第 4 款表述上有些许的变化，即将前面草案中的"公告"和"在单位内公示，或者发给劳动者"改为"应当公示，或者告知劳动者"。立法者对于劳动规章的公示方式的表述变化，增强了公示的灵活性。

【法条评析】

一、制定内部规章制度既是用人单位的权利也是义务

本条第 1 款以及《劳动法》明确规定用人单位应当依法建立和完善劳动规章制度，从语义上分析，该规定明确了用人单位有制定和完善劳动规章制度的义务。对于该义务性规定，我们认为应该要把握两点：一是，其更多的是一种倡导性规范，即通过法律规范倡导劳动规章制度的制定和实行，因此，没有相应的法律责任来强制保障实施；二是，从法律条文的规定和我国的实践来看，其"义务"属性更加倾向于"依法制定和完善"，这从法律责任的规定可以看出，《劳动合同法》第 80 条规定："用人单位直接涉及劳动者切身利益的规章制度违反法律、法规规定的，由劳动行政部门责令改正，给予警告；给劳动者造成损害的，应当承担赔偿责任。"《劳动法》以及劳动部《关于对新开办用人单位实行

劳动规章制度备案制度的通知》都体现了相同的立法意图。

从现有的法律、法规的规定来看，制定规章制度更多的是用人单位的一项权利。我国《全民所有制工业企业法》、《城镇集体所有制企业法》、《乡镇企业法》、《公司法》等有关企业法律、法规，都规定企业就重大事项或涉及职工重大利益的事项制定规章要听取工会或职工代表的意见，但是企业具有最终的决定权。

二、职工对于涉及劳动者切身利益的重大事项的提议权和协商权——用人单位规章制定权的限制之一

与征求意见稿第 5 条规定相比，本条第 2 款在规章内容从立法上作了分类，并且根据是否是涉及劳动者切身利益的重大事项来确立不同的程序性和实体性要件。一类是不涉及劳动者切身利益的事项，对于该类规定用人单位享有完全的单独决定权，无须经职工代表大会或者全体职工讨论，也无须与工会或职工代表协商；另一类是涉及劳动者切身利益的重大事项，则需要经职工代表大会或者全体职工讨论，提出方案和意见，与工会或者职工代表平等协商确定。也就是对于后者，劳动合同法赋予了职工提议权和协商权，从而削弱了其单方性。

法律规范就是通过权利和义务的配置实现法律主体之间的利益均衡和制衡。一般而言，一方的单方法律行为只能赋予他方权利，而不能为他方设定义务，如果单方为他方设定义务则需要通过法律的授权或者他方的同意，用人单位规章制度也是如此。本条第 2 款的规定之所以强调劳动者利益的关涉性，主要是为了实现用人单位内部管理权和劳动者利益保护的协调。一方面，企业规章制度的订立是用人单位经营自主权的体现，如果需要职工民主表决或者集体协商，则会导致对用人单位的激励不够，使得企业经营的效率降低；另一方面，不受限制的单方权利（力）容易滥用，而成为侵犯劳动者利益的"恰当理由"。因此，对于关涉劳动者重大利益的事项应该有劳动者的参与，他们享有讨论、提议和协商的权利。

此外，从条文中例举的涉及劳动者利益的重大事项，如："劳动报酬、工作时间、休息休假、劳动安全卫生、保险福利、职工培训等"，与集体合同内容具有一定的重合性，《劳动合同法》第 51 条第 1 款规定："企业职工一方与用人单位通过平等协商，可以就劳动报酬、工作时间、休息休假、劳动安全卫生、保险福利等事项订立集体合同。集体合同草案应当提交职工代表大会或者全体职工讨论通过。"因此，从另外一个角度来看，实际上是两种不同规范性文件的效力位阶的差异确定了不同的订立规则，因为集体合同的效力高于内部规章，所以规章中关涉劳动者利益的重大事项的内容，必须通过协商。

三、工会对不适当规章制度的疑义权和协商修改权——用人单位规章制定权的限制之二

《工会法》第 6 条规定："维护职工合法权益是工会的基本职责。工会在维护全国人民总体利益的同时，代表和维护职工的合法权益。工会通过平等协商和集体合同制度，协调劳动关系，维护企业职工劳动权益。"用人单位规章制度的制定和实施过程中，工会主要是通过制定过程中就部分内容的协商（本条第 2 款）以及实施过程中对不当内容的疑义权和协商修改权来维护职工的利益。

工会的疑义权和协商修改权利产生的前提条件是规章制度在实施过程中，工会或职工认为不适当，这种不适当既包括实体方面的内容规定，也包括程序方面的不适当，如：规章制度规定权利义务对于劳动者来说过于苛刻，以及规章制度的制定程序没有遵循本条第二款的规定等。在《劳动合同法》中具体表现为：第 43 条规定，如果用人单位单方解除劳动合同，应当事先将理由通知工会。用人单位违反法律、行政法规规定或者劳动合同约定的，工会有权要求用人单位纠正。用人单位应当研究工会的意见，并将处理结果书面通知工会。第 78 条规定，用人单位违反劳动法律、法规和劳动合同、集体合同的，工会有权提出意见或者要求纠正；劳动者申请仲裁、提起诉讼的，工会依法给予支持和帮助。

四、劳动者对于涉及自身切身利益的规章制度的知情权——用人单位规章制定权的限制之三

从权利义务相对应的角度，劳动者劳动者对于涉及自身切身利益的规章制度的知情权，相对应的则是用人单位的公示告知义务。此外，公示是规范性文件生效的前提，规章制度的公示关系到规章的生效（对此将在下文论述）。最高人民法院《关于审理劳动争议案件适用法律若干问题的解释》第 19 条规定，用人单位规章可以作为人民法院审理劳动争议案件的依据，但是前提条件是该规章已向劳动者公示。

五、劳动行政部门对规章的审查权——用人单位规章制定权的限制之四

1997 年 11 月 25 日劳动部颁布《关于对新开办用人单位实行劳动

规章制度备案制度的通知》（劳部发〔1997〕338号）明确对新开办用人单位实行的劳动规章制度进行审查备案，各地先后颁布了相关的规范性文件，如：《广东省用人单位劳动规章制度审查备案办法》、《江苏省用人单位劳动规章制度审查备案办法》等。根据劳动部《关于对新开办用人单位实行劳动规章制度备案制度的通知》（劳部发〔1997〕338号）劳动行政部门主要是对新开办用人单位规章制度的合法性进行备案审查，具体包括：劳动规章制度内容是否符合法律法规、规定；制定劳动规章制度的程序是否符合有关规定。经审查，发现用人单位的劳动规章制度内容违反法律、法规规定的，应责令其限期改正。审查备案影响规章制度的生效，根据《广东省用人单位劳动规章制度审查备案办法》规定："劳动行政部门自收到用人单位劳动规章制度之日起30日内应将《用人单位劳动规章制度审查备案意见书》送达用人单位。劳动行政部门自收到用人单位劳动规章制度之日起30日内未提出异议的，劳动规章制度即行生效。"

【理解与适用】

一、规章制度的性质

用人单位内部劳动规章，有的国家和地区称为雇佣规则、工作规则或从业规则等，是指用人单位依法制定并在本单位实施的组织劳动和进行劳动管理的规则。[①] 劳动规章具有以下特点：（1）用人单位单方制定，尽管法律要求就涉及职工利益的重大事项需要职工的民主参与，但是最终起决定作用的还是用人单位。（2）效力范围的全面性，即劳动规章能够约束用人单位及其内部的全体职工，《劳动法》第3条第2款规定："劳动者应当完成劳动任务，提高职业技能，执行劳动安全卫生规程，遵守劳动纪律和职业道德。"（3）目的的管理性，即用人单位制定劳动规章的根本目的在于加强对于内部人员的管理，建立良好的劳动秩序。对于劳动规章的性质，学界有不同观点：

（一）契约说

该观点认为，劳动规章具有契约的属性，其尽管由用人单位单方制定，但是，劳动者在签订劳动合同进入用人单位从事劳动时，已经默示

---

① 参见王全兴：《劳动法》，2版，180页，北京，法律出版社，2004。

同意或概括同意了劳动规章。该学说又分为：附合合同说①和格式条款说②，前者认为劳动规章是作为劳动合同的附属部分而存在，因此，其具有契约的约束力；后者认为劳动规章是用人单位单方制定，劳动者只能概括地接受或不接受，并且，劳动规章针对不同的劳动者重复适用，具有格式化和定型化的特征。

（二）法规说

此观点认为，劳动规章由用人单位单方制定，具有类似于法规范的强制效力，与劳动者的主观意思表示无关。该学说具体包括：（1）经营权说，其认为用人单位基于其经营管理权限，在工作场所之内制定颁布实施劳动规章具有正当性，因此，无须劳动者同意；（2）授权立法说，其认为用人单位劳动规章是基于法律、法规的授权，我国劳动法和劳动合同法都明确用人单位应该依法制定和完善劳动规章，并且要求劳动者遵守"劳动纪律"；（3）习惯法规说，其认为劳动规章由用人单位单方制定且具有强制性效力是源自其企业经营管理的惯例，具有习惯法的特性。

此外，关于劳动规章的性质的学说还有事实说和集体合意说等。前者认为劳动规章无规范的效果，最多只有事实上意思通知之效力。后者则认为劳动规章制定过程中具有职工民主参与，具有集体协议的性质。

目前，学者根据《劳动法》、《劳动合同法》以及最高人民法院关于劳动规章的司法解释的规定，认为我国的劳动规章具有授权法规的属性。但是我们认为劳动规章从根本上来说是具有契约属性的，其原因在于：

一是，从目前关于劳动规章的实践来看，其正在从隐性化向显性化转变，过去基于计划经济体制以及企业的所有制性质，使得其制定的规章具有授权立法的性质，但是，随着经济体制的转变和企业所有制形式的多元化，用人单位制定规章的单方性不断削弱，职工的民主参与、工会的监督是职工意志的渗透和体现。

二是，从劳动规章的公示来看，用人单位采取的形式多样，如：作为合同附件签收、厂区公告等，劳动者对于劳动规章的签收和认知从形式上具有默示认可的效力。

---

① 参见黄越钦：《劳动法新论》，138～139 页，北京，中国政法大学出版社，2003。

② 参见高圣平：《用人单位劳动规章制度的性质辨析——简评〈劳动合同法（草案）〉的相关条款》，载《法学》，2006（10）。

三是，从最高人民法院两个关于审理劳动争议案件适用法律若干问题的司法解释中有关劳动规章的规定来看，其对于规章效力的认定的前提是劳动者的民主参与以及规章的公示，实际上是突出了劳动者的意志而削弱了用人单位的单方性。

二、规章公示的具体方式

规章要对用人单位及其内部全体职工产生效力，就应当为全体职工所了解，因此公示是规章生效的要件。实践中具体的公示方式主要有以下几种：

1. 将劳动规章作为劳动合同的附件，在签订劳动合同时，由职工一同签收。

2. 将规章发放给每个员工阅读，并在领取规章时签字确认。也可以制作阅读声明由员工签字，内容包括员工确认"已经阅读"并且承诺"遵守"。

3. 在厂区将规章内容公告，并且以对公告的现场进行拍照、录像等方式记录备案，并可由厂区的治安、物业管理等人员见证，如：在公示栏公布、在集体宿舍和工作场所张贴劳动规章。

4. 委托工会或召开职工大会公示，并以适当方式保留证据。

5. 定期举办劳动规章培训，要求全体职工出席并登记名录。

6. 通过企业发文或者局域网的方式发布规章等。

三、规章内容与劳动合同和集体合同规定不一致时的适用

劳动规章由用人单位单方制定，而劳动合同和集体合同则是双方当事人平等协商一致的结果，二者规定不一致时，应该如何适用是司法实践中存在的一个问题。最高人民法院《关于审理劳动争议案件适用法律若干问题的解释（二）》第16条规定："用人单位制定的内部规章制度与集体合同或者劳动合同约定的内容不一致，劳动者请求优先适用合同约定的，人民法院应予支持。"该规定确立了规章内容与劳动合同和集体合同约定不一致时适用的规则：

一是，劳动者有选择适用的权利，该规定明确规定支持劳动者优先适用合同约定的请求。这实际上是倾斜保护劳动者利益的具体体现，基于有利于劳动者自身利益的考虑，由劳动者作出规则适用的选择。

二是，从权利制衡的角度来看，对用人单位单方制定的规章制度适用中出现的瑕疵，赋予相对方选择适用的权利，能够限制用人单位滥用制定劳动规章权利，体现了"分蛋糕者最后拿蛋糕"的制衡理念。

三是，从劳动规章的性质来看，我们认为其具有契约的属性。但是其又是用人单位单方制定的，因此具有定型化和格式化的特定。如果其与劳动合同的约定不一致，一方面应该作出不利于格式条款提供方的解释；另一方面，则应该优先适用合同约定。

第五条 （三方协调机制）

县级以上人民政府劳动行政部门会同工会和企业方面代表，建立健全协调劳动关系三方机制，共同研究解决有关劳动关系的重大问题。

【相关法条】

《三方协商促进履行国际劳工标准公约》（国际劳工组织 144 号公约）

《劳动法》

第九条 国务院劳动行政部门主管全国劳动工作。

县级以上地方人民政府劳动行政部门主管本行政区域内的劳动工作。

劳动部《关于〈中华人民共和国劳动法〉若干条文的说明》（劳办发［1994］289 号）

第九条 国务院劳动行政部门主管全国劳动工作。

县级以上地方人民政府劳动行政部门主管本行政区域内的劳动工作。

本条第一款，以法律形式明确了国务院劳动行政部门的地位和职责。第二款明确了县级以上各级地方领导的地位和职责。

本条中的"劳动工作"包括劳动就业、劳动合同和集体合同、工时和休息休假、工资、劳动安全卫生、女职工和未成年工特殊保护、职业培训、社会保险和福利、劳动争议处理、劳动监督检查以及依照法律责任追究违法后果等，与国务院批准的劳动部"三定"方案是一致的。

《工会法》

第三十四条 县级以上地方各级人民政府可以召开会议或者采取适当方式，向同级工会通报政府的重要的工作部署和与工会工作有关的行政措施，研究解决工会反映的职工群众的意见和要求。

各级人民政府劳动行政部门应当会同同级工会和企业方面代表，建立劳动关系三方协商机制，共同研究解决劳动关系方面的重大问题。

劳动部、全国总工会、国家经贸委《关于进一步完善劳动争议仲裁三方机制的通知》（劳部发［1996］85号）

劳动和社会保障部、中华全国总工会、中国企业联合会、中国企业家协会《关于建立健全劳动关系三方协调机制的指导意见》

四、积极探索劳动关系三方协调机制的运作方式，加强对劳动关系三方协调机制工作的指导。三方要本着相互理解、相互信任、相互支持和兼顾国家、企业、职工利益的原则，充分发挥三方协调机制的优势，在最广泛的范围内达成一致意见。要紧紧围绕本地区劳动关系方面的突出问题开展工作。根据不同时期的实际情况，突出工作重点，抓住职工普遍关心的影响劳动关系和谐稳定的全局性问题，开展工作，充分发挥三方协调机制的作用。

劳动和社会保障部、中华全国总工会、中国企业联合会、中国企业家协会《关于开展创建劳动关系和谐企业与工业园区活动的通知》（劳社部发［2006］25号）

三、……（二）2.园区建立协调劳动关系三方机制和劳动争议调解机制。对园区内企业带有普遍性、倾向性问题开展协商，预防和调解劳动纠纷，及时化解矛盾，园区内没有发生重大的群体性、突发性事件。

四、各级劳动保障部门、工会组织和企业代表组织要高度重视创建活动，在当地党委、政府领导下，依托协调劳动关系三方机制共同做好组织实施工作。要按照"整体规划、分级实施、突出重点、循序推进"的工作思路，结合本地实际，制定具体的实施方案，针对当地企业和工业园区情况确定不同时期的创建活动重点，加强分类指导，严格掌握标准，规范工作程序，保证创建活动规范有序，健康发展。

…………

各省、自治区、直辖市协调劳动关系三方会议办公室要及时将本地区开展创建活动的进展情况报国家协调劳动关系三方会议办公室。

建设部、中国海员建设工会全国委员会、中国建筑业协会《关于在全国建设系统推行协调劳动关系三方会议制度的意见》（建人教［2002］226号）

建设部人事教育司全国建设系统协调劳动关系三方会议办公室《关于启用建设系统协调劳动关系"三方会议信箱"的通知》

《国家协调劳动关系三方会议办公室工作规则》

【草案相关条文比较】

二审稿第 5 条规定："县级以上人民政府劳动行政部门会同同级工会和企业方面代表，建立健全协调劳动关系三方机制，共同研究解决劳动关系方面的重大问题，督促用人单位与工会组织或者职工代表建立集体协商机制。"本条是关于三方协调机制的规定，草案对该条的表述变化不大，只是在三审稿、四审稿更为突出三方性，并且强化政府在三方协调中的作用。

【法条评析】

本条是关于劳动关系的三方协调机制的规定，三方协调机制是国际劳工组织（ILO）大力推行的一种劳资关系的协调模式，从某种意义上说，是国际劳工组织的构成模式及理念的延伸。1976 年，国际劳工组织通过的第 144 号公约《三方协商促进履行国际劳工标准公约》和第 152 号建议书《三方协商促进国际劳工标准公约和促进有关国际劳工活动的国家行动建议书》以及 1960 年通过的第 113 号建议书《产业与国家两级主管当局与雇主组织及工人之间进行协商与合作建议书》，其主要内容是：会员国承诺保证国际劳工组织活动有关事宜应在政府、雇主、工人代表之间进行有效协商。我国于 1990 年批准了第 144 号公约，并在 2001 年 10 月 27 日第九届全国人大常委会二十四次会议通过的《中华人民共和国工会法》修正案中确立了三方协商机制。[①] 2001 年 8 月，我国成立了国家协调劳动关系三方会议，截至 2004 年年底，全国共建立各级三方协调机制 6 684 个，其中，省级建制率达到 100%，地级建制率达到 74.5%，县级建制率达到 59.8%，初步形成了多层次的网络化组织体系。[②] 三方协商机制的具体构成为：

（一）政府

随着改革开放的深入和我国的经济体制的转变，企业的经营模式和

---

① 参见陈黎：《试谈建立劳动安全卫生三方协调机制》，载《劳动保护》，2003（4）。

② 参见《我国协调劳动关系三方机制省级建制率已达 100%》，载新华网，http://news.xinhuanet.com/society/2005-10/19/content_3648225.htm。

用工模式都发生了巨大的变化，劳动力市场的供求失衡以及用人单位对于经济效益的追求，使得劳动者利益容易受到侵害，近年我国劳资纠纷逐步增多，全国法院审理的劳动争议案件每年约以 20％的速度递增，成为民事审判中的热点和难点①，也成为影响和谐社会构建的不稳定因素之一。政府的介入使得劳资关系得以缓和，通过政府对劳动者与用人单位双方的协商的行政支持以及财务支持，强化政府当局与雇主组织和工人组织之间的有效协商，实现劳动者与用人单位关系的和谐稳定，实际上体现了现代法治社会国家适度干预的理念。

（二）工会代表

工会法确立了工会的四大社会职能，即建设职能、教育职能、维护职能、参与职能。其中《工会法》第 6 条第 1 款规定："维护职工合法权益是工会的基本职责。工会在维护全国人民总体利益的同时，代表和维护职工的合法权益。工会通过平等协商和集体合同制度，协调劳动关系，维护企业职工劳动权益。"因此，工会应当突出其维护职能，积极参与制定涉及职工切身利益的政策；推动建立平等协商和签订集体合同制度工作；指导、帮助职工签订劳动合同，督促企业认真执行劳动合同，积极落实三方协调所达成的意见。

（三）企业方代表

企业之间尽管在市场中存在竞争关系，但是，为了在与工会方的协商中，维护自己的利益，实现企业利益的最大化，企业之间则会联合起来。企业代表主要是经过企业协会所选定的用人单位代表参与三方协商，维护用人单位方的利益，反映经营者的意见和要求，减轻企业的负担。目前我国主要是由中国企业联合会/中国企业家协会担任企业代表参与三方协商。

【理解与适用】

三方协调机制是市场经济高度发展的必然结果，是为实现不同主体相互之间的利益最大化而采取的一种协调机制。其理论基础在

---

① 参见《保护劳动者合法权益促进劳动关系和谐稳定——最高人民法院负责人就〈关于审理劳动争议案件适用法律若干问题的解释（二）答记者问〉》（上），载中国法院网，http://www.chinacourt.org/public/detail.php？id＝215581。

于"社会伙伴关系"理论，而该理论是发达国家为了应对经济全球化背景下的产业结构转变而引发的劳资冲突而提出的。因此，实现劳资关系从"斗争"向"合作"转变，在劳动者与用人单位之间建立社会伙伴关系，构建和谐稳定的劳动关系则是三方协调机制的目标。

我国目前建立了多层次的三方协调机制，本条中明确县级以上人民政府劳动行政部门建立三方协调机制的责任。但是，从目前我国的三方协调机制的实际运行来看，还存在一定的问题：

（一）三方协调机制的形式化

各地建立的三方协调机构缺乏长效性的制度化的协商机制，使得三方协调具有形式化倾向。同时，协调机构自身的职能定位以及协商意见的规范效力问题使得三方协调达成的结果缺乏权威性和实效性，使得协商结果仅具有宣示性效果。

（二）协调方缺乏代表性

在三方协商机制中，工会代表和企业代表是重要的参与者、最终意见的决策者和执行者。而在我国的实践中，企业代表主要由中国企业联合会/中国企业家协会担任，而就中国企业联合会/中国企业家协会的主体资格而言，其更多是作为国家经济管理的对象存在，并不具备在劳动关系中与劳动者相对应的用人单位代表的地位。此外，中国企业联合会/中国企业家协会的组织层级并没有完全延伸至市、县一级，因此在实际的三方协商中难以形成与工会代表的对应关系。

而我国的工会组织也缺乏独立性，一方面，经济上缺乏独立性，依赖企业和国家行政的支付；另一方面，组织机构上缺乏独立性，工会负责人员多是由企业的管理者兼任。因此，工会代表在协商过程中并不能完全代表劳动者利益，维护他们的利益。

因此，为了切实落实三方协调机制，我们应该强化不同代表方的职能作用和机构建设，政府劳动行政部门应该要发挥在协调经济和社会政策方面的积极性和主动性，尽管不能完全依靠行政强制，但是，在三方协调机制中应该确立劳动行政部门的主导地位，树立政府的权威。此外，应该要强化工会组织和企业协会组织的建设和职能，使得它们能够真正代表劳动者和用人单位的利益，在三方协调机制中充分发挥自身作用。

第六条 （集体协商机制）

工会应当帮助、指导劳动者与用人单位依法订立和履行劳动合同，并与用人单位建立集体协商机制，维护劳动者的合法权益。

【相关法条】

《劳动法》

第七条 劳动者有权依法参加和组织工会。

工会代表和维护劳动者的合法权益，依法独立自主地开展活动。

第八十八条 各级工会依法维护劳动者的合法权益，对用人单位遵守劳动法律、法规的情况进行监督。

....

《工会法》

第二十条 工会帮助、指导职工与企业以及实行企业化管理的事业单位签订劳动合同。

工会代表职工与企业以及实行企业化管理的事业单位进行平等协商，签订集体合同。集体合同草案应当提交职工代表大会或者全体职工讨论通过。

工会签订集体合同，上级工会应当给予支持和帮助。企业违反集体合同，侵犯职工劳动权益的，工会可以依法要求企业承担责任；因履行集体合同发生争议，经协商解决不成的，工会可以向劳动争议仲裁机构提请仲裁，仲裁机构不予受理或者对仲裁裁决不服的，可以向人民法院提起诉讼。

中华全国总工会《关于做好帮助和指导职工签订劳动合同工作的意见》（总工发［2006］43号）

【草案相关条文比较】

征求意见稿第7条规定："工会组织应当帮助、指导劳动者与用人单位依法订立和履行劳动合同，维护劳动者的合法权益。工会组织或者职工代表有权与用人单位通过平等协商，就劳动报酬、工作时间、休息休假、劳动安全卫生、保险福利等事项签订集体合同。"此后的草案将第2款内容另立条文规定了，突出工会在帮助和指导劳动者签订、履行劳动合同方面的职责。

【法条评析】

一、工会对劳动者订立和履行劳动合同的帮助、指导职责

劳动合同是劳动者与用人单位双方权利和义务的基础，是建立和完善社会主义市场经济体制的内在要求。进一步建立健全劳动合同制度，对于培育和发展劳动力市场，建立统一、开放、公平和规范的劳动力市场运行机制；促进劳动力的合理流动和劳动力资源的合理配置；依法规范用人单位的用工行为，加强劳动管理，增强用人单位的社会责任；充分保障职工和用人单位的合法权益，预防和妥善处理劳动争议，建立和谐稳定的劳动关系；促进经济社会协调发展，构建社会主义和谐社会，都具有重要意义。

而帮助和指导职工与用人单位签订劳动合同，是法律赋予工会的重要职责，是工会推动劳动合同制度实施的切入点和主要任务，是工会依法维护职工合法权益的重要途径。签订规范的劳动合同，是依法维护职工合法权益的前提和基础。各级工会要从加强协调劳动关系、构建社会主义和谐社会的高度，充分认识新形势下推进劳动合同制度实施、帮助和指导职工签订好劳动合同的重要性和必要性，逐步推动解决目前存在的劳动合同内容和签订程序不规范，权利和义务不对等，合同期限短期化，劳动合同签订率、履约率低，劳动合同管理不规范，劳动监察不到位等问题，从建立劳动关系的起点上做好维护职工合法权益的工作。

第一，工会应该加强劳动合同制度的宣传以及职工劳动合同知识的培训，积极发挥其教育职能，通过培训和宣传使劳动者熟悉和掌握签订劳动合同的相关法律法规知识、签订劳动合同程序、协商要领等，提高劳动者的法制观念和维权意识，从而在广大劳动者群体中形成积极签订和履行劳动合同的良好氛围。

第二，工会应该为劳动者订立和履行劳动合同提供相关法律政策咨询服务。帮助职工了解劳动法律、法规和政策规定，督促企业履行告知义务，如实告知职工工作内容、工作条件、工作地点、职业危害、安全生产状况、劳动报酬、保险福利以及职工希望了解的其他与订立和履行劳动合同直接相关的情况。对职工签订劳动合同过程中提出的问题及时

给予解答。教育职工如实告知自己的就业经历、技能及其他方面的真实情况，为职工签订劳动合同提供帮助和指导。

第三，工会应该参与劳动合同文本的制定和修改，通过工会的参与，保证职工与用人单位平等自愿、公正合理地协商劳动合同内容，切实维护职工合法权益。参与制定劳动合同文本之前，基层工会要认真听取职工的意见和要求，积极同用人单位沟通，表达职工的正当要求。要代表职工与用人单位进行协商，对劳动合同格式文本中有关试用期、劳动合同的期限和终止条件、工作时间和休息休假、劳动报酬及工资支付办法、劳动保护和劳动条件、社会保险和福利待遇、教育培训以及违约责任等内容提出明确的意见和建议。地方工会和产业工会要积极参与地方和产业（行业）劳动合同示范文本的制定，根据本地区、本产业（行业）的实际情况和特点，充分体现职工的意愿和要求，提出既能促进企业发展，又能维护职工合法权益的意见建议。通过工会的参与，确保职工缔结劳动合同的平等法律地位和独立意志，实现协商一致的定约原则。

第四，工会积极监督劳动合同的签订和履行，全面掌握劳动合同签订和履行的情况，督促用人单位建立劳动合同管理档案，提高劳动合同管理水平。及时掌握职工劳动合同的签订、变更、续订、解除、终止和履行情况。认真监督用人单位和职工签订劳动合同。主要监督劳动合同是否以书面形式签订，用人单位和职工是否各执一份，劳动合同条款是否符合有关法律、法规以及集体合同的规定，职工应当享有的各种待遇是否得到体现等，防止出现无效或损害职工合法权益的劳动合同。要将劳动合同签订和履行情况纳入到用人单位向职代会报告和审议的事项中。实行劳动力派遣用工的，劳动力接受单位工会要督促劳动力派遣单位与劳务派遣工签订劳动合同。同时，在劳动合同履行过程中，工会一方面应该督促劳动者积极地按劳动合同约定履行义务，另一方面，则应该加强与用人单位的沟通和协调，督促其认真履行劳动合同，对于合同履行过程中的不当行为，应该积极地提出意见，维护劳动者的利益。《劳动保障监察条例》第7条第1款规定："各级工会依法维护劳动者的合法权益，对用人单位遵守劳动保障法律、法规和规章的情况进行监督。"

第五，工会应该认真做好因签订、履行劳动合同发生的劳动争议的调解工作。当职工与用人单位发生劳动合同争议时，工会应及时调查了解发生争议的原因和情形，并及时进行调解。如果因用人单位违反法律、法规和劳动合同引发争议，工会应督促用人单位改正，用人单位拒不改正的，要建议劳动监察部门依法处理。职工申请仲裁或者提起诉讼的，工会应当依法给予支持和帮助，必要时为职工提供法律援助。

二、工会集体协商的职责

集体协商是指企业工会或职工代表与相应的企业代表，为签订集体合同进行商谈的行为。主要是工会代表职工与用人单位在平等合作和协商一致的原则基础上就职工的劳动报酬、工作时间、休息休假、劳动安全卫生、保险福利等涉及职工合法权益的事项进行商谈的行为。

与用人单位积极进行平等协商、签订集体合同，既是工会组织的重要职责，也是工会组织维护职工权益实现职工的民主参与的重要途径。

一方面，开展集体协商签订集体合同工作，建立企业自主协调劳动关系机制，不仅是建立现代企业制度、调整企业劳动关系的内在要求，也是实现我国适应社会主义市场经济发展要求的劳动关系调整体制目标的重要举措。做好这项工作，对于促进劳动关系和谐稳定，调动广大职工的积极性、创造性，促进企业生产发展和经济效益的提高，维护改革、发展、稳定局面，都具有十分重要的意义。

另一方面，通过集体协商签订集体合同，确定劳动合同的签订、变更、解除、续订的程序和一般原则以及劳动合同终止的条件，试用期的条件和期限，劳动合同管理、劳动报酬和劳动条件等涉及职工切身利益的重要问题，通过集体合同的规范效力来限定用人单位在与单个劳动者缔结劳动合同过程中滥用缔约的权利。

【理解与适用】

一、工会工作人员拒不履行或不适当履行其职责的责任

由于我国工会的独立性不强，使得部分工会工作人员不能明确自身定位，在实际工作中不履行或者不适当履行自己维护职工权益的基本职责。根据《中国工会章程》规定，我国工会会员享有批评和监督工会的任何组织和任何工作人员的权利，以及选举、撤换或罢免工会工作人员的权利。《工会法》第 55 条规定："工会工作人员违反本法规定，损害职工或者工会权益的，由同级工会或者上级工会责令改正，或者予以处

分；情节严重的，依照《中国工会章程》予以罢免；造成损失的，应当承担赔偿责任；构成犯罪的，依法追究刑事责任。"

在集体协商过程中对于不履行或不当履行职责的工会代表，工会可以更换职工一方协商代表；未建立工会的，经本单位半数以上职工同意可以更换职工一方协商代表。

二、集体协商中应该发挥政府劳动行政部门的作用

政府对于整个社会经济政策的制定和执行具有重要作用，《劳动法》第9条规定："国务院劳动行政部门主管全国劳动工作。县级以上地方人民政府劳动行政部门主管本行政区域内的劳动工作。"各级工会要积极争取党委和政府的重视和支持，依托劳动关系三方协调机制，尽管政府不能完全依靠行政手段干涉集体协商，但是政府能够发挥自身的调节者作用，促成集体协商的结果实现。

第二章　劳动合同的订立

第七条　（劳动关系的建立）

用人单位自用工之日起即与劳动者建立劳动关系。用人单位应当建立职工名册备查。

【相关法条】

劳动部关于印发《关于贯彻执行〈中华人民共和国劳动法〉若干问题的意见》的通知（劳部发〔1995〕309号）

2. 中国境内的企业、个体经济组织与劳动者之间，只要形成劳动关系，即劳动者事实上已成为企业、个体经济组织的成员，并为其提供有偿劳动，适用劳动法。

《北京市劳动合同规定》

第八条　用人单位自用工之日起即与劳动者建立劳动关系。建立劳动关系应当订立劳动合同。

【草案相关条文比较】

征求意见稿第10条规定："未以书面形式订立劳动合同的，劳动关系自劳动者为用人单位提供劳动之日起成立。"二审稿第7条规定："用人单位自用工之日起即与劳动者建立劳动关系。建立劳动关系应当办理用工手续，订立书面劳动合同。"增加规定了"办理用工手续"但未明确其内容。第8条规定："用人单位招用劳动者，应当建立招用的劳动者名册，向劳动者发放工作证件。"三审稿第7条规定："用人单位自用工之日起即与劳动者建立劳动关系。用人单位应当建立招工名册备查。"三审稿将二审稿第7、8条的内容合并，将"办理用工手续"① 删去，采用更加具体的"应当建立招工名册备查"，保证劳动者在发生劳动争议时能够获得证明劳动关系存在的证据。四审稿第 7 条规定："用人单位自用工之日起即与劳动者建立劳动关系。用人单位应当建立职工名册备查。"此处将三审稿中的"招工名册"改为"职工名册"。四审稿和通过时无修改。

值得注意的是，征求意见稿和二审稿将建立劳动关系和订立劳动合同合在一条中规定，三审稿则区分了建立劳动关系和订立劳动合同，并用不同条文进行规定。在审议二审稿时，有些意见认为，按照草案规定，订立书面劳动合同有三种情况：一是在建立劳动关系的同时订立，二是在建立劳动关系后 1 个月内订立，三是在用工前订立。草案应针对以上不同情况，对于建立劳动关系与订立劳动合同的关系进一步予以明确，以防止产生纠纷。全国人大法律委员会经同财经委员会和国务院法制办、劳动保障部、全国总工会研究，建议对二审稿有关规定作如下修改：（1）规定"用人单位自用工之日起即与劳动者建立劳动关系。用人单位应当建立招工名册备查。"（草案三次审议稿第 7 条）用人单位自用工之日起即与劳动者建立劳动关系。用人单位应当建立招工名册备查。（第 7 条）（2）规定"建立劳动关系，应当订立书面劳动合同"。"已建立劳动关系，未同时订立书面劳动合同的，应当自用工之日起一个月内订立书面劳动合同。""用人单位与劳动者在用工前订立劳动合同的，劳动关系自用工之日起建立。"（草案三次审议稿第 10 条）② 这种区分是

---

① 用工手续一般指用工登记手续。如《上海市劳动合同条例》（2001 年 11 月 15 日上海市人大常委会通过）第 21 条明确规定："用人单位与劳动者建立劳动合同关系，应当向劳动和社会保障部门指定的经办机构办理用工登记手续。"该手续不是劳动合同生效的条件，而是用人单位必须履行的一项附随义务。《上海市单位招工、退工管理办法》（2001 年 3 月 16 日上海市劳动和社会保障局发布）第 11 条规定："用人单位录用劳动者为全工时制职工的，自录用之日起 30 日内持下列材料，到本市劳动行政部门所属区县职业介绍所（以下简称区县职业介绍所）办理招工登记备案手续：（一）录用人员的《劳动手册》；（二）单位与劳动者签订的劳动合同；（三）营业执照副本；（四）按劳动者户口地址分区县填写'上海市职工录用名册'（一式四联）。"该条规定了用人单位具有办理登记的义务和办理登记的材料。录用名册一式四联，第一联由受理招工录用登记备案手续的职业介绍所留存，第二联供职业介绍所盖章后调集档案，第三联由受理职业介绍所转交被录用职工户口所在区县职业介绍所，第四联由受理职业介绍所盖章后交用人单位留存。由上可见，用工登记手续使政府能够加强对劳动力市场的管理、监督，保护劳动合同当事人双方的合法权益。但工登记手续比较烦琐，在实践中的效果恐怕也有限，故而，《劳动合同法》仅规定"用人单位应当建立职工名册备查"。

② 参见全国人大法律委员会：《关于草案修改的说明》，2007-04-24。

《劳动合同法》的一个重要特点。

【法条评析】

本条规定了劳动关系的建立，主要包括劳动关系建立的时间和用人单位建立职工名册的义务两方面内容。

一、劳动关系建立的时间

《劳动合同法》第 7 条明确规定："用人单位自用工之日起即与劳动者建立劳动关系。"这规定了劳动关系建立的时间——自用工之日起。

尽管征求意见稿第 3 条对劳动关系下了定义，但由于争议较大，《劳动合同法》未对劳动关系下定义。① 从学理上来说，劳动关系是指劳动力所有者（劳动者）与劳动力使用者（用人单位）之间，以实现劳动为实质而发生的劳动力与生产资料相结合的社会关系。也可以说，劳动关系是指劳动者在运用劳动能力、实现劳动过程中与用人单位产生的一种社会关系。在我国，劳动关系具体表现为劳动者与用人单位——企业、国家机关、事业单位、社会团体、个体经济组织、民办非企业单位

---

① 征求意见稿第 3 条规定，本法所称的劳动关系，是指用人单位招用劳动者为其成员，劳动者在用人单位的管理下提供有报酬的劳动而产生的权利义务关系。有些群众认为，劳动关系的概念是草案的基础，建议慎重界定，目前草案对劳动关系的界定过于宽泛、原则，对于指导实践工作，解决用人单位与劳动者之间是否存在劳动关系争议的作用不大，而且引起其他歧义，建议修改。有的认为，是否构成劳动关系不能以"为其成员"为判断标准。当前市场经济中，产生了越来越多的不为用人单位成员的职业，如农民工、季节工、演艺员、单位的编制外雇员等，有些劳动者可能为用人单位工作了很多年，但仍不是用人单位的成员。以"为其成员"为判断是否是劳动关系的标准，与草案中有些规定矛盾，如以完成一定工作为期限的劳动合同中的劳动关系，外国企业等在中国境内与劳动者建立的劳动关系等。有的提出，"为其成员"、"单位的管理"都不能成为劳动关系的构成要件，如果用人单位不确认"为其成员"，或者隐藏、销毁"为其成员"和"单位的管理"的证据，或者劳动者无法提供这些证据，法院就可能判决劳动关系不存在。有的提出，"提供有报酬的劳动"不能成为劳动关系的构成要件。有些志愿者开展自愿活动，有的甚至义务劳动好几年，尽管志愿者的劳动不需要报酬，但其与用人单位形成了劳动关系，其劳动保护、保险等权益需要得到保护。有些大学毕业生愿意从事"零工资"的工作，没有报酬的劳动者的其他劳动权益需要得到保护，其与用人单位当然也形成劳动关系。有的认为，草案对劳动关系的界定比较含糊，不能区分劳动关系与雇佣关系、劳务关系、加工承揽等民事关系。建议以劳动岗位与用人单位的生产经营业务过程是否能够分离为区分标准，如果劳动者的岗位与用人单位的生产经营业务过程不能分离的，就构成劳动关系。参见全国人大常委会法制工作委员会：《各地人民群众对劳动合同法草案的意见（二）》，载中国人大网，http://www.npc.gov.cn/zgrdw/common/zw.jsp? label=WXZLK&id=348310&pdmc=1503，2006-04-06。

等组织之间发生的关系。因此，劳动关系的主体只有两个，即劳动关系中劳动力的所有者和劳动力的使用者，也就是拥有劳动力的劳动者和使用劳动力的用人单位。

劳动关系成立的条件：首先，用人单位和劳动者必须符合劳动法律、法规规定的主体资格，例如必须年满 16 周岁，某些工种如井下工作、繁重体力劳动等对未成年劳动者和妇女有所限制；其次，劳动者必须受用人单位的管理，具有从属性，否则就是平等主体之间的劳务关系；最后，劳动者必须由本人提供劳动。劳动和社会保障部《关于确立劳动关系有关事项的通知》（劳社部发［2005］12 号）规定："一、用人单位招用劳动者未订立书面劳动合同，但同时具备下列情形的，劳动关系成立。（一）用人单位和劳动者符合法律、法规规定的主体资格；（二）用人单位依法制定的各项劳动规章制度适用于劳动者，劳动者受用人单位的劳动管理，从事用人单位安排的有报酬的劳动；（三）劳动者提供的劳动是用人单位业务的组成部分。"由此可见，订立书面劳动合同并不是建立劳动关系的唯一形式，建立劳动关系和订立劳动合同是应该区分的。有可能未订立书面劳动合同，但属于"事实劳动关系"，劳动关系仍然成立。也有可能用人单位与劳动者在用工前订立劳动合同，劳动关系自用工之日起建立。

用人单位用工之日就是劳动关系建立的时间，这一规定对于"事实劳动关系"有特殊意义。所谓事实劳动关系，就是用人单位与劳动者虽然没有订立书面劳动合同，但双方实际履行了劳动法所规定的劳动权利、义务而形成的劳动关系。事实上的劳动关系与其他劳动关系相比，仅仅是欠缺了书面合同这一形式要件，但并不影响劳动关系的成立。我国《劳动法》第 16 条规定："建立劳动关系应当订立劳动合同。"第 19 条规定："劳动合同应当以书面形式订立。"但是当前我国经济成分的多层次性，以及劳动者本身就业方式的复杂性等，使得未订立书面劳动合同的事实劳动关系普遍存在。为解决这一问题，在对《劳动法》的解释中均将事实劳动关系认定为订立合同的形式和程序不符合法律规定，属于形式要件不合法，并不影响其法律效力。如劳动部于 1995 年 8 月 4 日发布的《关于贯彻执行〈中华人民共和国劳动法〉若干问题的意见》第 2 条规定："中国境内的企业、个体经济组织与劳动者之间，只要形成劳动关系，即劳动者事实上已成为企业、个体经济组织的成员，并为其提供有偿劳动，适用劳动法。"① 依据该条规定，只要双方的劳动关系事实上已经形成，就受到我国劳动法的保护，也就是说双方的劳动关系依法成立。又如最高人民法院《关于审理劳动争议案件适用法律若干问题的解释》（法释〔2001〕14 号）第 1 条明确规定："劳动者与用人单位之间发生的下列纠纷，属于《劳动法》第二条规定的劳动争议，当事人不服劳动争议仲裁委员会作出的裁决，依法向人民法院起诉的，人民法院应当受理：……（二）劳动者与用人单位之间没有订立书面劳动合同，但已形成劳动关系后发生的纠纷……"但这些毕竟不是法律的正式规定，而《劳动合同法》规定用人单位自用工之日起即与劳动者建立劳动关系，就为规制事实劳动关系提供了明确的法律依据。

二、用人单位建立职工名册的义务

《劳动合同法》第 7 条明确规定："用人单位应当建立职工名册备查。"这规定了用人单位建立职工名册的义务，同时也意味着劳动行政部门有权对用人单位建立职工名册的状况进行监督检查。

职工名册，一般又称作职工花名册。《现代汉语词典》（2002 年增补本）将名册释义为"登记姓名的簿子"，将花名册释义为"人员名册"，可见两者含义基本一样，只是名册正式一些，花名册通俗一些而已。旧时登录户口册子，把人名叫作"花名"，户叫作"花户"。花，言其错杂繁多，"花名册"即由此而来。法律文件中也有使用花名册一词的，如 2006 年《北京市对用人单位劳动保障情况书面审查管理办法》第 9 条规定："书面审查时用人单位应提交以下书面材料：……（三）职工花名册、劳动合同文本与台账、考勤记录……"从法律文件的性质来说，使用名册一词比较合适。

关于职工名册的样式，北京市丰台区劳动和社会保障局网站上有供下载的"招聘职工花名册"（参见下一页），可供参考。"招聘职工花名册"又可简称作"招工名册"。三审稿使用"招工名册"一词，四审稿才改为"职工名册"。这一改动是合理的，因为职工名册比招工名册更

① 此外，《关于贯彻执行〈中华人民共和国劳动法〉若干问题的意见》第 17 条规定："用人单位与劳动者之间形成了事实劳动关系，而用人单位故意拖延不订立劳动合同，劳动行政部门应予以纠正。用人单位因此给劳动者造成损害的，应按劳动部《违反〈劳动法〉有关劳动合同规定的赔偿办法》（劳部发〔1995〕223 号）的规定进行赔偿。"第 82 条规定："用人单位与劳动者发生劳动争议不论是否订立劳动合同，只要存在事实劳动关系，并符合劳动法的适用范围和《中华人民共和国企业劳动争议处理条例》的受案范围，劳动争议仲裁委员会均应受理。"

准确地表达出了已经建立劳动关系的劳动者的身份是职工，职工名册的概括性更强一些，可以包括"签订劳动合同职工花名册"、"招收劳动合同制职工录用花名册"、"现有职工花名册"等实践中出现的各种名册。从丰台区劳动和社会保障局制作的"招聘职工花名册"来看，该表一式三份，由用人单位、区（县）劳动保障局、街道（镇）劳动部门各留一份，用人单位必须填写营业执照注册号、社会保险登记证号、经办人、单位电话、单位经济性质、隶属关系等并盖章，用人单位每招聘一名职工必须填写其姓名、身份证号、性别、政治面目、文化程度、招聘来源、档案管理模式、合同期限、工种、家庭详细地址等。其中招聘来源栏目内，按失业人员、技校、职业高中毕业生、企业下岗待工人员、个人存档人员分类填写；档案管理模式栏目内，则分为 A：聘用期间用人单位保存档案，B：聘用期间由用人单位委托职业介绍服务中心集体存档，填写时只填写 A、B 序号。该表不得复印、复写。填写时须用蓝黑钢笔或黑色签字笔填写，不得用圆珠笔填写。区、县劳动保障局也要在名册上盖章。由此可见，职工名册可以由劳动和社会保障部门提供格式文本，并要求用人单位以一式三份的方式提交劳动和社会保障部门，从而实现有效的管理和监督监察。①

　　劳动行政部门有权对用人单位建立职工名册的状况进行监督检查。《劳动合同法》第 74 条规定："县级以上地方人民政府劳动行政部门依法对下列实施劳动合同制度的情况进行监督检查：……（二）用人单位与劳动者订立和解除劳动合同的情况……"第 75 条规定："县级以上地方人民政府劳动行政部门实施监督检查时，有权查阅与劳动合同、集体合同有关的材料，有权对劳动场所进行实地检查，用人单位和劳动者都应当如实提供有关情况和材料。"职工名册显然属于"用人单位与劳动者订立劳动合同的情况"，也属于"与劳动合同、集体合同有关的材料"。结合这两条的规定，劳动行政部门有权依法对用人单位建立职工名册的状况进行监督检查，有权查阅职工名册，用人单位有建立职工名册的义务和在接受检查时如实提供职工名册的义务。

---

　　① 我国台湾地区"劳动基准法"第 7 条（劳工名卡之置备暨登记）规定："雇主应置备劳工名卡，登记劳工之姓名、性别、出生年月日、本籍、教育程度、住址、身份证统一号码、到职年月日、工资、劳工保险投保日期、奖惩、伤病及其他必要事项。前项劳工名卡，应保管至劳工离职后 5 年。"与我国大陆相比较，我国台湾地区的规定更加详细和明确，值得借鉴。

【理解与适用】

适用中应注意保存证明劳动关系建立和存在的证据。

在订立书面劳动合同时，证明劳动关系的存在比较容易，但如果没有书面劳动合同，则必须广泛收集、保存证据以证明劳动关系的建立和存在。《关于确立劳动关系有关事项的通知》（劳社部发〔2005〕12号）规定："二、用人单位未与劳动者签订劳动合同，认定双方存在劳动关系时可参照下列凭证：（一）工资支付凭证或记录（职工工资发放花名册）、缴纳各项社会保险费的记录；（二）用人单位向劳动者发放的'工作证'、'服务证'等能够证明身份的证件；（三）劳动者填写的用人单位招工招聘'登记表'、'报名表'等招用记录；（四）考勤记录；（五）其他劳动者的证言等。其中，（一）、（三）、（四）项的有关凭证由用人单位负举证责任。"另外，开会通知、报销单据等等也可以作为参照。上述能证明事实劳动关系的各项证据中，虽然都具备单独成立的条件，但在有些情况下，"孤证"的效力要弱一些，所以，劳动者应当尽可能多地提供相关证据，使其成为"证据链"，相互印证，增加其效力。当然，由于劳动争议不同于一般的的民事案件，其举证责任规则不完全适用"谁主张，谁举证"的原则，因为在许多情况下劳动者是难以得到充分的证据的。因此，有关法律规定用人单位承担举证责任，虽然是劳动者提出诉讼请求，但劳动者并不负有举证责任，而用人单位则必须举出相反的证据来证明劳动者的诉讼请求不能成立，否则就要承担败诉的法律后果，这就是所谓的"举证责任倒置"。尽管《劳动合同法》没有明确规定劳动关系存在的举证责任[1]，

---

[1] 征求意见稿发布后，有的建议将第9条第4款修改为：用人单位和劳动者对于是否存在劳动关系有争议的，由用人单位进行举证，如不能充分证明，即视为存在劳动关系。认为用人单位相对处于优势地位，拥有各种资料，更有条件履行举证义务，建议在是否存在劳动关系问题上，实行举证责任倒置。参见全国人大常委会办公厅新闻局：《各地人民群众对劳动合同法草案的意见（一）》，载中国人大网，http://www.npc.gov.cn/zgrdw/common/zw.jsp?label=WXZLK&id=348050&pdmc=1503，2006-03-27。有的提出，在实践中有些事实劳动关系的劳动者，在发生工伤后，往往没有证据证明自己是用人单位的职工，从而无法认定工伤，建议草案明确规定双方就是否存在事实劳动关系发生争议时，由用人单位承担举证责任。参见全国人大常委会法制工作委员会：《各地人民群众对劳动合同法草案的意见（二）》，载中国人大网，http://www.npc.gov.cn/zgrdw/common/zw.jsp?label=WXZLK&id=348310&pdmc=1503，2006-04-06。

招聘职工花名册

营业执照注册号：□□□□□□□□□□□□□□

社会保险登记证号：□□□□□□□□□□□□□

用人单位（盖章）：

经办人：　　　　　　　单位电话：

单位经济性质：　　　　隶属关系：

姓名	身份证号	性别	政治面目	文化程度	招聘来源	档案管理模式	合同期限	工种	家庭详细地址

区、县劳动保障局（盖章）

年　　月　　日

说明：1. 此表一式三份，用人单位、区（县）劳动保障局、街道（镇）劳动部门各一份；

2. 招聘来源栏目内，按失业人员、职业高中毕业生、技校、企业下岗待工人员、个人存档人员分类填写；

3. 档案管理模式栏目，分为A、B序号。A：聘用期间用人单位保存档案。B：聘用期间由用人单位委托职业介绍服务中心集体存档。填写时只填写A、B序号。

4. 此表不得复印、复写。填写时须用蓝黑钢笔或黑色签字笔填写，不得用圆珠笔填写。

劳动和社会保障部的上述规定,确定"工资支付凭证或记录(职工工资发放花名册)、缴纳各项社会保险费的记录;劳动者填写的用人单位招工招聘登记表、报名表等招用记录;考勤记录"由用人单位负举证责任,是有利于保护劳动者的。由于这些凭证都由用人单位掌握,劳动者是无法得到的,不规定举证责任倒置也是不公平和不合理的。

第八条 (告知义务)

用人单位招用劳动者时,应当如实告知劳动者工作内容、工作条件、工作地点、职业危害、安全生产状况、劳动报酬,以及劳动者要求了解的其他情况;用人单位有权了解劳动者与劳动合同直接相关的基本情况,劳动者应当如实说明。

【相关法条】

《职业病防治法》

第三十条 用人单位与劳动者订立劳动合同(含聘用合同,下同)时,应当将工作过程中可能产生的职业病危害及其后果、职业病防护措施和待遇等如实告知劳动者,并在劳动合同中写明,不得隐瞒或者欺骗。

劳动者在已订立劳动合同期间因工作岗位或者工作内容变更,从事与所订立劳动合同中未告知的存在职业病危害的作业时,用人单位应当依照前款规定,向劳动者履行如实告知的义务,并协商变更原劳动合同相关条款。

用人单位违反前两款规定的,劳动者有权拒绝从事存在职业病危害的作业,用人单位不得因此解除或者终止与劳动者所订立的劳动合同。

《北京市劳动合同规定》

第十条 用人单位应当如实向劳动者说明岗位用人要求、工作内容、工作时间、劳动报酬、劳动条件、社会保险等情况;劳动者有权了解用人单位的有关情况,并应当如实向用人单位提供本人的身份证和学历、就业状况、工作经历、职业技能等证明。

《上海市劳动合同条例》

第八条 劳动者在订立劳动合同前,有权了解用人单位相关的规章制度、劳动条件、劳动报酬等情况,用人单位应当如实说明。

　　用人单位在招用劳动者时，有权了解劳动者健康状况、知识技能和工作经历等情况，劳动者应当如实说明。

【草案相关条文比较】

　　征求意见稿第 8 条规定："用人单位与劳动者建立劳动关系、订立劳动合同，应当如实告知劳动者工作内容、工作条件、工作地点、职业危害、安全生产状况、劳动报酬，以及劳动者希望了解的其他与订立和履行劳动合同直接相关的情况；用人单位有权了解劳动者与订立和履行劳动合同直接相关的年龄、身体状况、工作经历、知识技能以及就业现状等情况。"该条规定了用人单位和劳动者的告知义务，以保证劳动者和用人单位在订立劳动合同时充分知情。二审稿第 10 条规定："用人单位订立劳动合同时，应当如实告知劳动者工作内容、工作条件、工作地点、职业危害、安全生产状况、劳动报酬，以及劳动者希望了解的与劳动合同直接相关的其他情况；用人单位有权了解劳动者与劳动合同直接相关的基本情况，劳动者应当如实说明。"二审稿将列举式的"用人单位有权了解劳动者与订立和履行劳动合同直接相关的年龄、身体状况、工作经历、知识技能以及就业现状等情况"，修改为"用人单位有权了解劳动者与劳动合同直接相关的基本情况"，强调是"劳动合同直接相关"[1]，增加规定了"劳动者应当如实说明"[2]，其他的修改主要是使语

---

　　[1]　征求意见稿发布后，有群众建议对"用人单位有权了解劳动者与订立和履行劳动合同直接相关的年龄、身体状况、工作经历、知识技能以及就业现状等情况"作出修改。这条用人单位有权了解劳动者与订立和履行劳动合同直接"相关的"身体状况追加对"相关"一词的解释，保护劳动者的隐私不被侵犯。参见全国人大常委会办公厅新闻局：《各地人民群众对劳动合同法草案的意见（一）附：五位职工通过网络对劳动合同法（草案）提出的意见》，载中国人大网，http：//www.npc.gov.cn/zgrdw/common/zw.jsp? label＝WXZLK&id＝348049&pdmc＝1503，2006-03-27。

　　[2]　征求意见稿发布后，很多群众赞成规定用人单位与劳动者订立劳动合同时，有如实告知劳动者相关情况的义务，同时有了解劳动者基本情况的权利，认为这样规定有助于劳动合同的顺利履行。有的认为，为体现严肃性，用人单位应以书面形式履行其告知义务；还应对用人单位的告知义务规定相应的法律责任，否则劳动保障主管部门就没法处理，建议增加规定用人单位不履行告知义务的法律责任。有的用人单位认为，在实践中很多劳动者为获得工作，夸大个人简历或虚构个人能力，对此用人单位很难判断，容易影响人才的正确使用，建议增加规定劳动者的如实告知义务。参见全国人大常委会办公厅新闻局：《各地人民群众对劳动合同法草案的意见（一）》，载中国人大网，http：//www.npc.gov.cn/zgrdw/common/zw.jsp? label＝WXZLK&id＝348050&pdmc＝1503，2006-03-27。

言表述更为简洁，实质性内容并无大的变化。三审稿仅将"用人单位订立劳动合同时"改为"用人单位招用劳动者时"，将"劳动者希望了解的其他情况"改为"劳动者要求了解的其他情况"。四审稿和三审稿相同。

【法条评析】

本条规定了用人单位招用劳动者时用人单位和劳动者的告知义务。

告知义务，又称如实告知义务，是指在用人单位招用劳动者时，用人单位与劳动者应将双方的基本情况如实向对方说明的义务。其目的是使用人单位和劳动者在订立劳动合同时比较全面地了解对方与劳动合同相关的真实情况，防止盲目、草率地订立劳动合同，避免或减少不必要的劳动争议的发生。

一、用人单位的告知义务

《劳动合同法》第8条明确规定："用人单位招用劳动者时，应当如实告知劳动者工作内容、工作条件、工作地点、职业危害、安全生产状况、劳动报酬，以及劳动者要求了解的其他情况。"这规定了用人单位对劳动者的告知义务，是"为了保证劳动者在订立劳动合同时充分知情"[1]。

由于我国劳动力市场供求关系不平衡，用人单位在多数情况下处于强势地位，用人单位的情况对求职者的透明度往往是很低的，有些用人单位还存在发布虚假信息的情况，劳动者在与单位订立劳动合同时往往存在"信息很不对称"，用人单位履行告知义务对于体现公平原则十分必要。因此，《劳动合同法》规定了用人单位对劳动者的告知义务。

用人单位对劳动者的告知事项，除了列举的"工作内容、工作条件、工作地点、职业危害、安全生产状况、劳动报酬"外，还包括"劳动者要求了解的其他情况"，这些情况一般包括社会保险、工作时间、休息休假、用人单位制定的劳动规章制度，包括培训与服务时间挂钩的规定、劳动纪律、考勤制度、请假制度、处罚制度以及企业内已经签订的集体合同等。

用人单位对劳动者的告知事项中，"工作内容、工作条件、工作地点、职业危害、安全生产状况、劳动报酬"是法定的、无条件的，无论

---

[1] 田成平：《关于〈中华人民共和国劳动合同法（草案）〉的说明——2005年12月24日在第十届全国人民代表大会常务委员会第十九次会议上》，载《人民日报》，2006-03-21。

劳动者是否提出要求，用人单位都应当将上述情况如实告知劳动者。因为这些内容都是与劳动者的工作紧密相连的基本情况，是劳动者进行就业选择的主要因素，基本上都是劳动合同的必备条款（参见《劳动合同法》第17条）。因此，对于劳动者要求了解的其他情况，用人单位也应当如实告知。

二、劳动者的告知义务

《劳动合同法》第8条规定："用人单位有权了解劳动者与劳动合同直接相关的基本情况，劳动者应当如实说明。"这规定了用人单位对劳动者的知情权，劳动者对用人单位的告知义务。

用人单位有权了解劳动者与劳动合同直接相关的基本情况，其关键词在"与劳动合同直接相关"，由此可见，劳动者的告知义务是附条件的，目的是保护劳动者的就业平等权和隐私权。例如对劳动者的身体状况这一基本情况而言，如果不规定"与劳动合同直接相关"这一限制，劳动者的就业平等权和隐私权就有可能受到侵犯。目前社会上的"乙肝歧视"，就是很多用人单位滥用对劳动者身体状况的知情权来歧视乙肝病毒携带者，用人单位往往以身体状况不合格为由拒绝录用乙肝病毒携带者。鉴于乙肝病毒携带者在日常工作、社会活动中不会对周围人群构成威胁①，且此状况属于个人隐私，如果单位（除食品加工、幼师等特别规定的行业）检测乙肝两对半、表面抗原、乙肝DNA，就会危及乙肝病毒携带者的就业平等权利，使他们失去平等的就业机会。因此，用人单位的知情权应受到"与劳动合同直接相关"这一限制。2007年5月18日劳动和社会保障部、卫生部联合下发的《关于维护乙肝表面抗原携带者就业权利的意见》（劳社部发〔2007〕16号）指出："促进乙肝表面抗原携带者实现公平就业（一）保护乙肝表面抗原携带者的就业权利。除国家法律、行政法规和卫生部规定禁止从事的易使乙肝扩散的工作外，用人单位不得以劳动者携带乙肝表面抗原为理由拒绝招用或者

---

① 劳动和社会保障部、卫生部联合下发的《关于维护乙肝表面抗原携带者就业权利的意见》（劳社部发〔2007〕16号）指出："我国是乙肝高流行地区，每年报告乙肝新发病例近100万。按照1992年全国肝炎血清流行病学调查结果推算，全国约有1.2亿人是乙肝表面抗原携带者。乙肝表面抗原携带者虽被乙肝病毒感染，也具有传染性，但肝功能在正常范围，肝组织无明显损伤，不表现临床症状，在日常工作、社会活动中不会对周围人群构成威胁。乙肝病毒主要有血液、母婴垂直（分娩和围产期）和性接触三种传播途径，不会通过呼吸道和消化道传染，一般接触也不会造成乙肝病毒的传播。"

辞退乙肝表面抗原携带者。（二）严格规范用人单位的招、用工体检项目，保护乙肝表面抗原携带者的隐私权。用人单位在招、用工过程中，可以根据实际需要将肝功能检查项目作为体检标准，但除国家法律、行政法规和卫生部规定禁止从事的工作外，不得强行将乙肝病毒血清学指标作为体检标准。各级各类医疗机构在对劳动者开展体检过程中要注意保护乙肝表面抗原携带者的隐私权。"这一规范性文件就体现了用人单位的知情权应受到"与劳动合同直接相关"这一限制。

【理解与适用】

对于告知的事项，尤其是哪些属于"与劳动合同直接相关的基本情况"，可以参考《江苏省劳动合同条例》第 8 条的规定："用人单位招用劳动者，应当向劳动者书面公布与劳动合同有关的工作内容、岗位要求、工作时间、劳动报酬、社会保险、劳动条件和规章制度等；劳动合同订立前，应用人单位要求，劳动者应当如实说明就业现状、健康状况等情况，提供自己的居民身份、学历、工作经历、职业技能等证明。劳动者与原用人单位有竞业限制约定的，应当向用人单位如实说明。对可能产生职业病危害的岗位，用人单位应当向劳动者履行如实告知的义务，并将职业病防护措施和待遇等内容在劳动合同中写明"；以及《北京市劳动合同规定》第 10 条和《上海市劳动合同条例》第 8 条的规定。告知事项一般包括就业现状、健康状况、居民身份、学历、职业资格、工作经历，以及部分与工作有关的劳动者个人情况。

第九条 （扣押证件和收取财物的禁止）

用人单位招用劳动者，不得扣押劳动者的居民身份证和其他证件，不得要求劳动者提供担保或者以其他名义向劳动者收取财物。

【相关法条】

劳动和社会保障部《劳动力市场管理规定》

第十条 禁止用人单位招用人员时有下列行为：

⋯⋯⋯⋯⋯

（三）向求职者收取招聘费用；

（四）向被录用人员收取保证金或抵押金；

（五）扣押被录用人员的身份证等证件；

…………

劳动部《关于贯彻执行〈中华人民共和国劳动法〉若干问题的意见》（劳部发［1995］309 号）

24. 用人单位在与劳动者订立劳动合同时，不得以任何形式向劳动者收取定金、保证金（物）或抵押金（物）。对违反以上规定的，应按照劳动部、公安部、全国总工会《关于加强外商投资企业和私营企业劳动管理切实保障职工合法权益的通知》（劳部发［1994］118 号）① 和劳动部办公厅《对"关于国有企业和集体所有制企业能否参照执行劳部发［1994］118 号文件中的有关规定的请示"的复函》（劳办发［1994］256 号）的规定，由公安部门和劳动行政部门责令用人单位立即退还给劳动者本人。

劳动部办公厅《对"关于国有企业和集体所有制企业能否参照执行劳部发［1994］118 号文件中的有关规定的请示"的复函》（劳办发［1994］256 号）

当前，一些企业在与职工建立劳动关系时擅自向职工收取货币、实物等作为"入厂押金"或者"风险金"，这一做法违反国家关于劳动关系当事人平等、自愿和协商一致建立劳动关系的规定，侵害了职工的合法权益，必须予以制止。劳动部、公安部、全国总工会曾于今年三月联合发出了《关于加强外商投资企业和私营企业劳动管理切实保障职工合法权益的通知》（劳部发［1994］118 号），对制止企业收取抵押金（品）的问题做了明确规定。同样，国有企业和集体所有制企业也不得向职工收取货币、实物等作为"入厂押金"或"风险金"。对擅自收取抵押金（品）的，劳动行政部门应责令企业立即退还给职工本人。

《江苏省劳动合同条例》

第十三条　用人单位与劳动者订立劳动合同，不得扣押劳动者的居

---

① 劳动部、公安部、全国总工会《关于加强外商投资企业和私营企业劳动管理切实保障职工合法权益的通知》（劳部发［1994］118 号，已失效）规定："二、企业不得向职工收取货币、实物等作为'入厂押金'，也不得扣留或者抵押职工的居民身份证、暂住证和其他证明个人身份的证件。对擅自扣留、抵押职工居民身份证等证件和收取抵押金（品）的，公安部门、劳动监察机构应责令企业立即退还职工本人。"

民身份证以及其他合法证件，不得强迫劳动者集资、入股，不得以任何理由和形式收取劳动者抵押金、抵押物、保证金、定金等。

【草案相关条文比较】

征求意见稿第14条规定："用人单位招用劳动者，不得要求劳动者提供担保或者以担保名义向劳动者收取财物，不得扣押劳动者的居民身份证或者其他证件。"二审稿为第11条，内容无变化。三审稿为第9条，将"以担保名义向劳动者收取财物"改为"以其他名义向劳动者收取财物"，扩大了保护范围。[①] 四审稿无变化。表决通过时将禁止扣押证件的规定调到了禁止收取财物的规定前面，并将"居民身份证或者其他证件"改为"居民身份证和其他证件"，主要是语言表述上的修改。

【法条评析】

本条禁止用人单位招用劳动者时扣押证件和收取财物，包括扣押劳动者的居民身份证和其他证件的禁止，以及要求劳动者提供担保或者以其他名义向劳动者收取财物的禁止。

目前，有些用人单位为防止劳动者在工作中给用人单位造成损失不赔偿就不辞而别，利用自己的强势地位，在招用劳动者时常常要求劳动者提供担保或扣押证件。这是一种不合法的行为，用人单位应当通过加

[①]　征求意见稿草案第14条规定用人单位不得以担保的名义收取财物。有的群众提出，在实践中该规定很容易被规避，用人单位可以不以担保名义而以其他名义收取财物，如体检费用、高额服装费、纪律违约金等，因此建议修改为用人单位不得以任何名义向劳动者收取任何财物。有的用人单位提出相反的意见，认为用人单位为避免劳动者随意离职带来的管理风险，如配发给员工使用的价值较高的劳动用具，倾向于收取一定的押金。确实有许多不规范的企业和个体户以此欺诈劳动者，但不应对企业收取财物防范风险的做法一刀切，而是应设定严格的条件，在保护劳动者权益的同时，也应同时考虑企业的利益。有的反映，很多用人单位都采取签订担保书的形式，要求劳动者提供担保人即介绍人，为其工作表现作担保，建议对担保的形式和内容作出进一步的规定。很多群众认为，用人单位收取财物和扣押证件的做法在实践中非常普遍，建议对用人单位的这种非法行为加强监督，增加规定吊销用人单位证照的处罚，并与《居民身份证法》的规定相衔接。参见全国人大常委会办公厅新闻局：《各地人民群众对劳动合同法草案的意见（一）》，载中国人大网，http://www.npc.gov.cn/zgrdw/common/zw.jsp? label=WXZLK&id=348050&pdmc=1503，2006-03-27。

强内部管理来解决，而不能简单地采用扣押证件和收取财物的非法方式。

一、扣押劳动者的居民身份证和其他证件的禁止

《劳动合同法》第9条规定："用人单位招用劳动者，不得扣押劳动者的居民身份证和其他证件……"从另一角度来看，也可以说本条规定了用人单位不得扣押劳动者的居民身份证和其他证件的义务，对于违反该义务的行为，《劳动合同法》第84条规定了相应的法律责任。

所谓"居民身份证和其他证件"，一般包括劳动者的居民户口、档案、身份证、暂住证、毕业证、学位证、专业技能证书、职称评定证书等证件。

《劳动合同法》第84条规定了用人单位扣押劳动者居民身份证等证件的法律责任："用人单位违反本法规定，扣押劳动者居民身份证等证件的，由劳动行政部门责令限期退还劳动者本人，并依照有关法律规定给予处罚。"① 所谓"按照有关法律规定给予处罚"，是指《居民身份证法》（2003年6月28日第十届全国人民代表大会常务委员会第三次会议通过）第16条的规定："有下列行为之一的，由公安机关给予警告，并处二百元以下罚款，有违法所得的，没收违法所得：……（三）非法扣押他人居民身份证的。"

二、要求劳动者提供担保或者以其他名义向劳动者收取财物的禁止

《劳动合同法》第9条规定："用人单位招用劳动者……不得要求劳动者提供担保或者以其他名义向劳动者收取财物。"从另一角度来看，也可以说本条规定了用人单位不得要求劳动者提供担保或者以其他名义向劳动者收取财物的义务，对于违反该义务的行为，《劳动合同法》第84条规定了相应的法律责任。

所谓"提供担保或者以其他名义向劳动者收取财物"，一般包括保证金、抵押金、集资、风险基金、风险金、押金、培训费、服装费、电

---

① 征求意见稿第54条规定："用人单位违反本法规定，要求劳动者提供担保、向劳动者收取财物或者扣押身份证等证件的，由劳动保障主管部门责令限期退还劳动者本人，按每一名劳动者500元以上2 000元以下的标准处以罚款……"有的认为，按照《居民身份证法》第16条的规定，非法扣押他人居民身份证的，由公安机关给予警告，并处200元罚款。建议草案第54条与《居民身份证法》第16条的规定相衔接。参见全国人大常委会法制工作委员会：《各地人民群众对劳动合同法草案的意见（二）》，载中国人大网，http://www.npc.gov.cn/zgrdw/common/zw.jsp? label=WXZLK&id=348310&pdmc=1503，2006-04-06。

脑费、纪律违约金等任何形式的费用。①

《劳动合同法》第84条还规定了用人单位向劳动者收取财物的法律责任："用人单位违反本法规定，以担保或者其他名义向劳动者收取财物的，由劳动行政部门责令限期退还劳动者本人，并以每人五百元以上二千元以下的标准处以罚款；给劳动者造成损害的，应当承担赔偿责任。"

【理解与适用】

一、"劳动合同保证金"、"劳动保护物品及生产工具使用（承包）抵押金"、"风险抵押金"和要求职工全员入股是否属于违法收取的财物

劳动部办公厅、国家经贸委办公厅《对"关于用人单位要求在职职工缴纳抵押性钱款或股金的做法应否制止的请示"的复函》（劳办发〔1995〕150号）指出，为规范用人单位与劳动者依法建立劳动关系的行为，劳动部、公安部、全国总工会《关于加强外商投资企业和私营企业劳动管理切实保障职工合法权益的通知》（劳部发〔1994〕118号）和劳动部办公厅《对〈关于国有企业和集体所有制企业能否参照执行劳部发〔1994〕118号文件中有关规定的请示〉的复函》（劳办发〔1994〕256号），对于制止国有、集体、外商投资和私营企业在建立劳动关系时向职工收取抵押金（品）的问题作了明确规定。同样，对于用人单位向职工收取"劳动合同保证金"、"劳动保护物品及生产工具使用（承包）抵押金"等行为，也应予以制止。

至于一些用人单位与职工建立劳动关系后，根据本单位经营管理实际需要，按照职工本人自愿原则向职工收取"风险抵押金"及要求职工全员入股等企业生产经营管理行为，不属上述规定调整范围。但是，用人单位不能以解除劳动关系等为由强制职工缴纳风险抵押金及要求职

---

① 劳动部《关于严禁用人单位录用职工非法收费的通知》（劳部发〔1995〕346号）指出："有些用人单位在录用职工时非法向劳动者收取费用，把缴费作为录用的前提条件，其名目有集资、风险基金、培训费、抵押金、保证金等。更为严重的是，个别用人单位根本没有新的工作岗位，而把录用职工仅仅作为筹集资金的渠道，被录用的职工长期不能上班，严重损害了这部分劳动者的合法权益。这种在录用职工中非法收费的行为必须予以纠正。""新办集体所有制企业录用职工需要劳动者自带生产资料或自筹资金的，应按照有关发展集体经济的政策规定进行，实行自愿组合。"

入股（实行内部经营承包的企业经营管理人员、实行公司制企业的董事会成员除外）。否则，由此引发的劳动争议，按照《中华人民共和国企业劳动争议处理条例》的规定处理。

二、胸牌标志押金和住宿押金是否属于违法收取的财物

2005 年 5 月 13 日《对用人单位收取有关费用是否视同押金处理的批复》（浙劳社厅字［2005］82 号）指出，根据原劳动部办公厅、国家经贸委办公厅《对"关于用人单位要求在职职工缴纳抵押性钱款或股金的做法应否制止的请示"的复函》（劳办发［1995］150 号）和《浙江省劳动力市场管理条例》的有关规定，用人单位向劳动者收取胸牌标志押金，属于违法收取抵押金和保证金的行为，应依法予以制止。用人单位向职工收取住宿押金，若系职工自愿住在用人单位提供的宿舍，则收取住宿押金不属于违法收取押金的行为。

三、行政、仲裁和司法救济途径

劳动部于 1995 年 9 月 6 日发布实施的《关于严禁用人单位录用职工非法收费的通知》（劳部发［1995］346 号）指出："劳动行政部门要加强对用人单位录用职工行为的监督检查。对用人单位在录用职工时非法向劳动者个人收取费用的，应责令用人单位立即退还劳动者；对用人单位招工后不能向职工提供正常工作岗位或不能保障职工其他各项劳动权利的，应依法予以纠正；给劳动者造成经济损失的，应责令其赔偿。因此而发生的劳动争议，当事人有权向劳动争议仲裁委员会申请仲裁。"2006 年 10 月 1 日起施行的最高人民法院《关于审理劳动争议案件适用法律若干问题的解释（二）》（法释［2006］6 号）第 5 条规定："劳动者与用人单位解除或者终止劳动关系后，请求用人单位返还其收取的劳动合同定金、保证金、抵押金、抵押物产生的争议，或者办理劳动者的人事档案、社会保险关系等移转手续产生的争议，经劳动争议仲裁委员会仲裁后，当事人依法起诉的，人民法院应予受理。"

第十条　（建立劳动关系与订立书面劳动合同）

建立劳动关系，应当订立书面劳动合同。

已建立劳动关系，未同时订立书面劳动合同的，应当自用工之日起一个月内订立书面劳动合同。

用人单位与劳动者在用工前订立劳动合同的，劳动关系自用工之日起建立。

【相关法条】

《劳动法》

第十六条　劳动合同是劳动者与用人单位确立劳动关系、明确双方权利和义务的协议。

建立劳动关系应当订立劳动合同。

第十九条　劳动合同应当以书面形式订立……

第九十八条　用人单位违反本法规定的条件解除劳动合同或者故意拖延不订立劳动合同的，由劳动行政部门责令改正；对劳动者造成损害的，应当承担赔偿责任。

劳动部《关于〈中华人民共和国劳动法〉若干条文的说明》（劳办发〔1994〕289号）

第十六条　此条明确：建立劳动关系的所有劳动者，不论是管理人员，技术人员还是原来所称的固定工，都必须订立劳动合同。"应当"在这里是"必须"的含义。

《关于贯彻执行〈中华人民共和国劳动法〉若干问题的意见》（劳部发〔1995〕309号）

【草案相关条文比较】

征求意见稿第9条规定："劳动合同应当以书面形式订立。劳动合同期限分为有固定期限、无固定期限和以完成一定工作为期限三种。有固定期限劳动合同，是指用人单位与劳动者以书面形式约定合同终止时间的劳动合同；无固定期限劳动合同，是指用人单位与劳动者未以书面形式约定合同终止时间的劳动合同；以完成一定工作为期限的劳动合同，是指用人单位与劳动者以书面形式约定以某项工作的完成为合同终止条件的劳动合同。已存在劳动关系，但是用人单位与劳动者未以书面形式订立劳动合同的，除劳动者有其他意思表示外，视为用人单位与劳动者已订立无固定期限劳动合同，并应当及时补办订立书面劳动合同的手续。"

二审稿第7条规定："用人单位自用工之日起即与劳动者建立劳动关系。建立劳动关系应当办理用工手续，订立书面劳动合同。已建立劳动关系，但是用人单位与劳动者未以书面形式订立劳动合同的，应当自用工之日起一个月内订立书面劳动合同。"二审稿把征求意见稿第9条关于劳动合同期限的规定移出另行规定，删除了第9条第3款中"已存在劳动关系，但是用人单位与劳动者未以书面形式订立劳动合同的，除劳动者有其他意思表示外，视为用人单位与劳动者已订立无固定期限劳动合同"这一争议较大的内容①，而是规定了补签劳动合同的期限②，但二审稿仍强调书面的劳动合同形式。③

三审稿第10条规定："建立劳动关系，应当订立书面劳动合同。已

---

① 征求意见稿发布后，很多群众非常赞同关于已存在劳动关系，但用人单位与劳动者未书面形式订立劳动合同的，除劳动者有其他意思表示外，视为已订立无固定期限劳动合同的规定，认为这是保护劳动者合法权益的一个有力举措。有的认为，草案第9条第3款的规定还有不明确之处。首先要明确补签的劳动合同是无固定期限劳动合同；其次补签的劳动合同自劳动者为用人单位提供劳动之日起成立；再次如果用人单位不主动补签无固定期限劳动合同的，应提供与签订劳动合同者相同的劳动报酬和社会福利。参见全国人大常委会办公厅新闻局：《各地人民群众对劳动合同法草案的意见（一）》，载中国人大网，http：//www. npc. gov. cn/zgrdw/common/zw. jsp? label＝WXZLK&id＝348050&pdmc＝1503，2006-03-27。

有的认为草案关于未以书面形式订立劳动合同的，视为订立无固定期限劳动合同的规定可能被滥用。如果这样规定，有的劳动者就可能故意不与用人单位签订劳动合同，来达到签订无固定期限劳动合同的目的。建议对未以书面形式订立劳动合同情形加以明确。也有的意见认为这一规定会使用人单位故意不签订书面劳动合同而变相适用无固定期限劳动合同达到任意解除劳动合同的目的。因为按照草案第32条的规定，用人单位解除无固定期限劳动合同，所受到的限制较少。不利于实现稳定劳动用工关系和切实保护劳动者合法权益的初衷。参见全国人大常委会法制工作委员会：《关于劳动合同法草案征求意见的情况》，载中国人大网，http：//www. npc. gov. cn/zgrdw/common/zw. jsp? label ＝ WXZLK&id ＝ 348309&pdmc ＝1503，2006-04-06。

② 征求意见稿发布后，有的认为，草案只规定事实劳动关系的成立时间为劳动者为用人单位提供劳动之日，但没有规定补签书面劳动合同的时间，这为用人单位拖延签订劳动合同提供了方便，可能会使草案有关不签订劳动合同法律后果的规定落空。建议明确规定劳动合同补签时间，如果用人单位不主动补签无固定期限劳动合同的，应提供与签订劳动合同者相同的劳动报酬和社会福利。参见全国人大常委会法制工作委员会：《各地人民群众对劳动合同法草案的意见（三）》，载中国人大网，http：//www. npc. gov. cn/zgrdw/common/zw. jsp? label＝WXZLK&id＝348696&pdmc＝1503，2006-04-21。

③ 征求意见稿公布后，有意见认为，在某些情况下应当允许口头劳动合同的存在。劳动合同的形式不能仅限于书面形式。现在是信息时代，签订合同的形式有多种，劳动合同应当允许使用电子文档、口头合同等形式，只要事实劳动关系存在，就应当受法律保护，一味强调书面形式，可能不利于保护劳动者的利益。特别是对于非全日制用工、合同期限较短的用工或者合同内容变更不大的，应当允许以口头形式签订合同。参见全国人大常委会法制工作委员会：《关于劳动合同法草案征求意见的情况》，载中国人大网，http：//www. npc. gov. cn/zgrdw/common/zw. jsp? label＝WXZLK&id＝348309&pdmc＝1503，2006-04-06。

建立劳动关系，未同时订立书面劳动合同的，应当自用工之日起一个月内订立书面劳动合同。用人单位与劳动者在用工前订立劳动合同的，劳动关系自用工之日起建立。"三审稿把二审稿中的"用人单位自用工之日起即与劳动者建立劳动关系"规定在第7条，增加规定了用人单位与劳动者在用工前订立劳动合同时劳动关系的建立时间。四审稿无变化，表决通过时亦无变化。

【法条评析】

本条规定了建立劳动关系与订立书面劳动合同。

目前，我国的劳动合同签订率比较低。从全国人大常委会执法检查组检查《劳动法》实施情况来看，中小型非公有制企业劳动合同签订率不到20％，个体经济组织的签订率更低。[①] 由于一些用人单位和劳动者法律意识薄弱，有的用人单位故意拖延甚至拒绝与劳动者签订书面劳动合同，极大地损害了劳动者的合法权益。为此，《劳动合同法》在本条规定了劳动合同的书面形式要求、用人单位及时与劳动者订立书面劳动合同的义务和在用工前订立劳动合同时劳动关系建立的时间。

一、劳动合同的书面形式要求

《劳动合同法》第10条规定："建立劳动关系，应当订立书面劳动合同。"

劳动合同应当以书面形式订立，即用书面文字形式来记载劳动合同当事人协商一致而达成的协议。由于书面形式比较严肃慎重、准确可靠且有据可查，有利于加强合同当事人的责任感，促使合同所规定的各项义务能够全面履行，有利于劳动行政部门进行监督检查，也有利于在发生劳动争议时查明事实、分清是非和解决纠纷，能更有力地保护作为弱势群体的劳动者的利益。[②] 相比之下，口头形式由于没有可以保存的文

---

① 参见何鲁丽：《全国人大常委会执法检查组关于检查〈中华人民共和国劳动法〉实施情况的报告——2005年12月28日在第十届全国人民代表大会常务委员会第十九次会议上》，载《中华人民共和国全国人民代表大会常务委员会公报》，2006（1）。

② 征求意见稿发布后，有些群众认为劳动合同应当以书面形式订立的规定旨在保护作为弱势群体的劳动者的利益，特别在出现劳动合同纠纷时，可以拿出过硬的证据，对此表示赞成。参见全国人大常委会办公厅新闻局：《各地人民群众对劳动合同法草案的意见（一）》，载中国人大网，http：//www.npc.gov.cn/zgrdw/common/zw.jsp？label＝WXZLK&id＝348050&pdmc＝1503，2006-03-27。

字依据，容易发生纠纷，且难以举证，不利于保护当事人尤其是劳动者的合法权益。

需要注意的是，《劳动合同法》第10条第1款"应当订立书面劳动合同"中的"应当"，就是"必须"的意思。① 在法律上，含有"应当"的规定是义务性规定，因此，根据《劳动合同法》第10条的规定，订立书面劳动合同是用人单位的法定义务。

二、用人单位及时与劳动者订立书面劳动合同的义务

《劳动合同法》第10条第2款规定："已建立劳动关系，未同时订立书面劳动合同的，应当自用工之日起一个月内订立书面劳动合同。"

这确立了用人单位及时与劳动者订立书面劳动合同的义务，违反该义务要负相应的法律责任。《劳动法》第98条规定："用人单位违反本法规定的条件解除劳动合同或者故意拖延不订立劳动合同的，由劳动行政部门责令改正；对劳动者造成损害的，应当承担赔偿责任。"《违反〈劳动法〉有关劳动合同规定的赔偿办法》（劳部发［1995］223号）详细规定了用人单位故意拖延不订立劳动合同对劳动者造成损害的赔偿办法。② 但目前用人单位故意拖延不订立劳动合同的现象比较严重，《劳动合同法》第82条规定用人单位未及时与劳动者订立书面劳动合同的法律责任："用人单位自用工之日起超过一个月不满一年未与劳动者订立书面劳动合同的，应当向劳动者每月支付二倍的工资。"

---

① 征求意见稿发布后，很多群众反映，实践中劳动者如果主动提出订立书面劳动合同就没有任何录用的机会。如果是"应当"订立劳动合同而不是"必须"订立劳动合同，用人单位出于各种考虑也不会主动与劳动者订立书面劳动合同。为防止草案规定的落空，建议将订立书面劳动合同作为用人单位一项强制性的法定义务，明确规定劳动合同必须以书面形式订立。参见全国人大常委会办公厅新闻局：《各地人民群众对劳动合同法草案的意见（一）》，载中国人大网，http：//www.npc.gov.cn/zgrdw/common/zw.jsp？label＝WXZLK&id＝348050&pdmc＝1503，2006-03-27。

② 《违反〈劳动法〉有关劳动合同规定的赔偿办法》（劳部发［1995］223号）第2条规定："用人单位有下列情形之一，对劳动者造成损害的，应赔偿劳动者损失：（一）用人单位故意拖延不订立劳动合同，即招用后故意不按规定订立劳动合同以及劳动合同到期后故意不及时续订劳动合同的……"第3条规定："本办法第二条规定的赔偿，按下列规定执行：（一）造成劳动者工资收入损失的，按劳动者本人应得工资收入支付劳动者，并加付应得工资收入25%的赔偿费用；（二）造成劳动者劳动保护待遇损失的，应按国家规定补足劳动者的劳动保护津贴和用品；（三）造成劳动者工伤、医疗待遇损失的，除按国家规定为劳动者提供工伤、医疗待遇外，还应支付劳动者相当于医疗费用25%的赔偿费用；（四）造成女职工和未成年工身体健康损害的，除按国家规定提供治疗期间的医疗待遇外，还应支付相当于其医疗费用25%的赔偿费用；（五）劳动合同约定的其他赔偿费用。"

三、在用工前订立劳动合同时劳动关系建立的时间

《劳动合同法》第 10 条规定："用人单位与劳动者在用工前订立劳动合同的，劳动关系自用工之日起建立。"

对于这种情况，其劳动关系从用工之日起建立，其劳动合同期限、劳动报酬、试用期、经济补偿金等，均从用工之日起计算。

【理解与适用】

一、建立劳动关系与订立书面劳动合同的关系

根据《劳动合同法》第 10 条规定，建立劳动关系应当订立书面劳动合同。但根据第 7 条的规定，用人单位自用工之日起即与劳动者建立劳动关系。实际上，一方面，建立劳动关系可能早于签订劳动合同，因此《劳动合同法》第 10 条规定，已建立劳动关系，未同时订立书面劳动合同的，应当自用工之日起一个月内订立书面劳动合同。只要在一月内补签，并不违法。另一方面，建立劳动关系可能晚于签订劳动合同，因此《劳动合同法》第 10 条规定，用人单位与劳动者在用工前订立劳动合同的，劳动关系自用工之日起建立。出现用工前订立劳动合同的情况也是合法的。①

二、订立劳动合同的特殊情形

根据《关于贯彻执行〈中华人民共和国劳动法〉若干问题的意见》（劳部发〔1995〕309 号）的规定，订立劳动合同有如下特殊情形：

"6. 用人单位应与其富余人员、放长假的职工，签订劳动合同，但其劳动合同与在岗职工的劳动合同在内容上可以有所区别。用人单位与劳动者经协商一致可以在劳动合同中就不在岗期间的有关事项作出规定。

---

① 征求意见稿公布后，在是否给予劳动合同的签订留有一定时间问题上，劳动者和用人单位有分歧。有的群众认为，必须坚持先签订劳动合同后劳动，否则就适用草案第 9 条第 3 款的规定，签订无固定期限劳动合同。有的用人单位认为，签订劳动合同是一个过程，要留有适当的时间来签订，如果要在劳动者进单位前就把劳动合同签订好有难度，因此建议在合理的劳动合同签订时间内，未签订书面劳动合同的不适用草案第 9 条第 3 款的规定。参见全国人大常委会办公厅新闻局：《各地人民群众对劳动合同法草案的意见（一）》，载中国人大网，http：//www.npc.gov.cn/zgrdw/common/zw.jsp? label ＝ WZLK&id ＝ 348050&pdmc ＝ 1503，2006-03-27。

"7. 用人单位应与其长期被外单位借用的人员、带薪上学人员以及其他非在岗但仍保持劳动关系的人员签订劳动合同，但在外借和上学期间，劳动合同中的某些相关条款经双方协商可以变更。

"8. 请长病假的职工，在病假期间与原单位保持着劳动关系，用人单位应与其签订劳动合同。

"9. 原固定工中经批准的停薪留职人员，愿意回原单位继续工作的，原单位应与其签订劳动合同；不愿回原单位继续工作的，原单位可以与其解除劳动关系。

"10. 根据劳动部《实施〈劳动法〉中有关劳动合同问题的解答》（劳部发［1995］202号）的规定，党委书记、工会主席等党群专职人员也是职工的一员，依照劳动法的规定，与用人单位签订劳动合同。对于有特殊规定的，可以按有关规定办理。

"11. 根据劳动部《实施〈劳动法〉中有关劳动合同问题的解答》（劳部发［1995］202号）的规定，经理由其上级部门聘任（委任）的，应与聘任（委任）部门签订劳动合同。实行公司制的经理和有关经营管理人员，应依照《中华人民共和国公司法》的规定与董事会签订劳动合同。

"12. 在校生利用业余时间勤工助学，不视为就业，未建立劳动关系，可以不签订劳动合同。

"13. ……

"14. 派出到合资、参股单位的职工如果与原单位仍保持着劳动关系，应当与原单位签订劳动合同，原单位可就劳动合同的有关内容在与合资、参股单位订立的劳务合同时，明确职工的工资、保险、福利、休假等有关待遇。

"15. 租赁经营（生产）、承包经营（生产）的企业，所有权并没有发生改变，法人名称未变，在与职工订立劳动合同时，该企业仍为用人单位一方。依据租赁合同或承包合同，租赁人、承包人如果作为该企业的法定代表人或者该法定代表人的授权委托人时，可代表该企业（用人单位）与劳动者订立劳动合同。"

第十一条 （对劳动报酬约定不明确的处理）

用人单位未在用工的同时订立书面劳动合同，与劳动者约定的劳动报酬不明确的，新招用的劳动者的劳动报酬按照集体合同规定的标准执行；没有集体合同或者集体合同未规定的，实行同工同酬。

【相关法条】

《上海市劳动合同条例》

第十八条　劳动合同约定的劳动条件和劳动报酬等标准，不得低于集体合同的规定；低于集体合同规定的，适用集体合同的规定。

集体合同按照有关法律、法规的规定签订。

【草案相关条文比较】

征求意见稿对此问题没有规定。二审稿第9条规定："用人单位未在办理用工手续的同时订立书面劳动合同，与劳动者约定的待遇不明确的，新招用的劳动者的待遇应当按照企业的或者行业的集体合同规定的标准执行；没有集体合同的，用人单位应当对劳动者实行同工同酬。"三审稿第11条规定："用人单位未在用工的同时订立书面劳动合同，与劳动者约定的劳动报酬不明确的，新招用的劳动者的劳动报酬应当按照企业的或者行业的集体合同规定的标准执行；没有集体合同的，用人单位应当对劳动者实行同工同酬。"将二审稿"办理用工手续的同时"改为"用工的同时"，"待遇"改为"劳动报酬"。四审稿第11条规定："用人单位未在用工的同时订立书面劳动合同，与劳动者约定的劳动报酬不明确的，新招用的劳动者的劳动报酬应当按照集体合同规定的标准执行；没有集体合同或者集体合同未作规定的，用人单位应当对劳动者实行同工同酬。"将三审稿"企业的或者行业的集体合同"改为"集体合同"，"没有集体合同的"改为"没有集体合同或者集体合同未作规定的"，使得语言更为严谨。表决通过时删去了"应当"和"用人单位应当对劳动者"，使得语言更为简洁。

【法条评析】

本条规定了未订立书面劳动合同时对用人单位与劳动者约定的劳动报酬不明确的处理：有集体合同的按照集体合同规定的标准执行，没有集体合同的实行同工同酬。

目前在实践中劳动合同签订率低，许多用人单位与劳动者建立了劳动关系，但并未订立劳动合同。因此，对劳动报酬的具体事项，包括劳动报酬的金额、支付方式、支付时间等，往往仅作了口头约定，或者约定不明确，发生争议时无据可查，难以确定。针对这种情况，本条规定了未订立书面劳动合同时对用人单位与劳动者约定的劳动报酬不明确的处理原则。

一、有集体合同的按照集体合同规定的标准执行

《劳动合同法》第11条规定："用人单位未在用工的同时订立书面劳动合同，与劳动者约定的劳动报酬不明确的，新招用的劳动者的劳动报酬按照集体合同规定的标准执行"。

集体合同制度是调整劳动关系的一项重要法律制度，为世界各国广泛采用。根据《劳动合同法》第51条的规定，集体合同是指企业职工一方与用人单位通过平等协商，就劳动报酬、工作时间、休息休假、劳动安全卫生、保险福利等事项达成的书面协议。集体合同订立一般由工会代表企业职工一方或者由上级工会指导劳动者推举的代表（尚未建立工会时）与用人单位订立。依法订立的集体合同对用人单位和劳动者具有约束力。根据《劳动合同法》第55条的规定："集体合同中劳动报酬和劳动条件等标准不得低于当地人民政府规定的最低标准；用人单位与劳动者订立的劳动合同中劳动报酬和劳动条件等标准不得低于集体合同规定的标准。"集体合同制度对于保障劳动者的合法权益，调整和协调劳动关系具有重要作用，其中之一就是可以弥补劳动合同的空白和不足[①]，对于一些双方当事人没有在劳动合同中约定的事项，可以依照集体合同规定的标准来确定。在用人单位和劳动者还没有订立劳动合同，约定的劳动报酬不明确的情况下，就可以按照集体合同规定的劳动报酬标准来确定。

二、没有集体合同的实行同工同酬

《劳动合同法》第11条规定："用人单位未在用工的同时订立书面劳动合同，与劳动者约定的劳动报酬不明确的……没有集体合同或者集体合同未规定的，实行同工同酬。"

目前我国集体合同还没有充分发挥其应有的作用而流于形式，不少

---

① 参见关怀、林嘉主编：《劳动法》，178页，北京，中国人民大学出版社，2006。

企业没有签订集体合同，即使签订了集体合同，其中可能也没有关于劳动报酬的事项。在没有集体合同或者集体合同未规定的时候，对劳动报酬的约定不明确应实行同工同酬。

目前我国有的企业中仍然存在多种用工形式和不同身份的劳动者，尽管从事相同的工作，待遇有着极大的差异。有的用人单位至今还实行多种用工制度，如国营工、集体工、国营合同工、集体合同工、临时工、临时代办工、正式工、聘用工、借调工等，不同的用工形式和不同身份的劳动者对应不同的工资待遇。[①] 其中临时工的收入低，还经常加班，没有加班工资，从事有毒和重体力工种，不发劳动保护用品等，劳动权益得不到保障。因此，有必要在《劳动合同法》中规定同工同酬。

《劳动法》第46条规定："工资分配应当遵循按劳分配原则，实行同工同酬。"根据《关于〈劳动法〉若干条文的说明》（劳办发［1994］289号）的解释，该条中的"同工同酬"，是指用人单位对于从事相同工作，付出等量劳动且取得相同劳动业绩的劳动者，应支付同等的劳动报酬。由此可见，同工同酬必须具备三个条件：一是相同工作，即劳动者的工作岗位、工作内容相同；二是等量劳动，即在相同的工作岗位上付出了与别人同样的劳动工作量；三是相同劳动业绩，即同样的工作量取得了相同的工作业绩。

同工同酬主要包括以下类型：男女同工同酬；不同种族、民族、身份的人同工同酬；地区、行业、部门间的同工同酬；企业内部的同工同酬。企业内部的同工同酬是同工同酬中最主要的内容，《劳动合同法》第11条规定的同工同酬主要是指企业内部的是同工同酬。在同一企业中从事相同工作，付出等量劳动且取得相同劳动业绩的劳动者，有权利获得同等的劳动报酬。

---

① 征求意见稿公布后，有的反映，在有些地方的电力、烟草、电信、银行等垄断行业，其营业大厅内的一线营业员几乎都是临时工，他们的劳动量比正式工大，但工资却只有正式工的1/3，甚至1/10，工作还很不稳定。有的邮政企业，其邮件投递员等重累岗位也多数是临时工。甚至有些电视台、报刊的编辑记者也分三六九等，相当部分是低人一等的借调和劳务人员。大量临时工的存在造成了同工不同酬的不合理现象，建议草案取消临时工这种用工形式。参见全国人大常委会法制工作委员会：《各地人民群众对劳动合同法草案的意见（二）》，载中国人大网，http：//www.npc.gov.cn/zgrdw/common/zw.jsp？label＝WXZLK&id＝348310&pdmc＝1503，2006-04-06。

【理解与适用】

同工同酬的"酬"是指劳动报酬，根据《关于〈中华人民共和国劳动法〉若干条文的说明》（劳办发［1994］289 号）的解释，"劳动报酬"是指劳动者从用人单位得到的全部工资收入。而所谓工资，根据劳动部《关于贯彻执行〈中华人民共和国劳动法〉若干问题的意见》的规定："53. 劳动法中的'工资'是指用人单位依据国家有关规定或劳动合同的约定，以货币形式直接支付给本单位劳动者的劳动报酬，一般包括计时工资、计件工资、奖金、津贴和补贴、延长工作时间的工资报酬以及特殊情况下支付的工资等。'工资'是劳动者劳动收入的主要组成部分。劳动者的以下劳动收入不属于工资范围：（1）单位支付给劳动者个人的社会保险福利费用，如丧葬抚恤救济费、生活困难补助费、计划生育补贴等；（2）劳动保护方面的费用，如用人单位支付给劳动者的工作服、解毒剂、清凉饮料费用等；（3）按规定未列入工资总额的各种劳动报酬及其他劳动收入，如根据国家规定发放的创造发明奖、国家星火奖、自然科学奖、科学技术进步奖、合理化建议和技术改进奖、中华技能大奖等，以及稿费、讲课费、翻译费等。"对于工资，不要仅仅理解为基本工资，应是指劳动者从用人单位得到的全部工资收入。

第十二条　（劳动合同的期限）
劳动合同分为固定期限劳动合同、无固定期限劳动合同和以完成一定工作任务为期限的劳动合同。

【相关法条】

《劳动法》
第二十条　劳动合同的期限分为有固定期限、无固定期限和以完成一定的工作为期限。
劳动者在同一用人单位连续工作满十年以上，当事人双方同意延续劳动合同的，如果劳动者提出订立无固定期限的劳动合同，应当订立无固定期限的劳动合同。

【草案相关条文比较】

征求意见稿第9条规定："劳动合同期限分为有固定期限、无固定期限和以完成一定工作为期限三种。"但该条内容十分广泛，还包括劳动合同的形式、未及时订立书面劳动合同的法律后果、有固定期限劳动合同、无固定期限劳动合同和以完成一定工作为期限的劳动合同的定义等内容。二审稿第12条仅仅规定："劳动合同期限分为固定期限、无固定期限和以完成一定工作任务为期限三种。"三审稿和四审稿均无变化，在语言表述上侧重于劳动合同的期限。表决通过时修改为："劳动合同分为固定期限劳动合同、无固定期限劳动合同和以完成一定工作任务为期限的劳动合同。"在整体语言表述上将劳动合同的期限改为以合同期限为标准的劳动合同的分类，但在实质内容上并无区别。

【法条评析】

本条规定了以合同期限为标准的劳动合同的分类，也可认为是规定了劳动合同的期限。

劳动合同期限是指劳动合同的存续时间，一般始于合同的生效之日，终于合同的终止之时。劳动合同期限是劳动关系当事人双方享有权利和履行义务的时间，由用人单位和劳动者协商确定，是劳动合同的一项必备条款，具有重要意义。

劳动合同按照不同的标准可以有不同的分类。我国劳动法比较常见的分类是按照劳动合同期限的长短，分为固定期限劳动合同（简称定期劳动合同）、无固定期限劳动合同（简称不定期劳动合同）和以完成一定工作任务为期限的劳动合同三种：第一，固定期限劳动合同，是明确规定了合同有效期限并可依法延长期限的劳动合同。劳动关系只在合同有效期限内存续，期限届满则劳动关系终止。当然如果双方同意，还可以续订合同，延长期限。第二，无固定期限劳动合同，它没有明确规定合同有效期限，劳动关系可以在劳动者的法定劳动年龄范围内和企业的存在期限内持续存在，只有在符合法定或约定条件的情况下，劳动关系才可终止。用人单位不得无故辞退劳动者。第三，以完成一项工作为期限的劳动合同，是把完成某项工作规定为合同终止条件的劳动合同。如为完成某项科研工作而订立的劳动合同。这实际上是一种特殊的定期劳动合同，但不存在合同延期的问题。①

由于以完成一项工作为期限的劳动合同实际上是一种特殊的定期劳动合同，也有将劳动合同分为固定期限的劳动合同和无固定期限的劳动合同两种。在我国台湾的"劳动基准法"里就将劳动合同分为定期和不定期两种，该法第 9 条规定劳动契约，分为定期契约及不定期契约。临时性、短期性、季节性及特定性工作得为定期契约；有继续性工作应为不定期契约。定期契约届满后，有下列情形之一者，视为不定期契约：（1）劳工继续工作而雇主未立即表示反对意思者；（2）虽经另订新约，唯其前后劳动契约之工作期间超过 90 日，前后契约间断期间未超过 30 日者。前项规定于特定性或季节性之定期工作不适用之。

固定期限劳动合同和无固定期限劳动合同相比较，从就业保障的角度看，无固定期限劳动合同对劳动者更有利；尤其是就防止用人单位在使用完劳动者"黄金年龄段"后不再使用劳动者而言，无固定期限劳动合同更有效。所以，许多国家和地区在立法中把无固定期限劳动合同放在高于固定期限劳动合同的地位。其具体方法主要有下述几种：（1）对固定期限劳动合同只规定在一定条件下才可适用，而对无固定期限劳动合同则不规定可适用的条件，仅规定应适用的条件。例如，我国台湾地区"劳动基准法"规定，临时性、短期性、季节性及特定性工作得为固定期限劳动契约，有继续性工作应为不固定期限劳动契约。（2）对固定期限劳动合同的最长期限和续订作限制性规定，即续订不得超过一固定期限或次数，以免劳动者的"黄金年龄段"被某个用人单位固定期限并连续地过多或全部使用。例如，德国规定，固定期限劳动合同最长期限不得超过 5 年，且只能延期一次。（3）规定无固定期限劳动合同未征得劳动者同意不得改签为固定期限劳动合同。（4）规定在一定条件下，固定期限劳动合同自动转化为无固定期限劳动合同。例如，比利时规定，固定期限劳动合同期满后当事人继续履行合同时即如此。（5）规定在一定条件下应当订立无固定期限劳动合同。例如，德国规定，固定期限劳

---

① 参见王全兴主编：《劳动法学》，164 页，北京，人民法院出版社、中国人民公安大学出版社，2005。

动合同如第二次续订，就要订立无固定期限劳动合同。① 这些立法例，有的被我国的《劳动合同法》吸收。

【理解与适用】

有害身体健康工种、岗位工作的农民工的劳动合同期限受到法律的特殊限制。劳动部关于印发《实施〈劳动法〉中有关劳动合同问题的解答》的通知（劳部发［1995］202 号）规定了关于农民轮换工的劳动合同期限问题："1991 年国务院发布的第 87 号令规定，在国务院劳动行政主管部门确定的有害身体健康的工种、岗位招用的农民工，劳动合同期限最多不超过 8 年，是为了保护劳动者的身体健康。《劳动法》实施后，为了继续保护这部分职工的利益，仍应执行这一规定。用人单位经批准招用农民工从事有害身体健康工种、岗位工作的，其劳动合同期限，可以由用人单位和劳动者协商确定。"《劳动合同法》实施后，为了继续保护这部分职工的利益，仍应执行劳动合同期限最多不超过 8 年的规定。

第十三条 （固定期限劳动合同）
固定期限劳动合同，是指用人单位与劳动者约定合同终止时间的劳动合同。
用人单位与劳动者协商一致，可以订立固定期限劳动合同。

【相关法条】

《浙江省劳动合同办法》
第十三条 劳动合同的期限分为有固定期限、无固定期限、以完成某工作事项或者某工作量为期限等，劳动合同的期限由用人单位与劳动者协商确定。

---

① 参见王全兴主编：《劳动法学》，164 页，北京，人民法院出版社、中国人民公安大学出版社，2005。

《深圳经济特区劳动合同条例》

第十三条　有固定期限的劳动合同，用人单位和员工双方同意在劳动合同期满后延续劳动关系的，应当在劳动合同期满前三十日内依本条例的规定重新订立劳动合同。

在劳动合同期满后，用人单位继续留用员工又不重新订立劳动合同的或者不给员工持有劳动合同的，由劳动部门责令限期改正；对拒不改正的用人单位，由劳动部门按未续签劳动合同的人数处以每人五十元的罚款。

【草案相关条文比较】

征求意见稿第 9 条规定："有固定期限劳动合同，是指用人单位与劳动者以书面形式约定合同终止时间的劳动合同。"二审稿第 13 条规定："固定期限劳动合同，是指用人单位与劳动者约定合同终止时间的劳动合同。用人单位与劳动者协商一致，可以签订固定期限劳动合同。"将"有固定期限劳动合同"改为"固定期限劳动合同"，并增加规定了签订固定期限劳动合同的条件，即用人单位与劳动者协商一致。三审稿、四审稿、表决通过时均无修改。

【法条评析】

本条规定了固定期限劳动合同。

一、固定期限劳动合同的定义

《劳动合同法》第 13 条第 1 款规定："固定期限劳动合同，是指用人单位与劳动者约定合同终止时间的劳动合同。"

据此，固定期限劳动合同是指劳动合同双方当事人约定劳动合同开始履行和终止的具体日期，固定期限可以按年、月计算。

二、固定期限劳动合同的订立

《劳动合同法》第 13 条第 2 款规定："用人单位与劳动者协商一致，可以订立固定期限劳动合同。"

这一规定体现了劳动合同订立的协商一致原则。在订立合同过程中，合同订立与否以及合同内容如何，都只能在双方当事人以协商方式达成一致意见的基础上确定。因而，只有协商一致，合同才能成立。这实质上就是合同自由原则的体现。用人单位与劳动者协商一致，可以订立法律允许的任何一种劳动合同，当然也可以订立固定期限劳动合同。

【理解与适用】

一、《劳动合同法》对固定期限劳动合同的续订次数的限制

《劳动合同法》对固定期限劳动合同的续订次数有一定限制。在《劳动合同法》生效之前，依据我国《劳动法》和有关法规规定，只要当事人双方协商一致，就可签订定期劳动合同，除了有害身体健康工种、岗位工作的农民工的劳动合同期限不得超过 8 年外[1]，对定期劳动合同一般无最短期限和最长期限的限制。定期劳动合同经当事人双方协商一致可以续订，并且，合同期满后由于用人单位原因未办理终止或续订手续而继续履行合同的则视为双方同意续订，对续订的期限和次数均不作限制。《劳动合同法》对定期劳动合同仍无最短期限和最长期限的限制[2]，但对

---

[1] 劳动部关于印发《实施〈劳动法〉中有关劳动合同问题的解答》的通知（劳部发〔1995〕202 号）规定了关于农民轮换工的劳动合同期限问题："1991 年国务院发布的第 87 号令规定，在国务院劳动行政主管部门确定的有害身体健康的工种、岗位招用的农民工，劳动合同期限最多不超过 8 年，是为了保护劳动者的身体健康。《劳动法》实施后，为了继续保护这部分职工的利益，仍应执行这一规定。用人单位经批准招用农民工从事有害身体健康工种、岗位工作的，其劳动合同期限，可以由用人单位和劳动者协商确定。"

[2] 征求意见稿公布后，有的认为，当前劳动合同领域中的第一大问题是合同期限短期化，用人单位一般是一年一签，有的甚至是一年签四次，这使得劳动者人心惶惶，整天提心吊胆，担心合同到期后失业，因此建议对有固定期限的劳动合同的下限作出明确规定，杜绝期限过短的劳动合同。参见全国人大常委会办公厅新闻局：《各地人民群众对劳动合同法草案的意见（一）》，载中国人大网，http: //www.npc.gov.cn/zgrdw/common/zw.jsp? label＝WXZLK&id＝348050&pdmc＝1503，2006-03-27。有的建议，为保护老职工的合法权益，草案应对固定期限劳动合同的最低期限作出规定，任何劳动合同都不得低于法定的期限。参见全国人大常委会法制工作委员会：《各地人民群众对劳动合同法草案的意见（二）》，载中国人大网，http: //www.npc.cn/zgrdw/common/zw.jsp? label＝WXZLK&id＝348310&pdmc＝1503，2006-04-06。针对劳动合同短期化问题，很多群众都认为应该明确规定固定期限劳动合同的最低合同期限，如一年。有的认为，应当减少固定期限劳动合同的期限，以两年为佳，草案应保护劳动者合理的流动，劳动合同不应该成为劳动者的卖身契。有的认为，解决劳动合同短期化问题，既要保持用人单位的活力，增加用工自主权，又不至于过多损害劳动者的权益，因此不宜简单规定劳动合同的最低期限，应该通过加大解雇成本，限制解雇条件，规定计算终止劳动合同支付的补偿金时，期限越短、解雇次数越多，支付的补偿金就越高，以此对劳动合同短期化的趋势予以适当限制和引导。参见全国人大常委会法制工作委员会：《各地人民群众对劳动合同法草案的意见（三）》，载中国人大网，http: //www.npc.gov.cn/zgrdw/common/zw.jsp? label＝WXZLK&id＝348696&pdmc＝1503，2006-04-21。由于意见分歧，规定固定期限劳动合同最低合同期限的意见未被采纳。

定期劳动合同的续订次数有一定的限制。《劳动合同法》第 14 条规定：
"有下列情形之一，劳动者提出或者同意续订、订立劳动合同的，除劳动
者提出订立固定期限劳动合同外，应当订立无固定期限劳动合同：……
（三）连续订立二次固定期限劳动合同，且劳动者没有本法第三十九条
和第四十条第一项、第二项规定的情形，续订劳动合同的。"依据这一
条，一般情况下连续订立二次固定期限劳动合同后，劳动者提出或者同
意续订、订立劳动合同的，除劳动者提出订立固定期限劳动合同外，应
当订立无固定期限劳动合同。在例外情况下连续订立二次固定期限劳动
合同后用人单位也不必订立无固定期限劳动合同，例外情况即第 39 条
的规定："劳动者有下列情形之一的，用人单位可以解除劳动合同：
（一）在试用期间被证明不符合录用条件的；（二）严重违反用人单位的
规章制度的；（三）严重失职，营私舞弊，给用人单位造成重大损害的；
（四）劳动者同时与其他用人单位建立劳动关系，对完成本单位的工作
任务造成严重影响，或者经用人单位提出，拒不改正的；（五）因本法
第二十六条第一款第一项规定的情形致使劳动合同无效的；（六）被依
法追究刑事责任的。"第 40 条第 1 项、第 2 项的规定："有下列情形之
一的，用人单位提前三十日以书面形式通知劳动者本人或者额外支付劳
动者一个月工资后，可以解除劳动合同：（一）劳动者患病或者非因工
负伤，在规定的医疗期满后不能从事原工作，也不能从事由用人单位另
行安排的工作的；（二）劳动者不能胜任工作，经过培训或者调整工作
岗位，仍不能胜任工作的……"符合第 39 条和第 40 条第 1 项、第 2 项
情形规定的劳动者，连续订立二次固定期限劳动合同后，提出或者同意
续订、订立劳动合同的，用人单位不必订立无固定期限劳动合同。

二、固定期限劳动合同期满后的视为续订

《劳动部关于实行劳动合同制度若干问题的通知》（劳部发［1996］
354 号）规定："14. 有固定期限的劳动合同期满后，因用人单位方面的
原因未办理终止或续订手续而形成事实劳动关系的，视为续订劳动合
同。用人单位应及时与劳动者协商合同期限，办理续订手续。由此给劳
动者造成损失的，该用人单位应当依法承担赔偿责任。"

第十四条 （无固定期限劳动合同）

无固定期限劳动合同，是指用人单位与劳动者约定无
确定终止时间的劳动合同。

用人单位与劳动者协商一致，可以订立无固定期限劳动合同。有下列情形之一，劳动者提出或者同意续订、订立劳动合同的，除劳动者提出订立固定期限劳动合同外，应当订立无固定期限劳动合同：

（一）劳动者在该用人单位连续工作满十年的；

（二）用人单位初次实行劳动合同制度或者国有企业改制重新订立劳动合同时，劳动者在该用人单位连续工作满十年且距法定退休年龄不足十年的；

（三）连续订立二次固定期限劳动合同，且劳动者没有本法第三十九条和第四十条第一项、第二项规定的情形，续订劳动合同的。

用人单位自用工之日起满一年不与劳动者订立书面劳动合同的，视为用人单位与劳动者已订立无固定期限劳动合同。

【相关法条】

《劳动法》

第二十条　劳动合同的期限分为有固定期限、无固定期限和以完成一定的工作为期限。

劳动者在同一用人单位连续工作满十年以上，当事人双方同意续延劳动合同的，如果劳动者提出订立无固定期限的劳动合同，应当订立无固定期限的劳动合同。

劳动部《关于〈中华人民共和国劳动法〉若干条文的说明》（劳办发〔1994〕289号）

第二十条　劳动合同的期限分为有固定期限、无固定期限和以完成一定的工作为期限。

劳动者在同一用人单位连续工作满十年以上，当事人双方同意续延劳动合同的，如果劳动者提出订立无固定期限的劳动合同，应当订立无固定期限的劳动合同。

本条中的"当事人双方同意续延劳动合同的"，是指已有劳动合同到期，双方同意续延的。并非指原固定工同意而一律订立无固定期限的劳动合同。

劳动部《关于贯彻执行〈中华人民共和国劳动法〉若干问题的意见》（劳部发［1995］309 号）

20. 无固定期限的劳动合同是指不约定终止日期的劳动合同。按照平等自愿、协商一致的原则，用人单位和劳动者只要达成一致，无论初次就业的，还是由固定工转制的，都可以签订无固定期限的劳动合同。

无固定期限的劳动合同不得将法定解除条件约定为终止条件，以规避解除劳动合同时用人单位应承担支付劳动者经济补偿的义务。

22. 劳动法第二十条中的"在同一用人单位连续工作满十年以上"是指劳动者与同一用人单位签订的劳动合同的期限不间断达到十年，劳动合同期满双方同意续订劳动合同时，只要劳动者提出签订无固定期限劳动合同的，用人单位应当与其签订无固定期限的劳动合同。在固定工转制中各地如有特殊规定的，从其规定。

【草案相关条文比较】

征求意见稿第 9 条规定："无固定期限劳动合同，是指用人单位与劳动者未以书面形式约定合同终止时间的劳动合同"，"已存在劳动关系，但是用人单位与劳动者未以书面形式订立劳动合同的，除劳动者有其他意思表示外，视为用人单位与劳动者已订立无固定期限劳动合同，并应当及时补办订立书面劳动合同的手续"。但第 9 条内容十分广泛，还规定了劳动合同的形式、劳动合同的期限、有固定期限劳动合同和以完成一定工作为期限的劳动合同的定义等内容。

二审稿第 14 条规定："无固定期限劳动合同，是指用人单位与劳动者约定无合同终止时间的劳动合同。用人单位与劳动者协商一致，可以签订无固定期限劳动合同。有下列情形之一，劳动者提出续签劳动合同的，应当签订无固定期限劳动合同：（一）续延劳动合同时，劳动者已在该用人单位连续工作满十年以上的；（二）用人单位初次实行劳动合同制度或者国有企业改制重新签订劳动合同时，劳动者在该用人单位连续工作满十年或者距法定退休年龄在十年以内的；（三）连续签订两次固定期限劳动合同后的。"二审稿对征求意见稿的修改较大，明确规定了劳动者提出续签劳动合同的，应当签订无固定期限劳动合同的三种情形。① 三审稿第 14 条将"劳动者提出续签劳动合同的"改为"劳动者提出或者同意续订劳动合同的",并将"签订"改为"订立",将"续签"改为"续订"。

四审稿第 14 条又作了两项较大的修改。第一,将"连续签订两次固定期限劳动合同后的"改为"连续订立二次固定期限劳动合同且劳动者没有本法第三十九条规定的情形续订劳动合同的"。这是因为三审稿规定连续订立两次固定期限劳动合同后,劳动者提出或者同意续订劳动合同的,应当订立无固定期限劳动合同。有些常委会委员认为,这样可能造成劳动关系僵化,建议再作斟酌。全国人大法律委经同有关部门研究认为,无固定期限劳动合同只是"无确定终止时间"的劳动合同,并不是终身制的"铁饭碗",只要出现解除劳动合同的法定情形,同样可以解除。劳动者在两次签订固定期限劳动合同期间遵纪守法,能够完成工作任务,用人单位与其订立无固定期限劳动合同是合理的。据此,法律委建议将上述规定修改为:"连续订立两次固定期限劳动合同且劳动者没有本法第 39 条规定的情形续订劳动合同的,应当订立无固定期限劳动合同。"第二,增加规定"用人单位自用工之日起一年不与劳动者订立书面劳动合同的,视为用人单位与劳动者已订立无固定期限劳动合同。"这是因为有些常委会委员认为,劳动合同法除需要解决劳动合同短期化的问题外,还应着重解决不订立书面劳动合同问题,切实保护劳

---

① 2005 年 12 月 27 日上午十届全国人大常委会第十九次会议分组审议劳动合同法草案时,侯义斌委员说,关于长期合同问题,现在许多用人单位的劳动合同都呈现出短期化的趋势,甚至是一年一签。如果本法在没有其他配套制度作为保障的情况下,将会致劳动合同短期行为的合法化,严重损害劳动者的长期利益。有些国家的法律规定,如果在同一单位的同一性质劳动合同,连续签两次之后,第三次续签时必须签成长期合同。因此建议在本法第 9 条中增加一款,即"如果同一劳动关系双方的同一性质劳动合同连续签订两次之后,第三次续签时必须签成无固定期限合同"。参见《发言摘登:分组审议劳动合同法草案(一)》,载中国人大网,http://www.npc.gov.cn/zgrdw/common/zw.jsp? label=WXZLK&id=343883&pdmc=1503,2005-12-29。征求意见稿公布后,有的反映,实践中有的用人单位利用改制,让职工先签订一个短期合同,随后以劳动合同到期为由,任意终止老职工的劳动合同。有的建议,为保护老职工的合法权益,维护劳动关系的相对稳定,在草案中增加规定在同一单位工作累计工龄满若干年,或者同一单位的劳动合同连续签订两次后,第三次签订的,应该签订无固定期限劳动合同。参见全国人大常委会办公厅新闻局:《各地人民群众对劳动合同法草案的意见(一)》,载中国人大网,http://www.npc.gov.cn/zgrdw/common/zw.jsp? label=WXZLK&id=348050&pdmc=1503,2006-03-27。

动者的合法权益。[1]

表决通过时又将"连续订立二次固定期限劳动合同且劳动者没有本法第三十九条规定的情形续订劳动合同的"改为"连续订立二次固定期限劳动合同，且劳动者没有本法第三十九条和第四十条第一项、第二项规定的情形，续订劳动合同的"。还将"劳动者提出或者同意续订劳动合同的，应当订立无固定期限劳动合同"改为"劳动者提出或者同意续订、订立劳动合同的，除劳动者提出订立固定期限劳动合同外，应当订立无固定期限劳动合同"，增加了"除劳动者提出订立固定期限劳动合同外"这一限制条件。四审稿和表决时的修改都加大了劳动者在连续订立二次固定期限劳动合同后订立无固定期限劳动合同的难度。

【法条评析】

本条规定了无固定期限劳动合同。

一、无固定期限劳动合同的定义

《劳动合同法》第14条规定："无固定期限劳动合同，是指用人单位与劳动者约定无确定终止时间的劳动合同。"

无固定期限的劳动合同不得将法定解除条件约定为终止条件，以规避解除劳动合同时用人单位应承担支付给劳动者经济补偿的义务。[2]

二、无固定期限劳动合同的订立

无固定期限劳动合同的订立可以分为三种情况：

（一）协商一致订立无固定期限劳动合同

《劳动合同法》第14条规定："用人单位与劳动者协商一致，可以订立无固定期限劳动合同。"

无固定期限的劳动合同是指不约定终止日期的劳动合同。按照平等自愿、协商一致的原则，用人单位和劳动者只要达成一致，无论是初次就业的，还是由固定工转制的，都可以签订无固定期限的

---

[1] 参见周婷玉、李亚杰：《不订立书面劳动合同将支付劳动者两倍工资》，载中国人大网，http：//www. npc. gov. cn/zgrdw/common/zw. jsp？label ＝ WXZLK＆id ＝ 367558＆pdmc ＝ 1503，2007-06-25。

[2] 参见劳动部《关于贯彻执行〈中华人民共和国劳动法〉若干问题的意见》（劳部发[1995] 309 号）。

劳动合同。①

(二)应当订立无固定期限劳动合同

在一定条件下,用人单位应当按照劳动者的要求订立无固定期限劳动合同,《劳动合同法》第14条规定了三种情形②:

1. 劳动者在用人单位连续工作满10年的应当订立无固定期限劳动合同

《劳动合同法》第14条规定:"有下列情形之一,劳动者提出或者同意续订、订立劳动合同的,除劳动者提出订立固定期限劳动合同外,应当订立无固定期限劳动合同:(一)劳动者在该用人单位连续工作满十年的……"

由上可见,这种情况下订立无固定期限劳动合同必须满足三个条件:第一,劳动者在该用人单位连续工作满10年;第二,劳动者提出或者同意续订、订立劳动合同;第三,劳动者没有提出订立固定期限劳动合同。③

2. 特定情况下劳动者在用人单位连续工作满10年且距法定退休年龄不足10年的应当订立无固定期限劳动合同

《劳动合同法》第14条规定:"有下列情形之一,劳动者提出或者同意续订、订立劳动合同的,除劳动者提出订立固定期限劳动合同外,应当订立无固定期限劳动合同:……(二)用人单位初次实行劳动合同制度或者国有企业改制重新订立劳动合同时,劳动者在该用人单位连续工作满十年且距法定退休年龄不足十年的……"

这一条的立法目的是保护老职工,尤其是女性40周岁以上,男性50周岁以上的老职工的利益。我国国有、集体企业在实行劳动合同制

---

① 参见劳动部《关于贯彻执行〈中华人民共和国劳动法〉若干问题的意见》(劳部发[1995] 309 号)。

② 注意《劳动合同法》第82条还规定了用人单位违反本法规定不与劳动者订立无固定期限劳动合同的法律责任:"用人单位违反本法规定不与劳动者订立无固定期限劳动合同的,自应当订立无固定期限劳动合同之日起向劳动者每月支付二倍的工资。"

③ 注意对比《劳动法》第20条规定:"劳动者在同一用人单位连续工作满十年以上,当事人双方同意延续劳动合同的,如果劳动者提出订立无固定期限的劳动合同,应当订立无固定期限的劳动合同。"这一条的立法初衷本是鼓励企业与劳动者签订长期劳动合同,建立稳定的劳资关系,但是由于该法条规定了在双方同意签劳动合同的条件下,劳动者提出续签要求时用人单位才应当与劳动者签订无固定期限劳动合同,使许多劳动者为保住工作根本不敢提出订立无固定期限的要求或者在即将接近在一家企业工作十年之前被解除劳动合同,《劳动法》第20条的执行在实践中被打了许多折扣。

和国有企业改制中，不少老职工的利益受到很大侵害。很多老职工建议草案要倾向保护老职工的合法权益，认为老职工工作了二十多年，为社会、为国家奉献了青春，作出了较大贡献。这些老职工，尤其是女性40周岁以上，男性50周岁以上的老职工，由于资格老，工资相对高，给用人单位带来的负担重，容易成为用人单位解除或者终止劳动合同的对象。由于客观原因，老职工的就业能力相对较差，一旦失业很难再就业，老职工的就业问题很容易成为社会问题，因此建议草案应对老职工进行重点保护。为保护老职工的合法权益，有的建议，草案应明确规定签订无固定期限劳动合同的条件，如果在一个单位连续工作20年以上，或者女性年龄在40周岁、男性年龄在50周岁以上的劳动者，有权要求用人单位签订无固定期限劳动合同。有的则持反对观点，认为市场经济就是优胜劣汰，如果过分保护老职工的权益，必然会影响到青年一代的就业和发展，建议适当保护。[1]《劳动合同法》采纳了这些意见，规定在特定情况下，劳动者在用人单位连续工作满10年且距法定退休年龄不足10年的，应当订立无固定期限劳动合同。

这种情况下订立无固定期限劳动合同必须满足四个条件：第一，劳动者在该用人单位连续工作满10年；第二，劳动者距法定退休年龄不足10年；第三，劳动者提出或者同意续订、订立劳动合同；第四，劳动者没有提出订立固定期限劳动合同。

3. 连续订立二次固定期限劳动合同在一定条件下应当订立无固定期限劳动合同

《劳动合同法》第14条规定："有下列情形之一，劳动者提出或者同意续订、订立劳动合同的，除劳动者提出订立固定期限劳动合同外，应当订立无固定期限劳动合同：……（三）连续订立二次固定期限劳动合同，且劳动者没有本法第三十九条和第四十条第一项、第二项规定的情形，续订劳动合同的。"

---

[1]　参见全国人大常委会法制工作委员会：《各地人民群众对劳动合同法草案的意见（二）》，载中国人大网，http://www.npc.gov.cn/zgrdw/common/zw.jsp? label＝WXZLK&id＝348310&pdmc＝1503，2006-04-06。征求意见稿公布后，有的建议增加规定，劳动者连续在一个单位工作超过10年，或者还有不到10年就要退休的，原则上不应该解除劳动合同，这样可以保护下岗再就业的"40、50"人员的劳动权益。参见全国人大常委会办公厅新闻局：《关于劳动合同法草案征求意见的情况》，载中国人大网，http://www.npc.gov.cn/zgrdw/common/zw.jsp? label＝WXZLK&id＝348051&pdmc＝1503，2006-03-27。

这一条是为遏制劳动合同短期化现象作出的针对性规定。现在许多用人单位的劳动合同都呈现出短期化趋势，一年一签的做法很普遍，半年期劳动合同的也不少见，甚至有一年签四次合同的现象。法律应对这种情况作出针对性规定，否则将会导致劳动合同短期行为的合法化，严重损害劳动者的长期利益。①

这种情况下订立无固定期限劳动合同必须满足四个条件：第一，劳动者连续订立二次固定期限劳动合同；第二，劳动者没有《劳动合同法》第 39 条和第 40 条第 1 项、第 2 项规定的情形；第三，劳动者提出或者同意续订、订立劳动合同；第四，劳动者没有提出订立固定期限劳动合同。

这些条件中需要详细说明的是"劳动者没有《劳动合同法》第三十九条和第四十条第一项、第二项规定的情形"。《劳动合同法》第 39 条规定："劳动者有下列情形之一的，用人单位可以解除劳动合同：（一）在试用期间被证明不符合录用条件的；（二）严重违反用人单位的规章制度的；（三）严重失职，营私舞弊，给用人单位造成重大损害的；（四）劳动者同时与其他用人单位建立劳动关系，对完成本单位的工作任务造成严重影响，或者经用人单位提出，拒不改正的；（五）因本法第二十六条第一款第一项规定的情形致使劳动合同无效的；（六）被依法追究刑事责任的。"第 40 条第 1 项、第 2 项规定："有下列情形之一的，用人单位提前三十日以书面形式通知劳动者本人或者额外支付劳动者一个月工资后，可以解除劳动合同：（一）劳动者患病或者非因工负伤，在规定的医疗期满后不能从事原工作，也不能从事由用人单位另行安排的工作的；（二）劳动者不能胜任工作，经过培训或者调整工作岗位，仍不能胜任工作的……"符合第 39 条和第 40 条第 1 项、第 2 项情形规定的劳动者，即使连续订立二次固定期限劳动合同，提出或者同意续订、订立劳动合同时，用人单位也不必订立无固定期限劳动合同。

（三）视为订立无固定期限劳动合同

《劳动合同法》第 14 条规定："用人单位自用工之日起满一年不与

---

① 征求意见稿公布后，有的建议明确规定，同一单位同一岗位有固定期限的劳动合同连续签订两次，再续签的时候就应当签订无固定期限的劳动合同。参见全国人大常委会办公厅新闻局：《关于劳动合同法草案征求意见的情况》，载中国人大网，http://www.npc.gov.cn/zgrdw/common/zw.jsp? label=WXZLK&id=348051&pdmc=1503，2006-03-27。

劳动者订立书面劳动合同的，视为用人单位与劳动者已订立无固定期限劳动合同。"

对于这种情况下无固定期限劳动合同的开始时间，《劳动合同法》未作出明确规定，结合前后条文，我们认为这种情况下劳动合同自劳动者为用人单位提供劳动之日，即自用工之日起成立。

【理解与适用】

一、如何理解在同一用人单位连续工作满 10 年

劳动部《关于贯彻执行〈中华人民共和国劳动法〉若干问题的意见》（劳部发 [1995] 309 号）第 22 条规定："劳动法第二十条中的'在同一用人单位连续工作满十年以上'是指劳动者在同一用人单位签订的劳动合同期限不间断达到十年，劳动合同期满双方同意续订劳动合同时，只要劳动者提出签订无固定期限劳动合同的，用人单位应当与其签订无固定期限的劳动合同。在固定工转制中各地如有特殊规定的，从其规定。"这一解释除了"劳动合同期满双方同意续订劳动合同时"与《劳动合同法》抵触无效外，对于"在同一用人单位连续工作满十年以上"的解释仍有法律效力和实践意义。

1996 年 9 月 16 日发布实施的劳动部办公厅《对〈关于如何理解"同一用人单位连续工作时间"和"本单位工作年限"的请示〉的复函》（劳办发 [1996] 191 号）有更详细的规定："一、'同一用人单位连续工作时间'是指劳动者与同一用人单位保持劳动关系的时间。二、按照《劳动法》及有关配套规章的规定，劳动者患病或非因工负伤，依法享有医疗期，因此在计算'同一用人单位连续工作时间'时，不应扣除劳动者依法享有的医疗期时间。三、在计算医疗期、经济补偿时，'本单位工作年限'与'同一用人单位连续工作时间'为同一概念，也不应扣除劳动者此前依法享有的医疗期时间。"

二、用人单位应当与劳动者签订无固定期限劳动合同而未签订的情形

2001 年 4 月 30 日起施行的最高人民法院《关于审理劳动争议案件适用法律若干问题的解释》（法释 [2001] 14 号）第 16 条规定："劳动合同期满后，劳动者仍在原用人单位工作，原用人单位未表示异议的，视为双方同意以原条件继续履行劳动合同。一方提出终止劳动关系的，人民法院应当支持。根据《劳动法》第二十条之规定，用人单位应当与劳动

者签订无固定期限劳动合同而未签订的，人民法院可以视为双方之间存在无固定期限劳动合同关系，并以原劳动合同确定双方的权利义务关系。"

三、临时工订立无固定期限劳动合同

劳动部办公厅《对〈关于实行劳动合同制度若干问题的请示〉的复函》（劳办发［1997］88 号）规定："一、关于临时工订立无固定期限劳动合同问题。全面实行劳动合同制度以后，用人单位在临时性岗位上用工，应当与劳动者签订劳动合同并依法为其建立各种社会保险。对于在本企业工作已满 10 年的临时工，续订劳动合同时，也应当按照《劳动法》的规定，如果本人要求，应当订立无固定期限的劳动合同，并在劳动合同中明确其工资、保险福利待遇。用人单位及其本人应当按照国家规定缴纳社会保险费用，并享受有关保险福利待遇。"临时工订立无固定期限劳动合同也应平等地适用《劳动合同法》。

四、地方性劳动法规的特殊规定

地方性劳动法规对于要求订立无固定期限劳动合同的劳动者有一些特殊规定。如《北京市劳动合同规定》第 15 条规定："有下列情形之一，劳动者要求订立无固定期限劳动合同的，用人单位应当订立无固定期限劳动合同：（一）全国劳动模范、先进工作者或者'五一'劳动奖章获得者；（二）复员、转业退伍军人初次分配工作的；（三）建设征地农转工人员初次分配工作的；（四）尚未实行劳动合同制度的用人单位初次实行劳动合同制度时，劳动者连续工龄满 10 年，且距法定退休年龄 10 年以内的；（五）国家和本市规定的其他情形。"这些规定中有利于劳动者的部分在《劳动合同法》生效后应继续有效。

    第十五条　（以完成一定工作任务为期限的劳动合同）

    以完成一定工作任务为期限的劳动合同，是指用人单位与劳动者约定以某项工作的完成为合同期限的劳动合同。

    用人单位与劳动者协商一致，可以订立以完成一定工作任务为期限的劳动合同。

【相关法条】

《劳动法》

第二十条　……

劳动合同的期限分为有固定期限、无固定期限和以完成一定的工作为期限。

《浙江省劳动合同办法》

第十三条 劳动合同的期限分为有固定期限、无固定期限、以完成某工作事项或者某工作量为期限等，劳动合同的期限由用人单位与劳动者协商确定。

【草案相关条文比较】

征求意见稿第9条规定："以完成一定工作为期限的劳动合同，是指用人单位与劳动者以书面形式约定以某项工作的完成为合同终止条件的劳动合同。"二审稿第15条规定："以完成一定工作任务为期限的劳动合同，是指用人单位与劳动者约定以某项工作的完成为合同终止条件的劳动合同。有下列情形之一的，用人单位与劳动者可以签订以完成一定工作任务为期限的劳动合同：（一）以完成单项工作任务为期限的劳动合同；（二）以项目承包方式完成承包任务的劳动合同；（三）因季节原因临时用工的劳动合同；（四）其他双方约定的以完成一定工作任务为期限的劳动合同。"二审稿除了规定以完成一定工作任务为期限的劳动合同的定义外，还列举规定了用人单位与劳动者可以签订以完成一定工作任务为期限的劳动合同的情形。三审稿第15条规定："以完成一定工作任务为期限的劳动合同，是指用人单位与劳动者约定以某项工作的完成为合同期限的劳动合同。用人单位与劳动者协商一致，可以订立以完成一定工作任务为期限的劳动合同。"三审稿删去了用人单位与劳动者可以签订以完成一定工作任务为期限的劳动合同的列举情形，仅规定用人单位与劳动者协商一致就可以订立以完成一定工作任务为期限的劳动合同。四审稿和表决通过时均无修改。

【法条评析】

本条规定了以完成一定工作任务为期限的劳动合同。

一、以完成一定工作任务为期限的劳动合同的定义

《劳动合同法》第15条规定："以完成一定工作任务为期限的劳动合同，是指用人单位与劳动者约定以某项工作的完成为合同期限的劳动合同。"

以完成一定工作任务为期限的劳动合同是指劳动合同的存续时间根

据某项工作的开始和结束的时间而定，一般适用于建筑业、铁路交通、水利工程等行业的工种。

二、以完成一定工作任务为期限的劳动合同的订立

《劳动合同法》第15条规定："用人单位与劳动者协商一致，可以订立以完成一定工作任务为期限的劳动合同。"

这一规定同样体现了劳动合同订立的协商一致原则。劳动合同只能在双方当事人以协商方式达成一致意见的基础上成立，这是合同自由原则的体现。用人单位与劳动者协商一致，可以订立法律允许的任何一种劳动合同，当然也可以订立以完成一定工作任务为期限的劳动合同。

【理解与适用】

一、订立以完成一定工作任务为期限的劳动合同的情形

二审稿第15条规定："有下列情形之一的，用人单位与劳动者可以签订以完成一定工作任务为期限的劳动合同：（一）以完成单项工作任务为期限的劳动合同；（二）以项目承包方式完成承包任务的劳动合同；（三）因季节原因临时用工的劳动合同；（四）其他双方约定的以完成一定工作任务为期限的劳动合同。"虽然这一规定在后来审议中被删去了，但仍具有指导意义。

二、不适宜订立以完成一定工作任务为期限的劳动合同的特殊情形

在一些研究所中经常聘用一些在校大学生和退休人员从事项目研究，这些人员是以完成一定工作为目的的，如果研究所与上述人员之间签订劳动合同，就会涉及客观上无法建立养老保险等问题，有的建议这些人员应签订劳务合同来确定双方的权利义务。[1]

第十六条 （劳动合同的生效和合同文本的持有）
> 劳动合同由用人单位与劳动者协商一致，并经用人单位与劳动者在劳动合同文本上签字或者盖章生效。
> 劳动合同文本由用人单位和劳动者各执一份。

---

[1] 参见全国人大常委会办公厅新闻局：《各地人民群众对劳动合同法草案的意见（一）》，载中国人大网，http://www.npc.gov.cn/zgrdw/common/zw.jsp? label＝WXZLK&id＝348050&pdmc＝1503，2006-03-27。

【相关法条】

《北京市劳动合同规定》

第二十条　订立劳动合同可以约定生效时间。没有约定的，以当事人签字或者盖章的时间为生效时间。当事人签字或者盖章时间不一致的，以最后一方签字或者盖章的时间为准。

第二十一条　用人单位的法定代表人（负责人）或者其书面委托的代理人代表用人单位与劳动者签订劳动合同。劳动合同由双方分别签字或者盖章，并加盖用人单位印章。

《江苏省劳动合同条例》

第十条　劳动合同的内容经双方当事人协商一致后，由用人单位出具符合第十二条规定的合同文本。

劳动合同应当用中文书写。同时用中文、外文书写的劳动合同文本内容不一致的，以中文劳动合同文本为准。

劳动合同文本应当一式两份，当事人各执一份。

用人单位应当自劳动合同签订或者鉴证之日起五个工作日内将文本交付劳动者本人，不得扣押。

《江苏省劳动合同办法》

第十条　用人单位应当在录用之日起 15 日内与劳动者依法订立劳动合同，并在劳动合同订立之日起 15 日内，向劳动保障部门办理录用备案、劳动合同备案及社会保险登记手续。

劳动合同应当由用人单位法定代表人与劳动者本人签订，双方签字、盖章（用人单位加盖公章），用人单位法定代表人也可以委托他人与劳动者签订劳动合同，但委托人必须出具委托书，并在劳动合同中加盖用人单位公章。

劳动合同自双方当事人签字、盖章之日起生效，当事人对生效的期限或者条件有约定的，从其约定。

【草案相关条文比较】

征求意见稿第 10 条规定："劳动合同文本由用人单位提供。劳动合同应当由用人单位与劳动者协商一致，并经双方当事人在劳动合同文本上签字或者盖章成立。劳动合同应当由用人单位和劳动者各执一份。未以书面形式订立劳动合同的，劳动关系自劳动者为用人单位提供劳动之日起成立。依法成立的劳动合同，自成立之日起生效；用人单位和劳动者对劳动合同的生效约定条件的，自条件成就时生效。用人单位和劳动者对劳动合同的内容理解不一致的，应当按照通常理解予以解释，有两种以上解释的，应当采纳最有利于劳动者的解释。"该条规定的内容比较丰富，依据合同法的基本原理区分了劳动合同的成立和生效。二审稿第 16 条规定："劳动合同文本由用人单位提供。劳动合同由用人单位与劳动者协商一致，并经用人单位与劳动者在劳动合同文本上签字或者盖章生效。劳动合同应当由用人单位和劳动者各执一份。"二审稿不再分别规定劳动合同的成立和生效，并删去了合同的解释原则。三审稿第 16 条规定："劳动合同由用人单位与劳动者协商一致，并经用人单位与劳动者在劳动合同文本上签字或者盖章生效。劳动合同文本应当由用人单位和劳动者各执一份。"三审稿进而把二审稿中"用人单位与劳动者在用工之前签订劳动合同的，自用工之日起劳动合同生效"移到第 10 条，并删去了"劳动合同文本由用人单位提供"①。四审稿无修改，表决通过时将"劳动合同文本应当由用人单位和劳动者各执一份"改为"劳动合同文本由用人单位和劳动者各执一份"，删去了"应当"两字，但实质意义并无变化。

【法条评析】

本条规定了劳动合同的生效和劳动合同文本的持有。

一、劳动合同的生效

《劳动合同法》第 16 条规定："劳动合同由用人单位与劳动者协商一致，并经用人单位与劳动者在劳动合同文本上签字或者盖章生效。"

---

① 征求意见稿公布后，有的群众认为，劳动合同文本可以由用人单位提供，但不能由用人单位制定。如果劳动合同由用人单位单方起草制定，容易形成霸王合同，不利于保护劳动者的合法权益，建议在不同行业推行不同的劳动合同范本，并统一由省级人民政府劳动保障主管部门统一印制或经省、自治区、直辖市劳动保障部门批准使用。参见全国人大常委会办公厅新闻局：《各地人民群众对劳动合同法草案的意见（一）》，载中国人大网，http：//www.npc.gov.cn/zgrdw/common/zw.jsp? label＝WXZLK&id＝348050&pdmc＝1503，2006-03-27。

劳动合同由用人单位与劳动者在劳动合同文本上签字或者盖章生效，但此处未明确规定谁有权代表用人单位签字。[①]

需要注意的是，在劳动合同文本上"签字或者盖章"均生效，而不是"签字和盖章"才生效，只需要满足签字或者盖章中的一项劳动合同即可生效。

二、劳动合同文本的持有

《劳动合同法》第 16 条规定："劳动合同文本由用人单位和劳动者各执一份。"

实践中有的用人单位只让劳动者在空白的劳动合同书上签名，不让劳动者知晓劳动合同的内容，或者以种种理由拒绝将劳动合同交给劳动者，因此书面劳动合同应当（即必须）由用人单位和劳动者各执一份，用人单位有将劳动合同文本交付给劳动者的义务，违反该义务要负法律责任。《劳动合同法》第 81 条就规定了用人单位未将劳动合同文本交付劳动者的法律责任："用人单位提供的劳动合同文本未载明本法规定的劳动合同必备条款或者用人单位未将劳动合同文本交付劳动者的，由劳动行政部门责令改正；给劳动者造成损害的，应当承担赔偿责任。"

【理解与适用】

一、用人单位与农民工签订书面劳动合同的特殊规定

根据劳动保障部、建设部、全国总工会《关于加强建设等行业农民工劳动合同管理的通知》（劳社部发〔2005〕9 号）的规定："二、规范签订劳动合同行为 用人单位使用农民工，应当依法与农民工签订书面劳动合同，并向劳动保障行政部门进行用工备案。签订劳动合同应当遵循平等自愿、协商一致的原则，用人单位不得采取欺骗、威胁等手段与农民工签订劳动合同，不得在签订劳动合同时收取抵押金、风险金。劳动合同必须由具备用工主体资格的用人单位与农民工本人直接签订，不

[①] 征求意见稿发布后，有的提出，签订劳动合同须经双方当事人在劳动合同文本上签字，对于谁有权代表用人单位签字，建议明确规定由用人单位的法定代表及其代理人，或者劳资主管人员有权代表用人单位签订劳动合同。参见全国人大常委会办公厅新闻局：《各地人民群众对劳动合同法草案的意见（一）》，载中国人大网，http://www.npc.gov.cn/zgrdw/common/zw.jsp? label=WXZLK&id=348050&pdmc=1503，2006-03-27。

得由他人代签。建筑领域工程项目部、项目经理、施工作业班组、包工头等不具备用工主体资格，不能作为用工主体与农民工签订劳动合同。"这里面比较特殊的是要求用人单位"应当依法与农民工签订书面劳动合同，并向劳动保障行政部门进行用工备案"，并列举了不具备用工主体资格的组织和个人。

二、劳动者不要签订的几种劳动合同

劳动者，特别是农民工在签订劳动合同时应注意不要签订下面几种合同①：

1. 口头合同。有的企业不以书面形式与劳动者订立合同，只是口头约定工资、工时等，一旦发生纠纷，双方各执一词，由于缺乏书面文字证据，农民工往往有口难辩。

2. 生死合同。一些危险性行业企业不按劳动法的有关规定履行安全卫生义务，在签订合同时要求与劳动者约定"工伤概不负责"等条款来逃避责任。对这种情况，农民工可以要求用人单位取消这些条款；如果协商不成，一旦发生事故，农民工可以申请劳动仲裁委员会或人民法院确认这些条款无效。

3. "两张皮"合同。有的用人单位害怕劳动保障主管部门监督，往往与应聘方签订两份合同，一份用来应付检查，另一份合同才是真正履行的合同，而这份合同往往是只利于用人单位的不平等合同。

4. 押金合同。一些用人单位利用农民工求职心切的心理，在签订合同时收取押金、保证金等名目众多的费用，农民工稍有违反管理的行为，用人单位即"合法"扣留这部分押金。这类合同是法律明文禁止的，农民工可以拒绝；实在无法拒绝，也一定要保留好收据，以备将来维护自己的权利时作为证据。

5. 卖身合同。一些用人单位与农民工在合同中约定"一切行动听从用人单位安排"，一旦签订，就如同卖身一样完全失去行动自由。在工作中加班加点、强迫劳动，甚至任意侮辱、体罚和拘禁农民工。遇到这种情况时，不能忍气吞声，要及时向劳动保障监察部门或公安机关投诉举报，维护自己的合法权益。

---

① 参见劳动和社会保障部法制司编：《农民工维权手册（2006）》，载劳动和社会保障部网站。

第十七条 （劳动合同的条款）

劳动合同应当具备以下条款：

（一）用人单位的名称、住所和法定代表人或者主要负责人；

（二）劳动者的姓名、住址和居民身份证或者其他有效身份证件号码；

（三）劳动合同期限；

（四）工作内容和工作地点；

（五）工作时间和休息休假；

（六）劳动报酬；

（七）社会保险；

（八）劳动保护、劳动条件和职业危害防护；

（九）法律、法规规定应当纳入劳动合同的其他事项。

劳动合同除前款规定的必备条款外，用人单位与劳动者可以约定试用期、培训、保守秘密、补充保险和福利待遇等其他事项。

【相关法条】

《劳动法》

第十九条 劳动合同应当以书面形式订立，并具备以下条款：

（一）劳动合同期限；

（二）工作内容；

（三）劳动保护和劳动条件；

（四）劳动报酬；

（五）劳动纪律；

（六）劳动合同终止的条件；

（七）违反劳动合同的责任。

劳动合同除前款规定的必备条款外，当事人可以协商约定其他内容。

《职业病防治法》

第三十条 用人单位与劳动者订立劳动合同时，应当将工作过程中可能产生的职业病危害及其后果、职业病防护措施和待遇等如实告知劳动者，并在劳动合同中写明，不得隐瞒或欺骗。

·············

《安全生产法》

第四十四条　生产经营单位与从业人员订立的劳动合同，应当载明有关保障从业人员劳动安全、防止职业危害的事项，以及依法为从业人员办理工伤社会保险的事项。

·············

劳动部《关于〈中华人民共和国劳动法〉若干条文的说明》（劳办发〔1994〕289 号）

第十九条　劳动合同应当以书面形式订立，并具备以下条款：

（一）劳动合同期限；

（二）工作内容；

（三）劳动保护和劳动条件；

（四）劳动报酬；

（五）劳动纪律；

（六）劳动合同终止的条件；

（七）违反劳动合同的责任。

劳动合同除前款规定的必备条款外，当事人可以协商约定其他内容。

劳动合同的必备条款中没有规定社会保险一项，原因在于：社会保险在全社会范围内依法执行，并不是订立合同的双方当事人所能协商解决的。

"协商约定其他内容"是指劳动合同中的约定条款，即劳动合同双方当事人除依据本法就劳动合同的必备条款达成一致外，如果认为某些方面与劳动合同有关的内容仍需协调，便可将协商一致的内容写进合同，这些内容是合同当事人自愿协商确定的，而不是法定的。

【草案相关条文比较】

征求意见稿第 11 条规定："劳动合同文本应当载明下列事项：（一）用人单位的名称、住所和法定代表人；（二）劳动者的姓名、居民身份证号码；（三）劳动合同期限或者终止条件；（四）工作内容和工作地点；（五）工作时间和休息休假；（六）劳动报酬；（七）法律、行政法规规定应当纳入劳动合同的其他事项。劳动合同约定的劳动条件和劳动报酬等标准，不得低于集体合同的规定。"

二审稿第 17 条规定："劳动合同应当具备以下条款：（一）用人单位的名称、住所和法定代表人；（二）劳动者的姓名、住址和居民身份证号码；（三）劳动合同期限或者终止条件；（四）工作内容和工作地点；（五）工作时间和休息休假；（六）劳动报酬；（七）社会保险；（八）劳动保护和劳动条件；（九）法律、行政法规规定应当纳入劳动合同的其他事项。劳动合同除前款规定的必备条款外，用人单位与劳动者可以协商约定试用期、培训、保守商业秘密、补充保险和福利待遇等其他事项。"二审稿增加规定了"劳动者的住址"、"社会保险"①、"劳动保护和劳动条件"② 为劳动合同法的必备条款，并在必备条款之外列举规定用人单位与劳动者可以协商约定试用期、培训、保守商业秘密、补充保险和福利待遇等其他事项。③ 此外，还把"劳动合同约定的劳动条

---

① 很多群众认为，社会保险应是劳动合同中的必备条款，用人单位必须按时为劳动者足额缴纳应该缴纳的各种社会保险，包括养老、医疗、失业、工伤、生育保险及住房公积金。在实践中，很多劳动争议都是因为劳动合同中未明确用人单位在社会保险方面的义务，侵害劳动者合法权益而引起的。有的单位把社会保险费按月与工资一起发给劳动者，导致劳动者工资的虚高。鉴于草案第 11 条关于劳动合同内容的规定中并没有包括社会保险，建议将社会保险纳入到劳动合同中。参见全国人大常委会办公厅新闻局：《各地人民群众对劳动合同法草案的意见（一）》，载中国人大网，http://www.npc.gov.cn/zgrdw/common/zw.jsp? label=WXZLK&id=348050&pdmc=1503，2006-03-27。工资和社会保险是众多劳动者关注的焦点。征求意见稿发布后，不少意见建议草案应对社会保险作出相应的规定，并规定恶意拖欠工资、不给职工缴纳社会保险的应当承担法律责任。参见全国人大常委会办公厅新闻局：《关于劳动合同法草案征求意见的情况》，载中国人大网，http://www.npc.gov.cn/zgrdw/common/zw.jsp? label=WXZLK&id=348051&pdmc=1503，2006-03-27。

② 2005 年 12 月 27 日上午十届全国人大常委会第十九次会议分组审议劳动合同法草案时，魏复盛委员建议劳动合同的内容中要加上职业危害与保护，要加上如何保护他们，而且还要加上社会保险及体检。参见《发言摘登：分组审议劳动合同法草案（一）》，载中国人大网，http://www.npc.gov.cn/zgrdw/common/zw.jsp? label=WXZLK&id=343883&pdmc=1503，2005-12-29。征求意见稿发布后，有的意见认为，从事特殊工作的，如有毒有害的工种，劳动合同中必须包括劳动保护措施的条款。参见全国人大常委会办公厅新闻局：《各地人民群众对劳动合同法草案的意见（一）》，载中国人大网，http://www.npc.gov.cn/zgrdw/common/zw.jsp? label=WXZLK&id=348050&pdmc=1503，2006-03-27。

③ 2005 年 12 月 27 日上午十届全国人大常委会第十九次会议分组审议劳动合同法草案时，赖爱光委员说，第 11 条，根据我们接触的劳动合同文本，有的明确阐明用人单位为劳动者提供社保和培训的约定、劳动者保密的约定，因此，这一条能否增加社保和培训约定、保密制度等款项。参见《发言摘登：分组审议劳动合同法草案（二）》，载中国人大网，http://www.npc.gov.cn/zgrdw/common/zw.jsp? label=WXZLK&id=343882&pdmc=1503，2005-12-29。

件和劳动报酬等标准，不得低于集体合同的规定"移入第 54 条（现为《劳动合同法》第 55 条）。

三审稿将二审稿中的"法定代表人"改为"法定代表人或者主要负责人"，"居民身份证"改为"居民身份证或者其他有效证件号码"。四审稿将三审稿中的"劳动保护和劳动条件"改为"劳动保护、劳动条件和职业危害防护"①。表决通过前又将"保守商业秘密"改为"保守秘密"②。

【法条评析】

本条规定了劳动合同的条款，分为必备条款和其他约定条款。

一、必备条款

《劳动合同法》第 17 条规定："劳动合同应当具备以下条款：（一）用人单位的名称、住所和法定代表人或者主要负责人；（二）劳动者的姓名、住址和居民身份证或者其他有效身份证件号码；（三）劳动合同期限；（四）工作内容和工作地点；（五）工作时间和休息休假；（六）劳动报酬；（七）社会保险；（八）劳动保护、劳动条件和职业危害防护；（九）法律、法规规定应当纳入劳动合同的其他

---

① 提请十届全国人大常委会第二十八次会议进行第四次审议的劳动合同法草案增加相关条款，要求将职业危害和防护在劳动合同中写明。据了解，在我国受到职业危害的人数超过 2 亿，其中绝大多数是农民工。我国各类企业中，中小企业占 90％以上，其职业病危害突出。劳动合同法草案三次审议稿第 8 条规定：用人单位招用劳动者时，应当向劳动者如实告知有关职业危害等情况。一些常委会委员和教科文卫委员会提出，用人单位招用劳动者时，不仅要如实告知有关职业危害的情况，还应将职业危害和防护措施在劳动合同中写明。全国人大法律委经同财经委和国务院法制办、劳动保障部、全国总工会研究，建议将草案三次审议稿第 17 条第 8 项修改为"劳动保护、劳动条件和职业危害防护"，作为劳动合同的必备的条款之一。参见周婷玉、李亚杰：《劳动合同法草案加强职业病防治》，载中国人大网，ht-tp：//www. npc. gov. cn/zgrdw/common/zw. jsp？ label＝WXZLK&id＝367555&pdmc＝1503，2007-06-25。

② 在十届全国人大常委会第二十八次会议审议这一草案时，有的常委会组成人员认为商业秘密不能涵盖尚未依法取得知识产权但与知识产权相关的事项，建议增加保密义务的内容。参见郭晓宇：《劳动合同法草案表决前有修改》，载《法制日报》，2007-06-29。因此，《劳动合同法》中的"商业秘密"多数改为"秘密"，"保守商业秘密义务"则改为"保密义务"。

事项。"①

在这些必备条款中，需要注意以下事项：

（1）用人单位的名称、住所和法定代表人或者主要负责人。由于《劳动合同法》的适用范围扩大到部分事业单位，因而增加规定了用人单位的"主要负责人"。

（2）劳动者的姓名、住址和居民身份证或者其他有效身份证件号码。有效身份证件指居民身份证、军官证、士兵证、户口簿、护照等符合法律、行政法规以及国家有关规定的身份证件。②

（3）劳动合同期限。除依法允许订立无固定期限劳动合同的情况以外，劳动合同应当规定劳动合同有效期限，即固定期限劳动合同应当规定劳动合同的生效日期和终止日期，以完成一定工作任务为期限的劳动合同应当规定决定合同有效期限的工作项目。

（4）工作内容和工作地点。工作内容包括劳动者的工种、岗位③、所从事工作的内容或劳动任务。

---

① 我国台湾地区的"劳动基准法"没有对劳动合同的条款进行详细的规定，但在"劳动基准法施行细则"第7条规定了劳动契约应依"本法"有关规定约定下列事项：（1）工作场所及应从事之工作有关事项；（2）工作开始及终止之时间、休息时间、休假、例假、请假及轮班制之换班有关事项；（3）工资之议定、调整、计算、结算及给付之日期与方法有关事项；（4）有关劳动契约之订定、终止及退休有关事项；（5）资遣费、退休金及其他津贴、奖金有关事项；（6）劳工应负担之膳宿费、工作用具费有关事项；（7）安全卫生有关事项；（8）劳工教育、训练有关事项；（9）福利有关事项；（10）灾害补偿及一般伤病补助有关事项；（11）应遵守之纪律有关事项；（12）奖惩有关事项；（13）其他劳资权利义务有关事项。对比两者的具体规定可以发现，大陆的规定要宏观和原则一些，台湾地区的规定更详尽，相比之下，后者更能保护订立合同时弱势的一方。

② 2000年4月1日实施的国务院《个人存款账户实名制规定》第5条规定："本规定所称实名，是指符合法律、行政法规和国家有关规定的身份证件上使用的姓名。下列身份证件为实名证件：（一）居住在境内的中国公民，为居民身份证或者临时居民身份证；（二）居住在境内的16周岁以下的中国公民，为户口簿；（三）中国人民解放军军人，为军人身份证件；中国人民武装警察，为武装警察身份证件；（四）香港、澳门居民，为港澳居民往来内地通行证；台湾居民，为台湾居民来往大陆通行证或者其他有效旅行证件；（五）外国公民，为护照。"

③ 征求意见稿发布后，有的反映，有些用人单位在劳动合同中不写清劳动者具体的劳动岗位，有时为达到逼迫劳动者提出辞职的目的，随意改变劳动者原有的工作岗位，故意安排劳动者难以胜任或使其为难的岗位，建议将工作岗位也作为劳动合同的一项必要条款。参见全国人大常委会办公厅新闻局：《各地人民群众对劳动合同法草案的意见（一）》，载中国人大网，http://www.npc.gov.cn/zgrdw/common/zw.jsp? label=WXZLK&id=348050&pdmc=1503，2006-03-27。

（5）工作时间和休息休假。工作时间要按照国家规定执行，法定节假日应安排休息。如需安排加班或延长工作时间的，必须按规定支付加班工资。

（6）劳动报酬。即关于劳动报酬的形式、构成、标准等条款。① 在劳动合同中要明确工资以货币形式按月支付，并约定支付的时间、标准和支付方式。用人单位根据行业特点，经过民主程序确定具体工资支付办法的，应在劳动合同中予以明确，但按月支付的工资不得低于当地政府规定的最低工资标准。已建立集体合同制度的单位，工资标准不得低于集体合同规定的工资标准。

（7）社会保险。在我国，社会保险主要指工伤保险、医疗保险、养老保险、生育保险、失业保险等五种法定保险。《〈中华人民共和国企业劳动争议处理条例〉若干问题解释》（劳部发〔1993〕244号）指出："保险"是指社会保险，包括工伤保险、医疗保险、生育保险、待业保

---

① 征求意见稿发布后，很多劳动者对工资报酬问题非常关注，反映工资报酬是劳动合同中最重要的条款之一，实践中也容易产生争议，强烈要求草案对工资报酬作出进一步规定。很多群众认为，工资报酬应该成为劳动合同中的必备条款，但草案第11条第6项关于工资待遇的规定过于简单，需要作进一步的规定。有的用人单位以保守工资秘密为由，不写报酬的具体金额，只写支付日期或者按公司相关规定执行，这样对劳动者非常不利。有的用人单位把计件单价压得很低，以计件工资形式蒙蔽劳动者，使得劳动者每天工作十几小时也挣不到多少钱。因此建议在劳动合同中明确写明劳动报酬的数额。有的反映，有些用人单位只告诉劳动者工资总额，一旦发生劳动纠纷，用人单位就将工资总额拆成各种名目，损害劳动者的合法权益。如劳动者月工资为2 000元，用人单位要求劳动者加班时，就以2 000元中已经包括了加班费为由拒付加班工资。因此建议在劳动合同中明确写明工资的具体组成。有的提出，很多用人单位中加班非常普遍，在劳动合同中应明确规定平时加班和节假日期间加班的工资报酬。有的提出，为防止用人单位为减少因劳动合同终止而支付的补偿金，在劳动合同到期前任意降低劳动者的工资，建议明确规定工资报酬增加减少的条件。有的认为，为避免用人单位拖欠工资，建议增加规定工资报酬支付的时间和方式。参见全国人大常委会办公厅新闻局：《各地人民群众对劳动合同法草案的意见（一）》，载中国人大网，http：//www.npc.gov.cn/zgrdw/common/zw.jsp？label＝WXZLK&id＝348050&pdmc＝1503，2006-03-27。工资和社会保险是众多劳动者关注的焦点。征求意见稿发布后，很多意见提出，法律应当明确工资的支付时间、支付方式、计算方法，明确工资就是工资性收入，杜绝劳动合同中只签最低工资。现在很多企业基本月工资非常低，有的企业答应给月工资两千元，而签劳动合同时只写几百元，往往到年底才按业绩或工作量以奖金或提成方式发放剩余的劳动报酬。这样企业可以少给职工交保险，而且如果按月工资计算经济补偿，劳动者就要吃大亏。不少意见建议草案应对社会保险作出相应的规定，并规定恶意拖欠工资、不给职工缴纳社会保险应当承担法律责任。参见全国人大常委会办公厅新闻局：《关于劳动合同法草案征求意见的情况》，载中国人大网，http：//www.npc.gov.cn/zgrdw/common/zw.jsp？label＝WXZLK&id＝348051&pdmc＝1503，2006-03-27。

险、养老保险和病假待遇、死亡丧葬抚恤等社会保险待遇。

(8) 劳动保护、劳动条件和职业危害防护。即关于用人单位应当为劳动者提供劳动安全卫生条件和劳动条件的条款。用人单位应当按照安全生产等有关规定，为劳动者提供必要的劳动保护、劳动条件和职业危害防护。

关于劳动保护，《〈中华人民共和国企业劳动争议处理条例〉若干问题解释》（劳部发［1993］244 号）指出："劳动保护"是指为保障劳动者在劳动过程中获得适宜的劳动条件而采取的各项保护措施，包括工作时间和休息时间、休假制度的规定，各项保障劳动安全与卫生的措施，女职工的劳动保护规定，未成年人的劳动保护规定等。这一解释对劳动保护的界定比较宽，同时将劳动保护和劳动条件紧密地联系了起来。我们认为这一项中的劳动保护主要指的是劳动安全卫生保护，正如我国《安全生产法》第 6 条规定："生产经营单位的从业人员有依法获得安全生产保障的权利，并应当依法履行安全生产方面的义务。"

职业危害防护主要是指职业病的防护。根据《职业病防治法》第 2 条的规定，职业病是指企业、事业单位和个体经济组织（统称用人单位）的劳动者在职业活动中，因接触粉尘、放射性物质和其他有毒、有害物质等因素而引起的疾病。劳动者依法享有职业卫生保护的权利。用人单位应当为劳动者创造符合国家职业卫生标准和卫生要求的工作环境和条件，并采取措施保障劳动者获得职业卫生保护。

(9) 法律、法规规定应当纳入劳动合同的其他事项。

例如，《职业病防治法》第 30 条规定，劳动合同应当写明工作过程中可能产生的职业病危害及其后果、职业病防护措施和待遇。《安全生产法》第 44 条规定，劳动合同应当载明有关保障劳动者劳动安全、防止职业危害的事项，以及依法为劳动者办理工伤社会保险的事项。这两部法律的规定比较具体。

以上条款是必备条款，没有这些条款，提供劳动合同文本的用人单位应负法律责任。《劳动合同法》第 81 条规定了用人单位提供的劳动合同文本未载明第 17 条规定的劳动合同必备条款的法律责任："用人单位提供的劳动合同文本未载明本法规定的劳动合同必备条款或者用人单位未将劳动合同文本交付劳动者的，由劳动行政部门责令改正；给劳动者造成损害的，应当承担赔偿责任。"

二、其他约定条款

《劳动合同法》第17条规定："劳动合同除前款规定的必备条款外，用人单位与劳动者可以约定试用期、培训、保守秘密、补充保险和福利待遇等其他事项。"具体分析如下：

1. 试用期

试用期条款即约定用人单位对新录用职工实行试用期的合同条款。试用期，是指包括在劳动合同期限内的，劳动关系还处于非正式状态，用人单位对劳动者是否合格进行考核，劳动者对用人单位是否适合自己要求进行了解的期限。试用期满，被试用者即成为正式职工。《劳动合同法》第19条规定的要点为：（1）适用范围。第19条规定："同一用人单位与同一劳动者只能约定一次试用期。"据此，对初次就业或再就业时的劳动者，劳动合同可以约定试用期。（2）最长期限。第19条规定："劳动合同期限三个月以上不满一年的，试用期不得超过一个月；劳动合同期限一年以上不满三年的，试用期不得超过二个月；三年以上固定期限和无固定期限的劳动合同，试用期不得超过六个月。"（3）禁止约定试用期的情形。第19条规定："以完成一定工作任务为期限的劳动合同或者劳动合同期限不满三个月的，不得约定试用期。"

2. 培训

培训条款是指用人单位与劳动者在劳动合同中约定由用人单位为劳动者提供专项培训费用，对其进行专业技术培训的条款。专项培训一般并非用人单位的法定义务，因此一般要同时约定劳动者的服务期。《劳动合同法》第22条规定："用人单位为劳动者提供专项培训费用，对其进行专业技术培训的，可以与该劳动者订立协议，约定服务期。劳动者违反服务期约定的，应当按照约定向用人单位支付违约金。"

3. 保守秘密

保守秘密条款是用人单位与劳动者可以在劳动合同中约定由劳动者对用人单位秘密负保密义务的合同条款，包括对保密的内容、范围、期限和措施等的约定。保密条款常常和竞业限制条款紧密联系在一起。《劳动合同法》第23条规定了保密义务："用人单位与劳动者可以在劳动合同中约定保守用人单位的商业秘密和与知识产权相关的保密事项。对负有保密义务的劳动者，用人单位可以在劳动合同或者保密协议中与劳动者约定竞业限制条款，并约定在解除或者终止劳动合同后，在竞业限制期限内按月给予劳动者经济补偿。劳动者违反竞业限制约定的，应当按照约定向用人单位支付违约金。"

4. 补充保险

用人单位与劳动者可以约定对劳动者的补充保险。用人单位补充保险是指用人单位根据自身经济实力，在国家规定的实施政策和实施条件下为本单位职工所建立的一种辅助性的保险，包括补充养老保险和补充医疗保险等。补充养老保险制度，通常是指企业年金，其特点是依靠企业和个人缴费筹资，通过个人账户管理，养老金待遇与缴费挂钩（工资的 40%～50%），完全积累。《劳动法》第九章"社会保险和福利"第 75 条规定："国家鼓励用人单位根据本单位实际情况为劳动者建立补充保险。"

5. 福利待遇

用人单位与劳动者可以约定对劳动者的福利待遇。福利待遇，一般称作职工福利，又称职业福利或劳动福利，是指用人单位和有关社会服务机构为满足劳动者生活的共同需要和特殊需要，在工资和社会保险之外向职工及其亲属提供一定货币、实物、服务等形式的物质帮助。其中包括：为减少劳动者生活费用开支和解决劳动者生活困难而提供的各种补贴；为方便劳动者生活和减轻职工家务负担而提供的各种生活设施和服务；为活跃劳动者文化生活而提供的各种文化设施和服务。[①]《劳动法》第九章为"社会保险和福利"，其第 76 条规定："国家发展社会福利事业，兴建公共福利设施，为劳动者休息、休养和疗养提供条件。用人单位应当创造条件，改善集体福利，提供劳动者的福利待遇。"《〈中华人民共和国企业劳动争议处理条例〉若干问题解释》（劳部发［1993］244 号）指出："福利"是指用人单位用于补助职工及其家属和举办集体福利事业的费用，包括集体福利费、职工上下班交通补助费、探亲路费、取暖补贴、生活困难补助费等。

【理解与适用】

一、限制约定的劳动合同条款[②]

1. 第二职业条款（兼职条款）

---

① 参见王全兴主编：《劳动法学》，494 页，北京，人民法院出版社、中国人民公安大学出版社，2005。

② 以下关于第二职业条款、违约金和赔偿金条款、歧视条款的论述参见王全兴主编：《劳动法学》，169～172 页，北京，人民法院出版社、中国人民公安大学出版社，2005。

第二职业条款又称兼职条款，即约定劳动者可否从事第二职业以及如何从事第二职业的合同条款。有些国家和地区的立法表明，允许劳动合同当事人双方约定此种条款，如德国和我国台湾地区。我国有关法规和政策规定①，可从事第二职业的，只限于一定范围内的劳动者；凡从事第二职业者，应当事先取得用人单位同意或者在劳动合同中已作许可性约定。所以，除了被法规和政策禁止从事第二职业的劳动者外，都可以在劳动合同中约定第二职业条款。如果约定允许从事第二职业，就应当对从事第二职业的条件、职业范围，尤其是与第一职业的关系，作出具体约定。《劳动合同法》第 91 条规定："用人单位招用与其他用人单位尚未解除或者终止劳动合同的劳动者，给其他用人单位造成损失的，应当承担连带赔偿责任。"从此条规定来看，《劳动合同法》并未禁止兼职，而是规定了用人单位招用兼职人员给其他用人单位造成损失时的连带赔偿责任。

2. 违约金和赔偿金条款

违约金和赔偿金条款即约定不履行劳动合同而应支付违约金或赔偿金的合同条款，它包括对违约金或赔偿金的支付条件、项目、范围和数额等内容的约定。在有些国家的立法中，禁止劳动合同约定违约金或赔偿金数额。例如，《日本劳动标准法》第 16 条规定："禁止雇主签订预先约定不履行劳动合同时的违约金或损坏赔偿金额的合同"。这是因为在签订劳动合同时对违反劳动合同可能造成的损失难以预计，并且，因劳动者承担赔偿责任的能力极为有限而只宜适用合理赔偿原则。所以，对违反劳动合同所造成的损失，应当实行法定赔偿标准，而不宜由劳动合同约定赔偿金数额。至于违约金的确定，也必然要考虑违反劳动合同可能造成的损失和劳动者的财产承受能力等因素，因而违约金数额也不应当由劳动合同约定，而只宜按法定标准确定。我国《劳动法》和《违反〈劳动法〉有关劳动合同规定的赔偿办法》（劳部发［1995］223 号）允许劳动合同约定违约金和赔偿金条款，但对是否允许约定违约金或赔偿金数额则无明确规定。《劳动合同法》第 25 条规定："除本法第二十二条和第二十三条规定的情形外，用人单位不得与劳动者约定由劳动者承担违约金。"即除了服务期条款和竞业限制条款可以约定由劳动者承

① 参见《聘请科学技术人员兼职的暂行办法》（1982 年 3 月 15 日国务院科学技术干部局发布，［1982］国科干一字 003 号）和《国务院办公厅转发国家科委关于科技人员业余兼职若干问题的意见》（1988 年 1 月 18 日，国办发［1988］4 号）。

担违约金外，用人单位不得与劳动者约定由劳动者承担违约金。

二、禁止约定的劳动合同条款

1. 歧视条款

歧视条款即约定给予劳动者以歧视待遇的合同条款。这种条款违背了劳动者权益平等精神，因而为各国立法所明令禁止，有的国家还专门对与工会有关的歧视条款作了禁止性规定。我国劳动立法精神也禁止劳动合同中的歧视条款。

2. 生死条款

生死条款是指劳动合同中规定"合同履行期间，发生死伤病残，公司概不负责"或"工伤概不负责"以及类似内容的条款。生死条款属于违反法律、行政法规的劳动合同，是无效的劳动合同条款，从订立的时候起，就没有法律约束力。我国劳动立法精神禁止劳动合同约定生死条款，劳动合同当事人约定则无效。

3. 限制婚育条款（禁婚育条款）

限制婚育条款又称禁婚育条款，即在劳动合同中限制或禁止女职工结婚、生育的条款，一旦结婚、生育即终止合同。限制婚育条款违反妇女的基本人权，我国法律命令予以禁止。我国《妇女权益保障法》（2005 年修订）第四章"劳动和社会保障权益"第 23 条明确规定："各单位在录用女职工时，应当依法与其签订劳动（聘用）合同或者服务协议，劳动（聘用）合同或者服务协议中不得规定限制女职工结婚、生育的内容。"

4. 保证金条款（押金条款）

保证金条款又称押金条款，即约定劳动者向用人单位交纳一定数量货币或其他财物而在有特定违约或解约行为时不予退还，并以此作为缔结劳动关系前提条件的合同条款。我国法律禁止用人单位以任何形式向职工收取保证金和押金等财物，如《劳动合同法》第 9 条规定："用人单位招用劳动者，不得扣押劳动者的居民身份证和其他证件，不得要求劳动者提供担保或者以其他名义向劳动者收取财物。"据此，劳动合同中约定劳动者交纳保证金也应是无效的。

第十八条 （劳动合同中劳动报酬和劳动条件等标准约定不明确的处理）

劳动合同对劳动报酬和劳动条件等标准约定不明确，

引发争议的，用人单位与劳动者可以重新协商；协商不成的，适用集体合同规定；没有集体合同或者集体合同未规定劳动报酬的，实行同工同酬；没有集体合同或者集体合同未规定劳动条件等标准的，适用国家有关规定。

【相关法条】

《江苏省劳动合同条例》

第二十四条　劳动合同对劳动报酬、劳动条件等内容约定不明确的，按照下列规定确定：

（一）实际劳动报酬和劳动条件高于用人单位规章制度和集体合同规定标准的，按照实际已经履行的内容确定；

（二）实际劳动报酬和劳动条件低于用人单位规章制度或者集体合同规定标准的，按照其中有利于劳动者的最高标准确定。

用人单位规章制度和集体合同规定的劳动报酬和劳动条件不得低于法定标准。

【草案相关条文比较】

征求意见稿第 23 条规定："劳动合同约定的劳动报酬和劳动条件等标准低于国家规定或者集体合同规定，或者约定不明确以及劳动合同未采取书面形式引发争议的，用人单位和劳动者可以重新协商。协商不成的，适用集体合同规定；集体合同未作规定的，适用国家有关规定。"内容比较庞杂。二审稿第 18 条规定："劳动合同对劳动报酬和劳动条件等标准约定不明确，引发争议的，用人单位与劳动者可以重新协商。协商不成的，适用集体合同规定；集体合同未作规定的，适用国家有关规定。"[1] 二审稿简化了内容，层次比较清晰。三审稿未有变化。四审稿

---

① 劳动合同应当体现同工同酬。现在企业的用工形式非常多，不同用工之间收入差别很大。征求意见稿发布后，有群众来信反映其所在单位有国营工、集体工、国营合同工、集体合同工、临时工、临时代办工等等，不同的身份，工资和福利待遇差别非常大，同工不同酬的问题严重，劳动合同法应当解决这个问题。参见全国人大常委会办公厅新闻局：《关于劳动合同法草案征求意见的情况》，载中国人大网，http://www.npc.gov.cn/zgrdw/common/zw.jsp? label=WXZLK&id=348051&pdmc=1503，2006-03-27。

第 18 条修改为："劳动合同对劳动报酬和劳动条件等标准约定不明确，引发争议的，用人单位与劳动者可以重新协商。协商不成的，适用集体合同规定；没有集体合同或者集体合同未规定劳动报酬的，用人单位应当对劳动者实行同工同酬；没有集体合同或者集体合同未规定劳动条件等标准的，适用国家有关规定。"四审稿区别了"没有集体合同或者集体合同未规定劳动报酬的"情况和"没有集体合同或者集体合同未规定劳动条件等标准的"情况下的解决办法，明确了用人单位应当对劳动者实行同工同酬的原则。表决通过前的修改主要是词句上的，将"用人单位应当对劳动者实行同工同酬"改为"实行同工同酬"，使得语言简洁一些。

【法条评析】

本条规定了劳动合同对劳动报酬和劳动条件等标准约定不明确的处理办法，分为三个层次：

1. 引发争议的，重新协商。

《劳动合同法》第 18 条规定："劳动合同对劳动报酬和劳动条件等标准约定不明确，引发争议的，用人单位与劳动者可以重新协商……"

这一规定充分体现了尊重当事人意思自治的宗旨。在订立劳动合同时，劳动合同对劳动报酬和劳动条件等标准约定不明确，并不影响劳动合同的生效。劳动合同双方当事人引起争议的，用人单位与劳动者可以重新协商，将不明确的劳动报酬和劳动条件等标准约定明确。

此处的"劳动条件等标准"指的是工时、休息休假、工资、劳动定额、劳动安全卫生等劳动条件的标准。

2. 协商不成的，适用集体合同规定。

《劳动合同法》第 18 条规定："……协商不成的，适用集体合同规定……"这就是说，如果用人单位与劳动者经过重新协商，未就劳动报酬和劳动条件等标准达成明确、一致的协议，则劳动报酬和劳动条件等标准均适用集体合同的规定。

根据《劳动合同法》第 51 条和第 54 条的规定，集体合同是指企业职工一方与用人单位通过平等协商，就劳动报酬、工作时间、休息休假、劳动安全卫生、保险福利等事项达成的书面协议。依法订立的集体合同对用人单位和劳动者具有约束力。《劳动合同法》第 55 条规定：

"集体合同中劳动报酬和劳动条件等标准不得低于当地人民政府规定的最低标准；用人单位与劳动者订立的劳动合同中劳动报酬和劳动条件等标准不得低于集体合同规定的标准。"集体合同可以弥补劳动合同的空白和不足，对于一些双方当事人没有在劳动合同中约定的事项，可以依照集体合同规定的标准来确定。在用人单位和劳动者订立的劳动合同对劳动报酬和劳动条件等标准约定不明确而引发争议，用人单位与劳动者协商不成的，可以直接适用集体合同的规定，按照集体合同规定的劳动报酬标准来确定。

3. 没有集体合同或者集体合同未规定劳动报酬的，实行同工同酬；没有集体合同或者集体合同未规定劳动条件等标准的，适用国家有关规定。

在这一层次，针对劳动报酬和劳动条件等标准采取不同的解决办法：

（1）没有集体合同或者集体合同未规定劳动报酬的，实行同工同酬。

劳动报酬又称工资。《劳动法》第46条规定："工资分配应当遵循按劳分配原则，实行同工同酬。"根据劳动部《关于〈中华人民共和国劳动法〉若干条文的说明》（劳办发〔1994〕289号）的解释，该条中的"同工同酬"，是指用人单位对于从事相同工作，付出等量劳动且取得相同劳动业绩的劳动者，应支付同等的劳动报酬。由此可见，同工同酬必须具备三个条件：一是相同工作，即劳动者的工作岗位、工作内容相同；二是等量劳动，即在相同的工作岗位上付出了与别人同样的劳动工作量；三是相同劳动业绩，即同样的工作量取得了相同的工作业绩。在同一企业中从事相同工作，付出等量劳动且取得相同劳动业绩的劳动者，有权利获得同等的劳动报酬。在没有集体合同或者集体合同未规定劳动报酬的情况下，实行同工同酬，就是参照该用人单位从事相同工作、付出等量劳动且取得相同劳动业绩的劳动者的劳动报酬，来支付同等的劳动报酬。

（2）没有集体合同或者集体合同未规定劳动条件等标准的，适用国家有关规定。

如果没有集体合同或者集体合同未规定劳动条件等标准，就是用国家关于"劳动条件等标准"的有关规定。"劳动条件等标准"即工时、休息休假、工资、劳动定额、劳动安全卫生等劳动条件的标准，国家在这些方面有大量的法律法规，可以直接适用。如关于工资，国家立法建立了最低工资制度；在劳动安全卫生方面，国家有相应的劳动标准，在这种情况下可以直接适用。

【理解与适用】

同工同酬中的"酬"即劳动报酬，也就是《劳动法》中的工资。《〈中华人民共和国企业劳动争议处理条例〉若干问题解释》（劳部发〔1993〕244 号）指出："工资"是指按照国家统计局规定应统计在职工工资总额中的各种劳动报酬，包括标准工资、有规定标准的各种奖金、津贴和补贴。根据劳动部《关于〈中华人民共和国劳动法〉若干条文的说明》（劳办发〔1994〕289 号）的解释，"劳动报酬"是指劳动者从用人单位得到的全部工资收入。而所谓工资，根据劳动部《关于贯彻执行〈中华人民共和国劳动法〉若干问题的意见》（劳部发〔1995〕309 号）的规定，是指用人单位依据国家有关规定或劳动合同的约定，以货币形式直接支付给本单位劳动者的劳动报酬，一般包括计时工资、计件工资、奖金、津贴和补贴、延长工作时间的工资报酬以及特殊情况下支付的工资等。"工资"是劳动者劳动收入的主要组成部分。劳动者的以下劳动收入不属于工资范围：（1）单位支付给劳动者个人的社会保险福利费用，如丧葬抚恤救济费、生活困难补助费、计划生育补贴等；（2）劳动保护方面的费用，如用人单位支付给劳动者的工作服、解毒剂、清凉饮料费用等；（3）按规定未计入工资总额的各种劳动报酬及其他劳动收入，如国家根据规定发放的创造发明奖、国家星火奖、自然科学奖、科学技术进步奖、合理化建议和技术改进奖、中华技能大奖等，以及稿费、讲课费、翻译费等。对于工资，不要仅仅理解为基本工资，应是指劳动者从用人单位得到的全部工资收入。

第十九条 （试用期规定）

劳动合同期限三个月以上不满一年的，试用期不得超过一个月；劳动合同期限一年以上不满三年的，试用期不得超过二个月；三年以上固定期限和无固定期限的劳动合同，试用期不得超过六个月。

同一用人单位与同一劳动者只能约定一次试用期。

以完成一定工作任务为期限的劳动合同或者劳动合同期限不满三个月的，不得约定试用期。

试用期包含在劳动合同期限内。劳动合同仅约定试用期的，试用期不成立，该期限为劳动合同期限。

【相关法条】

《劳动法》

第二十一条　劳动合同可以约定试用期。试用期最长不得超过六个月。

劳动部《关于实行劳动合同制度若干问题的通知》（劳部发〔1996〕354号）

3. 按照《劳动法》的规定，劳动合同中可以约定不超过六个月的试用期。劳动合同期限在六个月以下的，试用期不得超过十五日；劳动合同期限在六个月以上一年以下的，试用期不得超过三十日；劳动合同期限在一年以上两年以下的，试用期不得超过六十日。

试用期包括在劳动合同期限中。

4. 用人单位对工作岗位没有发生变化的同一劳动者只能试用一次。

【法条评析】

试用期是指用人单位和劳动者为相互了解、选择而约定的考察期。其目的在于增进用人单位与职工之间的相互了解，用人单位考察职工是否符合录用条件，而职工则考察用人单位的状况，看工作条件和福利待遇是否如招工承诺以及自身与工作岗位的契合程度等。双方基于试用期间的相互考察了解，作出履行或者解除劳动合同的决定。而实践中，由于试用期内用人单位和劳动者享有法定的劳动合同解除权，且通常情形下任何一方单方解除劳动合同不需要承担相应的责任，所以，在实际生活中，当事人双方，尤其是用人单位基于自己的优势地位，往往通过"单方拟订劳动合同条款"的机会千方百计地利用"试用期"条款规避单方解除劳动合同的法律责任。因此，试用期成为劳动合同的订立过程中，用人单位侵害劳动者权益的最大陷阱。同时，试用期制度又在劳动用工中起到重要作用，对于减轻用人单位的用工考察成本具有积极作用。

本条是关于试用期制度的基本规定，共包括四个条款，从具体的规定来看，劳动合同法对于试用期制度采取的立法态度是：在确保其效用发挥的基础上，限制其适用。

（一）试用期限规定

本条第 1 款明确了适用期限长短的规定，第一，试用期的最长期限限制，即最长不得超过 6 个月；第二，试用期限受到劳动合同期限的限制，劳动合同期限为 3 个月以上不满 1 年的，对应的试用期限最长不超过 1 个月；劳动合同期限为 1 年以上 3 年以下的，试用期不得超过 2 个月；3 年以上固定期限和无固定期限的劳动合同试用期不得超过 6 个月。其目的在于防止用人单位利用短期劳动合同，滥用试用期制度。

（二）禁止重复试用

本条第 2 款明确规定禁止重复试用，即同一用人单位与同一劳动者只能约定一次试用期。所谓重复试用，是指同一用人单位与用一劳动者不只一次约定试用期。其结果是对于第一次试用期满后的其他试用期约定应该是无效的。原因在于试用期作为考察期，前提是基于用人单位和劳动者双方的不了解，如果双方尤其是用人单位对于劳动者的各方面已经了解，试用期则失去了其存在价值。如果还允许用人单位规定试用期，则会纵容用人单位滥用试用期条款，侵害劳动者利益。

（三）不得约定试用期情形

由于本条第 1 款规定了试用期限受到劳动合同期限的限制，对于劳动合同期限在 3 个月以下或者以完成一定工作任务为期限的劳动合同，不得约定试用期。这实际上是立法者企图在试用期制度和劳动合同期限制度之间取得平衡，利用制度之间的联系，来约束用人单位滥用试用期制度，如：大量签订短期劳动合同，而约定很长的试用期限。

（四）试用期条款的性质及其瑕疵认定

对于试用期条款，由于当事人约定的瑕疵将会影响其性质以及对其效力的认定，一方面，其明确了"试用期包含在劳动合同期限内"，因此，其本质应该为劳动合同期限，只是基于法律的特别规定，当事人双方都享有解除权；另一方面，试用期的瑕疵认定，即在仅约定试用期时试用期条款无效，其性质则转变为劳动合同期限。

【理解与适用】

一、试用期条款的效力认定

（一）试用期约定必须明确

当事人约定试用期时，必须明确。一是，对于约定的期限性质，必须明确为试用期，不能以"见习期"、"考察期"代替；二是，对于试用期条款的形式，法律没有予以明确规定，有学者认为，试用期可以以书面或者口头的形式约定。[①] 本人认为，试用期条款仅能以书面形式约定。

首先，《劳动法》第16条第2款规定："建立劳动关系应当订立劳动合同。"第19条规定："劳动合同应当以书面形式订立……"《劳动合同法》第10条也明确规定劳动合同应该采取书面形式。因此，从立法逻辑来看，当事人订立的试用期条款，作为劳动合同的一部分，也应该采用书面形式。

其次，从法律规范的逻辑联系来看，劳动法规定试用期最长不得超过6个月，并且，是根据劳动合同的期限长短来决定试用期的长短。而实践中，可能存在两种情形，一是，签订了书面的劳动合同，仅口头约定试用期；二是，口头上约定试用期，而没有签署书面劳动合同。[②] 第一种情形实际比较少，但是也存在，该情形容易使得用人单位随意地延长试用期限，不能有效地保护劳动者的合法权益。而后一种情形中所约定的试用期条款则都是无效的。需要明确的是，先以书面协议约定试用期，后签订或者不签订劳动合同的情形下，试用期协议也是无效的。"先试用后签劳动合同本身就是违法的。这多半是用工者为了逃避劳动合同的约束和《劳动法》的制裁而采取的'非常手段'，目的是想使用廉价劳动力。""订立劳动合同是约定试用期的前提条件。用人单位与劳动者单独签订的试用期合同所约定的试用期期限是无效的，这个期限应视为劳动合同的期限。"[③]

---

① 参见北京市第一中级人民法院民一庭编著：《劳动法审判实务典型案例评析》，133页，北京，中国监察出版社，2005。

② 参见《试用期间解除劳动合同的注意事项》，载《青少年导刊》，2005（2）。

③ 胡慧平：《看清"试用期陷阱"》，载《经济参考报》，2002-07-24。

最后，从法社会学的角度来看，口头形式的试用期约定，可能会加剧用人单位利用试用期条款侵害劳动者权益的情形。因为，试用期间用人单位和劳动者双方享有平等的解除劳动合同的权利，而用人单位基于其强势地位，在劳动者行使解除权时，可能会否认试用期约定的存在，而劳动者则要承担相应的举证责任，这不利于劳动者权益的保护。

（二）试用期限的长短应该符合法律规定

试用期的长短必须符合本条第 1 款和第 3 款关于试用期期限的规定，用人单位和劳动者在确定试用期条款时应该符合相关的规定。

（三）重复约定试用期无效

实践中重复试用的情形主要表现为两种，第一，试用期即将届满时，用人单位单方延长试用期；第二，用人单位以轮岗为名，要求劳动者在不同岗位上都必须经过试用。对于前者"同一用人单位与同一劳动者只能约定一次试用期"。也就是说，只要劳动者在该用人单位工作，无论岗位轮换如何，都只能约定一次试用期。这与原有的某些规定不同。相比劳动部《关于实行劳动合同制度若干问题的通知》（1996 年 10 月 31 日劳部发［1996］354 号）第 4 条的规定，"试用期适用于初次就业或再次就业时改变工作岗位或工种的劳动者，用人单位对工作岗位没有发生变化的同一劳动者只能试用一次"。本条的规定更为严格。

二、试用期与见习期的区别

劳动部办公厅《对〈关于劳动用工管理有关问题的请示〉的复函》（劳办发［1996］5 号）第 3 条规定："关于学徒期与试用期。学徒期是对进入某些工作岗位的新招工人熟悉业务、提高工作技能的一种培训方式，在实行劳动合同制度后，这一培训方式仍应继续采用，并按照技术等级标准规定的期限执行。试用期是用人单位和劳动者建立劳动关系后为相互了解、选择而约定的不超过六个月的考察期。试用期和学徒期包含在劳动合同期限内，试用期和学徒期可以同时约定，但试用期不得超过半年。"第 4 条规定："关于见习期与试用期。大中专、技校毕业生新分配到用人单位工作的，仍应按原规定执行为期一年的见习期制度，见习期内可以约定不超过半年的试用期。"

见习期，根据相关规定，用人单位招收应届毕业生后，原则上都要安排见习，大专、本科毕业生见习期期限为一年，研究生没有见习期。而试用期是劳动者与用人单位的考察期。其二者区别表现为：

一是，期限长短不同，见习期一般为一年，并且为确定的期限，与劳动合同期限没有关系；而试用期最长为六个月，其具体的期限长短则是根据合同期限来确定。

二是，适用对象不同，见习期适用于大专和本科毕业生，并且对于研究生毕业生不适用。而试用期则是试用于所有的与用人单位第一次建立劳动关系的劳动者。

三、试用期的具体情形认定

（一）仅约定试用期

实际上从条文规定来看，可能很难确定什么样的情形属于仅约定了试用期。在我们看来可能存在以下情形：一是，签订了书面的劳动合同，包含试用期条款，但没有合同期限的约定；二是，签订了书面的试用期协议，但没有签订书面的劳动合同。对于以上情形，似乎有些疑问，第一种没有约定劳动合同期限的情形，根据《劳动合同法》第14条"无固定期限劳动合同，是指用人单位与劳动者约定无确定终止时间的劳动合同"的规定，应该认定为无固定期限的劳动合同，最长能约定6个月的试用期。而对于第二种情形，由于《劳动合同法》对于劳动合同采用严格的形式主义，于第10条中规定"建立劳动关系，应当订立书面劳动合同"，所以，很难确定仅约定试用期的情形具体如何认定。但是根据本条第四款的规定，对于仅约定试用期的，该试用期限视为劳动合同期限。《浙江省劳动合同办法》第14条、《上海市劳动合同条例》第13条都规定："劳动合同当事人仅约定试用期的，试用期不成立，该期限即为劳动合同期限。"

（二）约定的试用期超过法律规定的长度

与三审稿相比本条第4款删除了"劳动合同期限与试用期相同的情形下，试用期不成立，该期限为劳动合同期限"的规定。根据本条第1款的规定，我们可以尝试概括一下试用期与劳动合同期限的对应关系：（1）劳动合同期限为1年的，试用期最长为1个月；（2）劳动合同期限为3年的，试用期最长为2个月；（3）劳动合同为3年以上固定期限或者无固定期限的，试用期最长为6个月。因此，我们会发现不可能出现劳动合同期限与试用期相同的情形，除非当事人约定时违反了法律关于试用期限的规定。如果当事人约定的使用期限超过了本款的规定，其效力如何？如：某用人单位与一劳动者签订了一份为期3年的劳动合同，根据本条第1款的规定，最长只能约定2个月的试用期，但是，双方约定的试用期却为3个月，该试用期条款的效力如何？

有人认为设定超长试用期的行为无效。[①] 从其分析来看，似乎其认为应认定其为全部无效。我们认为，超长试用期条款应该认定为部分无效，即超过法律规定部分的期限无效。

首先，从现有的法律规范来看，各地劳动合同的地方性法规几乎都采用了部分无效说。《江苏省劳动合同条例》第 14 条第 3 款规定："劳动合同约定的试用期超过规定期限的，超过规定期限的部分无效。当事人可以按照本条第一款协商变更劳动合同期限，一方当事人不愿变更劳动合同期限的，对超过的期限，用人单位应当按照非试用期的标准向劳动者支付劳动报酬和相关待遇。"《北京市劳动合同规定》第 17 条规定："劳动合同的试用期超过本规定第十六条规定期限的，劳动者可以要求变更相应的劳动合同期限，或者要求用人单位对超过的期限，按照非试用期工资标准支付工资。用人单位应当及时变更劳动合同期限，或者按照非试用期的工资标准支付工资。"《辽宁省劳动合同规定》第 11 条第 3 款规定："用人单位因特殊情况需延长试用期的，劳动者有权要求其变更合同期限，或者要求对延长的试用期限按照非试用期的标准支付劳动报酬。用人单位必须应劳动者的要求及时变更合同期限，或者支付非试用期标准的劳动报酬。"

其次，从意思自治角度来看，我们应该尽量尊重当事人的约定，减少不适当的干预。

劳动合同法尽管基于倾斜保护劳动者的考量，对于劳动合同施加了诸多的公法监督和干预，但是，从根本上说，它还是"合同法"，其还是以私法属性为主，因此，我们应该尊重当事人的意思自治，对于他们遵循平等自愿、协商一致的原则而订立的试用期条款（劳动合同），应尽量维护其有效性。

再次，从法规范分析来看，劳动合同法关于试用期限的规定条款应该为取缔性规范，而非效力性规范。

自治性规范与法规范有时会发生冲突，一般而言，国家公法属强行法，自治性规范属任意法，强行法制违反的效果为"无效"，但在劳动法中，强行法制违反不当然无效，由于现代劳动法制对于劳动者之保护特别强调，因而在强行法违反时，仍需视其结果是否对劳工有利而定其

---

① 参见北京市第一中级人民法院民一庭编著：《劳动法审判实务典型案例评析》，44 页，北京，中国监察出版社，2005。

效果，如果对劳工不利时，当然无效，对劳工有利则为有效。[1]

最后，利益衡量——用人单位的成本核算以及有利劳动者原则。

劳动合同试用期间作为劳动合同中的一个特殊的阶段，对调整劳动关系当事人双方的权利义务，帮助用人单位以最低的成本风险争取优秀劳动者的加入，促进劳动者的风险意识和竞争意识，最终提高劳动者的综合素质和企业的综合竞争能力，都有着极其重要的意义。[2] 如果认定超长的试用期条款无效，则会导致当事人双方不经相互考察而直接建立劳动合同关系，如果劳动者不符合用人单位的录用条件，则用人单位解除劳动合同则要承担给付经济补偿金的责任，增加经营成本。如果劳动者发现用人单位工作岗位、条件等不适合自己，则不能行使试用期的解除权，则只能单方解除劳动合同，而必须承当相应的法律责任，不利于劳动者的权益保护。

第二十条 （试用期工资）

劳动者在试用期的工资不得低于本单位相同岗位最低档工资或者劳动合同约定工资的百分之八十，并不得低于用人单位所在地的最低工资标准。

【相关法条】

《劳动法》

第四十八条 国家实行最低工资保障制度。最低工资的具体标准由省、自治区、直辖市人民政府规定，报国务院备案。

用人单位支付劳动者的工资不得低于当地最低工资标准。

《湖南省劳动合同规定》

第十四条 劳动合同中约定试用期的，试用期应当包括在劳动合同期限内。劳动合同期限不满一年的，试用期不得超过十五日；劳动合同期限在一年以上的，试用期按劳动合同期限每满一年不超过一个月计算，最长不得超过六个月。

劳动者在试用期间的劳动报酬不得低于本单位同工种同岗位职工劳

---

[1] 参见黄越钦：《劳动法新论》，20～21页，北京，中国政法大学出版社，2003。

[2] 参见郭文龙：《劳动合同试用期研究》，载《政治与法律》，2002（2）。

动报酬的 80％，并不得低于当地最低工资标准。

《关于贯彻执行〈中华人民共和国劳动法〉若干问题的意见》（劳部发 [1995] 309 号）

57. 劳动者与用人单位形成或建立劳动关系后，试用、熟练、见习期间，在法定工作时间内提供了正常劳动，其所在的用人单位应当支付其不低于最低工资标准的工资。

【草案相关条文比较】

二审稿第 21 条规定："劳动者在试用期的工资不得低于同岗位最低工资或者劳动合同约定工资的百分之八十。"三审稿、四审稿增加了"并不得低于用人单位所在地的最低工资标准"。这实际上是立法者为了应对实践中用人单位滥用试用期，零工资或者低于最低工资标准试用的情形而作出的规定。

【法条评析】

由于实践中试用期工资支付存在很多问题，零工资试用或者低于最低工资试用的情形还较为普遍，所以，为了切实加强对于试用期间劳动者劳动报酬权利的保护，本条规定了试用期间劳动者工资的三个限定性标准：

（一）不低于本单位同岗位最低档工资

对于该限定性标准，需要明确两个方面的内容：一是，劳动者具体的工作岗位必须在劳动合同中明确约定。《劳动合同法》第 17 条规定："劳动合同应当具备以下条款：……（四）工作内容和工作地点……"二是，同岗位最低档工资，即需要单位提供足够的证据证明同岗位最低工资的具体数额。本条规定是同工同酬原则的具体体现，由于理论上对于"同工"的理解存有分歧：有人认为"同工"是指同样的工作岗位；有人从量的分析角度，认为"同工"是指同等的工作量；有人从工作的价值质量的角度认为"同工"是指同等价值的工作，本条在此采取了第一种观点，认为是同岗位。

（二）或者不低于劳动合同约定工资的 80％

劳动者的工资是劳动合同的必备条款，为了防止用人单位肆意地减少试用期的工资，以至于试用期工资显著地少于合同约定工资，本条确立了 80% 的限定。

（三）不低于当地最低工资标准

《关于贯彻执行〈中华人民共和国劳动法〉若干问题的意见》（劳部发〔1995〕309 号）第 54 条规定："劳动法第四十八条中的'最低工资'是指劳动者在法定工作时间内履行了正常劳动义务的前提下，由其所在单位支付的最低劳动报酬。最低工资不包括延长工作时间的工资报酬，以货币形式支付的住房和用人单位支付的伙食补贴，中班、夜班、高温、低温、井下、有毒、有害等特殊工作环境和劳动条件下的津贴，国家法律、法规、规章规定的社会保险福利待遇。"最低工资具有生存保障作用，因此，劳动法以强行规范规定了最低工资标准。

【理解与适用】

一、三大限定性标准的具体适用

由于三个限定性标准可能在实践中存在不统一的情形，所以，需要确立三者适用所需遵循的原则。而根据本条规定应该是"不得低于本单位同岗位最低档工资或者劳动合同约定工资的百分之八十"，此二者为选择性规范，因此，需要确立的实际是"不得低于本单位同岗位最低档工资或者劳动合同约定工资的百分之八十"与"最低工资标准"的适用关系。

（一）最低工资标准的底线性

在三者中，最低工资标准是首先需要满足的最基本的限定性条件，因此，其具有底线性作用。其他二者中任何一个标准都至少应该在最低工资标准以上。法律赋予了最低工资标准的强行性规范的效力否定作用，《关于贯彻执行〈中华人民共和国劳动法〉若干问题的意见》（劳部发〔1995〕309 号）第 56 条规定："在劳动合同中，双方当事人约定的劳动者在未完成劳动定额或承包任务的情况下，用人单位可低于最低工资标准支付劳动者工资的条款不具有法律效力。"

（二）"不得低于本单位同岗位最低档工资或者劳动合同约定工资的百分之八十"二者选一

由于二者属于选择性标准，所以，可以由当事人协商选择确立，对于二者的适用应该按以下步骤确立：

1. 当事人有明确约定的按照当事人约定的标准执行；该规定为任

意性规范，当事人可以选择适用，基于合同的约定优先原则，对于当事人的意识选择应该予以尊重。

2. 实践中，当事人二者的选择可能出现以下两种情况：一是，当事人对于二者都没有明确约定，对此，用人单位能否单方决定支付给劳动者不低于本单位同岗位最低档工资或者劳动合同约定工资的80％呢？我们认为，有以下几点值得考虑：第一，劳动合同对工资约定明确的，就应该直接按照劳动合同约定工资支付，不存在选择适用同岗位最低档工资或者约定工资80％的问题。第二，如果合同没有约定不能由用人单位单方决定试用期工资的标准。因为，劳动合同内容需要当事人协商确立，任何一方都没有单方确立合同内容的权利。因此，应由当事人协商确立试用期工资。第三，如果当事人没有约定工资或者约定不明确的，则应该从有利于劳动者的角度来考虑，在"不得低于本单位同岗位最低档工资或者劳动合同约定工资的百分之八十"二者间，选择较高的。

二是，当事人在约定时可能将二者都约定了，而实际中二者的实际支付数额又不一致的情况，对此，我们应该如何适用呢？就用人单位方来说，他们可能会选择按照二者中较低的支付工资。但我们认为，应该按照二者中较高的标准支付，因为，其一，从劳动法倾斜保护劳动者原则以及有利劳动者原则来看，当事人约定不明确的情况下，应该作出有利于劳动者的选择；其二，一般而言劳动合同文本由用人单位提供，劳动合同的订立具有附和性，因此，对于合同约定中出现的不清晰的情形，应该作出有利于相对方的选择。当然，有人会提出，能否因为约定不明确而直接适用劳动合同约定的工资条款呢？该观点有一定的合理性，并且确实能够最大化地保护劳动者利益。但是我们认为，我们应该在合法的前提下，最大限度地尊重劳动合同当事人的意思自治，因此，应该尽量维护合同条款的有效性。

因此，对于以上三个标准的选择可能存在以下几种模式：

1. 支付的试用期工资≥不低于本单位同岗位最低档工资≥最低工资标准

2. 支付的试用期工资≥不低于劳动合同约定工资的80％≥最低工资标准

3. 支付的试用期工资≥不低于本单位同岗位最低档工资或不低于劳动合同约定工资的80％（并且明确适用规则，如：二者中较低者或

者二者中较高者）≥最低工资标准

第三种模式比较适合合同订立时对于本单位同岗位最低档工资或不低于劳动合同约定工资的 80％的具体数额不很明确的情况，如合同约定的工资支付方式为底薪加提成等的情形中，具体的数额需要在劳动合同履行过程中进一步确立，只是双方需要明确适用规则。

二、试用期间也必须给付加班工资

《关于贯彻执行〈中华人民共和国劳动法〉若干问题的意见》（劳部发［1995］309 号）第 54 条规定："劳动法第四十八条中的'最低工资'是指劳动者在法定工作时间内履行了正常劳动义务的前提下，由其所在单位支付的最低劳动报酬。最低工资不包括延长工作时间的工资报酬……"因此，一般而言我们劳动合同约定的工资都仅指"法定工作时间内履行正常劳动义务的工资"而不包括"延长劳动时间"，试用期间也不例外。因此，试用期间也必须给付加班工资，并且，加班工资不包括在以上的限定性标准之内。

第二十一条 （用人单位试用期内解除权）

在试用期中，除劳动者有本法第三十九条和第四十条第一项、第二项规定的情形外，用人单位不得解除劳动合同。用人单位在试用期解除劳动合同的，应当向劳动者说明理由。

【相关法条】

《劳动法》

第二十五条 劳动者有下列情形之一的，用人单位可以解除劳动合同：

（一）在试用期间被证明不符合录用条件的；

…………

第三十二条 有下列情形之一的，劳动者可以随时通知用人单位解除劳动合同：

（一）在试用期内的；

…………

《劳动合同法》

第三十九条 劳动者有下列情形之一的，用人单位可以解除劳动合同：

（一）在试用期间被证明不符合录用条件的；

………

劳动部《关于实行劳动合同制度若干问题的通知》（劳部发［1996］354 号）

11. 用人单位对新招用的职工，在试用期内发现并经有关机构确认患有精神病的，可以解除劳动合同。

【草案相关条文比较】

征求意见稿第 31 条规定："劳动者有下列情形之一的，用人单位可以解除劳动合同：（一）在试用期间被证明不符合录用条件的……"二审稿、三审稿、四审稿第 21 条规定："在试用期中，除有证据证明劳动者不符合录用条件外，用人单位不得解除劳动合同。用人单位在试用期解除劳动合同的，应当向劳动者说明理由。"由此可见，（1）自二审稿起，草案条文突出规定了用人单位试用期解除劳动合同的说理义务；（2）通过稿的条文变化较大，主要是进一步明确了用人单位试用期解除劳动合同的理由和依据（本法第 39 条和第 40 条第 1 项、第 2 项规定）。

【法条评析】

试用期是劳动合同双方当事人的考察期。但是，其关键点在于试用期间双方所享有的权利——单方解除权。而本条款是试用期内用人单位单方解除权的规定，用人单位试用期单方解除权的行使存在以下几个条件：

（一）用人单位需承担证明劳动者存在本法第 39 条、第 40 条第 1 项、第 2 项规定的情形的责任

本条明确用人单位试用期内解除劳动合同的应该"劳动者有本法第三十九条和第四十条第一项、第二项规定的情形"，因此，用人单位的单方解除权是附条件的。

如第 39 条第 1 项规定的"在试用期间被证明不符合录用条件的"中，录用条件是用人单位在试用期内与劳动者解除劳动合同的法律依据。根据最高人民法院《关于民事诉讼证据的若干规定》（法释［2001］33 号）第 6 条规定，"在劳动争议纠纷案件中，因用人单位作出开除、

除名、辞退、解除劳动合同、减少劳动报酬、计算劳动者工作年限等决定而发生劳动争议的，由用人单位负举证责任"，本条明确规定"除劳动者有本法第三十九条和第四十条第一项、第二项规定的情形外，用人单位不得解除劳动合同"。因此，用人单位试用期解除劳动合同应当证明其符合本法第 39 条、第 40 条第 1 项、第 2 项规定。

（二）用人单位必须在试用期内行使解除权

试用期内用人单位的解除权为形成权，具有单方性和即时性。用人单位必须在试用期内行使，即用人单位的解除通知必须在试用期届满之前到达劳动者。劳动部办公厅《对〈关于如何确定试用期内不符合录用条件可以解除劳动合同的请示〉的复函》中明确指出："对试用期内不符合录用条件的劳动者，企业可以解除劳动合同；若超过试用期，则企业不能以试用期内不符合录用条件为由解除劳动合同。"

（三）用人单位在试用期解除劳动合同的，应当向劳动者说明理由

本条明确了用人单位试用期内单方解除劳动合同的说明义务，即向劳动者说明试用期内单方解除劳动合同的理由，主要是要说明劳动者试用期内存在本法第 39 条、第 40 条第 1 项，第 2 项规定情形的具体情况。

【理解与适用】

（一）用人单位试用期解除权的性质

根据本条规定试用期内用人单位享有的解除权不是无条件的，而是附条件的。附条件是指权利的效力根据一定条件的实现与否而生效或者失效。根据《劳动合同法》第 21 条的规定，尽管该规定赋予了用人单位单方解除劳动合同的权利，但其解除权的行使不是无条件的，而是需满足"证明（劳动者）存在第三十九条和第四十条第一项、第二项规定情形"，该条件为解除权的延缓条件。

（二）第 39 条、第 40 条第 1 项、第 2 项的解除权与本条解除权的协调

草案中都是明确："除劳动者被证明不符合录用条件外，用人单位不得解除劳动合同。"而最终稿最后明确规定为："除劳动者有本法第三十九条和第四十条第一项、第二项规定的情形外，用人单位不得解除劳动合同。"由于第 39 条是过失性解雇的规定，而第 40 条则是非过失性解雇的规定。本条将二者与试用期解除权结合起来，从形式上看是明确

地限定了试用期解除权形式的情形，使解除原因得以具象化和法定化。但是，由于三个解除权之间存在位阶关系以及行使方式的差别，所以，可能需要协调三者。

第一，试用期解除权与第 39 条的协调关键在于，就二者的位阶而言，从倾斜保护劳动者的立法宗旨来看，第 39 条的解除权行使从根本上对于用人单位的要求更为严格，因此，应该具有优先适用的效力，也就是说一般只要劳动者在试用期内具有第 39 条规定的过错行为，用人单位就可以直接按照第 39 条规定解除劳动合同，似乎没有必要根据试用期的规定解除劳动合同。

第二，将第 40 条第 1 项、第 2 项规定的解除情形作为试用期解除权行使的前提，似乎需要协调行使期限的差异，因为第 40 条规定的为无过错解雇，需要提前 30 天书面通知或额外支付劳动者 1 个月工资，其目的在于平衡劳动者利益保护与用人单位经营利益。而试用期解除具有即时性，无须事先通知。此外，在第 40 条第 1 项、第 2 项规定的解除的情形下还需要给付经济补偿金。

（三）用人单位证明责任的具体构成要件——以第 39 条第 1 项为例

1. 何谓"录用条件"

有学者将录用条件严格地限定在招工条件或招聘广告等。其认为："录用条件是用人单位确定所要聘用的劳动者的素质条件。用人单位在招聘过程中所发布的各种信息，如招聘广告、招工条件、笔试面试等均可作为录用条件。""绩效考核标准不是录用条件"，业绩目标是企业对员工的长期考核指标，也可以是录用条件的一部分。且用人单位应将录用条件明确告知员工。①

有学者则主张将录用条件作宽泛解释。其认为："单位对于劳动者的要求，绝不会仅限于工作能力、工作态度等简单指标，而是包含了劳动者的诚信度以及由此引申出的对用人单位的忠诚度、劳动者的合作和团队精神、劳动者的个人品行和文明素养等等的综合指标。换言之，如果用人单位对劳动者的评判标准包含着这些要素，其评判标准的正当性不应被轻易否定。"② 即："用人单位可在试用期内考查职工所具备的基

---

① 参见《如何完善试用期的录用条件》，载《中国劳动保障报》，2006-02-14。
② 郭文龙：《〈劳动法〉第 25 条关于试用期内的录用条件应作宽泛理解》，载《中国劳动》，2005（11）。

本素质和品行，看其是否与劳动职责相称。"① "对劳动者从各个方面进一步全面地、严格地考查，发现不符合合同条款或有关规定的，如身体条件、年龄条件、文化程度、个人专业、职业道德、个人文化修养、品德修养等不符合录用条件的，或是经试用期培训后仍不能胜任其工作岗位要求的，用人单位有权解除劳动合同。"②

比较以上两种观点，本人更为赞同后一种。一是，从试用期增进劳动者和用人单位相互了解的目的来看，用人单位在招工时就事先将全部录用条件明确似乎难以实现，因为，部分录用条件需要在工作单位和劳动者磨合过程中确立的，并且，事先由用人单位单方确立录用条件不一定就科学且有利于劳动者。二是，招工主要是由用人单位（狭义的层面的用人单位，即单位的管理层不包括一般劳动者）负责，而劳动者被录用后，是否符合"录用条件"可能需要用人单位（广义层面的，即用人单位整体，包括一般劳动者）来评判。

但是，对于"录用条件"的宽泛解释，我们应该有一定的限缩。我们认为，"录用条件"可以分为两个部分：一是，从劳动者与劳动岗位的关系角度所确立的条件，即岗位条件，包括：身体条件、年龄条件、文化程度、个人专业以及岗位的技能条件等；二是，从劳动者与用人单位以及其他劳动者相互之间的关系角度确立，即劳动者的素养条件，包括道德素养、为人素养等。岗位条件一般会由用人单位在招工条件中明确列明，而对于素养条件则会一言概之或不予列明。我们认为，对于"录用条件"的宽泛解释仅限于素养条件。如道德素养可以解释为包括对用人单位的忠诚度，对于为人素养的解释可以包括团队精神等。因此，有的劳动者就岗位条件来看，可能很优秀，但是，就素养条件来看，同事却普遍给予其否定评价。

2. 用人单位应证明劳动者"不符合录用条件的表现"应与工作（岗位、职责）具有一定的关联性

并非劳动者试用期内的任何不适当的表现都可被认定"不符合录用条件"，用人单位在认定劳动者的表现不符合录用条件时，应举证证明劳动者"不符合录用条件的表现"与工作（岗位、职责）具有一定的关联性。一方面，关联性的要求可以较为有效地防止用人单位滥

①② 黎建飞：《劳动法的理论与实践》，311页，北京，中国人民公安大学出版社，2004。

用试用期的解雇权，侵害劳动者权益；另一方面，这也更符合试用期制度的目的，即通过试用使用人单位考察了解劳动者是否符合工作需要。

3. 不符合录用条件并非用人单位单方决定，劳动者可以提出异议

尽管实践中，"录用条件"多由用人单位单方确定，但是，劳动者并非对于录用条件无能为力，听之任之。劳动者对于用人单位"录用条件"有知情权，即用人单位在与劳动者签订劳动合同时，必须将相应的岗位条件和素养条件告知劳动者。"录用条件"也不应由用人单位自己说了就算，不能是个天知、地知、雇主知的"玄机"，而应当是经过公布，用人单位和劳动者所共知的，以法定的最低就业年龄等基本录用条件以及招用时规定的文化、技术、身体、品质等条件为准。[1] 并且，在试用期内以不符合录用条件解除劳动合同时，必须向劳动者说明理由。劳动者对于用人单位在试用期内利用录用条件为借口随意解除劳动合同的行为，可以提出劳动争议的仲裁、诉讼，维护自身的权益。

第二十二条　（服务期）

用人单位为劳动者提供专项培训费用，对其进行专业技术培训的，可以与该劳动者订立协议，约定服务期。

劳动者违反服务期约定的，应当按照约定向用人单位支付违约金。违约金的数额不得超过用人单位提供的培训费用。用人单位要求劳动者支付的违约金不得超过服务期尚未履行部分所应分摊的培训费用。

用人单位与劳动者约定服务期的，不影响按照正常的工资调整机制提高劳动者在服务期期间的劳动报酬。

【相关法条】

劳动部《关于贯彻执行〈中华人民共和国劳动法〉若干问题的意见》（劳部发［1995］309号）

---

[1] 参见周爱春：《试用期内单方解除劳动合同的责任》，载《企业人力资源管理》，2002（12）。

23. 用人单位用于劳动者职业技能培训费用的支付和劳动者违约时培训费的赔偿可以在劳动合同中约定，但约定劳动者违约时负担的培训费和赔偿金的标准不得违反劳动部《违反〈劳动法〉有关劳动合同规定的赔偿办法》（劳部发〔1995〕223 号）等有关规定。

《上海市劳动合同条例》

第十四条 劳动合同当事人可以对由用人单位出资招用、培训或者提供其他特殊待遇的劳动者的服务期作出约定。

【草案相关条文比较】

征求意见稿第 15 条规定："用人单位为劳动者提供培训费用，使劳动者接受 6 个月以上脱产专业技术培训的，可以与劳动者约定服务期以及劳动者违反服务期约定应当向用人单位支付的违约金。该违约金不得超过服务期尚未履行部分所应分摊的培训费用。"这些规定引起了社会公众的争议。[①] 二审稿第 23 条规定："用人单位提供培训费用，对劳动者进行一个月以上脱产专业技术培训或者职业培训的，可以与劳动者约定服务期。劳动者违反服务期约定的，应当按照约定向用人单位支付违约金。约定违反服务期违约金的数额不得超过用人单位提供的培训费用。违约时，劳动者所支付的违约金不得超过服务期尚未履行部分所应分摊的培训费用。"二审稿对公开征求意

---

① 征求意见稿公布后，有的群众认为，草案第 15 条规定不明确，应明确规定除了由用人单位提供培训费用、同时是 6 个月以上的脱产专业技术培训外，其他培训一律不得约定服务期，不需要支付违约金。有的认为，用培训时间的长短作为是否可以约定服务期和违约金的标准不科学。不同的专业技术培训需要不同的时间，有些高级培训无须太多时间，但产生的费用可达几万甚至几十万。建议增加规定"培训费用达到一定金额的"也可约定服务期和违约金。有的用人单位认为，计算劳动者所承担的违约金的标准不应仅是培训费用，还包括脱产培训期间用人单位支付的工资福利。有的劳动者认为，对员工进行技术培训是用人单位理应支付的成本，违约金的标准太高，建议折半。有的认为，草案规定只有在由用人单位提供培训费用，同时是 6 个月以上的脱产专业技术培训的情形下才能约定服务期，将会产生一定的弊端：第一是导致用人单位不愿出资对劳动者进行少于 6 个月的或者不脱产的技术培训，影响劳动者的职业发展；第二是影响大学生在大城市的就业。在很多大城市中，用人单位的普遍做法是为大学生解决户口，同时规定一定的服务期，本草案的规定势必在一定程度上影响大学生的就业。参见全国人大常委会办公厅新闻局：《各地人民群众对劳动合同法草案的意见（一）》，载中国人大网，http://www.npc.gov.cn/zgrdw/common/zw.jsp? label＝WXZLK&id＝348050&pdmc＝1503，2006-03-27。

见作出回应①，作了较大修改，将"使劳动者接受 6 个月以上脱产专业技术培训"修改为"对劳动者进行一个月以上脱产专业技术培训或者职业培训"，将"该违约金不得超过服务期尚未履行部分所应分摊的培训费用"修改为"约定违反服务期违约金的数额不得超过用人单位提供的培训费用。违约时，劳动者所支付的违约金不得超过服务期尚未履行部分所应分摊的培训费用"，并增加规定："用人单位与劳动者约定的服务期较长的，用人单位应当按照工资调整机制提高劳动者在服务期间的劳动报酬。"

三审稿第 22 条规定："用人单位在国家规定提取的职工培训费用以外提供专项培训费用，对劳动者进行专业技术培训的，可以与该劳动者订立协议，约定服务期。劳动者违反服务期约定的，应当按照约定向用人单位支付违约金。约定违反服务期违约金的数额不得超过用人单位提供的培训费用。违约时，劳动者所支付的违约金不得超过服务期尚未履行部分所应分摊的培训费用。用人单位与劳动者约定的服务期较长的，用人单位应当按照工资调整机制提高劳动者在服务期间的劳动报酬。"三审稿将"用人单位提供培训费用"改为"用人单位在国家规定提取的职工培训费用以外提供专项培训费用"，删去了争议较大的培训时间的规定。②

四审稿第 22 条的前两款没有修改，而将第 3 款"用人单位与劳动者约定的服务期较长的，用人单位应当按照工资调整机制提高劳动者在服务期间的劳动报酬"改为"用人单位与劳动者约定服务期的，不影响按照正常的工资调整机制提高劳动者在服务期间的劳动报酬"。这里删去了词义模糊的"较长"一词，并将用人单位按照工资调整机制提高劳动者在服务期间的劳动报酬的义务改为比较缓和的说法。

①　各方面意见认为：规定 6 个月以上脱产专业技术培训才能约定服务期，门槛太高。也有意见认为，应保证劳动者在服务期的工资待遇有相应的增长。法律委回应对草案作了修改。参见陈丽平：《劳动合同法草案二审稿对公开征求意见作出回应》，载《法制日报》，2006-12-25。

②　在第二次审议中，有些意见认为，按照国家规定，用人单位必须按照本单位工资总额的一定比例提取培训费用，用于对劳动者的职业培训。用人单位如果使用法定培训费用开展职业培训，不能作为与劳动者约定服务期的条件。有些意见认为，约定服务期的情况比较复杂，除一个月以上脱产培训外，还有半脱产或者时间不足一个月却花费高额培训费用等情况。有些意见认为，只有在用人单位专门拨出经费，为劳动者提供特定项目的专门培训的情况下，用人单位才可以与劳动者约定服务期。参见宋伟、毛磊：《劳动合同法草案三审回应四大难题》，载《人民日报》，2007-04-25。

在十届全国人大常委会第二十八次会议审议四审稿这一草案时，有些常委会委员提出，考虑到至今国家仅对国有企业提取职工教育经费的问题有规定，在实践中用人单位对特定劳动者进行专业技术培训所支付的专项培训费用是否在职工教育经费之外又很难界定，建议明确规定只要用人单位为劳动者提供专项培训费用，对其进行专业技术培训，就可以与其约定服务期。法律委员会经同财经委员会和国务院法制办、劳动保障部、全国总工会研究，建议将这一款修改为："用人单位为劳动者提供专项培训费用，对其进行专业技术培训的，可以与该劳动者订立协议，约定服务期。"① 这一修改经表决通过。

【法条评析】

本条规定了服务期，包括服务期的约定、违反服务期约定的违约金和服务期期间的劳动报酬不受影响三方面的内容。

在学理上，服务期是指用人单位和劳动者在劳动合同签订之时或劳动合同履行的过程之中，用人单位出资招用、培训或者提供特殊待遇后，经双方协商一致确定的一个服务期限。服务期的本质与劳动合同期限并无太大区别，但由于用人单位提供的特殊培训和福利并非法定义务，双方为此约定服务期纯属其意思自治范围，应予许可。只有当用人单位为员工提供了特殊待遇或出资招用、培训的情况下，才有权设定服务期，进而约定违约金。从服务期的目的来分析，它更多的是保护用人单位的权益。

一、服务期的约定

《劳动合同法》第 22 条规定："用人单位为劳动者提供专项培训费用，对其进行专业技术培训的，可以与该劳动者订立协议，约定服务期。"

约定服务期的条件是用人单位为劳动者提供"专项培训费用"，对其进行专业技术培训。《劳动法》第 68 条规定："用人单位应当建立职业培训制度，按照国家规定提取和使用职业培训经费，根据本单位实际，有计划地对劳动者进行职业培训。从事技术工种的劳动者，上岗前必须经过培训。"据此，用人单位必须按照本单位工资总额的

---

① 郭晓宇：《劳动合同法草案表决前有修改》，载《法制日报》，2007-06-29。

一定比例提取培训费用，用于对劳动者的职业培训。用人单位使用这种法定培训费用对劳动者进行职业培训，就不能作为与劳动者约定服务期的条件。

二、违反服务期约定的违约金

《劳动合同法》第 22 条规定："劳动者违反服务期约定的，应当按照约定向用人单位支付违约金。违约金的数额不得超过用人单位提供的培训费用。用人单位要求劳动者支付的违约金不得超过服务期尚未履行部分所应分摊的培训费用。"这一条可以分为两个方面：

第一，协议约定的和用人单位要求劳动者支付的违约金的数额都不得超过用人单位提供的培训费用。这是基于公平原则产生的，违约金数额超出用人单位提供的培训费用，可以认为是用人单位的不当得利。

第二，用人单位要求劳动者支付的违约金不得超过服务期尚未履行部分所应分摊的培训费用。这也是基于公平原则产生的，用人单位在订立服务期协议时确定服务期的期限一般是和其提供的培训费用对应的，用人单位提供的培训费用多则服务期的期限长，用人单位提供的培训费用少则服务期的期限短。而劳动者在服务期履行部分已经为用人单位付出劳动，基于公平原则，向用人单位支付的违约金当然应予按分摊比例抵扣，因此，用人单位要求劳动者支付的违约金不得超过服务期尚未履行部分所应分摊的培训费用。

三、服务期期间的劳动报酬不受影响

《劳动合同法》第 22 条规定："用人单位与劳动者约定服务期的，不影响按照正常的工资调整机制提高劳动者在服务期期间的劳动报酬。"

这一规定是为了保护劳动者在服务期期间的劳动报酬按照正常的工资调整机制提高，而不至于下降。

【理解与适用】

一、服务期与劳动合同期限

用人单位对于出资培训的劳动者，往往在劳动合同中或劳动合同之外另行约定服务期限，因此，就可能出现服务期限与劳动合同期限不一致（一般都长于合同期限）。比如，劳动合同是 2 年有效期，但在合同期内，双方又签订了培训协议，规定服务期为 5 年，但并没有

同时修改劳动合同。这就导致在合同履行、解除时经常发生争议。上海市劳动和社会保障局《关于实施〈上海市劳动合同条例〉若干问题的通知》第6条明确规定："劳动合同当事人按照《条例》第14条的规定，约定的服务期限长于劳动合同期限的，劳动合同期满由用人单位终止合同的，不得追索劳动者服务期的赔偿责任。劳动合同期满用人单位要求劳动者继续履行服务期的，双方当事人应当续订劳动合同，对服务期的履行方式双方有约定的，从其约定。劳动者违反服务期约定的，应当承担违约责任。"这一规定可供参考。在服务期长于劳动合同期时，合同届满后，用人单位有权选择是否要求劳动者继续提供服务，劳动合同期满由用人单位终止合同的，不得追索劳动者服务期的赔偿责任。

二、未约定服务期或违约金时的损害赔偿

用人单位为劳动者提供专项培训费用，对其进行专业技术培训，如果没有约定服务期或违约金条款，但劳动者违反《劳动合同法》的规定解除劳动合同，给用人单位造成损失的，劳动者应承担损害赔偿责任。

根据《违反〈劳动法〉有关劳动合同规定的赔偿办法》的规定，劳动者违反规定或劳动合同的约定解除劳动合同，只要对用人单位造成损失的，劳动者应当承担赔偿用人单位损失的责任，并明确规定了赔偿损失的范围，包括：录用该职工其所支付的费用；为职工支付的培训费用；该职工单方辞职对生产、经营和工作造成的直接经济损失等。其中包括为职工支付的培训费用。在计算时应注意：

第一，用人单位要求劳动者赔偿的必须是用人单位有支付凭证的、劳动者实际接受过的培训。有的用人单位，对于所有离职人员都要求支付培训费，而不论是否提供过培训；还有的用人单位将部门会议、出国机会等视为培训，变相要求支付培训费用。这些都是不合法的。

第二，赔偿金的具体支付办法有明确的规定：约定服务期的，按服务期等分出资额，以职工已履行的服务期限递减支付；没约定服务期的，按劳动合同期等分出资金额，以职工已履行的合同期限递减支付；没有约定合同期的，按5年服务期等分出资金额，以职工已履行的服务期限递减支付；双方对递减计算方式已有约定的，从其约定。①

　　第二十三条　（保密义务和竞业限制）
　　用人单位与劳动者可以在劳动合同中约定保守用人单位的商业秘密和与知识产权相关的保密事项。
　　对负有保密义务的劳动者，用人单位可以在劳动合同或者保密协议中与劳动者约定竞业限制条款，并约定在解除或者终止劳动合同后，在竞业限制期限内按月给予劳动者经济补偿。劳动者违反竞业限制约定的，应当按照约定向用人单位支付违约金。

【相关法条】

《劳动法》

　　第二十二条　劳动合同当事人可以在劳动合同中约定保守用人单位商业秘密的有关事项。
　　劳动部《关于〈中华人民共和国劳动法〉若干条文的说明》（劳办发〔1994〕289 号）
　　第二十二条　劳动合同当事人可以在劳动合同中约定保守用人单位商业秘密的有关事项。
　　根据《反不正当竞争法》第十条规定，商业秘密指不为公众所知悉，能为用人单位带来经济利益，具有实用性并经用人单位采取保密措施的技术信息和经营信息。
　　《关于企业职工流动若干问题的通知》（劳部发〔1996〕355 号）
　　二、用人单位与掌握商业秘密的职工在劳动合同中约定保守商业秘密有关事项时，可以约定在劳动合同终止前或该职工提出解除劳动合同后的一定时间内（不超过六个月），调整其工作岗位，变更劳动合同中相关内容；用人单位也可规定掌握商业秘密的职工在终止或解除劳动合同后的一定期限内（不超过三年），不得到生产同类产品或经营同类业务且有竞争关系的其他用人单位任职，也不得自己生产与原单位有竞争

---

　　①　参见劳动部办公厅《关于试用期内解除劳动合同处理依据问题的复函》（劳办发〔1995〕264 号）。

关系的同类产品或经营同类业务，但用人单位应当给予该职工一定数额的经济补偿。

【草案相关条文比较】

征求意见稿第 16 条规定："用人单位可以与知悉其商业秘密的劳动者在劳动合同中约定，在劳动合同终止或者解除后的一定期限内，劳动者不得到生产与本单位同类产品或者经营同类业务的有竞争关系的其他用人单位任职，也不得自己开业生产或者经营与用人单位有竞争关系的同类产品或者业务。前款规定的竞业限制的范围，应当以能够与用人单位形成实际竞争关系的地域为限。竞业限制期限不得超过 2 年。用人单位与劳动者有竞业限制约定的，应当同时与劳动者约定在劳动合同终止或者解除时向劳动者支付的竞业限制经济补偿，其数额不得少于劳动者在该用人单位的年工资收入。劳动者违反竞业限制约定的，应当向用人单位支付违约金，其数额不得超过用人单位向劳动者支付的竞业限制经济补偿的 3 倍。"这一条并没有规定保密义务，全面规定了竞业限制，后来的几稿均用两个条文来规定竞业限制。

二审稿第 24 条规定："用人单位与劳动者可以在劳动合同中约定保守用人单位商业秘密的有关事项。对负有保守用人单位商业秘密义务的劳动者，用人单位可以在劳动合同或者保密协议中与劳动者约定竞业限制条款，并约定在解除或者终止劳动合同后，在竞业限制期限内按月给予劳动者经济补偿。劳动者违反竞业限制约定的，应当按照约定向用人单位支付违约金。"[1] 二审稿首先明确规定了劳动合同的保守商业秘密条款，将竞业限制的界定和内容移到第 24 条规定，删去了争议较大的

---

[1] 征求意见稿公布后，大家对竞业限制的规定存在不同看法。有的意见认为，用人单位需要保守商业秘密的，与劳动者在签订劳动合同时可以约定竞业限制，同时与劳动者约定在劳动合同终止或者解除时向劳动者支付竞业限制的经济补偿。有的意见则认为，竞业限制不利于人才的流动，劳动合同解除就意味劳动者要失业，建议取消竞业限制的规定。有的意见认为，草案中竞业限制违约金标准规定得太低，必将造成同行业企业相互之间恶意挖人的后果；有的意见则认为，用人单位支付的经济补偿过高，建议参考其他国家的竞业限制条款，将经济补偿修改为年工资收入的 50%。劳动者违反竞业限制的，除支付违约金外，如果已经给企业造成经济损失的还应支付赔偿金。参见全国人大常委会法制工作委员会：《关于劳动合同法草案征求意见的情况》，载中国人大网，http://www.npc.gov.cn/zgrdw/common/zw.jsp? label=WXZLK&id=348309&pdmc=1503，2006-04-06。

竞业限制经济补偿"数额不得少于劳动者在该用人单位的年工资收入"的规定，也删去了争议较大的违约金"数额不得超过用人单位向劳动者支付的竞业限制经济补偿的3倍"的规定，改为"按照约定向用人单位支付违约金"①。三审稿和四审稿除将该条改为第23条外，未对内容进行修改。

四审稿第23条第1款规定："用人单位与劳动者可以在劳动合同中约定保守用人单位商业秘密的有关事项。"在十届全国人大常委会第二十八次会议审议这一草案时，有的常委会组成人员认为商业秘密不能涵盖尚未依法取得知识产权但与知识产权相关的事项，建议增加保密义务的内容。法律委员会经同财经委员会和国务院法制办、劳动保障部、全国总工会研究，建议将这一款修改为："用人单位与劳动者可以在劳动合同中约定保守用人单位的商业秘密和与知识产权相关的保密事项。"②这一修改经表决通过。

【法条评析】

本条规定了保密义务和竞业限制。

一、保密义务和保密条款

《劳动合同法》第23条规定："用人单位与劳动者可以在劳动合同中约定保守用人单位的商业秘密和与知识产权相关的保密事项。"

---

① 征求意见稿公布后，在竞业限制经济补偿问题上，劳动者与用人单位意见相左。有的用人单位认为竞业限制经济补偿不少于劳动者年工资收入的标准太高，有的国家规定为年工资收入的50%。有的劳动者认为，竞业限制经济补偿太低，应明确规定竞业限制期限超过一年的，用人单位向劳动者支付年工资收入乘以竞业限制年限的数额。没有约定期限或者约定不明的，按2年计算补偿。在违反竞业限制约定的违约金问题上，劳动者与用人单位意见也相左。有的劳动者认为违约金不得超过竞业限制经济补偿的3倍的标准太高，公平起见，违约金与竞业限制经济补偿数额应一致。有的用人单位认为违约金太低，将会造成同行业用人单位之间相互恶意挖人。建议提高违约金，并增加规定劳动者给用人单位造成经济损失的，还要支付赔偿金。有的提出，有些用人单位有三个工资标准：基本工资、岗位工资、效益工资，有些用人单位基本工资很低，剩下的到年底作为奖金发放。为防止用人单位玩文字游戏，任意降低竞业限制补偿金额，建议将年工资收入修改为年工资性收入，包括工资和其他收入。参见全国人大常委会办公厅新闻局：《各地人民群众对劳动合同法草案的意见（一）》，载中国人大网，http://www.npc.gov.cn/zgrdw/common/zw.jsp? label=WXZLK&id=348050&pdmc=1503，2006-03-27。

② 郭晓宇：《劳动合同法草案表决前有修改》，载《法制日报》，2007-06-29。

保密的客体是商业秘密和与知识产权相关的保密事项。根据《反不正当竞争法》第 10 条的规定，"商业秘密，是指不为公众所知悉、能为权利人带来经济利益、具有实用性并经权利人采取保密措施的技术信息和经营信息"①。一般认为包括技术秘密和经营秘密。国家工商行政管理局《关于禁止侵犯商业秘密行为的若干规定》（根据 1998 年 12 月 3 日国家工商行政管理局令第 86 号修订）第 2 条规定："本规定所称商业秘密，是指不为公众所知悉、能为权利人带来经济利益、具有实用性并经权利人采取保密措施的技术信息和经营信息。本规定所称不为公众所知悉，是指该信息是不能从公开渠道直接获取的。本规定所称能为权利人带来经济利益、具有实用性，是指该信息具有确定的可应用性，能为权利人带来现实的或者潜在的经济利益或者竞争优势。本规定所称权利人采取保密措施，包括订立保密协议，建立保密制度及采取其他合理的保密措施。本规定所称技术信息和经营信息，包括设计、程序、产品配方、制作工艺、制作方法、管理诀窍、客户名单、货源情报、产销策略、招投标中的标底及标书内容等信息。本规定所称权利人，是指依法对商业秘密享有所有权或者使用权的公民、法人或者其他组织。"在学理上，一般认为商业秘密的构成要件的特性包括以下五个：秘密性、独特性、价值性、实用性、保密性。在性质上，商业秘密权是一种民事权利，是一种既具有无形资产的性质，也有别于传统的知识产权的特殊知识产权。

与知识产权相关的保密事项是指尚未依法取得知识产权但与知识产权相关的事项，主要包括非专利技术。

签订保密条款，应当遵循公平、合理的原则，其主要内容包括：保密的内容和范围、双方的权利和义务、保密期限、违约责任等。保密条款不得违反法律、法规的规定或非法限制劳动者的正当流动。保密条款所确定的双方权利义务也不得显失公平。②

---

① 北京市人大常委会制定的《北京市反不正当竞争条例》第 16 条规定："本条所称的商业秘密，是指不为公众所知悉，能为权利人带来经济利益、具有实用性并经权利人采取保密措施的技术秘密、技术信息和经营信息。"

② 参考《关于加强科技人员流动中技术秘密管理的若干意见》（国科发政字〔1997〕317 号）的规定："签订技术保密协议，应当遵循公平、合理的原则，其主要内容包括：保密的内容和范围、双方的权利和义务、保密期限、违约责任等。技术保密协议可以在有关人员调入本单位时签订，也可以与已在本单位工作的人员协商后签订。拒不签订保密协议的，单位有权不调入，或者不予聘用。但是，有关技术保密协议不得违反法律、法规规定，或非法限制科技人员的正当流动。协议条款所确定的双方权利义务不得显失公平。"

劳动者违反保密义务，要承担相应的法律责任。《劳动合同法》第90条规定："劳动者违反本法规定解除劳动合同，或者违反劳动合同中约定的保密义务或者竞业限制，给用人单位造成损失的，应当承担赔偿责任。"据此，劳动者违反劳动合同中约定的保密义务，给用人单位造成损失的，也应当承担赔偿责任。

二、竞业限制条款

《劳动合同法》第23条规定："对负有保密义务的劳动者，用人单位可以在劳动合同或者保密协议中与劳动者约定竞业限制条款，并约定在解除或者终止劳动合同后，在竞业限制期限内按月给予劳动者经济补偿。"

竞业限制条款一般应当包括竞业限制的具体范围、竞业限制的期限、经济补偿的数额及支付方法、违约责任等内容。但与竞业限制内容相关的秘密已为公众所知悉，或者已不能为用人单位带来经济利益或竞争优势，不具有实用性，或用人单位违反竞业限制条款不支付经济补偿的，竞业限制条款自行终止。①

劳动者违反竞业限制，要承担相应的法律责任。《劳动合同法》第90条规定："劳动者违反本法规定解除劳动合同，或者违反劳动合同中约定的保密义务或者竞业限制，给用人单位造成损失的，应当承担赔偿责任。"据此，劳动者违反劳动合同中约定的竞业限制，给用人单位造成损失的，也应当承担赔偿责任。

三、竞业限制期限内的经济补偿

《劳动合同法》第23条规定："对负有保密义务的劳动者，用人单位可以在劳动合同或者保密协议中与劳动者约定竞业限制条款，并约定在解除或者终止劳动合同后，在竞业限制期限内按月给予劳动者经济补偿。"

据此，竞业限制经济补偿的支付开始时间是在解除或者终止劳动合同后，支付期限是在竞业限制期限内，支付方式是按月支付。目前，有

---

① 参考《关于加强科技人员流动中技术秘密管理的若干意见》（国科发政字［1997］317号）的规定："竞业限制条款一般应当包括竞业限制的具体范围、竞业限制的期限、补偿费的数额及支付方法、违约责任等内容。但与竞业限制内容相关的技术秘密已为公众所知悉，或者已不能为本单位带来经济利益或竞争优势，不具有实用性，或负有竞业限制义务的人员有足够证据证明该单位未执行国家有关科技人员的政策，受到显失公平待遇以及本单位违反竞业限制条款，不支付或者无正当理由拖欠补偿费的，竞业限制条款自行终止。"

些用人单位往往在签订竞业限制协议书时说明日常工资中就已经包括了竞业限制的经济补偿，这对于保护劳动者的合法权益很不利，因此《劳动合同法》明确规定了竞业限制经济补偿的支付开始时间和方式。①

四、违反竞业限制约定的违约金

《劳动合同法》第23条规定："劳动者违反竞业限制约定的，应当按照约定向用人单位支付违约金。"

用人单位与劳动者可以在劳动合同中约定劳动者违反竞业限制约定的违约金。这是《劳动合同法》允许的可以约定由劳动者承担的两种违约金中的一种，根据《劳动合同法》第25条的规定，"除本法第二十二条和第二十三条规定的情形外，用人单位不得与劳动者约定由劳动者承担违约金"。

【理解与适用】

一、技术秘密的界定

技术秘密的界定可以参考《关于加强科技人员流动中技术秘密管理的若干意见》（国科发政字〔1997〕317号）的规定："本单位所拥有的技术秘密，是指由单位研制开发或者以其他合法方式掌握的、未公开的、能给单位带来经济利益或竞争优势，具有实用性且本单位采取了保密措施的技术信息，包括但不限于设施图纸（含草图）、试验结果和试验记录、工艺、配方、样品、数据、计算机程序等等。技术信息可以是有特定的完整的技术内容，构成一项产品、工艺、材料及其改进的技术方案，也可以是某一产品、工艺、材料等技术或产品中的部分技术要素。技术秘密是一种重要的知识产权，其开发和完成凝聚着国家或者有关单位大量的人力和物力投入。因此，科技人员在流动中不得将本人在工作中掌握的、由本单位拥有的技术秘密（包括本人完成或参与完成的职务技术成果）非法披露给用人单位、转让给第三者或者自行使用。"

---

① 征求意见稿公布后，有的建议，规定竞业限制经济补偿的支付时间，明确竞业限制经济补偿金不能包含在工资中，只能在劳动关系结束后支付，以防止用人单位打擦边球。参见全国人大常委会办公厅新闻局：《各地人民群众对劳动合同法草案的意见（一）》，载中国人大网，http：//www.npc.gov.cn/zgrdw/common/zw.jsp? label ＝ WXZLK&id ＝ 348050&pdmc ＝ 1503，2006-03-27。

二、经营信息

国家工商行政管理局《关于禁止侵犯商业秘密行为的若干规定》（根据 1998 年 12 月 3 日国家工商行政管理局令第 86 号修订）第 2 条规定："本规定所称技术信息和经营信息，包括设计、程序、产品配方、制作工艺、制作方法、管理诀窍、客户名单、货源情报、产销策略、招投标中的标底及标书内容等信息。"其中"管理诀窍、客户名单、货源情报、产销策略、招投标中的标底及标书内容等信息"属于经营信息。一般认为，经营信息包括：（1）新产品的市场占有情况及如何开辟新市场；（2）产品的社会购买力情况；（3）产品的区域性分布情况；（4）产品长期的、中期的、短期的发展方向和趋势；（5）经营战略；（6）流通渠道和机构等。

三、非专利技术

对于尚未依法取得知识产权但与知识产权相关的非专利技术，最高人民法院《关于正确处理科技纠纷案件的若干问题的意见》（法发〔1995〕6 号，已失效，但有参考意义）第 51 条指出："非专利技术成果应具备下列条件：（1）包括技术知识、经验和信息的技术方案或技术诀窍；（2）处于秘密状态，即不能从公共渠道直接获得；（3）有实用价值，即能使所有人获得经济利益或竞争优势；（4）拥有者采取了适当保密措施，并且未曾在没有约定保密义务的前提下将其提供给他人。"对于非专利技术的具体类别，《中华人民共和国技术合同法实施条例》（已失效）第 6 条规定："……非专利技术包括：（一）未申请专利的技术成果；（二）未授予专利权的技术成果；（三）专利法规定不授予专利权的技术成果。"《中华人民共和国专利法》第 25 条规定："对下列各项，不授予专利权：（一）科学发现；（二）智力活动的规则和方法；（三）疾病的诊断和治疗方法；（四）动物和植物品种；（五）用原子核变换方法获得的物质。对前款第（四）项所列产品的生产方法，可以依照本法规定授予专利权。"这些非专利技术具备技术性、秘密性、实用性和保密性，和商业秘密的特征类似，也应受到保密条款的保护。

第二十四条　（竞业限制的内容）

竞业限制的人员限于用人单位的高级管理人员、高级技术人员和其他负有保密义务的人员。竞业限制的范围、地域、期限由用人单位与劳动者约定，竞业限制的约定不得违反法律、法规的规定。

在解除或者终止劳动合同后，前款规定的人员到与本单位生产或者经营同类产品、从事同类业务的有竞争关系的其他用人单位，或者自己开业生产或者经营同类产品、从事同类业务的竞业限制期限，不得超过二年。

【相关法条】

《上海市劳动合同条例》

第十六条　对负有保守用人单位商业秘密义务的劳动者，劳动合同当事人可以在劳动合同或者保密协议中约定竞业限制条款，并约定在终止或者解除劳动合同后，给予劳动者经济补偿。竞业限制的范围仅限于劳动者在离开用人单位一定期限内不得自营或者为他人经营与原用人单位有竞争的业务。竞业限制的期限由劳动合同当事人约定，最长不超过三年，但法律、行政法规另有规定的除外。

劳动合同双方当事人约定竞业限制的，不得再约定解除劳动合同的提前通知期。

竞业限制的约定不得违反法律、法规的规定。

【草案相关条文比较】

征求意见稿第16条规定："用人单位可以与知悉其商业秘密的劳动者在劳动合同中约定，在劳动合同终止或者解除后的一定期限内，劳动者不得到生产与本单位同类产品或者经营同类业务的有竞争关系的其他用人单位任职，也不得自己开业生产或者经营与用人单位有竞争关系的同类产品或者业务。前款规定的竞业限制的范围，应当以能够与用人单位形成实际竞争关系的地域为限。竞业限制期限不得超过2年……"

二审稿第25条专门规定了竞业限制的内容："竞业限制的人员限于用人单位的高级管理人员、高级技术人员和其他知悉用人单位商业秘密的人员。竞业限制的范围、地域、期限由用人单位与劳动者约定，竞业限制的约定不得违反法律、法规的规定。在解除或者终止劳动合同后，限制前款规定的人员到与本单位生产或者经营同类产品、业务的有竞争关系的其他用人单位，或者自己开业生产或者经营与本单位有竞争关系的同类产品、业务的期限不得超过二年。"二审稿吸收了各方的意见①，对竞业限制的内容作了限制，人员范围从"知悉其商业秘密的劳动者"修改为"用人单位的高级管理人员、高级技术人员和其他知悉用人单位商业秘密的人员"，竞业限制的范围、地域从法定的"竞业限制的范围，应当以能够与用人单位形成实际竞争关系的地域为限"修改为"由用人单位与劳动者约定"。三审稿和四审稿除了改为第 24 条外内容没有变化。表决通过前作了词语上的修改，实质内容也没有变化。

【法条评析】

本条规定了竞业限制的内容，包括竞业限制的人员，竞业限制范围、地域、期限的约定，竞业限制的界定，竞业限制的最长期限四方面。

一、竞业限制的人员

《劳动合同法》第 24 条规定："竞业限制的人员限于用人单位的高级管理人员、高级技术人员和其他负有保密义务的人员。"

高级管理人员的范围可以参考《公司法》的规定："高级管理人员，是指公司的经理、副经理、财务负责人，上市公司董事会秘书和公司章程规定的其他人员。"高级技术人员一般包括高级工程师等。②

---

① 各方面意见认为：竞业限制的规定要在保护用人单位合法权益与限制劳动者就业权利之间取得平衡，因此适用范围不宜过宽，应主要限于高级管理人员、高级技术人员。对于经济补偿金和违约金标准等，应尊重双方的约定。参见陈丽平：《劳动合同法草案二审稿对公开征求意见作出回应》，载《法制日报》，2006-12-25。2007 年 4 月 25 日上午，十届全国人大常委会第二十七次会议分组审议《中华人民共和国劳动合同法（草案）》时，梁爱诗（全国人大常委会香港特别行政区基本法委员副主任）说，劳动合同法草案经过几次修订，各方面的意见都已经考虑到了，特别是第 24 条规定了"竞业限制的人员限于用人单位的高级管理人员、高级技术人员和其他知悉用人单位商业秘密的人员"。这是当时香港一些方面提的意见，这个修订很好。参见《职工社会保险、培训、保密和竞业限制——分组审议劳动合同法草案发言摘登（四）》，载中国人大网，http://www.npc.gov.cn/zgrdw/common/zw.jsp?label=WXZLK&id=364966&pdmc=1503，2007-04-29。

② 在中国的干部统计工作中，高级专业技术人员包括：高级工程师、高级农艺师、正副研究员、正副主任医师、正副教授、中专高级讲师（中学高级教师）、一级飞行技术员、高级船长、高级经济师、高级会计师、高级统计师、正副译审、正副研究馆员、正副编审、高级编辑、主任记者、一二级律师、一二级公证员、播音指导、主任播音员、高级工艺美术师、主教练、一二级艺术人员、高级政工师、高级关务监督。

二、竞业限制范围、地域、期限的约定

《劳动合同法》第24条规定："竞业限制的范围、地域、期限由用人单位与劳动者约定，竞业限制的约定不得违反法律、法规的规定。"

竞业限制的范围、地域、期限由用人单位与劳动者约定，体现了订立劳动合同的平等自愿和协商一致原则，是意思自治的体现。但是竞业限制的约定不得违反法律、法规的规定，不能违反《劳动合同法》第3条规定的公平原则，也不能侵犯劳动者的基本人权。

三、竞业限制的界定

《劳动合同法》第24条规定："在解除或者终止劳动合同后，前款规定的人员到与本单位生产或者经营同类产品、从事同类业务的有竞争关系的其他用人单位，或者自己开业生产或者经营同类产品、从事同类业务的竞业限制期限，不得超过二年。"

这一款界定了何谓竞业限制：竞业限制是指在解除或者终止劳动合同后，特定的劳动者不得到与本单位生产或者经营同类产品、从事同类业务的有竞争关系的其他用人单位，或者自己开业生产或者经营同类产品、从事同类业务。这其实就是竞业限制的定义。

四、竞业限制的最长期限

《劳动合同法》第24条规定："在解除或者终止劳动合同后，前款规定的人员到与本单位生产或者经营同类产品、从事同类业务的有竞争关系的其他用人单位，或者自己开业生产或者经营同类产品、从事同类业务的竞业限制期限，不得超过两年。"据此，用人单位和劳动者约定的竞业限制期限不得超过2年。如果超过2年，借鉴《合同法》一些规定，超出部分无效，即竞业限制期限为2年。

【理解与适用】

对于竞业限制定义中同类产品的界定，可以参考反倾销法上的界定。《1994年反倾销协议》① 第2条第6款规定："本协议通篇使用的'同类产品'（或称'类似产品'）应解释为与有关产品在各个方面一样

---

① 《1994年反倾销协议》全称为《关于执行1994年关贸总协定第六条的协议》（Agreement on Implementation of Article VI of GATT 1994），是世界贸易组织管辖的一项多边贸易协议，是在关贸总协定东京回合《反倾销守则》的基础上修改和补充的。

有近似；倘若不存在这种产品，即指另一种虽然在所有方面并非一样，但却具有与有关产品极为相似的特征的产品。"按《1994 年反倾销协议》的规定解释，所谓同类产品，一是指完全相同的产品，即同样产品；二是指与同样产品相似的产品，即相似产品或类似产品。

从各国反倾销法的规定及实践来看，其对同类产品的定义与《1994 年反倾销协议》是一致的，只是在具体做法或强调的侧重点上略有不同。美国的反倾销法对同类产品是这样规定的："同类产品为与被调查的产品相同，或如不存在完全相同时，则为在特征和用途上最相近的产品。"不仅要求特征上最相近，而且强调产品用途（功能）最相近。欧盟反倾销法比较注重欧盟产品与倾销产品在实物外观上的联系，而不仅仅是相似或可替代性。近年来，欧盟也逐渐强调同类产品功能的相似性。

借鉴反倾销法的规定，在劳动者认定违反竞业限制时，确定同类产品要考虑产品外观特征、性质、用途、技术特点及相互竞争性和产品可交换性等因素。判断产品是否相同，主要是从产品的物理性能和使用功能方面进行比较，包括生产产品所使用的原材料和辅料、产品制造和加工工艺、产品的外观设计、产品的使用性能、产品的互换性、产品的销售条件，以及消费者对产品的认同性等。如果本单位产品的上述特征与其他用人单位的产品完全相同，即为同样产品。如果本单位产品的上述性能指标与其他用人单位的产品不完全一致，但特征相似或非常相似，则为相似产品。同样产品和相似产品都属于同类产品。

第二十五条 （违约金条款的限制）

除本法第二十二条和第二十三条规定的情形外，用人单位不得与劳动者约定由劳动者承担违约金。

【相关法条】

《上海市劳动合同条例》

第十七条 劳动合同对劳动者的违约行为设定违约金的，仅限于下列情形：

（一）违反服务期约定的；

（二）违反保守商业秘密约定的。

违约金数额应当遵循公平、合理的原则约定。

《江苏省劳动合同条例》

第十八条　当事人可以对双方的违约行为约定违约金。

约定违约金应当遵循公平原则，根据劳动者的劳动报酬等因素合理确定。

对劳动者的违约行为约定违约金的，仅限于下列情形：

（一）违反服务期约定的；

（二）违反保守商业秘密或者竞业限制约定的。

《浙江省劳动合同办法》

第十六条　劳动合同对劳动者的违约行为设定违约金的，仅限于下列情形：

（一）违反服务期约定的；

（二）违反保守商业秘密约定的；

（三）法律、法规、规章规定可以设定违约金的其他情形。

违约金额的设定应当遵循公平、合理的原则。

《北京市劳动合同规定》

第十九条　订立劳动合同可以约定劳动者提前解除劳动合同的违约责任，劳动者向用人单位支付的违约金最多不得超过本人解除劳动合同前12个月的工资总额。但劳动者与用人单位协商一致解除劳动合同的除外。

【草案相关条文比较】

征求意见稿第17条规定："除本法第十五条和第十六条规定的情形外，用人单位不得与劳动者约定由劳动者承担的违约金。"二审稿第26条规定："除本法第二十三条第二十四条规定的情形外，用人单位不得与劳动者约定由劳动者承担的违约金。"三审稿第25条规定："除本法第二十二条和第二十三条规定的情形外，用人单位不得与劳动者约定由劳动者承担的违约金。"四审稿和表决通过时未再做修改。从内容上来看，历次审议稿均规定除了服务期条款和竞业限制条款可以约定由劳动者承担违约金外，用人单位不得与劳动者约定由劳动者承担违约金，内容上并无实质性修改，仅仅是由于条文号的不同而在形式上有所修改。①

【法条评析】

本条规定了违约金条款的限制，即除了服务期条款和竞业限制条款可以约定由劳动者承的担违约金外，用人单位不得与劳动者约定由劳动者承担违约金。

违约金是当事人通过约定而预先确定的、在违约后生效的独立于履行行为之外的给付，是由双方约定的在违约后一方向另一方支付的一笔金钱，是一种违约责任形式。② 违约金可分为赔偿性违约金与惩罚性违约金，赔偿性违约金主要是为了弥补一方违约后另一方所受到的损失，当事人在约定违约金时一般需要考虑可以预见到的实际损失，预定金额应当与实际损失大体相当，交付违约金后不再承担赔偿责任。惩罚性违约金是指对债务人的违约行为实行惩罚，以确保合同债务得以履行的违约金，在设立时一般不考虑违约后可能造成的实际损失，甚至在没有损失的情况下也可以适用，它也不能替代损害赔偿。③ 大陆法系国家一般承认违约金具有双重属性，英美法系国家则不承认惩罚性违约金。④ 我国《合同法》第114条也对违约金作了规定："当事人可以约定一方违约时应当根据违约情况向对方支付一定数额的违约金，也可以约定因违约产生的损失赔偿额的计算方法"，"约定的违约金低于造成的损失的，

---

① 征求意见稿公布后，很多群众认为，实践中很多用人单位动辄要求劳动者在劳动合同中约定过高违约金，通过高额违约金"圈"住劳动者，而不是通过适当的待遇和和谐的劳资关系留住劳动者，因此草案第17条关于在劳动合同法中除了两种法定情形外不得约定由劳动者承担违约金的规定非常有针对性，具有积极意义。有的用人单位认为，草案的规定有违公平原则，使得用人单位基本不能约束劳动者，不利于劳动合同的履行和用人单位的正常运行。参见全国人大常委会办公厅新闻局：《各地人民群众对劳动合同法草案的意见（一）》，载中国人大网，http://www.npc.gov.cn/zgrdw/common/zw.jsp? label=WXZLK&id=348050&pdmc=1503，2006-03-27。

② 参见王利明：《合同法研究》，第2卷，682~687页，北京，中国人民大学出版社，2003。

③ 参见王利明：《违约责任论》，修订版，566页，北京，中国政法大学出版社，2000。

④ 英美允许双方当事人在订立合同时约定，一方违约时向对方支付一笔固定的金钱，即违约金。但违约金数额必须公正、合理，如果约定的数额不合理，与可能预见到的损失不相称，那么这种违约金条款就变成了惩罚性的违约金条款，在法律上应被确认为无效。美国《合同法重述》（第2版）第355条明确指出："规定惩罚的违约金条款是违反公共政策的，因而是无效的。"王利明：《违约责任论》，修订版，559页，北京，中国政法大学出版社，2000。

当事人可以请求人民法院或者仲裁机构予以增加；约定的违约金过分高于造成的损失的，当事人可以请求人民法院或者仲裁机构予以适当减少"。通说认为该条规定的违约金为赔偿（补偿）性违约金，其数额应当与实际损失相当。①

我国《劳动法》没有规定违约金，既没有将它作为劳动合同履行的担保或者违反劳动合同的责任形式，也没有禁止性规定。劳动部《关于企业职工流动若干问题的通知》（劳部发［1996］355号）第3条规定，"用人单位与职工可以在劳动合同中约定违约金"，这导致目前在我国实践中许多劳动合同都有违约金条款。违约金的约定主要有两种情形：一是在合同中约定具体的赔偿数额，少则几千，多则几万，甚至更多；二是按未履行合同的期限来计算，如未履行一年的，赔偿一万元。在实践中，一些无固定期限的劳动合同就按劳动者的退休年限来计算合同期，其结果使违约金的赔偿额可能高达数十万元，甚至可能超出劳动者在用人单位工作年限内获得的劳动报酬，具有很大的惩罚性，对劳动者极不公平。

由于实践中关于违约金的争议日渐增加，各地方纷纷在地方性劳动合同法规中对违约金问题进行规范，形成了以北京为代表的"京派"和以上海为代表的"海派"两种做法。② 以《北京市劳动合同规定》为代表的"京派"规定的是任意约定违约金，劳动合同可以约定违约金，只要不违反法律、不违背公序良俗、不显失公平，违约方就应当按照约定支付违约金。如《北京市劳动合同规定》第19条规定："订立劳动合同可以约定劳动者提前解除劳动合同的违约责任，劳动者向用人单位支付的违约金最多不得超过本人解除劳动合同前12个月的工资总额。但劳动者与用人单位协商一致解除劳动合同的除外。"《山东省劳动合同条例》第31条规定："劳动合同双方当事人违反本条例规定和劳动合同约定，擅自解除劳动合同的，应当按照劳动合同的约定支付违约金；给对方造成经济损失的，应当依法承担赔偿责任。"

以《上海市劳动合同条例》为代表的"海"派规定的是限制约定违约金，劳动合同只能对立法中明确规定的情形设立违约金。《上海市劳动合同条例》第17条规定："劳动合同对劳动者的违约行为设定违约金的，仅限于下列情形：（一）违反服务期约定的；（二）违反保守商业秘

① 参见王利明：《合同法研究》，第2卷，694页，北京，中国人民大学出版社，2003。
② 参见周斌：《劳动合同违约金"京派""海派"各不同》，载《新民晚报》，2004-03-22。

密约定的。"并且规定，仅在由用人单位出资招用、培训或者提供其他特殊待遇的情况下才可以约定服务期。在《关于实施〈上海市劳动合同条例〉若干问题的通知》第8条中将"竞业禁止"增加为可以约定违约金的情形。属于"海"派的主要是浙江、江苏等长江三角洲地区的省份。

从我国的实践来看，绝大多数劳动合同中的违约金在性质上属于惩罚性违约金，即劳动者提前解除劳动合同，不管是否给用人单位造成损失，只要有违约金的约定，都要依照约定予以赔偿。尽管我国民事合同否认惩罚性违约金，但法院在处理劳动合同的违约金条款时，还不如处理民事合同的违约金条款来得慎重和合理，往往都认可违约金条款，甚至不考虑违约金条款的赔偿性和惩罚性之分。另外，多数法院或者劳动仲裁委员会在作出裁决时，要求劳动者支付违约金后还承担赔偿金。由此可见，司法实践承认违约金和损害赔偿责任可以并存，即承认违约金的惩罚性，同时，我国目前地方性劳动合同法规也以惩罚性的违约金条款为主流，这种情况对于本来就是弱者的劳动者来说是极为不利的。

由于禁止约定违约金在目前还不太现实，况且在违反服务期约定和竞业限制约定的情况下，劳动者向用人单位支付违约金也并非不合理。在这种情况下，用人单位的合法权益也应予以有效的保护，否则很容易造成劳动市场的无序竞争，而约定违约金正是一种简便易行而又比较有力的保护途径。因此，《劳动合同法》承认劳动合同中的违约金为限制性的赔偿性违约金，即除了服务期条款和竞业限制条款可以约定由劳动者承担违约金外，用人单位不得与劳动者约定由劳动者承担违约金。

【理解与适用】

一、违约金与赔偿金

在限制劳动合同约定违约金的基础上，用人单位的实际损失可以通过赔偿金来弥补。[①] 需要注意的是，《劳动合同法》第90条规定："劳

---

① 征求意见稿公布后，有的意见认为，除了关注由劳动者承担的违约金外，还要关注由劳动者承担的赔偿金问题。用人单位可以根据劳动者违约所造成的实际损失来主张劳动者的赔偿责任。建议草案对由劳动者承担赔偿金问题作出规定，防止用人单位在赔偿金上漫天要价。参见全国人大常委会办公厅新闻局：《各地人民群众对劳动合同法草案的意见（一）》，载中国人大网，http://www.npc.gov.cn/zgrdw/common/zw.jsp? label = WXZLK&id = 348050&pdmc=1503，2006-03-27。

动者违反本法规定解除劳动合同，或者违反劳动合同中约定的保密义务或者竞业限制，给用人单位造成损失的，应当承担赔偿责任。"依据这一条规定，劳动者违反劳动合同中约定的保密义务或者竞业限制给用人单位造成损失的，应当承担赔偿责任。此时，即使没有约定违约金或者违约金的数额不足以弥补实际损失，用人单位也可以诉请劳动者承担赔偿责任。

二、违约金的数额

在劳动争议诉讼中，可以参考《合同法》第114条的规定，赋予法官或者仲裁机构一定的自由裁量权来降低违约金的数额。在约定违约金畸高的情况下，法官或仲裁员可以根据当事人的申请，降低违约金的数额。也就是说，劳动合同约定的违约金低于造成的实际损失的，违约方在支付了违约金后，如果对方仍有损失未得到补偿，违约方还需要就差额部分支付赔偿金。劳动合同约定的违约金高于造成的实际损失的，当事人可以请求人民法院或者仲裁机构予以减少，按实际损失数额支付。

第二十六条 （劳动合同无效）

下列劳动合同无效或者部分无效：

（一）以欺诈、胁迫的手段或者乘人之危，使对方在违背真实意思的情况下订立或者变更劳动合同的；

（二）用人单位免除自己的法定责任、排除劳动者权利的；

（三）违反法律、行政法规强制性规定的。

对劳动合同的无效或者部分无效有争议的，由劳动争议仲裁机构或者人民法院确认。

【相关法条】

《劳动法》

第十八条 下列劳动合同无效：

（一）违反法律、行政法规的劳动合同；

（二）采取欺诈、威胁等手段订立的劳动合同。

无效的劳动合同，从订立的时候起，就没有法律约束力。确认劳动合同部分无效的，如果不影响其余部分的效力，其余部分仍然有效。

劳动合同的无效，由劳动争议仲裁委员会或者人民法院确认。

劳动部《关于贯彻执行〈中华人民共和国劳动法〉若干问题的意见》（劳部发〔1995〕309 号）

16. 用人单位与劳动者签订劳动合同时，劳动合同可以由用人单位拟定，也可以由双方当事人共同拟定，但劳动合同必须经双方当事人协商一致后才能签订，职工被迫签订的劳动合同或未经协商一致签订的劳动合同为无效劳动合同。

27. 无效劳动合同是指所订立的劳动合同不符合法定条件，不能发生当事人预期的法律后果的劳动合同。劳动合同的无效由人民法院或劳动争议仲裁委员会确认，不能由合同双方当事人决定。

《北京市劳动合同规定》

第二十二条 下列劳动合同无效：

（一）违反劳动法律、法规的；

（二）采取欺诈、胁迫等手段订立的；

（三）内容显失公平的；

（四）有关劳动报酬和劳动条件等标准低于集体合同规定的。

劳动合同的无效，由劳动争议仲裁委员会或者人民法院确认。无效的劳动合同，从订立之时起，就没有法律约束力。确认部分无效的劳动合同，如果不影响其余部分的效力，其余部分仍然有效。

劳动合同被确认为无效，劳动者已履行劳动合同的，用人单位应当支付相应的劳动报酬，提供相应的待遇。

【草案相关条文比较】

征求意见稿第 18 条规定："有下列情形之一的，劳动合同无效：（一）用人单位以欺诈、胁迫的手段订立劳动合同的；（二）用人单位和劳动者恶意串通，损害国家利益、社会公共利益或者他人合法权益的；（三）用人单位和劳动者中的一方或者双方不具备订立劳动合同的法定资格的；（四）用人单位免除自己的责任、排除劳动者的权利的；（五）法律、行政法规规定的劳动合同无效的其他情形。劳动合同的无效，由劳动争议仲裁机构或者人民法院确认。"该条的变化所体现的主要争议在于：（1）具体的无效情形是完全采纳合同法的规定，还是突出劳动法的社会法属性，倾斜保护劳动者？征求意见稿基本上是完全采纳的合同法的立法规定，而二审稿、三审稿以及四审稿则体现了劳动合同法倾斜保护劳动者的立法宗旨。（2）对于第 2 款劳动合同无效的确认机关存有争议，征求意见稿、二审稿以及四审稿都是规定的"劳动争议仲裁机构或者人民法院确认"，三审稿中，增加了"劳动行政部门"。

【法条评析】

劳动合同的效力是劳动法理论与司法实践中的一个基本问题。无效劳动合同的认定与处理又是其中的关键问题。① 《劳动法》对无效劳动合同的规定相对简单，对无效劳动合同的处理基本没有规定。由此导致在无效劳动合同认定与处理上法律依据不足、执法标准不统一的情况较为常见。《劳动合同法》以第 26 条、第 27 条、第 28 条共三条对无效劳动关系及其处理进行了集中规定。本条系对劳动合同无效情形及无效认定主体的规定，分为两个方面解析：

（一）劳动合同无效情形

《劳动法》规定了两类劳动合同无效的情形，《劳动合同法》在此基础上增加了一类情形，即"用人单位免除自己的法定责任、排除劳动者权利的"，由此规定了三类无效情形：

1. 以欺诈、胁迫的手段或者乘人之危，使对方在违背其真实意思的情况下订立劳动合同的

这类情形在《劳动法》中已有基本规定，表述为"采取欺诈、威胁等手段订立的劳动合同"。本条较之《劳动法》第 18 条有两方面变化：一是用语规范，将"威胁"改为"胁迫"，由此更为准确，也便于运用《民法通则》的相关司法解释具体把握。二是增加了一类情形，即"乘人之危"，"乘人之危"与"欺诈"、"胁迫"同为违背当事人真实意思的情形，《劳动法》关于"采取欺诈、威胁等手段"中的"等"究竟还包括什么不明确，在审判实践中容易发生分歧，本条实际上对此予以了明确。需要注意的是，按照《合同法》的规定，"欺诈"、"胁迫"与"乘人之危"属于合同可撤销情形，而不是合同无效情形。这是《合同法》与《劳动合同法》在合同效力上的不同规定。这种差别是由二者的不同调整对象

---

① 参见睢素利：《特殊劳动案件的认定与处理》，载《法学杂志》，2007（3），75 页。

与不同立法宗旨决定的。《合同法》是关于市场合同交易的法，其立法宗旨是促进交易、保护交易并由此实现财富的增长；同时，交易的当事人相互之间是平等的，不存在隶属关系，故在当事人意思表示不真实的情况下，合同并不必然无效，合同是生效还是不生效由当事人自主决定，决定的方式即是否行使撤销权。而《劳动合同法》调整的主体之间在法律地位上不平等，表现为劳动者需接受用人单位管理，从而对于用人单位具有隶属性，用人单位很容易侵害劳动者的合法权益，故《劳动合同法》的宗旨是"构建和发展和谐稳定的劳动关系，保护劳动者的合法权益"。由此，在劳动合同的签订违反当事人的真实意思表示时，如不当然认定合同无效，而留待当事人自行决定，容易纵容用人单位的不当行为，最终不利于保障劳动者的合法权益，有害劳动关系的和谐稳定。

2. 用人单位免除自己的法定责任、排除劳动者权利的

这是《劳动合同法》新增的无效情形，旨在保护劳动者的合法权益。当前，劳动力过剩是我国劳动力市场的一个基本形势，相应的，用人单位的强势地位更为突出，劳动者很难在工资、待遇、福利以及劳动安全卫生等方面真正同用人单位谈判。实践中发生过这样的情况，用人单位以要劳动者放弃法定权利作为签订劳动合同的条件，如工资低于最低工资标准、用人单位可随时解除合同且无须给付经济补偿金、用人单位不给上三险，甚至约定"工伤概不负责"等等，其意图就是要免除其法定责任。如果认定这样的合同条款有效，显然会使劳动法中许多旨在保护劳动者的强制性规定失去意义，使劳动法的宗旨无从实现。有鉴于此，本条明确规定"用人单位免除自己的法定责任、排除劳动者权利的"劳动合同无效。应该看到，本条规定与《合同法》的规定有相通之处。《合同法》第53条规定："合同中的下列免责条款无效：（一）造成对方人身伤害的；（二）因故意或者重大过失造成对方财产损失的。"这一规定体现了法律对人身权的充分保护和对当事人一方恶意违约的根本否定。而本条规定则体现着法律对于劳动者基本权利的高度尊重与维护。

3. 违反法律、行政法规强制性规定的

这一情形在《劳动法》中也有规定，但表述为"违反法律、行政法规"。需要注意的有两点：

（1）违反的是法律与行政法规

这是从法律渊源或法律规范的效力等级上对无效劳动合同认定法律依据的限定。所谓法律，即全国人民代表大会或其常务委员会制定的法

律规范；所谓行政法规，即国务院制定的法律规范。按照法理，法律与行政法规因其系由国家最高立法机关、最高行政机关制定，并具有全国范围内的适用效力，才能规定法律行为的无效，除此之外的法律规范不得作为认定合同无效的依据。

（2）违反的是法律与行政法规的强制性规定

本条规定将违法性限定在"违反法律、行政法规的强制性规定"，这是对《劳动法》规定的完善，符合法律规范的分类与不同法律规则的特点。按照前述《劳动法》的规定，从字面上看，只要劳动合同违反了法律、行政法规的相关规定，该合同就无效。这实际上过于宽泛，并不可行。从法理上讲，并不是凡是违反法律规定就会无效，关键是要看相应的法律规范的性质。从分类上，劳动法律规范可以分为任意性规范和强制性规范。所谓任意性规范是指当事人可以就法律条文规定的内容任意约定的规范，其效果是当事人的约定优先于该法律条文的适用，例如《劳动法》第22条的规定，即劳动合同当事人可以在劳动合同中约定保守用人单位商业秘密的有关事项；所谓强制性规范是指当事人需遵从法律条文的规定，而不得以自行约定取代相应法律条文的规定。这同任意性规范显然是不同的。有的强制性规范直接规定强制要求，当事人双方的约定不能与该要求相异。如《劳动法》第20条第2款规定，劳动者在同一用人单位连续工作满10年以上，当事人双方同意延续劳动合同的，如果劳动者提出订立无固定期限的劳动合同，应当订立无固定期限的劳动合同。有的强制性规范则规定相关问题的底线，当事人的约定可以高于该底线，但不得低于该底线。如《劳动法》第21条规定，劳动合同可以约定试用期。试用期最长不得超过6个月。显然，当事人双方约定6个月以下的试用期是有效的，但约定6个月以上的试用期则是无效的。又如《劳动法》第48条第2款规定，用人单位支付劳动者的工资不得低于当地最低工资标准。这即是要求用人单位可以与劳动者约定较高的工资，但不能约定低于最低工资标准的工资。这两种规范的实质区分是当事人和社会公共利益之间的关系。在劳动法律中，社会公共利益是和劳动者基本利益相联系的社会公平与社会秩序。任意性规范是不影响社会公共利益的规范，因而法律不予干涉，当事人可自由约定；强制性规范的背后是用人单位的利益同社会公共利益之间可能发生的严重冲突，故而不允许当事人自行约定。由此，对任意性规范而言，不存在着违法的问题；只有对强制性规范，才存在着违法的问题，也才可能因违法性而无效。正因如此，本条将违法性表述为"违反法律、行政法规强制性规定的"。

应当看到，这一情形与《合同法》的规定也是相通的。《合同法》第 52 条中规定，"违反法律、行政法规的强制性规定"的，合同无效。

（二）劳动合同无效的认定主体

劳动合同无效的认定主体也就是认定劳动合同无效的权力归属，而认定合同无效的权力归属的另一面就是认定合同有效的权力归属。从法理上讲，合同是否有效属于法律争议，认定合同是否有效应属于解决纠纷的司法权力或准司法权力。在我国，劳动争议的处理实行仲裁与诉讼的结合处理，因此，认定合同是否有效应属法院或劳动争议仲裁机构的权力。法院或劳动争议仲裁机构应通过诉讼程序或仲裁程序、以判决或裁决的方式认定劳动合同无效。就此而言，本条沿袭了《劳动法》第 18 条的规定，与其他法律的相关规定也是相通的。

需要说明的是，三审稿中规定劳动行政部门也有权确认劳动合同的效力。该规定在实践中可能带来的问题是，劳动行政部门以何种方式、通过主动监察还是被动收案审查确定劳动合同无效，劳动行政部门的确认产生何种效力，这种效力认定与司法审判认定不一致时应如何处理。这是需要深入研究的。

【理解与适用】

适用本条规定，应注意，《劳动法》、《劳动合同法》对劳动合同的成立与生效的区别并无明确规定，实践中存在着将劳动合同不成立与劳动合同无效混同的认识偏差，如将未签订书面合同的劳动关系作为无效劳动关系处理。应当看到，合同成立是当事人就合同主要条款达成意思表示一致的问题，而合同生效则是已成立的合同符合法律的评价从而能够在当事人之间产生约束力的问题。合同不成立的结果并非合同无效，而是合同不生效。合同不成立与合同无效的处理原则也不尽相同。

本条适用的核心问题是第一款，即劳动合同的无效情形。就此，应注意以下两个方面：其一是对劳动合同的理解，其二是对本条三种情形的具体理解与把握。研究解决这两个问题，都涉及对劳动法与民法的关系的理解。应当看到的是，就法学体系来看，劳动法最初属于大民法的范畴，后来，随着劳动法在劳动者隶属性基础上对劳动者全面权益的侧重保护和与此伴随的三方机制的引入，劳动关系由契约走向身份，劳动法逐渐从传统民法中独立出来，成为一个新的部门法。但劳动法与民法并非绝对割裂。一方面，劳动法源于民法，有许多用语源于民法，有许多概念是相通的，有不少基本规则亦有共同之处。另一方面，在劳动法独特的价值取向和三方机制之外，劳动合同与民事合同有着类似的价值取向，如民事合同要尽可能保障交易的成功，以此促进经济发展；而劳动合同则要尽可能保障劳动关系的稳定，以此兼顾经济的发展和劳动法独特价值取向的实现。具体说：

（一）对劳动合同的理解

劳动合同是指劳动者和用人单位之间关于确立、变更和终止劳动权利与义务的协议。① 应当看到，劳动合同不限于劳动者和用人单位之间签订的合同本身。劳动合同在形式上既包括主件，也包括附件。主件一般是指确立劳动关系时所订立的书面劳动合同，附件则一般是指法定或约定的作为劳动合同主件之补充而明确当事人双方权利义务的书面文件。劳动合同的附件主要有用人单位劳动规章制度、专项劳动协议等形式。② 无论是主件，还是附件，均属劳动合同的范畴，也都存在着有效无效的问题。

（二）对本条三种情形在适用中的把握

1. 对"欺诈"、"胁迫"、"乘人之危"的理解与把握

"欺诈"、"胁迫"、"乘人之危"源自民法，我国民法通则对此有相应规定。在具体内容上，最高人民法院《关于贯彻执行〈中华人民共和国民法通则〉若干问题的意见（试行）》有明确解释，该解释应通用于本条。即，欺诈是指一方当事人故意告知对方虚假情况，或者故意隐瞒真实情况，诱使对方当事人作出错误意思表示的；胁迫是指以给公民及其亲友的生命健康、荣誉、名誉、财产等造成损失或者以给法人的荣誉、名誉、财产等造成损害为要挟，迫使对方作出违背真实的意思表示的；乘人之危是指一方当事人乘对方处于危难之机，为牟取不正当利益，迫使对方作出不真实的意思表示，严重损害对方利益的。以实践中劳动者伪造学历以求得签订劳动合同的机会为例，就不能仅以有伪造学历行为即认定劳动者为欺诈，还需要这种行为与对方最终与劳动者签订

---

① 参见关怀主编：《劳动法》，119页，北京，法律出版社，2001。
② 参见王全兴：《劳动法》，2版，127～128页，北京，法律出版社，2004。

劳动合同有因果关系。

由于"欺诈"、"胁迫"、"乘人之危"属于劳动合同无效的情形，而无效事由应属纠纷解决机构依职权主动审查的内容，因此，在仲裁或审判实践中，即便当事人一方未主张存在"欺诈"、"胁迫"、"乘人之危"事由，劳动仲裁机构或法院亦应主动予以审查。劳动仲裁机构或法院还可以向当事人释明"欺诈"、"胁迫"、"乘人之危"对于劳动合同效力的影响，以便于发现案件事实。

针对《劳动法》第18条的规定，曾有观点提出，从维护社会诚信和保护劳动者权益考虑，只有受"欺诈"、"威胁"者才有权主张劳动合同无效，而"欺诈"、"威胁"的行为人则没有这项诉权。这种观点在《劳动合同法》实施后可能还会存在。应当说，这种观点是不符合本条的立法本意的。无效的合同因受法律的否定评价而自始无效，双方当事人均可主张无效，仲裁机构或法院亦应在审理中主动审查效力，确定无效后各方当事人依其过错承担相应责任。这同社会诚信和保护劳动者合法权益的要求并不相悖。

2. 对"用人单位免除自己的法定责任、排除劳动者权利"的理解与把握

在理解上，免除用人单位的法定责任和排除劳动者的权利应当结合在一起，是一个问题的两个方面。用人单位免除其法定责任往往意味着排除了劳动者的基本权利，而所谓"劳动者权利"也不能理解为任何劳动者的权益，而应当是对应于用人单位"法定责任"的那些权利。

实践中这类情形在合同形式上分为两种情况：一种情况是用人单位在具体合同中与劳动者约定免除其法定责任和排除劳动者权利；另一种情况是用人单位在格式合同中约定上述内容。在签订的方式上也有两种情况：一种是在订立合同之时即以合同条款或补充约定作出约定；另一种是在合同履行中或终止时通过变更协议进行约定。后一种情况如用人单位与劳动者原在合同中约定，在双方协议解除劳动关系时，用人单位给付劳动者经济补偿金。后双方又达成变更协议，在双方协商解除劳动合同时，用人单位无须支付劳动者经济补偿金。应当看到，无论上述哪一种情况，都属于"用人单位免除自己的法定责任、排除劳动者权利"的具体情形，其结果都是相应约定无效。

3. 对"违反法律、行政法规强制性规定"的理解与把握

（1）违反地方法规、行政规章中的强制性规定的，不能导致劳动合

同无效

实践中，为加强外地人口管理，一些地方法规或行政规章明确规定外地务工人员不办理务工证等相关证件的，不得在本地务工。对未办理务工证等证件的外地务工人员与本地用工单位发生的纠纷的处理，以往审判中有截然相反的两种观点，即有效的观点和无效的观点。按本条的规定应当是采取有效的观点。原因有二：其一，地方法规或规章不得作为认定劳动合同无效的依据。其二，从法理上看，如认定未办理务工证等证件的外地务工人员所建立的劳动关系无效，实际上是将违反行政管理和合同无效混为一谈，最终是限制了外地务工人员劳动法意义上的劳动权，这同公民享有平等劳动权利的宪法规定亦是冲突的，因而该类地方法规或规章亦不能作为认定劳动合同无效的依据。

（2）对强制性规定应解释为效力性的禁止性规定

违反法律、行政法规的强制性规定的劳动合同都是无效的吗？举例来看，《劳动法》第19条规定，劳动合同应当以书面形式订立。该规定无疑是一个强制性规定。但不签订书面劳动合同是否导致劳动关系无效呢？应当说，理论与实务上就此问题认识基本一致，即是否订立书面合同并不影响劳动关系的效力，只要符合劳动关系的效力要件，就构成事实劳动关系。《劳动合同法》第10条第2款规定，已建立劳动关系，未同时订立书面劳动合同的，应当自用工之日起1个月内订立书面劳动合同。这表明，《劳动合同法》也是承认事实劳动关系的。可见，对本条所说的"违反法律、行政法规的强制性规定"应进行限制性解释。从法理上说，按照多数观点，"强制性规定"包括强行性规范与禁止性规范两种。[①] 强行性规范采用的表述方式是积极的，即"什么应当怎么样"；而禁止性规范采用的表述方式是消极的，即"什么不得怎么样"。禁止性规范又区分为效力性的禁止性规范和管理性的禁止性规范。二者的根本区别在于对合同效力的影响。违反管理性禁止性规范时，并不当然导致合同无效，可能产生合同效力待定，而违反效力性禁止性规范时，则当然导致合同无效。这种区分的实质是当事人利益同国家利益、社会公共利益之间冲突的不同强度。

（3）实践中"违反法律、行政法规的强制性规定"导致劳动合同无效的情形

---

① 参见吴庆宝主编：《民事裁判标准》，63页，北京，人民法院出版社，2005。

　　实践中，劳动合同违反法律、法规的强制性规定主要有两大类情况：

　　一类是劳动合同的内容违反法律、法规的强制性规定。具体又可分为两种：其一是合同所指向的劳动内容违反法律、法规的强制性规定。如用人单位使用劳动者从事盗版光盘、毒品的生产与销售等国家禁止或限制的行业。这种劳动关系因与国家、社会重大利益严重违背而无效。其二是合同部分条款违反法律、法规的强制性规定。如约定每日工作时间超过 8 小时；又如约定的劳动者报酬低于当地最低工资标准；再如约定用人单位不提供安全卫生条件和劳动保障；还如约定用人单位不负责给劳动者上三险，等等。

　　另一类是劳动合同的主体违反法律、法规的强制性规定。主要是劳动合同的主体缺乏权利能力，表现为两种情况：其一是用人单位缺乏用工资质，其二是被招用人员缺乏劳动者权利能力。

　　用人单位缺乏用工资质主要是指用人者不符合《劳动合同法》第 2 条的规定。按照《劳动合同法》第 2 条的规定，我国只有境内企业、个体经济组织、民办非企业单位等组织才能够作为用工主体。据此，外国企业或组织不是我国的用工主体，外国企业或无法人资格的驻华办事机构只能通过中介机构派遣劳务获取劳动力，其直接与我国劳动者订立的劳动合同无效。那么，境内无用工资质者同劳动者订立的劳动合同效力如何呢？有观点认为应属无效合同。笔者不同意这种观点。一方面，境内无用工资质者可能会获得用工资质，这与外国公司或驻华办事机构的情况不同。另一方面，仅因为用工者无资质即当然认定合同无效，在劳动力市场一般为买方市场的情况下实际上不利于对劳动者合法权益的保护。因此，关于用工资质的规定应属管理性的禁止性规范，违反该规范仅导致合同效力待定，而不是当然的合同无效。在一定期间内如果用工者取得资质，则合同有效，否则合同无效。

　　此外，需要研究的还有三类情况：

　　1. 分支机构未经授权或超出授权签订劳动合同。对这种情况下的劳动合同效力，一般认为应属无效。笔者认为，从合同法理分析，此种情况下的劳动合同应属效力待定，即一定时间内如经其所属法人追认，则合同有效，未经追认则属无效。

　　2. 子公司与劳动者签订劳动合同未经母公司认可。实践中，有的母公司掌握或限制子公司的用工权，子公司的用工需由母公司确定或认可，由此常发生子公司与劳动者签订劳动合同而未经母公司认可的情况。司法实践中对这种情况下的合同效力认识不一。有人认为此种劳动合同无效，有人则认为属效力待定，应依用人单位是否追认而确定有效或无效。笔者认为，此种劳动合同应属有效。原因是，从法理上讲，法人的主体资格即当然意味着其劳动法意义上的用工资质。至于母公司与子公司之间在子公司用工上作何约定，应属母、子公司内部约定，对外不能改变子公司作为独立法人的用工资质，否则就极易成为关联公司否定劳动关系的借口，对劳动者合法权益的保护极为不利。与此同理，在公司改制中有些地方规章或政策规定集团公司中各公司的用工权由总公司掌握，这种规定也不能改变子公司的对外用工资质。

3. 企业筹备中用工的，企业筹备组能否与劳动者建立有效的劳动关系。按照前述《劳动合同法》第 2 条的规定，企业筹备组不是法人、个体经济组织或民办非企业单位，不具有用工资质，不能订立有效的劳动合同。但显然，企业筹备需要用工，需要劳动者，而需要劳动者就应当建立劳动关系，否则无法保护劳动者的合法权益。那么，此时的用工主体应当是谁呢？笔者认为，应是企业筹备单位或个人。原因是，企业筹备组的行为实际上是企业筹备单位或个人的行为，在法律上企业筹备组应当看作是企业筹备单位或个人的代名词。换言之，此时劳动合同的形式主体是企业筹备组，而实质主体则是企业筹备单位或个人。因此，企业筹备组对外签订劳动合同应是谁是实质签约人的问题，而非违反法律、行政法规强制性规定的问题，因此也不是合同有效无效的问题。当然，这里还有一个技术问题需要解决，即在筹备者为个人时，个人是否为《劳动合同法》所规定的个体经济组织。我们认为，一般而言，个体经济组织应是指个体工商户或非企业的个人合伙。但随着经济的发展与活跃，个体经济组织的范围应当扩大，独立从事经济活动的个人均属个体经济组织，筹备企业的个人当然亦属有用工资质的个体经济组织。

被招用人员缺乏劳动权利能力的情况比较复杂。应当明确的是，劳动权利能力与民事权利能力不同。民事权利能力自出生而产生，劳动者权利能力则分为一般权利能力和特殊权利能力。一般权利能力自 16 岁才具备，特殊权利能力是指特殊行业中的劳动权利能力，通常在 7 岁以上，并根据具体情况而定。应当看到的是，有无精神病只影响劳动行为能力，而不影响劳动权利能力。就此主要有三类情况值得探讨：其一是16 周岁以下的未成年人。《未成年人保护法》第 38 条规定，除国家另有规定外，任何组织和个人不得招用未满 16 周岁的未成年人。据此规定，未成年人是祖国的未来，使用 16 岁以下的未成年人违反了国家、社会的重大利益，由此除特殊行业国家允许招用 16 岁以下的未成年人以外，用人单位与该未成年人签订的劳动合同应属无效。其二是外国人。我国法律、行政法规并未一般性地禁止外国人在我国就业。劳动部等联合颁发的《外国人在中国就业管理规定》第 5 条、第 6 条规定，用人单位聘用外国人须为该外国人申请就业许可；用人单位聘用外国人从事的岗位应是有特殊需要，国内暂缺适当人选，且不违反国家有关规定的岗位。这仅是部分规章的限制性规定。因此，一般而言，用人单位与外国人签订的劳动合同并非当然无效。但《外国人入境出境管理法》第 19 条规定，未取得居留证件的外国人和来中国留学的外国人，未经中国政府主管机关允许，不得在中国就业。这种情况下用人单位与外国人签订的劳动合同，应属效力待定。其三是特定资质者。有些行业用工需要用工者有特定资质。无资质者与用人单位签订劳动合同的效力如何呢？笔者认为，对特定行业从业者特定资质的要求，并非法律、行政法规的强制性规定，而是行业性的管理规定，在一定程度上可以说是对从业者行业行为能力的要求，无资质者签订合同并不影响合同的效力。

此外，需要注意的是，在本条规定的情形之外，参照《合同法》关于合同无效规定的情形，在当事人恶意串通，损害国家、集体或者第三人利益和以合法形式掩盖非法目的的签订的劳动合同亦应属无效。同时，基于劳动合同的特点和特殊价值取向，劳动合同还有一些特殊的无效情形。如《劳动合同法》第 55 条中规定，用人单位与劳动者订立的劳动合同中劳动条件和劳动报酬等标准不得低于集体合同规定的标准。显然，如劳动合同的相关约定低于集体合同的规定，则是无效的。

第二十七条 （劳动合同部分无效）

劳动合同部分无效，不影响其他部分效力的，其他部分仍然有效。

【相关法条】

《劳动法》

第十八条 下列劳动合同无效：

（一）违反法律、行政法规的劳动合同；

（二）采取欺诈、威胁等手段订立的劳动合同。

无效的劳动合同，从订立的时候起，就没有法律约束力。确认劳动合同部分无效的，如果不影响其余部分的效力，其余部分仍然有效。

劳动合同的无效，由劳动争议仲裁委员会或者人民法院确认。

【法条评析】

合同的部分无效不影响其他部分效力的，其他部分有效，这是各类法律行为的共同规则。《民法通则》第 60 条规定："民事行为部分无效，不影响其他部分的效力的，其他部分仍然有效。"《合同法》第 56 条规定："合同部分无效，不影响其他部分效力的，其他部分仍然有效。"从法理上讲，之所以合同部分无效不必然导致合同整体无效，原因有两个。其一是逻辑上部分条款不等同于合同整体，部分条款无效也与合同整体无效不同。其二是规范目的上是便于维护合同的整体效力，实现合同的履行和相应利益。在劳动合同也是如此，如劳动合同部分无效即导致劳动合同整体无效，就会增加劳动合同无效的情形，不利于劳动关系的和谐稳定。

【理解与适用】

劳动合同的部分无效与整体无效既相区别，又相联系，在实践中关键是要把握好哪些部分条款无效会导致劳动合同的整体无效。

联系前述《劳动合同法》第 26 条规定的无效情形进行分析，可以得出的是：其一，"欺诈"、"胁迫"、"乘人之危"往往是合同签订的整体事实背景，因此其后果是合同整体无效，不存在因部分无效是否导致合同无效的情况。当然，如劳动合同的某些补充条款存在着"欺诈"、"胁迫"或"乘人之危"情形，则仅会导致该补充条款的无效，也不产生部分无效是否导致合同整体无效的问题。其二，"用人单位免除自己的法定责任、排除劳动者权利的"情形针对的劳动关系之下的合同具体条款，相应的，只会导致该部分条款的无效，也不会导致合同的整体无效。其三，"违反法律、行政法规强制性规定的"情形内涵广泛，既可能存在劳动关系之下的具体合同条款上，也可能存在于合同的基本内容、基本要素上，这就可能产生部分无效导致合同整体无效的情况。具体来说，如前述分析，在劳动合同主体缺乏资质的一些情况下，产生的后果是劳动合同整体有效与无效的问题，但劳动合同主体并不属于合同条款内容，因此不存在部分条款无效的问题；如仅是部分关于具体劳动权利义务的条款违反了法律、法规的强制性规定，则无效的评价亦应限制于该具体条款，而不应当及于整个合同；只有在关于劳动合同基本内容的条款违反法律、法规的强制性规定时，因该基本内容关系到劳动合同的基础，从而对该基本内容的评价也关系到对合同的整体评价时，才会产生部分条款无效导致合同整体无效的结果。

综上，可以看出，原则上，劳动合同的部分无效并不会带来合同整体无效的后果。只有在关于劳动关系基本内容的条款无效时，才会因合同的部分无效导致合同的整体无效。例如，在出现劳动时间超时用工、工资低于最低工资标准、无人单位不承担为劳动者缴纳三险义务等条款时，产生的都是相应条款无效的问题，并不导致合同整体无效。而在劳动内容涉及走私、贩毒等非法经营时，则劳动关系整体无效。

第二十八条　（无效情形下已付劳动的报酬确定）

劳动合同被确认无效，劳动者已付出劳动的，用人单位应当向劳动者支付劳动报酬。劳动报酬的数额，参照本单位相同或者相近岗位劳动者的劳动报酬确定。

【相关法条】

《劳动法》

第九十七条　由于用人单位的原因订立的无效合同，对劳动者造成损害的，应当承担赔偿责任。

最高人民法院《关于审理劳动争议案件适用法律若干问题的解释》

第十四条　劳动合同被确认为无效后，用人单位对劳动者付出的劳动，一般可参照本单位同期、同工种、同岗位的工资标准支付劳动报酬。

根据《劳动法》第九十七条之规定，由于用人单位的原因订立的无效合同，给劳动者造成损害的，应当比照违反和解除劳动合同经济补偿金的支付标准，赔偿劳动者因合同无效所造成的经济损失。

《北京市劳动合同规定》

第四十六条　用人单位有下列情形之一，给劳动者造成损害的，应当支付赔偿金：

…………

（二）由于用人单位的原因订立的劳动合同无效或者部分无效的；

…………

劳动部《违反〈劳动法〉有关劳动合同规定的赔偿办法》（劳部发〔1995〕223号）

第二条　用人单位有下列情形之一，对劳动者造成损害的，应赔偿劳动者损失：

…………

（二）由于用人单位的原因订立无效劳动合同，或订立部分无效合同的；

…………

第三条　本办法第二条规定的赔偿，按下列规定执行：

（一）造成劳动者工资收入损失的，按劳动者本人应得工资收入支付给劳动者，并加付应得工资收入25％的赔偿费用；

（二）造成劳动者劳动保护待遇损失的，应按国家规定补足劳动者的劳动保护津贴和用品；

（三）造成劳动者工伤、医疗待遇损失的，除按国家规定为劳动者提供工伤、医疗待遇外，还应支付劳动者相当于医疗费用25％的赔偿费用；

（四）造成女职工和未成年工身体健康损害的，除按国家规定提供治疗期间的医疗待遇外，还应支付相当于其医疗费用25％的赔偿费用；

（五）劳动合同约定的其他赔偿费用。

【草案相关条文比较】

征求意见稿第22条规定："劳动合同被确认无效或者被撤销，劳动者已付出劳动的，除用人单位与劳动者有恶意串通，损害国家利益、社会公共利益或者他人合法权益的情形外，用人单位应当向劳动者支付劳动报酬。劳动报酬的数额，参考用人单位同类岗位劳动者的劳动报酬确定；用人单位无同类岗位的，参照用人单位所在地设区的市级人民政府公布的劳动力市场工资指导价位确定。"二审稿第 29 条规定："劳动合同被确认无效，劳动者已付出劳动的，用人单位应当向劳动者支付劳动报酬。劳动报酬的数额，参考用人单位同类岗位劳动者的劳动报酬确定；用人单位无同类岗位的，参照用人单位所在地设区的市级人民政府公布的劳动力市场工资指导价位确定。"三审稿、四审稿规定为："劳动报酬的数额，参考用人单位同类岗位劳动者的劳动报酬确定；用人单位无同类岗位的，按照本单位职工平均工资确定。"征求意见稿根据原来关于无效的规定，认为恶意串通，损害国家利益、社会公共利益或者他人合法权益的情形下不支付报酬；其他情形下劳动报酬首先按照同岗位报酬确定，没有同岗位的参照政府指导价位。二审稿与征求意见稿的确立规则相似，三审稿、四审稿确立的是按照同岗位确立，无同岗位的，按单位职工平均工资确立的规则。

【法条评析】

本条规定的是合同无效的处理。从一般民法法理上，无效法律行为或无效合同的后果是返还财产以恢复原状。《民法通则》第 61 条规定，民事行为被确认为无效后，当事人因该行为取得的财产，应当返还给受损失的一方。《合同法》第 58 条规定，合同无效后，因该合同取得的财产，应当予以返还；不能返还或者没有必要返还的，应当折价补偿。但劳动合同有所不同，劳动力一旦付出，无法由用人单位返还劳动者，也无法恢复到合同订约前的状态，因此无效劳动合同的处理不适用《合同法》关于合同无效处理的规定。但同时，虽然劳动合同无效，劳动者却已付出了劳动，劳动力付出即物化在用人单位的工作成果之中，用人单位必然从中受益，如用人单位不给付相应对价，显然会使用人单位获得不当利益，而对劳动者显失公平，因此基于利益衡量的法律原则，应给付劳动者相应报酬。本条明确：无效劳动关系情形下，用人单位应向劳动者支付劳动报酬。具体给付标准依据用人单位有无同类岗位分两种情形：其一是有同类岗位的，参考用人单位同类岗位劳动者的劳动报酬确定相应数额；其二用人单位无同类岗位的，按照本单位职工平均工资确定报酬数额。

【理解与适用】

《劳动合同法》对无效劳动合同的处理仅做了原则性的规定，在具体适用中还需要注意和研究以下问题：

1. 劳动合同无效的时间点。劳动合同何时无效，关系到劳动合同无效后果的起算时间。《劳动合同法》对此没有规定。从法律适用关系上，《劳动合同法》是《劳动法》就劳动合同订立、履行、变更、终止及相关权利义务的特别法，按照特别法优于一般法、一般法补充特别法的规则，应适用《劳动法》的相关规定。《劳动法》第18条第2款规定，无效的劳动合同，从订立的时候起，就没有法律约束力。由于无效意味着法律上的否定评价，故无效法律行为从发生时即无效，这是法律上的通理。

2. 对合同部分条款无效的处理。本条实际上规定的是合同整体无效的处理。但实践中仅部分条款无效的，也存在着如何处理的问题。就此，《劳动合同法》、《劳动法》及相关法规均未做出明确规定。从法理上讲，对于部分无效不影响整体合同效力的，对有效的合同部分应按相应的约定去履行，关键的是要解决无效部分涉及的权利义务如何调整的问题。我们认为，应明确两层处理规则，第一层是对无效部分涉及的权利义务国家有强制标准的，按国家强制标准。如劳动合同中约定用人单位不给劳动者上保险的，在处理上即应按强制标准上保险。第二层是对无效部分涉及的权利义务国家只有最低标准的，参考用人单位同期、同类工种的相应标准处理；用人单位同期无同类工种的，参考所在地同期、同类工种的相应标准处理；所在地同期无同类工种的，参考用人单位同期各类工种的平均标准处理。如劳动合同中约定用人单位给付劳动者工资低于最低工资规定的，应先参考用人单位同期、同类工种的工资标准，没有同类工种时则要参考用人单位所在地同期、同类工种的工资标准，最后可参考用人单位同期各类工种的平均工资标准。所谓参考，是按照并考虑具体情况的意思，即以相应标准为基本依据，同时考虑具体的劳动内容和劳动强度，以实现最大的妥当与公平。综上可见，劳动合同无效处理上的难点不在于部分无效的处理，而在于整体无效的处理。

3. 整体无效后相关问题的处理。本条明确了劳动合同整体无效后劳动报酬的给付标准，这往往是劳动合同无效后在处理上首先遇到的一个问题。但同时，本条并未解决诸如三险、损失赔偿、工伤保险及待遇等问题，而这些问题很可能是处理无效劳动合同最为关键的问题。譬如，一个无效劳动合同在实际履行中发生中发生了因工伤害，致使劳动者残疾，这时双方发生争议后，关键的问题并不是应给付多少劳动报酬，而是劳动者能否得到工伤待遇。从这个角度看，对无效劳动合同的处理，《劳动合同法》较之《劳动法》很难说有什么进步。这就给法律适用留下了难题。就此，我们认为有两种解决思路，两种思路都涉及无效劳动合同关系是否属于劳动关系这一基本法理问题。

一种思路是，《劳动合同法》未规定无效劳动合同下相关问题的处理，故应按照既有的规定与司法解释处理。这方面实际上并无更多规定，只有《劳动法》、最高人民法院《关于审理劳动争议案件适用法律若干问题的解释》、劳动部《违反〈劳动法〉有关劳动合同规定的赔偿办法》规定的因用人单位原因导致无效后对劳动者造成的经济损失。探究这些规定的旨意，可以推断的是，前述规范主要的是将无效劳动关系作为劳务关系处理，这同审判实践中的认识与做法是一致的。原因主要有二：其一，如果前述规范将无效劳动关系作为劳动关系的形式之一的话，劳动者在无效劳动合同之下亦应享受有效劳动关系的相应待遇，只是按劳动者导致合同无效的过错减扣用人单位的相应责任即可，而无须再专门规定用人单位对劳动者经济损失的赔偿责任。其二，如果对无效劳动关系按劳动关系权利义务调整，劳动者所应得到的应是工资而非劳动报酬，劳动报酬恰恰是劳务关系下的特定称谓。就此而言，《劳动合同法》实际上也是将无效劳动关系理解为劳务关系。按照这种思路，不会确定劳动者的社会保险、工伤保险等待遇，而只会按类似合同预期损失赔偿劳动者部分损失。

另一种思路是对本条做扩大解释，即淡化劳动报酬和工资的区别，将本条关于用人单位按工资标准给付劳动者劳动报酬理解为用人单位在无效劳动关系下亦应给付工资，并进而解释为对无效劳动关系应作为劳动关系处理的解释结论。从法理上讲，无效劳动合同的处理直接体现着劳动法的价值取向，但又与有效劳动合同不能完全等同，故一方面，处理无效劳动合同既要遵循劳动法侧重保护劳动者合法权益的价值取向，另一方面也要充分考虑当事人双方的过错进行利益衡量。前一种思路将无效劳动合同按劳务关系处理，只能给付劳动者基本工资报酬，失于对劳动者保护不利。而按此思路，在劳动合同无效情况下，用人单位除应按工资标准给付劳动报酬外，还应承担上三险、给付工伤待遇、在关系终止时给付经济补偿金等义务，只是在确定劳动者从用人单位获得的工伤保险待遇和经济补偿金时应考虑用人单位与劳动者对合同无效的过错比例，减轻用人单位的相应责任。当然，因 16 岁以下的未成年人务工或外国人务工未经批准导致劳动合同无效的，不能建立社会保险关系，用人单位自然无须承担为劳动者上三险义务。但需要注意的是，在劳动内容违反法律、行政法规的强制性规定，当事人恶意串通以损害国家、集体或者第三人利益，以合法形式掩盖非法目的等三类情况下，因当事人双方均有重大过错，其行为直接损害国家与社会的重大利益，对此类无效劳动关系应充分发挥民事司法的惩戒职能，收缴包括工资报酬在内的当事人的非法所得，亦不应支持劳动者的工资报酬请求权和上三险、给付工伤待遇、给付经济补偿金等相关请求。

究竟应采取何种思路，应由立法机关明确。笔者倾向于第二种思路。当然，在立法机关作出明确前，从维护执法连续性与稳定性考虑，可暂按第一种思路处理。

第三章　劳动合同的履行和变更

第二十九条　（全面履行）

用人单位与劳动者应当按照劳动合同的约定，全面履行各自的义务。

【相关法条】

《劳动法》

第十七条　订立和变更劳动合同，应当遵循平等自愿、协商一致的原则，不得违反法律、行政法规的规定。

劳动合同依法订立即具有法律约束力，当事人必须履行劳动合同规定的义务。

【草案相关条文比较】

关于劳动合同履行的规定，最终稿在征求意见稿和二审稿的基础上作了删减。征求意见稿第 24 条规定："用人单位和劳动者应当按照劳动合同的约定，全面履行各自的义务。劳动者本人应当实际从事劳动合同约定的工作。劳动力派遣单位与接受单位应当按照劳动力派遣协议的约定，履行对被派遣的劳动者的义务；劳动力派遣协议约定不明的，劳动条件和劳动保护等与劳动过程直接相关的义务由接受单位履行，其他义务由劳动力派遣单位履行。"二审稿第 30 条规定："用人单位与劳动者应当按照劳动合同的约定，全面履行各自的义务。劳动者本人应当实际从事劳动合同约定的工作。"本条规定与三审稿、四审稿的规定相同。

【法条评析】

本条确定了劳动合同的全面履行原则。

一、履行的原则

全面履行，是指劳动者和用人单位应当按照劳动合同的约定全面履行合同项下的义务。依法订立的劳动合同具有法律约束力，劳动合同各条款之间的内在联系紧密，构成不可分割的整体，劳动者和用人单位必须根据合同的全部条款履行各自的全部义务。全面履行原则应包含以下几方面的内容：

（一）遵守劳动合同的约定

全面履行原则首先强调用人单位和劳动者必须依据劳动合同的约定全面履行各自的义务。劳动合同是劳动者和用人单位确立劳动关系、明确双方劳动权利和义务的协议，经双方协商一致订立后，产生法律约束力，劳动者和用人单位按照劳动合同的约定全面履行义务，是劳动合同具有法律约束力的具体体现。

（二）亲自履行

亲自履行是指劳动合同当事人双方都必须以自己的行为履行劳动合同约定的义务，不得由他人代理。有观点认为，亲自履行原则是劳动合同履行的一项基本原则。[①] 笔者认为，亲自履行是全面履行原则的应有之义，不应成为劳动合同履行的一项基本原则。劳动关系产生于特定的主体之间，具有很强的人身信赖性和不可替代性，劳动者提供劳动与其人身紧密联系、不可分割，受个人素质、工作技能和工作态度等因素的影响，不同的劳动者提供的劳动质量有明显差别。用人单位选择与特定的劳动者建立劳动关系，是对劳动者综合素质全面考察后所作的判断，劳动合同是在双方彼此信赖的基础上订立的，因此全面履行必然要求当事人应当亲自履行合同规定的义务，而不得由他人代理。

（三）协作履行

按照全面履行原则，双方当事人不仅要严格按合同的约定履行义

---

① 参见周长征：《劳动法原理》，140页，北京，科学出版社，2004；王全兴：《劳动法》，2版，139页，北京，法律出版社，2004。

务，而且当事人在履行劳动合同的过程中应当互相给予对方必要的协作。[①] 劳动者提供劳动力，用人单位使用劳动力，劳动关系只有在双方互相协助的基础上才能在既定期限内顺利实现，劳动者和用人单位在劳动合同的履行过程中应相互配合，为对方履行义务提供条件与必要的协助。

二、履行的特殊规则

用人单位与劳动者应当按照劳动合同的约定，全面履行各自的义务。但在劳动合同约定不明确的情况下，需要首先确定劳动合同的内容，然后予以履行。

《劳动合同法》第 18 条规定："劳动合同对劳动报酬和劳动条件等标准约定不明确，引发争议的，用人单位与劳动者可以重新协商；协商不成的，适用集体合同规定；没有集体合同或者集体合同未规定劳动报酬的，实现同工同酬；没有集体合同或者集体合同未规定劳动条件等标准的，适用国家有关规定。"该条为劳动者和用人单位如何确定约定不明确的条款内容提供了指导方向。即首先由当事人协商确定；其次，协商不成的，适用集体合同规定；最后，如果集体合同没有规定劳动报酬，则实行同工同酬原则，如集体合同对劳动条件等未作规定，则适用国家有关规定。

1. 首先由双方当事人自行协商确定如何履行。劳动合同是劳动者和用人单位在平等自愿、协商一致的基础上签订的，在合同条款约定不明时，应尊重当事人的意思自治，由双方协商确定。

2. 双方不能协商确定的，如果用人单位内部劳动规则有明确规定，应按照内部劳动规则履行。用人单位内部劳动规则是指用人单位依法制定并在本单位实施的组织劳动和进行劳动管理的规则，是用人单位规章制度的组成部分。[②] 劳动者与用人单位建立劳动关系后，有义务遵守用人单位的规章制度，《劳动合同法》第 4 条规定用人单位应当依法建立和完善劳动规章制度，保障劳动者享有劳动权利和履行劳动义务。最高人民法院《关于审理劳动争议案件适用法律若干问题的解释》（法释[2001] 14 号）第 19 条规定："用人单位根据《劳动法》第四条之规

---

① 参见王利明：《合同法研究》，第 2 卷，13 页，北京，中国人民大学出版社，2003。

② 参见黄松有主编：《劳动争议司法解释实例释解》，444 页，北京，人民法院出版社，2006。

定，通过民主程序制定的规章制度，不违反国家法律、行政法规及政策规定，并已向劳动者公示的，可以作为人民法院审理劳动争议案件的依据。"因此，用人单位内部劳动规则可以作为确定劳动者和用人单位履行义务的依据。

3. 用人单位内部劳动规则未明确规定或规定的条件低于集体合同的，按照集体合同的规定履行。集体合同由全体职工与用人单位通过平等协商确定，内容涉及劳动报酬、工作时间、休息休假、劳动安全卫生、保险福利等方面，对于维护劳动者的合法权益有重要意义。依法订立的集体合同对用人单位和劳动者具有法律约束力。

4. 集体合同未作明确规定的，按照有关劳动法规和国家政策的规定履行。劳动法具有社会法属性，不仅尊重双方当事人自由协商的权利，同时设定法定最低标准以保护劳动者的合法权益。

三、当事人一方不履行劳动合同的责任承担

（一）用人单位不履行劳动合同的情形

《劳动合同法》第 48 条规定："用人单位违反本法规定解除或者终止劳动合同，劳动者要求继续履行劳动合同的，用人单位应当继续履行；劳动者不要求继续履行劳动合同或者劳动合同已经不能继续履行的，用人单位应当依照本法第八十七条规定支付赔偿金。"

（二）劳动者不履行劳动合同的情形

《劳动合同法》第 90 条规定："劳动者违反本法规定解除劳动合同，或者违反劳动合同中约定的保密义务或者竞业限制，给用人单位造成损失的，应当承担赔偿责任。"

【理解与适用】

一、劳动合同不是全面履行的唯一依据

劳动者和用人单位应当按照劳动合同的约定全面履行各自的义务，但劳动合同并不是双方全面履行的唯一依据，这是由劳动合同法的社会法属性所决定的。用人单位和劳动者有权在平等自愿、协商一致的基础上订立劳动合同，自由约定合同的内容，但是劳动者处于弱势地位，无法与强势地位的用人单位抗衡，为了防止用人单位利用劳动合同来损害劳动者的合法权益，用人单位内部劳动规则、集体合同、有关劳动法律法规和国家政策的规定也应成为劳动者和用人单位履行义务的依据。

将用人单位规章制度作为劳动者和用人单位履行义务的依据时，需要注意两个问题：

一是，用人单位规章制度在内容和程序上都必须合法。在内容上，不得违反集体合同的规定；没有集体合同的，不得违反劳动法律法规和国家政策的规定；在程序上，用人单位规章制度直接涉及与劳动者切身利益密切相关的劳动报酬、工作时间、休息休假、劳动安全卫生、保险福利等事项时，应当经职工代表大会或者全体职工讨论，与工会或职工代表平等协商确定，并应当公示或告知劳动者。用人单位制定的劳动规章制度违反法律法规规定的无效，对劳动者造成损害的，应当承担赔偿责任。

二是，用人单位规章制度不能当然成为劳动合同的附件，随意改变劳动合同约定的内容。在实践中，有的用人单位利用规章制度的形式单方面改变劳动合同约定的事项，作出不利于劳动者的规定，损害劳动者的合法权益。依据《劳动合同法》第4条的规定，直接涉及劳动者切身利益的规章制度或者重大事项应当经职工代表大会或者全体职工讨论，与工会或者职工代表平等协商确定，并应当公示或者告知劳动者，可以成为劳动合同的附件，约束劳动者。用人单位规章制度的规定与劳动合同约定不一致时，必须经过劳动者的同意，才能适用于劳动者，否则不能对劳动者产生约束力，应按劳动合同的约定履行。

二、关于实际履行

有观点认为，实际履行原则是指在个别劳动关系建立、履行、变更、消灭的过程中，双方合意履行的内容构成法律调整的劳动关系双方的权利义务[1]，它是劳动合同履行乃至劳动合同制度中最重要的原则。[2]笔者不赞同将实际履行作为劳动合同履行的基本原则，理由如下：一方面，实际履行强调以事实过程达成的劳动契约，允许劳动者与用人单位在劳动关系的履行过程中，不断达成新的合意，这容易导致用人单位轻易否定或改变劳动合同的内容，与全面履行原则的内涵相冲突。考察在劳动合同的履行中注重实际履行的国家和地区，没有对合同应采取的形式作出明确规定，一般来说，劳动合同可采取书面形式、口头形式或者

---

[1]　参见董保华、陆胤：《论实际履行原则——调整个别劳动关系的基本原则》，载《中国劳动》，2005（9）。

[2]　参见董保华主编：《劳动合同研究》，27页，北京，中国劳动社会保障出版社，2005。

是契据和行为的结合形式。① 而在我国的劳动法上，订立书面劳动合同是用人单位的义务。《劳动合同法》规定，建立劳动关系应当订立书面劳动合同，依法订立的劳动合同具有法律约束力，劳动者和用人单位应按照合同的约定来履行各自的义务，任何一方当事人未经对方同意不得随意变更劳动合同。用人单位未在用工的同时订立书面劳动合同，与劳动者约定的劳动报酬不明确的情况下，对新招用劳动者的劳动报酬不是依据实际履行，而是应当按照企业的或者行业的集体合同规定的标准执行，没有集体合同的，应当对劳动者实行同工同酬。另一方面，实际履行的真谛在于它要求合同债务人应当实际地履行合同而不得任意地以赔偿损失来代替履行合同债务。② 这一理论对劳动合同不完全适用：用人单位不履行合同或违反《劳动合同法》规定解除、终止劳动合同时，劳动者要求继续履行劳动合同的，用人单位应当继续履行；劳动者不要求继续履行劳动合同或者劳动合同已经不能继续履行的，用人单位在支付赔偿金后，劳动合同解除或者终止。而在劳动者违反劳动合同的情况下，由于劳动关系具有人身依赖性，用人单位不能强迫劳动者继续履行合同，否则构成强迫劳动，劳动者不履行劳动合同造成用人单位损失的，用人单位有权要求劳动者承担赔偿责任。

三、劳动者找人替班现象的法律分析

现实中，劳动者找人替班的现象比较普遍，如何看待这类行为的性质？劳动合同关系具有很强的人身信赖性，劳动者与用人单位之间的权利和义务具有专属性的特征，这决定了劳动者应亲自履行劳动合同。劳动者找人替班是否当然属于违反劳动合同的行为，笔者认为，应区分用人单位是否同意来判断，劳动者由于各种原因确实不能亲自履行劳动义务时，在经过用人单位同意的前提下，可以找人代为履行，这一点可以从《劳动合同法》草案的变化中看出。《劳动合同法》征求意见稿第24条和二审稿第30条都规定："用人单位与劳动者应当按照劳动合同的约定，全面履行各自的义务。劳动者本人应当实际从事劳动合同约定的工作。"最终稿第29条则删去了"劳动者本人应当实际从事劳动合同约定的工作"的规定，这是因为，要求劳动者本人亲自履行劳动义务是用人

---

① 参见王益英主编：《外国劳动法和社会保障法》，35页，北京，中国人民大学出版社，2001。

② 参见姜颖：《劳动合同法论》，195页，北京，法律出版社，2006。

单位的权利，如果用人单位放弃权利，同意劳动者在特殊情况下由其他人代为履行，法律应尊重用人单位的选择，此种情况下的代班不能认为是违反劳动合同义务。劳动者如果未经用人单位同意，私自找人替班，则违反了亲自履行义务，因此造成用人单位的损失，应予赔偿；情节严重的，用人单位依法可以行使劳动合同解除权。

第三十条　（支付劳动报酬的义务）

用人单位应当按照劳动合同约定和国家规定，向劳动者及时足额支付劳动报酬。

用人单位拖欠或者未足额支付劳动报酬的，劳动者可以依法向当地人民法院申请支付令，人民法院应当依法发出支付令。

【相关法条】

《劳动法》

第五十条　工资应当以货币形式按月支付给劳动者本人。不得克扣或者无故拖欠劳动者的工资。

第九十一条　用人单位有下列侵害劳动者合法权益情形之一的，由劳动行政部门责令支付劳动者的工资报酬、经济补偿，并可以责令支付赔偿金：

（一）克扣或者无故拖欠劳动者工资的；

…………

《工资支付暂行规定》（劳部发〔1994〕489号）

第三条　本规定所称工资是指用人单位依据劳动合同的规定，以各种形式支付给劳动者的工资报酬。

第五条　工资应当以法定货币支付。不得以实物及有价证券代替货币支付。

第七条　工资必须在用人单位与劳动者约定的日期支付。如遇节假日或休息日，则应提前在最近的工作日支付。工资至少每月支付一次，实行周、日、小时工资制的可按周、日、小时支付工资。

第九条　劳动关系双方依法解除或终止劳动合同时，用人单位应在解除或终止劳动合同时一次付清劳动者工资。

《违反和解除劳动合同的经济补偿办法》（劳部发〔1994〕481号）

第三条　用人单位克扣或者无故拖欠劳动者工资的，以及拒不支付劳动者延长工作时间工资报酬的，除在规定的时间内全额支付劳动者工资报酬外，还需加发相当于工资报酬百分之二十五的经济补偿金。

《违反〈中华人民共和国劳动法〉行政处罚办法》（劳部发〔1994〕532号）

第六条　用人单位有下列侵害劳动者合法权益行为之一的，应责令支付劳动者工资报酬、经济补偿，并可责令按相当于支付劳动者工资报酬、经济补偿总和的一至五倍支付劳动者赔偿金：

（一）克扣或者无故拖欠劳动者工资的；
…………

【草案相关条文比较】

关于用人单位支付劳动报酬的规定，具体条文在草案中变化较大。征求意见稿未作规定；二审稿第31条规定："用人单位应当按照国家规定和劳动合同约定及时足额发放劳动报酬。用人单位拖欠或者未足额发放劳动报酬的，劳动者可以向当地人民法院申请支付令；拒不执行支付令的，由人民法院依法强制执行。"三审稿第30条第2款变为："用人单位拖欠或者未足额发放劳动报酬的，劳动者可以依法向当地人民法院申请支付令，人民法院应当依法发出支付令。"四审稿第30条规定："用人单位应当按照劳动合同约定和国家规定及时足额发放劳动报酬。用人单位拖欠或者未足额发放劳动报酬的，劳动者可以依法向当地人民法院申请支付令，人民法院应当依法发出支付令。"

【法条评析】

一、用人单位应履行发放劳动报酬的义务

劳动报酬是指在劳动关系中，劳动者因履行劳动义务而获得的，由用人单位以法定方式支付的各种形式的物质补偿。劳动者向用人单位提供劳动，最终目的是获得劳动报酬，这不仅是保证劳动者及其家庭成员的基本生活需要，也是劳动者得以及时恢复体力和精力、更有效投入到劳动中的重要保障。与劳动者获得劳动报酬权相对应，用人单位必须履

行支付义务，依照劳动合同的约定和国家规定及时足额发放劳动报酬。

（一）劳动报酬的确定

1. 确定劳动报酬的依据

劳动报酬是劳动合同的必备条款，劳动者和用人单位应当在劳动合同中约定。如果双方约定不明确时，根据《劳动合同法》的规定，遵循以下规则：一是，用人单位未在用工的同时订立书面劳动合同，与劳动者约定的劳动报酬不明确的，新招用的劳动者的劳动报酬应当按照企业的或者行业的集体合同规定的标准执行；没有集体合同的，用人单位应当对劳动者实行同工同酬。二是，劳动合同对劳动报酬约定不明确，引发争议的，可以首先由用人单位与劳动者重新协商；协商不成的，适用集体劳动合同规定；集体合同未作规定的，实行同工同酬。

2. 劳动报酬的范围

依据原劳动部《关于贯彻执行〈中华人民共和国劳动法〉若干问题的意见》（劳部发〔1995〕309号）第53条的规定，劳动报酬即劳动法上的工资，是指用人单位依据国家有关规定或劳动合同的约定，以货币形式直接支付给本单位劳动者的劳动报酬，一般包括计时工资、计件工资、奖金、津贴和补贴、延长工作时间的工资报酬以及特殊情况下支付的工资等。

在劳动者获得的劳动收入中，不属于劳动报酬范围的主要有：用人单位在工资总额以外实际支付给劳动者个人的社会保险福利费用，如丧葬抚恤救济费、生活困难补助费、计划生育补贴等；劳动保护方面的费用，如支付给劳动者的工作服、解毒剂、清凉饮料费用等；按规定未列入工资总额的各种劳动报酬及其他劳动收入等。

（二）用人单位发放劳动报酬的法定义务

用人单位按照国家规定和劳动合同约定发放劳动报酬，主要有两方面的义务：一是及时支付义务。劳动报酬必须在用人单位与劳动者约定的日期支付，用人单位不得拖欠劳动者的劳动报酬。如遇节假日或休息日，则应提前在最近的工作日支付。工资至少每月支付一次，实行周、日、小时工资制的可按周、日、小时支付工资。非全日制劳动合同中，劳动者的劳动报酬结算周期最长不得超过15日。对完成一次性临时劳动或某项具体工作的劳动者，用人单位应按有关协议或合同规定在其完成劳动任务后即支付工资。劳动关系双方依法解除或终止劳动合同时，用人单位应在解除或终止劳动合同时一次付清劳动者工资。二是足额支付义务。劳动者按照劳动合同的约定提供劳动，有权获得足额的劳动报酬，用人单位不得克扣。依据《对〈工资支付暂行规定〉有关问题的补充规定》（劳部发［1995］226 号），"克扣"是指用人单位无正当理由扣减劳动者应得工资，但不包括以下情形：（1）国家的法律、法规中明确规定；（2）依法签订的劳动合同中有明确规定；（3）用人单位依法制定并经职代会批准的厂规、厂纪中有明确规定；（4）企业工资总额与经济效益相联系，经济效益下浮时，工资必须下浮的（但支付给劳动者工资不得低于当地的最低工资标准）；（5）因劳动者请事假等相应减发工资等。《工资支付暂行规定》（劳部发［1994］489 号）第 15 条规定了用人单位可以代扣劳动者工资的几种情况：（1）用人单位代扣代缴的个人所得税；（2）用人单位代扣代缴的应由劳动者个人负担的各项社会保险费用；（3）法院判决、裁定中要求代扣的抚养费、赡养费；（4）法律、法规规定可以从劳动者工资中扣除的其他费用。

二、用人单位拖欠或者未足额发放劳动报酬应承担的责任

用人单位违反按时支付义务和足额支付义务，应承担支付拖欠或者未足额发放的劳动报酬、经济补偿金和赔偿金的责任。

《劳动合同法》第 85 条规定，用人单位未按照劳动合同的约定或者国家规定及时足额支付劳动者报酬的，由劳动行政部门责令限期支付劳动报酬、加班费或者经济补偿；劳动报酬低于当地最低工资标准的，应当支付其差额部分；逾期不支付的，责令用人单位按应付金额 50％以上 100％以下的标准向劳动者加付赔偿金。

根据《违反和解除劳动合同的经济补偿办法》（劳部发［1994］481 号）第 3 条规定，用人单位除了支付劳动者应得的报酬，还应加发相当于工资报酬 25％的经济补偿金。

应当指出，《劳动合同法》规定用人单位应支付的赔偿金有两个限制：一是用人单位逾期不支付时，由劳动行政部门责令支付；二是赔偿金是以应付金额 50％以上 100％以下的标准计算。而根据原劳动部《违反〈中华人民共和国劳动法〉行政处罚办法》（劳部发［1994］532 号），用人单位克扣或者无故拖欠劳动者工资的，劳动行政部门可责令按相当于支付劳动者工资报酬、经济补偿总和的 1 倍至 5 倍支付劳动者赔偿金，赔偿金的支付不受"逾期支付"的限制，赔偿数额也明显高于《劳动合同法》的标准，笔者认为，从法的适用来看，根据法律效力位阶和后法优于先法原则，有关赔偿金的条款应适用《劳动合同法》的规定。从赔偿金的性质来看，赔偿金的功能在于惩罚和制裁用人单位，对其故意违反劳动法的行为进行否定性评价。适用赔偿金制度，不仅可以保护劳动者，也可以使用人单位承担更高的用工成本，达到制裁和避免拖欠劳动报酬行为再次发生的效果，但是赔偿金的数额过高，有违公平正义的理念，所以有必要将赔偿金的最高数额限制在一定比例之内。

三、用人单位拖欠或者未足额发放劳动报酬的，劳动者可以依法申请支付令

这是对劳动者在用人单位拖欠或者未足额发放劳动报酬的情况下提供的救济途径。支付令程序又称为督促程序，是指人民法院根据债权人提出的要求债务人给付一定金钱或者有价证券的申请，向债务人发出附有条件的支付令，以催促债务人限期履行义务，若债务人在法定期内不提出异议又不履行支付义务的，则该支付命令具有执行力的一种程序。[①] 支付令程序是民事诉讼法规定的非诉讼程序，专门用于解决债权债务关系明确，但债务人却因各种原因不偿还债务的案件，将这一制度用于劳动法领域，具有重要意义。现实中，用人单位拖欠或未足额发放劳动报酬的现象极为普遍，而劳动报酬往往是劳动者"安身立命之本"，劳动者要争取权利，拿回劳动报酬，需要首先进行劳动仲裁，再经过诉讼，有的用人单位拖欠劳动报酬，还故意利用诉讼程序拖延时间，严重损害劳动者的权益。尽管最高人民法院《关于审理劳动争议案件适用法律若干问题的解释（二）》（法释［2006］6号）第3条规定："劳动者以用人单位的工资欠条为证据直接向人民法院起诉，诉讼请求不涉及劳动关系其他争议的，视为拖欠劳动报酬争议，按照普通民事纠纷处理。"劳动者凭用人单位的工资欠条可以直接起诉，无须"仲裁前置"，但是司法解释的法律效力层级较低，而且该条的适用前提是劳动者有用人单位开出的工资欠条，实践中用人单位开出工资欠条的现象并不常见，因此也无法很好地保护劳动者。《劳动合同法》规定了劳动者在用人单位拖欠或者未足额发放劳动报酬的情况下有权申请支付令，人民法院应当依法发出支付令，具有重要意义。支付令具有强制执行力，用人单位在收到支付令之日起15日内，既不提出书面异议也不支付所欠劳动报酬的，劳动者有权向受诉人民法院申请强制执行，这样有利于简捷、迅

---

① 参见江伟主编：《民事诉讼法学》，454页，上海，复旦大学出版社，2002。

速地督促用人单位履行义务，实现劳动法保护劳动者的立法宗旨。应当指出，二审稿第 31 条规定："用人单位拖欠或者未足额发放劳动报酬的，劳动者可以向当地人民法院申请支付令；拒不执行支付令的，由人民法院依法强制执行。"而《劳动合同法》第 30 条略作了改变，将"拒不执行支付令的，由人民法院依法强制执行"修改为"人民法院应当依法发出支付令"，更为合理。因为民事强制执行是对私权的执行，在一般情况下，执行程序因权利人的申请而开始。支付令的目的在于督促用人单位及时履行义务，首先由用人单位自觉履行，如果用人单位拒不执行支付令，要实现支付令的强制执行性应由劳动者主动提出申请，而不是由人民法院主动强制执行。

【理解与适用】

一、用人单位拖欠或者未足额发放劳动报酬时，劳动者可以行使的权利

1. 举报权。用人单位拖欠或者未足额发放劳动报酬，违反了用人单位应承担的义务，劳动者有权举报，县级以上人民政府劳动行政部门应当及时核实和处理。

2. 解除劳动合同权。依据《劳动合同法》第 38 条规定，用人单位未及时足额支付劳动报酬的，劳动者可以随时通知用人单位解除劳动合同。这是为了保障劳动者享有取得劳动报酬的权利而赋予劳动者的解除权。用人单位未及时足额支付劳动报酬，劳动者有正当理由解除劳动合同，行使解除权时无须设立附加条件，随时通知用人单位即可解除劳动合同。

3. 要求支付劳动报酬、经济补偿和赔偿金的权利。依据《劳动合同法》第 86 条规定，用人单位未依照劳动合同的约定或者未依照该法规定支付劳动者劳动报酬的，由劳动行政部门责令限期支付劳动报酬、加班费或者解除、终止劳动合同的经济补偿；劳动报酬低于当地最低工资标准的，应当支付其差额部分；逾期不支付的，责令用人单位按应付金额 50％以上 100％以下的标准向劳动者加付赔偿金。

4. 申请劳动仲裁和提起诉讼的权利。《工资支付暂行规定》（劳部发〔1994〕489 号）第 19 条规定："劳动者与用人单位因工资支付发生劳动争议的，当事人可依法向劳动争议仲裁机关申请仲裁。对仲裁裁决

不服的，可以向人民法院提起诉讼。"劳动者有用人单位的工资欠条作为证据的，在诉讼请求不涉及劳动关系其他争议的情况下，可以直接向人民法院起诉，按照普通民事纠纷处理。

5. 支付令申请权。用人单位拖欠或者未足额发放劳动报酬的，劳动者可以依法向当地人民法院申请支付令，人民法院应当依法发出支付令。

二、劳动者申请支付令应注意的问题

劳动者申请支付令，要求人民法院督促用人单位支付拖欠或者未足额发放的劳动报酬，应当注意以下几个问题：

1. 劳动者和用人单位之间存在劳动关系，受法律保护。

2. 有用人单位拖欠或未足额发放劳动报酬的事实，且劳动报酬数额确定，双方没有实质争议。法院适用督促程序在审理方式上最大的特点是无须询问债务人，无须开庭审理和辩论，仅以债权人单方请求和提供的事实证据为基础，因此用人单位拖欠或未足额支付的劳动报酬的事实必须清楚，数额必须确定。

3. 支付令能够送达用人单位。这里的"能够送达"是指通过法律规定的直接送达和留置送达方式实际送达给用人单位。由于支付令是以劳动者的请求为基础，不经询问用人单位，即由人民法院发出的，因而必须能够送达给用人单位，如果不能实际送达，用人单位可能因为不了解支付令的内容而无法提出书面异议，违背民事诉讼法对当事人双方合法利益进行平等保护的原则。

4. 劳动者向有管辖权的基层人民法院提出申请。劳动者应向用人单位主要办事机构所在地的基层人民法院提交支付令申请书。人民法院对符合条件的支付令申请，应当发出支付令。

5. 支付令的终结。用人单位收到人民法院发出的支付令后，在法定期间内未提出书面异议的，支付令依法生效，劳动者有权向受诉人民法院申请强制执行。用人单位在法定期间内对支付令提出书面异议的，支付令自行失效，劳动者有权申请劳动仲裁委员会仲裁，对仲裁裁决不服的，可以提起诉讼。

第三十一条　（不得强迫或者变相强迫加班）

用人单位应当严格执行劳动定额标准，不得强迫或者变相强迫劳动者加班。用人单位安排加班的，应当按照国家有关规定向劳动者支付加班费。

【相关法条】

《劳动合同法》

第八十五条　用人单位有下列情形之一的，由劳动行政部门责令限期支付劳动报酬、加班费或者经济补偿；劳动报酬低于当地最低工资标准的，应当支付其差额部分；逾期不支付的，责令用人单位按应付金额百分之五十以上百分之一百以下的标准向劳动者加付赔偿金：

…………

（三）安排加班不支付加班费的；

…………

《劳动法》

第四十三条　用人单位不得违反本法规定延长劳动者的工作时间。

第四十四条　有下列情形之一的，用人单位应当按照下列标准支付高于劳动者正常工作时间工资的工资报酬：

（一）安排劳动者延长工作时间的，支付不低于工资的百分之一百五十的工资报酬；

（二）休息日安排劳动者工作又不能安排补休的，支付不低于工资的百分之二百的工资报酬；

（三）法定休假日安排劳动者工作的，支付不低于工资的百分之三百的工资报酬。

第九十条　用人单位违反本法规定，延长劳动者工作时间的，由劳动行政部门给予警告，责令改正，并可以处以罚款。

第九十一条　用人单位有下列侵害劳动者合法权益情形之一的，由劳动行政部门责令支付劳动者的工资报酬、经济补偿，并可以责令支付赔偿金：

…………

（二）拒不支付劳动者延长工作时间工资报酬的；

…………

《工资支付暂行规定》（劳部发〔1994〕489号）

第十三条　用人单位在劳动者完成劳动定额或规定的工作任务后，根据实际需要安排劳动者在法定标准工作时间以外工作的，应按以下标准支付工资：

（一）用人单位依法安排劳动者在日法定标准工作时间以外延长工作时间的，按照不低于劳动合同规定的劳动者本人小时工资标准的150％支付劳动者工资；

（二）用人单位依法安排劳动者在休息日工作，而又不能安排补休的，按照不低于劳动合同规定的劳动者本人日或小时工资标准的200％支付劳动者工资；

（三）用人单位依法安排劳动者在法定休假节日工作的，按照不低于劳动合同规定的劳动者本人日或小时工资标准的300％支付劳动者工资。

实行计件工资的劳动者，在完成计件定额任务后，由用人单位安排延长工作时间的，应根据上述规定的原则，分别按照不低于其本人法定工作时间计件单价的150％、200％、300％支付其工资。

经劳动行政部门批准实行综合计算工时工作制的，其综合计算工作时间超过法定标准工作时间的部分，应视为延长工作时间，并应按本规定支付劳动者延长工作时间的工资。

实行不定时工时制度的劳动者，不执行上述规定。

《国务院关于职工工作时间的规定》

第三条 职工每日工作8小时、每周工作40小时。

第六条 任何单位和个人不得擅自延长职工工作时间。因特殊情况和紧急任务确需延长工作时间的，按照国家有关规定执行。

【法条评析】

一、用人单位应当严格执行劳动定额标准

劳动定额，是指在一定的生产技术和生产组织条件下，为生产一定量合格产品或完成一定量的工作所预先规定的劳动消耗标准，或是在单位时间内预先规定的完成合格产品数量的标准。劳动定额是衡量劳动效率的标准，包括两种形式：一是时间定额，是指生产单位合格产品或完成一定工作所需要的时间；二是产量定额，是指单位时间内应完成的合格产品的数量或应完成的工作量。劳动定额标准的确定应当科学合理，确保大多数劳动者在正常生产情况下能按标准工作时间劳动并完成定额。

（1）劳动定额标准的制定。目前，全国没有统一的行业劳动定额标准，具体的做法是用人单位制定劳动定额制度。依据《劳动合同法》第

4 条的规定，用人单位应当依法建立和完善劳动定额制度。用人单位应根据自身的实际情况制定科学合理的劳动定额标准。由于劳动定额直接涉及劳动者的切身利益，用人单位应当经职工代表大会或者全体职工讨论，提出方案和意见，与工会或者职工代表平等协商确定，同时还应当予以公示或者告知劳动者。

（2）劳动定额标准的执行。用人单位应严格遵守劳动定额标准，不能任意提高劳动定额标准，损害劳动者的合法权益。在劳动定额制度实施的过程中，工会或者职工认为用人单位的规章制度不适当的，有权向用人单位提出，通过双方协商作出修改完善。

二、用人单位不得强迫或者变相强迫劳动者加班

（一）工作时间

工作时间是指劳动者在法定时间限度内提供劳动的时间，是劳动者履行劳动义务和用人单位发放劳动报酬的时间。我国现行的工时制度主要有：

1. 定时工作日，是指由法律规定的、劳动者在每个工作日内固定的工作时间，是工时制度的主要形式，其中最普遍实行的是标准工作日。《劳动法》第 36 条规定："国家实行劳动者每日工作时间不超过八小时、平均每周工作时间不超过四十四小时的工时制度。"依据 1995 年国务院修正的《关于职工工作时间的规定》第 3 条，我国目前实行劳动者每日工作 8 小时、每周工作 40 小时的工时制度。

2. 计件工作日，是指劳动者以完成一定劳动定额为计酬标准的工时制度。《劳动法》第 37 条规定："对实行计件工作的劳动者，用人单位应当根据本法第三十六条规定的工时制度合理确定其劳动定额和计件报酬标准。"

3. 综合计算工作日，是针对因工作性质特殊，需连续作业或受季节及自然条件限制的企业的部分职工，采用的以周、月、季、年等为周期综合计算工作时间的工时制度，但其平均日工作时间和平均周工作时间应与法定标准工时基本相同。

4. 不定时工作日，是针对因生产特点、工作特殊需要或职责范围的关系，无法按标准工作时间衡量或需要机动作业的职工所采用的工时制度。

（二）加班加点

延长工作时间，即加班加点，是指超过正常工作时间长度的工作时间。加班是指劳动者按照用人单位的要求，在休息日和法定节假日工作；加点是劳动者按照用人单位的要求，在标准工作日以外继续工作。《劳动合同法》第 31 条所规定的用人单位"不得强迫或者变相强迫劳动者加班"应包括加班、加点两种情形。劳动者享有休息权，有权在法定工作时间以外免予履行劳动义务而自行支配时间，加班加点则意味着延长劳动者的正常工作时间，占用了休息时间，同法定最高工时标准相冲突，因此用人单位不得擅自延长劳动者的工作时间。《劳动法》第 90 条规定："用人单位违反本法规定，延长劳动者工作时间的，由劳动行政部门给予警告，责令改正，并可以处以罚款。"

1. 适用加班加点的情形。在计时工作制中，劳动者完成劳动定额或规定的工作任务后，根据用人单位的要求在法定标准工作时间以外工作的，存在加班加点；在计件工作制中，劳动者完成计件定额任务后，由用人单位安排延长工作时间的，存在加班加点；在综合计算工时制中，综合计算周期内的总实际工作时间超过总法定标准工作时间的部分属于加班加点。实行不定时工作制的劳动者，由用人单位根据标准工时制度合理确定劳动者的劳动定额或其他考核标准，以便安排劳动者休息，不存在加班加点。

2. 加班加点不受限制的特殊情形。《劳动法》第 42 条规定："有下列情形之一的，延长工作时间不受本法第四十一条的限制：（一）发生自然灾害、事故或者因其他原因，威胁劳动者生命健康和财产安全，需要紧急处理的；（二）生产设备、交通运输线路、公共设施发生故障，影响生产和公众利益，必须及时抢修的；（三）法律、行政法规规定的其他情形。"依据《〈国务院关于职工工作时间的规定〉的实施办法》（劳部发〔1995〕143 号）规定，其他情形主要有：必须利用法定节日或公休假日的停产期间进行设备检修、保养的；为完成国防紧急任务，或者完成上级在国家计划外安排的其他紧急生产任务，以及商业、供销企业在旺季完成收购、运输、加工农副产品紧急任务的。

3. 一般情况下加班加点的条件和限制。《劳动法》第 41 条规定："用人单位由于生产经营需要，经与工会和劳动者协商后可以延长工作时间，一般每日不得超过一小时；因特殊原因需要延长工作时间的，在保障劳动者身体健康的条件下延长工作时间每日不得超过三小时，但是每月不得超过三十六小时。"用人单位要求劳动者加班加点，受到以下限制：（1）应满足"生产经营需要"的条件，而不能以其他理由要求劳动者加班。（2）用人单位应当事先与工会和劳动者协商。加班加点要占用劳动者的休息时间，必须与劳动者协商，不能强迫劳动者加班加点。（3）延长工时的长度不得超过法定时数。原劳动部《关于贯彻执行〈中华人民共和国劳动法〉若干问题的意见》（劳部发〔1995〕309号）第67条规定："经批准实行不定时工作制的职工，不受劳动法第四十一条规定的日延长工作时间标准和月延长工作时间标准的限制，但用人单位应采用弹性工作时间等适当的工作和休息方式，确保职工的休息休假权利和生产、工作任务的完成。"

（三）用人单位强迫或者变相强迫劳动者加班的性质和法律后果

用人单位强迫或变相强迫劳动者加班，不仅违背了劳动者的意愿，侵犯了劳动者的休息权，同时违反法律强制性的规定，是违法行为，用人单位应停止侵权行为，除了向已加班的劳动者支付加班费外，还应承担行政责任。《劳动法》第90条规定："用人单位违反本法规定，延长劳动者工作时间的，由劳动行政部门给予警告，责令改正，并可以处以罚款。"根据《违反〈中华人民共和国劳动法〉行政处罚办法》（劳部发〔1994〕532号）的规定，用人单位未与工会和劳动者协商，强迫劳动者延长工作时间的，应给予警告，责令改正，并可按每名劳动者每延长工作时间1小时罚款100元以下的标准处罚；用人单位每日延长劳动者工作时间超过3小时或每月延长工作时间超过36小时的，应给予警告，责令改正，并可按每名劳动者每超过工作时间1小时罚款100元以下的标准处罚。

【理解与适用】

一、加班费的支付和计算标准

用人单位安排劳动者加班的，应当按照国家规定向劳动者支付加班费。用人单位强迫或变相强迫劳动者加班，劳动者已实际履行的部分，用人单位也应当支付加班费。对于实行计时工资的劳动者，用人单位在劳动者完成劳动定额或规定的工作任务后，根据实际需要安排劳动者在法定标准工作时间以外工作的，应按以下标准支付工资：（1）依法安排劳动者在日法定标准工作时间以外延长工作时间的，按照不低于劳动合同规定的劳动者本人小时工资标准的150％支付劳动者工资；（2）依法安排劳动者在休息日工作，而又不能安排补休的，按照不低于劳动合同规定的劳动者本人日或小时工资标准的 200％支付劳动者工资；（3）用人单位依法安排劳动者在法定休假日工作的，按照不低于劳动合同规定的劳动者本人日或小时工资标准的 300％支付劳动者工资。由于劳动定额等标准都与制度工时相联系，因而劳动者的日工资可统一按劳动者本人的月工资标准除以每月制度工作天数进行折算。

对于实行计件工资的劳动者，在完成计件定额任务后，由用人单位安排延长工作时间的，应根据上述原则，分别按照不低于其本人法定工作时间计件单价的 150％、200％、300％支付其工资。经劳动行政部门批准实行综合计算工时工作制的，其综合计算工作时间超过法定标准工作时间的部分，应视为延长工作时间，并应按上述原则支付劳动者延长工作时间的工资。

与支付加班费相关的一个问题是，补休能否代替加班费的支付？原劳动部《关于职工工作时间有关问题的复函》（劳部发〔1997〕271 号）第 4 条规定："依据《劳动法》第四十四条规定，休息日安排劳动者加班工作的，应首先安排补休，不能补休时，则应支付不低于工资的百分之二百的工资报酬。补休时间应等同于加班时间。法定休假日安排劳动者加班工作的，应另外支付不低于工资的百分之三百的工资报酬，一般不安排补休。"安排补休只适用于休息日加班，用人单位安排了补休的，不再支付加班费；不能安排补休的，则应支付不低于工资的 200％的加班费。正常工作时间和法定节假日加班的，必须支付加班工资，不能用补休代替。

二、用人单位不支付加班费应承担的劳动法责任

用人单位不支付加班费属于未及时足额支付劳动报酬的范围，劳动者可以随时通知用人单位解除劳动合同并要求用人单位支付经济补偿。

根据《劳动合同法》第 85 条的规定，用人单位安排加班不支付加班费的，由劳动行政部门责令限期支付加班费或者经济补偿；逾期不支付的，责令用人单位按应付金额 50％以上 100％以下的标准向劳动者加付赔偿金。根据《违反和解除劳动合同的经济补偿办法》（劳部发〔1994〕481 号）第 3 条规定，用人单位拒不支付劳动者延长工作时间工资报酬的，除在规定的时间内全额支付劳动者工资报酬外，还需加发相当于工资报酬 25％的经济补偿金。

第三十二条 （劳动者的拒绝权）

劳动者拒绝用人单位管理人员违章指挥、强令冒险作业的，不视为违反劳动合同。

劳动者对危害生命安全和身体健康的劳动条件，有权对用人单位提出批评、检举和控告。

【相关法条】

《劳动法》

第五十六条 劳动者在劳动过程中必须严格遵守安全操作规程。

劳动者对用人单位管理人员违章指挥、强令冒险作业，有权拒绝执行；对危害生命安全和身体健康的行为，有权提出批评、检举和控告。

第九十三条 用人单位强令劳动者违章冒险作业，发生重大伤亡事故，造成严重后果的，对责任人员依法追究刑事责任。

《劳动合同法》

第三十八条第二款 用人单位以暴力、威胁或者非法限制人身自由的手段强迫劳动者劳动的，或者用人单位违章指挥、强令冒险作业危及劳动者人身安全的，劳动者可以立即解除劳动合同，无须事先告知用人单位。

第八十九条 用人单位有下列行为之一，构成犯罪的，依法追究刑事责任；有违反治安管理行为的，依法给予行政处罚；对劳动者造成损害的，用人单位应当承担赔偿责任：……（二）违章指挥或者强令冒险作业危及劳动者人身安全的……（四）劳动条件恶劣、环境污染严重，对劳动者身心健康造成严重损害的。

《安全生产法》

第四十六条 从业人员有权对本单位安全生产工作中存在的问题提出批评、检举、控告；有权拒绝违章指挥和强令冒险作业。

生产经营单位不得因从业人员对本单位安全生产工作提出批评、检举、控告或者拒绝违章指挥、强令冒险作业而降低其工资、福利等待遇或者解除与其订立的劳动合同。

【法条评析】

一、劳动者和用人单位负有遵守劳动安全操作规程的义务

获得劳动安全卫生保护权是劳动者享有的一项基本劳动权利，也是

保障劳动者生存权的基本要求。劳动过程中往往存在着不安全的因素，给劳动者的生命安全和身体健康带来极大的危害，为保护劳动者在劳动过程中生命安全和身体健康，国家制定了劳动安全操作规程制度，《安全生产法》、《矿山安全法》、《工厂安全卫生规程》、《建筑安装工程安全技术规程》等规定提供了安全技术措施和相应的安全组织管理措施，劳动者和用人单位都必须严格遵守。《劳动法》第 56 条第 1 款规定："劳动者在劳动过程中必须严格遵守安全操作规程。"第 52 条规定："用人单位必须建立、健全劳动安全卫生制度，严格执行国家劳动安全卫生规程和标准，对劳动者进行劳动安全卫生教育，防止劳动过程中的事故，减少职业危害。"

二、劳动者行使拒绝权的条件

劳动者与用人单位建立劳动关系后，用人单位有权根据生产需要进行统一指挥和安排，劳动者负有服从指挥和管理的义务。但劳动者在一定条件下，亦可以拒绝服从用人单位的指挥，即享有拒绝权。劳动者行使拒绝权应符合一定的要求：

（1）劳动者遵守劳动安全操作规程和劳动纪律，这是劳动者行使拒绝权的前提。提供安全保护是用人单位的义务，但劳动者作为生产和工作的实施者，必须严格遵守安全操作规程和劳动纪律。如果劳动者不熟悉操作规程，不按操作规程办事，必然会使生产存在安全隐患，甚至危害自己、他人的生命安全和身体健康。

（2）用人单位违章指挥。依照国家、行业安全标准，制定并遵守劳动安全操作规程，是用人单位的法定义务。用人单位管理人员行使指挥管理权，必须首先熟悉、掌握安全规程，并照章指挥，如果违反劳动安全规程，违章指挥，不仅滥用支配管理权利，也违反了用人单位的义务。

（3）用人单位强令冒险作业。在劳动过程中，劳动环境、劳动条件发生重大变化，出现重大危险，用人单位应停止作业，待危险排除或危险因素消除后，才能要求劳动者继续作业。用人单位在危险和危险因素还存在的情况下，不顾劳动者的生命安全和身体健康，强令冒险作业，违反了劳动安全规程，劳动者有权拒绝。

用人单位违章指挥、强令冒险作业，其共同点都是违反劳动安全规程，行为本身具有违法性。

三、劳动者行使拒绝权的性质

劳动者对用人单位管理人员违章指挥、强令冒险作业有权拒绝，这是法律赋予劳动者的权利，是合法行为。有观点认为，劳动者拒绝接受用人单位管理和安排，不履行劳动义务，是违反劳动合同的行为，这是对用人单位行使管理权和劳动者履行劳动义务的片面理解。用人单位对劳动者享有的管理权必须在法律许可的范围之内行使，劳动安全是劳动基准制度的重要内容，用人单位在生产过程中运用指挥管理权，必须首先保障劳动者的生命安全和身体健康，不能低于劳动基准制度的标准；劳动者履行劳动义务也必须以合法为前提，对于用人单位管理人员作出的与安全操作规程相冲突的指挥有权拒绝。《劳动法》规定，劳动者对用人单位管理人员违章指挥、强令冒险作业，有权拒绝执行。《劳动合同法》则进一步明确这种行为"不视为违反劳动合同"，用人单位不能因此而降低劳动者的工资、福利等待遇或者解除与其订立的劳动合同，更有利于对劳动者的保护。

四、劳动者享有安全生产监督权

《劳动合同法》第32条规定："劳动者对危害生命安全和身体健康的劳动条件，有权对用人单位提出批评、检举和控告。"法律赋予劳动者享有对危害生命安全和身体健康的劳动条件的监督权，不仅是对用人单位滥用管理指挥权提供补救途径，更重要的是保障劳动者的生命安全和身体健康权。用人单位提供的劳动条件危害劳动者的生命安全和身体健康，劳动者有权向用人单位提出批评，也可以向有关部门检举和控告。劳动者行使监督权应得到保护，对此，《安全生产法》第46条规定：生产经营单位不得因从业人员对本单位安全生产工作提出批评、检举、控告而降低其工资、福利等待遇或者解除与其订立的劳动合同。

【理解与适用】

本条关于用人单位管理人员有违章指挥、强令冒险作业情形时劳动者可以行使的权利的规定，其中拒绝权和监督权是核心，但是，结合《劳动合同法》的规定，劳动者还可以根据第38条规定主张解除劳动合同的权利以及根据第88条主张损害赔偿的权利。

第三十三条 （不影响劳动合同履行的情形）
用人单位变更名称、法定代表人、主要负责人或者投资人等事项，不影响劳动合同的履行。

【相关法条】

劳动部《关于实行劳动合同制度若干问题的通知》（劳部发［1996］354 号）

9. 企业法定代表人的变更，不影响劳动合同的履行，用人单位和劳动者不需因此重新签订劳动合同。

【草案相关条文比较】

关于不影响劳动合同履行情形的规定，具体的条文在草案中几经变更。征求意见稿第 25 条规定："用人单位变更名称、法定代表人（主要负责人）或者投资人的，不影响劳动合同的履行。"二审稿第 33 条和三审稿第 34 条规定："用人单位变更名称、法定代表人、主要负责人或者投资人、注册、登记备案等事项，不影响劳动合同的履行。"本条规定与四审稿的规定相同。

【法条评析】

本条用列举加概括的方式规定了用人单位在原主体不消灭的情况下发生相关因素的变化，不影响劳动合同的履行。

（一）用人单位变更名称

用人单位变更名称是否影响劳动合同的履行？有观点认为，用人单位变更名称后没有及时与劳动者变更劳动合同，原劳动合同不能成为双方新劳动关系权利义务的合法有效合同[1]，即用人单位变更名称应该变更劳动合同。笔者认为，从法律规定和名称的意义来看，用人单位和劳动者之间的劳动关系都不应受用人单位名称变化的影响。

从法律规定来看，《劳动合同法》在这一问题上已明确，用人单位变更名称不影响劳动合同的履行。地方立法也有类似的规定，如《山东省劳动合同条例》第 13 条规定："劳动合同履行期间，用人单位变更名

---

[1] 参见《企业改变名称应当变更劳动合同》，载http://www.yn.gov.cn/yunnan, china/76565626071547904/20050819/519667.html。

称、法定代表人、负责人，或者劳动者经公安机关批准改变姓名的，不影响劳动合同的履行。"从名称的意义来看，用人单位的名称是其成为独立民事主体的重要标志之一，也是人格特定化的标志，将它与其他民事主体区别开，因此用人单位变更名称，并不影响用人单位的主体资格，它与劳动者之间的劳动关系未发生变化，仍然是劳动合同的主体，应按照劳动合同的约定全面履行义务。

（二）用人单位变更法定代表人、主要负责人

法定代表人、主要负责人都是由自然人担任，他们在生活中具有多重身份，所实施的行为可以是个人行为，也可以是用人单位的代表行为。但是，在劳动合同的履行中，法定代表人、主要负责人是代表用人单位享有劳动权利和履行劳动义务，其行为后果由用人单位承担，此时的行为是用人单位的代表行为，而非个人行为。所以，法定代表人、主要负责人的变化不影响用人单位的劳动主体资格，也不影响用人单位根据劳动合同享受权利和履行义务。

（三）用人单位变更投资人

用人单位作为独立的民事主体承担民事责任，通常应有独立于投资人及其成员的财产，投资人出资后，其投资的财产由用人单位支配，根据所有权与经营权相分离的规则，投资人的变更并不影响用人单位的经营，不会改变用人单位的主体资格，也不影响劳动合同的履行。

（四）用人单位变更注册、登记备案事项

用人单位变更注册、登记备案等事项是最终稿和二审稿在征求意见稿的基础上所增加的内容。上述事项都有一个共同点，即它们的变化不影响用人单位的主体资格，劳动合同的履行主体是劳动者和用人单位，只要用人单位的主体资格没有发生变化，就不影响劳动合同的履行。法律不能穷尽所有的事项，符合这一特征的用人单位发生的变化，不影响劳动合同的履行，劳动者无须重新签订劳动合同。

【理解与适用】

有的地方立法对用人单位资产性质或经营方式发生变化后如何看待劳动合同的效力作了规定，但内容不尽相同。《山东省劳动合同条例》区分主体资格是否改变两种情形，第19条规定："用人单位资产性质或者经营方式发生变化，其主体资格未改变的，劳动合同应当继续履行；

主体资格改变的，变更后的用人单位可以与劳动者协商变更或者重新订立劳动合同，变更或者重新订立的劳动合同期限不得少于原劳动合同未履行的期限。"《浙江省劳动合同办法》则区分资产性质和经营方式变化两种情形，第22条规定："用人单位经营方式发生变化，劳动合同应当继续履行。用人单位资产性质发生变化，变化后新成立的用人单位可以与劳动者协商变更劳动合同并应按有关法律的规定支付相应的经济补偿金；继续履行原劳动合同的，应对原劳动合同中的用人单位名称作相应变更。"用人单位资产性质或经营方式发生变化，是否影响劳动合同的履行？笔者认为，资产性质和经营方式变化，属于用人单位主体未消灭，但相关因素发生变化的情形，并不影响用人单位的主体资格改变，用人单位与劳动者签订的劳动合同应继续履行。这样可以避免用人单位借口资产性质和经营方式变化而随意解除或不履行劳动合同，损害劳动者的权益。用人单位资产性质和经营方式变化在符合《劳动合同法》第40条规定的"劳动合同订立时所依据的客观情况发生重大变化，致使原劳动合同无法履行"的条件时，用人单位可以与劳动者协商一致变更劳动合同，双方不能就变更劳动合同内容达成协议的，在提前30日以书面形式通知劳动者本人或者额外支付劳动者一个月工资后，可以解除劳动合同，同时向劳动者支付经济补偿。

第三十四条 （用人单位合并、分立）

用人单位发生合并或者分立等情况，原劳动合同继续有效，劳动合同由承继其权利和义务的用人单位继续履行。

【相关法条】

劳动部《关于贯彻执行〈中华人民共和国劳动法〉若干问题的意见》（劳部发［1995］309号）

13. 用人单位发生分立或合并后，分立或合并后的用人单位可依据其实际情况与原用人单位的劳动者遵循平等自愿、协商一致的原则变更劳动合同。

37. 根据《民法通则》第四十四条第二款"企业法人分立、合并，它的权利和义务由变更后的法人享有和承担"的规定，用人单位发生分立或合并后，分立或合并后的用人单位可依据其实际情况与原用人单位的劳动者遵循平等自愿、协商一致的原则变更、解除或重新签订劳动合同。在此种情况下的重新签订劳动合同视为原劳动合同的变更，用人单位变更劳动合同，劳动者不能依据劳动法第二十八条要求经济补偿。

劳动部《关于企业实施股份制和股份合作制改革中履行劳动合同问题的通知》（劳部发［1998］34 号）

一、在企业实施股份制或股份合作制改造后，用人单位主体发生变化的，应当由变化后的用工主体继续与职工履行原劳动合同。由于企业改制导致原劳动合同不能履行的，企业与职工应当依法变更劳动合同。

【草案相关条文比较】

关于用人主体变动情形的规定，最终稿与征求意见稿的规定相比，变化较大。征求意见稿第 26 条规定："用人单位合并的，劳动合同应当由合并后承继其权利义务的用人单位继续履行，或者经商劳动者同意，由合并前的用人单位与劳动者解除劳动合同，同时由合并后承继其权利义务的用人单位与劳动者重新订立劳动合同。用人单位分立的，劳动合同应当由分立后的用人单位按照分立协议划分的权利义务继续履行，或者经商劳动者同意，由分立前的用人单位与劳动者解除劳动合同，同时由分立后的用人单位与劳动者重新订立劳动合同。"本条规定与二审稿、三审稿和四审稿的规定相同。

【法条评析】

在企业改革和产业结构调整的实践中，用人主体变动对劳动合同运行的影响，已成为劳动合同履行和变更的一个特殊问题。[1] 结合《劳动合同法》和地方立法的规定，可以将主体变动分为几类情形：

1. 原主体消灭，无新主体产生，如用人单位依法宣告破产、解散、关闭、被撤销等。大多数的地方立法将这种情况规定为劳动合同终止的条件[2]，而《宁波市劳动合同条例》则规定为劳动合同解除的条

---

[1] 参见王全兴：《劳动法》，2 版，141 页，北京，法律出版社，2004。

[2] 如《上海市劳动合同条例》第 37 条；《广东省劳动合同管理规定》第 27 条；《安徽省劳动合同条例》第 31 条；《江苏省劳动合同条例》第 34 条；《浙江省劳动合同办法》第 31 条。

件之一。① 笔者认为，用人单位发生依法宣告破产、解散、关闭、被撤销等情况时，主体资格已经消灭，而且其权利和义务并没有承继者，因此将其作为终止的条件更合适，《劳动合同法》第44条规定：用人单位被吊销营业执照、责令关闭、撤销或者用人单位决定提前解散的，劳动合同终止。在这种情况下，劳动合同已无履行的可能。

2. 原主体消灭，新主体产生，如用人单位合并、分立等。在这种情况下，原用人单位的权利和义务有新的承继人，主体的变更并不影响劳动合同的履行，劳动合同应由承继权利义务的用人单位继续履行。《劳动合同法》第34条规定："用人单位发生合并或者分立等情况，原劳动合同继续有效，劳动合同由承继其权利义务的用人单位继续履行。"

3. 原主体未消灭，但相关因素发生变化，如用人单位变更名称、法定代表人、主要负责人等。在这种情况下，用人单位的主体资格并未发生变化，劳动合同的履行不受影响。《劳动合同法》第33条规定："用人单位变更名称、法定代表人、主要负责人或者投资人等事项，不影响劳动合同的履行。"有的地方立法还规定了用人单位资产性质或经营方式发生变化时，劳动合同应继续履行。②

本条涉及用人单位主体变化的第2种情形，即原主体消灭、新主体产生。在该情况下，劳动者和用人单位的劳动合同履行不受影响。

合并、分立会使原用人单位的主体资格发生变更或产生新的用人主体。合并可以分为新设合并和吸收合并，新设合并则是两个或两个以上的企业合并为一个新企业，原企业主体资格消灭；吸收合并是一个企业吸收其他企业，被吸收的企业消灭，存续的企业因其他企业的加入而在主体资格上有变化。分立包括新设分立和派生分立两种形式，新设分立是指一个企业分为两个以上的新企业，此时原企业的主体资格消灭；派生分立是指一个企业分出一部分组成新企业，原企业仍具有主体资格。

用人单位发生合并或者分立等情况，原劳动合同继续有效。一方面，从合并、分立的法律效果来看，我国《民法通则》第44条规定：

---

① 《宁波市劳动合同条例》第22条规定："用人单位解散、关闭、被撤销、拍卖时，其全部或部分劳动者被其他用人单位接收，劳动者愿意与接收单位建立劳动关系的，接收单位可以根据接收协议与劳动者在平等自愿、协商一致的基础上重新签订劳动合同……劳动者未被其他单位接受或者劳动者不愿与接收单位签订劳动合同的，原用人单位可以与其解除劳动合同，并按规定发给劳动者经济补偿金。"

② 参见《浙江省劳动合同办法》第22条，《山东省劳动合同条例》第19条。

"企业法人分立、合并，它的权利和义务由变更后的法人享有和承担。"变更后的用人单位承继的范围不仅仅是资产，也包括劳动者，承继的内容不仅仅是权利，也包括义务，对劳动者的承继就表现为对劳动合同的承认和履行。在合同法理论中，合同主体变更，合同内容并不发生变化，合同权利和义务不变，当事人仍须按照原来的合同履行。① 这一理念在劳动合同中同样适用。另一方面，从劳动合同法保护劳动者的立法宗旨来看，劳动者在劳动关系中处于弱势地位，无法依靠自身的实力与用人单位抗衡，用人单位发生合并、分立等情况，劳动者并没有决策权，更不存在过错，如果因为主体发生变化就任由用人单位随意单方解除或不履行劳动合同，那么劳动者的权利势必受到侵害，有违社会公平正义之理念。因此，用人单位发生合并、分立，原劳动合同继续有效，劳动合同所确定的权利和义务也应由变更后的用人单位承担。

如果用人单位发生合并、分立等情况，确实使原劳动合同无法履行的，还应要求承继权利义务的用人单位继续履行吗？笔者认为，如此规定的立法意义在于保护劳动者，劳动合同一经签订，便具有法律效力，不能因用人主体的变动而轻易否定劳动合同的效力，这样可以避免用人单位借口合并、分立等情况随意单方面解除或不履行劳动合同，来损害劳动者的权益，因此首要的规则是让原劳动合同继续有效；用人单位在合并、分立后确实无法继续履行原劳动合同的，可以按照"继承—变更—解除"的顺序进行选择②，与劳动者协商变更或协商解除。劳动部《关于企业实施股份制和股份合作制改革中履行劳动合同问题的通知》（劳部发［1998］34 号）第 2 条规定："由于企业改制导致原劳动合同不能履行的，企业与职工应当依法变更劳动合同。"用人单位变更劳动合同应遵循协商一致的原则，如果不能与劳动者形成协商一致，能否必然解除劳动合同？《劳动合同法》第 40 条规定：劳动合同订立时所依据的客观情况发生重大变化，致使原劳动合同无法履行，双方可以协商变更劳动合同。笔者认为，只有在满足上述条件且用人单位与劳动者不能形成协商一致的情况下，用人单位才能行使解除权，如果没有达到上述条件，又不能与劳动者形成协商一致，应继续履行原劳动合同。依据该条，用人单位行使劳动合同解除权有几个限制条件：（1）劳动合同订立时所依据的客观

---

① 参见龙翼飞主编：《民法学》，306～307 页，北京，中国人民大学出版社，2003。
② 参见王全兴、侯玲玲：《劳动合同地方立法资源评析》，载《法学》，2005（2）。

情况发生重大变化。何谓"客观情况",原劳动部《关于〈中华人民共和国劳动法〉若干条文的说明》(劳办发 [1994] 289 号)第 26 条进行了解释:"客观情况"是指发生不可抗力或出现致使劳动合同全部或部分条款无法履行的其他情况,如企业迁移、被兼并、企业资产转移等,并且排除"用人单位濒临破产进行法定整顿期间或者生产经营状况发生严重困难"的客观情况。不可抗力是当事人不能预见、不能克服、不能避免的客观情况,如劳动合同订立时依据的法规和政策发生重大变化,自然灾害等。(2)客观情况的重大变化应导致原劳动合同无法履行。客观情况发生重大变化,并不必然引起劳动合同变更,如果这种重大变化并不影响劳动合同的履行,在双方不能协商一致的情形下,合同应当继续履行。(3)双方当事人不能对劳动合同的变更达成协商一致。

【理解与适用】

一、用人单位合并、分立对原劳动合同效力的影响

与征求意见稿相比,最终稿关于用人单位合并、分立对原劳动合同效力的规则有重大变化。征求意见稿第 26 条区分了用人单位合并和分立两种情况,在合并的情形下,虽然规定劳动合同应当由合并后承继其权利义务的用人单位继续履行,但并不是强制性规定,用人单位经劳动者同意后也可以选择重新订立劳动合同;在分立的情形下,劳动合同由分立后的用人单位按照分立协议划分的权利义务继续履行,同样也不具有强制性,分立后的用人单位也可以选择与劳动者重新订立劳动合同。这样规定并不能很好地保护劳动者,因为,劳动合同一经订立即具有法律效力,双方应按合同约定履行,不能任意变更或解除劳动合同,用人主体变化不能轻易否定原劳动合同的效力,否则劳动者的合法权益极易受到侵害,而且合并、分立都有承继权利和义务的用人单位,法律效果都一样,分别规定意义不大。最终稿统一了合并、分立两种情形,并明确原劳动合同的效力继续有效,由承继权利义务的用人单位继续履行,对于保护劳动者意义深远。

应当指出,原劳动部《关于贯彻执行〈中华人民共和国劳动法〉若干问题的意见》第 37 条规定:"用人单位发生分立或合并后,分立或合并后的用人单位可依据其实际情况与原用人单位的劳动者遵循平等自愿、协商一致的原则变更、解除或重新签订劳动合同。"与《劳动合同

法》相比，该规定没有遵循"原劳动合同继续有效、由承继权利义务的用人单位继续履行"的基本原则，将重新签订劳动合同规定为用人单位的选择权，混淆重新签订劳动合同和变更劳动合同的界限，并且放宽了劳动合同变更和解除的条件，不符合劳动合同法的规定和倾斜保护劳动者的立法精神。根据法律效力位阶原则，原劳动部《关于贯彻执行〈中华人民共和国劳动法〉若干问题的意见》第 37 条的规定与《劳动合同法》第 34 条的规定相冲突，应予修正。

二、企业整体转让后原劳动合同的效力

企业整体转让后，用人单位与劳动者之间的劳动合同继续有效，由受让的用人单位继续履行劳动合同。《劳动合同法》不能穷尽"用人单位发生合并或者分立等情况，但原劳动合同继续有效，由承继其权利义务的用人单位继续履行"的情形，因此采取了列举加概括规定的方式，凡是与合并、分立相同的情形，应适用《劳动合同法》第 34 条规定。企业整体转让，同样属于原主体消灭、新主体产生的情形，意味着原用人单位的债权债务由新的用人单位概括接收，新的用人单位整体接收的不仅是资产，也包括劳动者；不仅是权利，也包括义务。因此，受让的用人单位无权单方面解除或拒绝履行原劳动合同，承认并履行劳动合同，是企业整体转让的应有之义。

第三十五条 （劳动合同的变更）

用人单位与劳动者协商一致，可以变更劳动合同约定的内容。变更劳动合同，应当采用书面形式。

变更后的劳动合同文本由用人单位和劳动者各执一份。

【相关法条】

《劳动法》

第十七条 订立和变更劳动合同，应当遵循平等自愿、协商一致的原则，不得违反法律、行政法规的规定。

【草案相关条文比较】

关于劳动合同变更的规定，具体的条文在草案中几经修改。征求意见稿第 29 条规定："用人单位与劳动者协商一致，可以变更劳动合同约定的内容。变更劳动合同，应当采用书面形式记载变更的内容，经用人单位和劳动者双方签字或者盖章生效。"二审稿第 36 条第 1 款增加："但是，法律、法规另有规定的，从其规定。"三审稿第 35 条在征求意见稿第 29 条的基础上增加第 3 款："变更后的劳动合同文本应当由用人单位和劳动者各执一份。"本条规定与四审稿的规定相同。

【法条评析】

劳动合同的变更是指劳动合同生效后，在履行过程中，合同当事人双方依法对原劳动合同的内容进行修改或补充的行为。依法成立的劳动合同具有法律约束力，双方当事人必须履行劳动合同约定的义务，任何一方当事人不能擅自变更劳动合同的内容。但是，这不意味着劳动合同不可以变更，在符合法定或约定的情况下，合同当事人可以对合同的内容进行变更。

一、劳动合同变更的原则

劳动合同的变更实际上是当事人双方意思表示对于原有的意思表示的变更，一样应该遵循订立劳动合同的原则，即按《劳动合同法》第 3 条第 1 款的规定，订立劳动合同，应当遵循合法、公平、平等自愿、协商一致、诚实信用的原则。

二、劳动合同变更的形式

变更劳动合同，应当采用书面形式，必须由双方当事人签字或盖章生效。该规定是《劳动合同法》第 10 条关于书面形式要件的延续性规定。但有学者认为，要求劳动合同变更完全采用书面形式，在实践中有时很难实现[1]，从其分析来看，似乎赞成劳动合同变更可采用其他形式。笔者认为，《劳动合同法》明确劳动合同变更应采用书面形式，有利于对劳动者权益的保护。劳动者与用人单位建立劳动关系，应当订立书面劳动合同，劳动合同的变更是在原劳动合同的基础上对合同内容进行的改变，涉及劳动报酬、工作岗位、劳动期限等与劳动者切身利益密切相关的事项，如果允许双方采用其他形式（如口头形式）变更，在证明力上相对较弱，尤其是双方对合同是否变更或变更后的内容有争议时，用

---

[1]　参见姜颖：《劳动合同法论》，213 页，北京，法律出版社，2006。

人单位利用其强势地位否认合同的变更，而劳动者要证明双方的履行在原劳动合同的基础上作了变更，应承担举证责任，这样加大了举证的难度。从保护劳动者的合法权益角度，劳动合同变更必须采用书面形式。

未采用书面形式的劳动合同变更的效力如何认定？笔者认为，书面形式是劳动合同变更的法定形式，《劳动合同法》强调，劳动合同变更的生效要件在形式上需符合两个条件：一是以书面形式记载变更内容，二是用人单位和劳动者双方签字或者盖章。因此，未采用书面形式的，应认定劳动合同未变更，仍然按照原劳动合同履行。

三、劳动合同变更的要件

（一）劳动变更的时间

劳动合同的变更必须在原劳动合同的有效期内进行，即劳动合同生效以后到合同期满前这一段时间。劳动合同生效以前，对合同内容作出修改，属于劳动合同签订过程中对合同条款的完善，不产生劳动合同的变更问题。合同期满后，涉及两个问题：一是双方已按合同履行完毕，合同终止，此时再对原合同进行修改，属于合同的续订或重新签订，而非合同变更的问题；二是双方或一方未按合同约定履行各自的义务，此时对原合同作出修改，产生的是如何承担违约责任的问题，也不引起劳动合同的变更。

（二）劳动合同变更的情形

从法律规定和地方立法的规定来看，引起劳动合同变更的原因主要有三个方面：

1. 客观方面的原因。《劳动合同法》第40条规定：劳动合同订立时所依据的客观情况发生重大变化，致使劳动合同无法履行，双方可以协商变更劳动合同。

2. 用人单位方面的原因。如《劳动合同法》第41条规定："企业转产、重大技术革新或者经营方式调整"，可以变更劳动合同。

3. 劳动者方面的原因。如《劳动合同法》第40条规定：劳动者患病或者非因工负伤，在规定的医疗期满后不能从事原工作，双方可以变更劳动合同。

四、劳动合同变更后的法律效果

劳动合同变更后，劳动者和用人单位的权利和义务以变更后的劳动合同为准，从变更的合同确定之日起发生变更。那么，如何看待原劳动合同的效力？

依法变更后的劳动合同，双方当事人应按变更后的合同内容履行，未变更的部分仍然有效。[①] 劳动合同的变更是在原劳动合同的基础上对部分内容所作的修改，因此原劳动合同中已修改的内容不再有效，按变更后的合同内容履行；原劳动合同中未变更的部分仍然有效，双方应按此规定履行。

【理解与适用】

一、用人单位不得以规章变更劳动合同

有观点认为，用人单位劳动规章制度应该成为劳动合同变更的依据，理由是用人单位劳动规章制度是法定的劳动合同附件，并且可以直接涉及劳动者切身利益的事项，与劳动合同、集体合同一样，对确定劳动关系双方当事人的权利和义务有重要影响。笔者认为，用人单位劳动规章制度不能当然成为劳动合同变更的依据。劳动合同是确立劳动者和用人单位劳动权利和义务的协议，一经生效，对劳动者和用人单位都要产生法律约束力，双方必须履行。用人单位制定、修改或决定直接涉及劳动者切身利益的规章制度或重大事项时，应当经职工代表大会或者全体职工讨论，提出方案和意见，与工会或职工代表平等协商确定，还应当公示或者告知劳动者。符合制定程序的用人单位劳动规章制度，可以约束劳动者，但是新的用人单位劳动规章与劳动合同规定的内容不同时，必须经过双方协商一致，才能变更原劳动合同的内容，对劳动者发生效力。用人单位劳动规章要成为劳动合同变更的依据，可采取由劳动者签字的方式或采取书面形式对劳动合同内容进行变更。

二、劳动合同变更的程序

综合各地的相关规定和实践中的做法，劳动合同变更的法定程序主要包括以下步骤：

1. 提出变更要求。需要变更劳动合同的一方当事人，应当向对方当事人提出变更合同的要求，并说明变更的理由和变更的内容，并给予对方当事人合理的答复期限。

---

① 有的地方立法明确了劳动合同未变更部分的效力，如《山东省劳动合同条例》第16条规定："当事人协商一致，可以变更劳动合同。变更劳动合同，应当以书面形式载明变更的内容、日期，由当事人双方签字、盖章。劳动合同未变更的部分，当事人应当继续履行。"

2. 在答复期内答复。接到变更要求的一方当事人应在答复期内作出答复。对于答复应采明示方式，还是允许默示，各地的规定并不统一。① 笔者认为，劳动合同本质上具有私法属性，合同的变更仍应由当事人双方形成合意来完成，合同的要约与承诺制度对劳动合同的变更同样适用，因此接到变更要求的一方当事人可以作出同意的答复，使劳动合同变更；也可以明确拒绝，使双方不能形成协商一致；还可以不作任何表示，此时不构成承诺，双方并没有就劳动合同变更形成合意。

3. 签订书面合同。劳动者和用人单位就劳动合同变更达成协商一致，应当采用书面形式记载变更的内容，并经用人单位和劳动者双方签字或者盖章生效。

4. 变更后的劳动合同文本，应当由用人单位和劳动者各执一份。《劳动合同法》送审稿在前两稿的基础上增加了这一项内容，主要目的是保护劳动者。实践中，有的用人单位变更劳动合同后，把变更文本都由自己保留，其结果是发生争议时，用人单位否认劳动合同的变更，劳动者主张权利但又无法出示变更文本予以证明，其后果是损害劳动者的合法权益，这种做法应得到纠正。

---

① 一种规定是承认默示的效力，逾期不答复的，视为对变更内容的默认，如《广东省劳动合同管理规定》第16条规定："任何一方要求变更劳动合同的有关内容，都应以书面形式通知对方。被通知方接到通知后，应在15日内作出答复。逾期不答复，视为同意变更劳动合同。"一种规定则否认默示的效力，如《江苏省劳动合同条例》第27条规定："当事人一方要求变更劳动合同的，应当将变更要求书面送交另一方，另一方应在收到之日起12日内作出答复。逾期未作出书面答复的，视为不同意变更劳动合同。"

第四章　劳动合同的解除和终止

第三十六条　（协议解除）
用人单位与劳动者协商一致，可以解除劳动合同。

【相关法条】

《合同法》
第九十三条　当事人协商一致，可以解除合同。
…………
《劳动法》
第二十四条　经劳动合同当事人协商一致，劳动合同可以解除。
劳动部《关于贯彻执行〈中华人民共和国劳动法〉若干问题的意见》
26. 劳动合同的解除是指劳动合同订立后，尚未全部履行以前，由于某种原因导致劳动合同一方或双方当事人提前消灭劳动关系的法律行为。劳动合同的解除分为法定解除和约定解除两种。根据劳动法的规定，劳动合同既可以单方依法解除，也可以双方协商解除。劳动合同的解除，只对未履行的部分发生效力，不涉及已履行的部分。

【草案相关条文比较】

关于协商解除，征求意见稿第 30 条规定："用人单位与劳动者协商一致，可以解除劳动合同。"该规定在历次修改中都没有发生变动，其内容与最终稿的第 36 条完全相同。

【法条评析】

本条是关于劳动合同协议解除的规定。
劳动合同的解除，是指在劳动合同有效成立以后，当解除的条件具备时，因当事人一方或双方的意思表示，使劳动合同向将来消灭的行为。劳动合同成立后，双方当事人应当按照劳动合同的规定履行各自的义务，任何一方当事人不得随意解除合同。但是，在发生某些特殊情况时，继续履行合同已经成为不可能、没有必要或者会导致一方或双方利益损害时，双方当事人可依法解除劳动合同。

劳动合同的解除可分为单方解除和双方解除。单方解除，是解除权人行使解除权将合同解除的行为。它不必经过对方当事人的同意，只要解除权人将解除合同的意思表示直接通知对方，或经过人民法院或仲裁机构向对方主张，即可发生合同解除的效果。协议解除，是当事人双方通过协商同意将合同解除的行为。它不以解除权的存在为必要，解除行为也不是解除权的行使。单方解除又可分为法定解除和约定解除。在法定解除中，解除权是依据劳动法律规定产生的；在约定解除中，解除权则是依据当事人的约定产生的。

本条所规定的劳动合同解除是协议解除。劳动合同具有普通合同的一般属性，是劳动者与用人单位之间就劳动的提供、工资的给付等达成的协议，是当事人双方意思自治的体现。在劳动合同成立生效之后、消灭之前，如果当事人双方认为该劳动合同已经没有存在的必要，当然可以基于双方的合意解除该合同。

《劳动法》第24条已经明确对协议解除进行规定，本条更多是对《劳动法》第24条的重申，在语言表述上更为规范，在立法中受到的争议也比较少。从性质上看，解除劳动合同的协议是一个新的合同，其主要内容在于废弃原有的劳动合同。从解除条件看，劳动者与用人单位必须就劳动合同的解除达成一致，并且其内容不能违反有关法律法规的强行性规定。从解除效果上看，由于劳动合同属于持续性合同，解除行为原则上是没有溯及力的，只是使劳动合同向将来消灭。

与单方解除相比，协议解除的最大特点在于：不管是劳动者提出动议的协议解除，还是用人单位提出动议的协议解除，该解除不受解除预告期限和限制解除条件的限制。也就是说，协议解除不受《劳动合同法》第38条第1款、第40条以及第42条等规定的约束，只要双方当事人达成解除合意，劳动合同可以立即解除，同时，即使劳动者是在接受工伤或职业病检查期间，或者在本单位患职业病或者因工负伤并被确认丧失或者部分丧失劳动能力的，或者是患病或者负伤并在规定的医疗期内的，或者在孕期、产期、哺乳期的，或者在本单位连续工作满15

年并且距法定退休年龄不足 5 年的，用人单位与劳动者也可以通过协商解除该劳动合同。

值得注意的是，《劳动合同法》在协议解除的经济补偿金方面作了与《劳动法》不同的规定。根据《劳动法》第 28 条的规定，在协议解除中，用人单位应当按照规定给予经济补偿金。而根据《劳动合同法》第 46 条规定，应区分用人单位提起动议的协议解除和劳动者提起动议的协议解除，用人单位提起动议协议解除劳动合同的，用人单位必须支付经济补偿金；劳动者提起动议协议解除劳动合同的，用人单位则无须支付经济补偿金。

【理解与适用】

（一）该条是否准用于约定解除

有观点认为，《劳动法》第 24 条是关于约定解除的规定，这种观点毫无疑问是错误的。但值得研究的是，在《劳动合同法》没有对约定解除进行规定的情况下，当事人双方是否可以在劳动合同中预先规定解除权的产生条件，待解除条件成就时，解除权人可以解除劳动合同。劳动合同属于合同，具有普通合同的属性，它是当事人实现意思自治的工具，只要不与法律和行政法规的强行性规定相违背，当事人双方可以任意决定合同的内容，当然可以约定解除权的产生条件。但劳动合同具有不同于普通合同的一些特性。在劳动关系中，用人单位在事实上处于强势地位，为防止用人单位利用其强势地位任意决定合同内容，侵犯劳动者的合法权益，法律必须对劳动者进行倾斜性保护，在劳动合同的解除中，用人单位解除劳动合同的权利将受到一定的限制，同时赋予劳动者在劳动合同解除中特殊的权能。因此，为了更好地平衡当事人之间的意思自治和对劳动者的倾斜保护，一方面，应该允许当事人约定解除权的产生条件，另一方面，应该使用人单位在行使该解除权时受到法律规定的约束。这也是国外的通行做法。具体来说，约定解除权属于劳动者的，即使不属于《劳动合同法》第 38 条规定的情形的，劳动者也可以不受第 36 条的约束，在解除条件成就时，直接解除该劳动合同；约定解除权属于用人单位的，即使不属于《劳动合同法》第 39 条、第 40 条和第 41 条的规定的，用人单位也可以解除劳动合同，但要受到第 42 条规定的限制，同时，为了更好地保护劳动者，原则上用人单位应该提前

30 日告知劳动者可解除劳动合同的情形，并且在解除劳动合同之后必须支付经济补偿金。

（二）解除合同的效力

劳动合同协议解除的首要效果在于，使原有的劳动合同向将来消灭，用人单位与劳动者之间的劳动关系解除，如果解除劳动合同的协议被确认为无效的，则劳动合同的解除不发生法律效力，该劳动合同仍然存在，有过错的一方应该基于缔约过失的原则赔偿对方的损失。劳动合同协议解除的第二个效果在于，在用人单位与劳动者之间确立新的合同关系，该合同关系的依据在于解除劳动合同的协议，该协议的内容不得违反法律的强制性规定，例如，在用人单位提起动议的协议解除中，不得约定免除用人单位所应承担的经济补偿责任。存在争议的是，在用人单位提起动议的协议解除中，当事人双方是否可以对经济补偿金做不同于《劳动合同法》的约定？从理论上看，关于经济补偿金的性质，有劳动贡献补偿说、法定违约金说和社会保障金说等观点，不管何种观点，经济补偿金都具有法定性质，不能由当事人做不同的约定，否则将有违平等原则。

（三）解除合同的性质

解除劳动合同的协议是新的合同，不属于原有劳动合同的组成部分或是原有劳动合同的变更。值得研究的是，有关劳动合同本身的规定是否应该适用于解除该劳动合同的协议？

首先，从合同形式上看，建立劳动关系必须签订书面劳动合同，解除劳动合同的协议是否也需要采用书面形式？从其他有关劳动合同解除的规定来看，在用人单位的非过失性辞退和劳动者的单方任意解除中，需要采用书面形式提前通知，在用人单位的过失性辞退和劳动者的随时解除中，则没有书面形式的要求。从这些规定可以看出，正常解除无须特别理由，但需要提前通知，并且采用书面形式，非正常解除则需要实质性理由，但可立即解除，也无须采用书面形式。协议解除是用人单位与劳动者之间通过协商解除劳动合同，并且可以立即解除，为了减少争议，也有利于劳动者的保护，应该采用书面形式。

其次，从纠纷解决程序上看，劳动合同具有不同于一般民事合同的特点，因劳动合同发生争议的要先通过劳动争议仲裁程序来解决，实践中因解除劳动合同的协议发生的争议也应该属于劳动争议，应该适用劳动争议的解决程序。但在理论上尚可进一步探讨的是，解除劳动合同的协议与原劳动合同之间处于何种关系？最后，从仲裁期限来看，根据《劳动法》第82条的规定，用人单位与劳动者发生争议的，应当自劳动争议发生之日起60日内提起仲裁申请。那么，用人单位与劳动者因劳动合同的协议解除发生争议的情况下，劳动争议发生之日如何确定？最高人民法院2006年发布的《关于审理劳动争议案件适用法律若干问题的解释（二）》第1条第2款规定："因解除或者终止劳动关系产生的争议，用人单位不能证明劳动者收到解除或者终止劳动关系书面通知时间的，劳动者主张权利之日为劳动争议发生之日。"从该款的文义来看，该规定只是适用于单方解除，而无法适用于协议解除，因为在协议解除中不存在解除劳动合同的书面通知，而只有书面协议。同时，协议解除与单方解除也存在很大的区别，单方解除主要是围绕解除权人是否可以行使解除权以及解除的意思表示是否以及何时有效而发生争议；协议解除则主要是围绕解除劳动合同的协议本身的效力以及履行而发生争议。因此其争议发生的具体时间也不一样，单方解除的争议主要是发生在解除权行使的时刻，协议解除的争议可能发生在协议订立之时，也可能发生在协议履行过程中。所以，因解除劳动合同的协议的效力发生争议的，以当事人知道或者应该知道该协议存在效力瑕疵为劳动争议发生之日；因该协议的履行发生争议的，以该协议的履行期限届满之时为争议发生之日。

第三十七条 （劳动者的辞职权）

劳动者提前三十日以书面形式通知用人单位，可以解除劳动合同。劳动者在试用期内提前三日通知用人单位，可以解除劳动合同。

【相关法条】

《劳动法》

第三十一条 劳动者解除劳动合同，应当提前三十日以书面形式通知用人单位。

第三十二条 有下列情形之一的，劳动者可以随时通知用人单位解除劳动合同：

（一）在试用期内的；

……………

劳动部《关于〈中华人民共和国劳动法〉若干条文的说明》

第三十一条　劳动者解除劳动合同，应当提前三十日以书面形式通知用人单位。

本条规定了劳动者的辞职权，除此条规定的程序外，对劳动者行使辞职权不附加任何条件。但违反劳动合同约定者要依法承担责任。

劳动部《关于贯彻执行〈中华人民共和国劳动法〉若干问题的意见》

32. 按照劳动法第三十一条的规定，劳动者解除劳动合同，应当提前三十日以书面形式通知用人单位。超过三十日，劳动者可以向用人单位提出办理解除劳动合同手续，用人单位予以办理。如果劳动者违法解除劳动合同给原用人单位造成经济损失，应当承担赔偿责任。

33. 劳动者违反劳动法规定或劳动合同的约定解除劳动合同（如擅自离职），给用人单位造成经济损失的，应当根据劳动法第一百零二条和劳动部《违反〈劳动法〉有关劳动合同规定的赔偿办法》（劳部发[1995] 223号）的规定，承担赔偿责任。

【草案相关条文比较】

关于劳动者的辞职权，征求意见稿第36条做了规定："劳动者提前30日以书面形式通知用人单位，可以解除劳动合同。但是，有下列情形之一的，劳动者可以随时通知用人单位解除劳动合同：（一）在试用期内的……"二审稿第38条只是在语言结构上做了重新安排，内容上没有修改。三审稿将该部分内容单独作为一条来规定，第37条规定："劳动者提前三十日以书面形式通知用人单位，可以解除劳动合同。劳动者在试用期内可以通知用人单位解除劳动合同。"四审稿与三审稿完全相同。最终稿则对三审稿进行完善，规定："劳动者在试用期内提前三日通知用人单位，可以解除劳动合同。"

【法条评析】

本条第一句是关于劳动者辞职权的规定。

法律赋予劳动者辞职权的首要目的在于保护劳动者的择业自主权。不管是在人权理论和人权实践中，自由都是人最为基本的权利，该权利在劳动方面体现为劳动自由权，劳动者有权选择所从事的劳动的形式、时间以及方式，可以决定为谁提供劳动，也就是说，劳动者具有择业自主权。辞职权是择业自主权的重要体现。劳动关系具有重要的人身属性，与某一用人单位建立劳动关系毫无疑问将减少甚至剥夺劳动者选择其他用人单位、其他劳动形式的可能性，因此，法律上应该赋予劳动者在建立劳动关系后一定的辞职权，使其能够摆脱其不适应的劳动，从而获得选择其他劳动的可能性。这也是劳动者获得辞职权的根本原因。此外，赋予劳动者以辞职权促进了劳动力的自由流动，有利于劳动力资源的市场配置，实现劳动力价值的最大化。此外，赋予劳动者以辞职权可以弥补劳动者在劳动关系中的不平等地位，矫正劳动关系的不平衡状态。同时，为了防止劳动者任意行使辞职权，解除劳动合同，给用人单位造成损害，法律一般都要求劳动者提前单方解除劳动合同必须遵守一定的预告期，即要提前通知用人单位才能解除劳动合同，以使用人单位能够有所准备，寻找替代人选。

我国《劳动法》第 31 条就已明确规定劳动者的辞职权，但该规定在理论上一直受到理论界和实务界的诟病，有不少人认为，赋予劳动者基本没有限制的单方解除权，对用人单位不利，有点矫枉过正。该规定在实践中也存在很多的争议，主要表现在：第一，劳动者行使辞职权，单方解除劳动合同除了要提前 30 天之外，是否应有实体条件的限制？该辞职权是否应仅仅适用于无固定期限劳动合同，而不适用于有期限的劳动合同？第二，劳动者行使辞职权，单方解除劳动合同的行为是否属于违约行为？是否应该承担损害赔偿责任？第三，《劳动法》对所有的劳动者规定统一的预告期，一体化的预告期是否合理？是否针对不同性质的劳动，规定不同的预告期？第四，劳动合同的当事人双方是否可以在劳动合同中提前约定放弃该辞职权？是否可以对预告期作出与法律不同的约定？是否可以约定违约金？第五，《劳动法》第 31 条的规定属于授权条款还是义务条款？

从《劳动合同法》的立法过程来看，针对《劳动法》第 31 条规定存在的争议和批评而提出的一些修改建议并没有得到立法机关的采纳。全国人大常委会办公厅 2006 年 3 月 20 日发布的征求意见稿在第 36 条第 1 款对劳动者的辞职权做了明确规定，该规定与《劳动法》第 31 条相比，在语言措词上有所变化，赋予劳动者辞职权，排除了将该规定视为义务条款的可能性，而在内容上基本没有变化。从立法过程中的征求意见来看，该规定的争议不大，此后的审议也没有对该款作出修改。征求意见稿第 36 条第 1 款的规定也是现行《劳动合同法》第 37 条第一句的内容。

应该说，立法机关基本上仍然坚持《劳动法》第 31 条的内容是经过慎重考虑的，在具体内容上，可以做如下解释：从辞职权的适用范围来看，该款不仅适用于无固定期限劳动合同，也适用于固定期限劳动合同。从辞职权的行使来看，在行使条件上，劳动者行使解除权无须任何条件，只要提前 30 天书面通知用人单位，即可解除劳动合同，劳动者单方解除劳动合同也无须说明任何理由，劳动者在任何情况下都可以单方解除劳动合同；在解除形式上，劳动者行使辞职权必须采用书面形式，口头形式无效，解除劳动合同的书面通知适用民法的有关规定，自该通知到达用人单位时生效。从解除后果来看，在行为性质上，劳动者行使辞职权解除劳动合同的行为属于行使法定权利的行为，不构成违约，也无须承担违约责任，但根据《劳动合同法》第 92 条的规定，劳动者违反本法规定解除劳动合同，对用人单位造成经济损失的，应当承担损害赔偿责任。从该条款的性质来看，该规定属于强制性规定，用人单位与劳动者不得约定弃权条款，要求劳动者放弃辞职权，当事人也不得对预告期作出不同的约定，此外，除了依据第 26 条存在服务期、商业秘密的约定的，用人单位也不得与劳动者约定由劳动者承担违约金。

本条第二句是关于试用期中劳动者辞职权的规定。

劳动者在劳动合同成立生效后、消灭前的任何阶段都享有辞职权，可以单方解除劳动合同，但必须遵守预告期的限制，提前通知用人单位，在试用期内也不例外，只是试用期中的预告期比较短，劳动者必须提前 3 天通知用人单位，才可解除劳动合同。试用期是劳动者和用人单位约定的是否符合用工要求和就业条件的试用期间。在试用期内，劳动合同当事人双方可以对对方所提供的给付以及其他条件是否符合自己的要求进行验证。如果劳动者发现用人单位所提供的工作岗位对自己不适合或者与招工时所讲的条件差别较大，则可以提前 3 天解除劳动合同。

《劳动法》第 32 条对劳动者在试用期内的辞职权做了规定，该规定在适用过程中也存在一定的争议：在试用期内单方解除劳动合同是否构成违约？是否应该承担违约责任或者承担其他赔偿责任？《劳动法》第 32 条规定适用中存在的争议在《劳动合同法》立法过程中并没有体现出来，《劳动合同法》第 37 条的规定几乎就是照抄《劳动法》第 32 条的内容，只是在体系结构上做了改进：《劳动法》第 32 条将试用期内的单方解除与其他的不正常解除放在一起，在法理上不是很合理，《劳动合同法》第 37 条则肯定试用期内解除具有正常解除的性质，与劳动者的辞职权放在同一条款之中。

根据文义解释和体系解释，该款可从以下几个方面进行理解：第一，试用期内的解除属于正常解除，劳动者解除劳动合同无须说明任何理由；第二，从解除权行使的形式上看，劳动者在试用期内解除劳动合同没有形式限制，可以书面解除，也可以口头解除；第三，从解除的性质和后果来看，劳动者在试用期内解除劳动合同不属于违约行为，也无须承担违约责任，但根据《劳动合同法》第 92 条的规定，劳动者违反本法规定解除劳动合同，给用人单位造成经济损失的，应当承担损害赔偿责任。此外，该规定在性质上属于强制性规定，当事人之间不得对试用期内的解除权作出"弃权"约定，如有约定，该约定无效。

需要明确的是，不管是劳动者提前 30 天单方解除劳动合同还是在试用期内提前 3 天解除劳动合同的，用人单位都无须支付经济补偿金。

【理解与适用】

（一）试用期与见习期的区别

在劳动合同实践中，用人单位与劳动者可能同时存在试用期与见习期，试用期内劳动者可以任意解除劳动合同，超过试用期的见习期内则应该受到预告期的约束，因此，区分试用期与见习期是很有必要的。试用期的规定主要体现在《劳动法》第 21 条和《劳动合同法》第 19 条～第 21 条的规定中，见习期的规定主要体现在人事部发布的《人才流动规定》和《高校毕业生见习办法》以及国家教委、劳动人事部 1987 年制定的《高等学校毕业生见习暂行办法》中，根据以上规定，试用期与见习期存在以下区别：首先，两者的适用对象不同，见习期主要适用于大中专毕业生，是对刚刚毕业的大中专毕业生在转为国家干部编制之前制定的考核期间，这是计划经济条件下人事管理制度的结果，而试用期是针对用人单位和劳动者在签订劳动合同时约定的一种考核期限，是随着劳动法的实施而产生的；其次，两者对用人单位的约束力不同，见习期只对毕业生有约束力，对单位则无约束力，如果单位认为毕业生在见习期内不合格，可以延长见习期，或者作出辞退处理，而试用期对劳资双方都有约束力，在试用期内，如果劳动者不满意可以提前 3 日辞职而无须承担任何违约责任，如果用人单位认为劳动者不合格，可随时将其辞退；再次，两者的法律效力不同，见习期是强制性的，毕业生必须经过见习期才能转正，即转为人事部编制的国家干部，而试用期不具有强制性，是由劳动者和用人单位通过劳动合同约定的，双方可以约定有无。由此可以看出，见习期适用于高等学校毕业生与人事部门签订的聘用合同，试用期适用于劳动者与用人单位签订的劳动合同，尽管高等学校毕业生也属于劳动者，但人事关系与劳动关系则是有根本区别的，不可能存在交叉，因此，试用期与见习期属于不同历史时期的产物，适用于不同的劳动就业制度中，二者不可能同时存在于一个就业合同中。

（二）劳动者解除劳动合同

《劳动合同法》第 37 条规定，劳动者享有辞职权，在遵守预告期的情况下提前解除劳动合同不构成违约行为，不应当承担违约责任。但是，《劳动合同法》第 90 条规定："劳动者违反本法规定解除劳动合同，或者违反劳动合同中约定的保密义务或者竞业限制，给用人单位造成损失的，应当承担赔偿责任。"此处的"违反本法规定解除劳动合同"具体指哪些形式？劳动者单方解除劳动合同是否属于其形式之一？如果属于，此处的赔偿责任是否属于违约责任？或者属于其他？

《劳动合同法》第 90 条的内容直接来源于《劳动法》第 102 条，该条规定："劳动者违反本法规定的条件解除劳动合同或者违反劳动合同中约定的保密事项，对用人单位造成经济损失的，应当依法承担赔偿责任。"根据《劳动法》的规定，劳动部在 1995 年颁发了《违反〈劳动法〉有关劳动合同规定的赔偿办法》，该办法第 4 条规定："劳动者违反规定或劳动合同的约定解除劳动合同，对用人单位造成损失的，劳动者应赔偿用人单位下列损失……"正是该规定使得不少观点认为，在固定期限的劳动合同中，劳动者行使辞职权，单方解除劳动合同的，违反了当事人关于劳动合同期限的约定，劳动者应该承担赔偿责任。我们认为，该观点不符合体系解释的要求。根据《劳动法》第 31 条和《劳动合同法》第 37 条的规定，劳动者享有辞职权，该权利是法律赋予劳动者的权利，可以认定为劳动合同的内容之一，劳动者在遵守法律规定预告期的情况下解除劳动合同属于行使权利的行为，不构成违约，当然不应当承担赔偿责任。因此，劳动者遵守法律规定行使辞职权的行为，不属于第90条规定的"违反本法规定解除劳动合同"的情形。但是，如果劳动者不是在预告期内，并且没有提前30天书面通知解除劳动合同的，或者违反服务期的规定解除劳动合同的，则属于该款规定的"违反本法规定解除劳动合同"的情形，应该根据该规定承担损害赔偿责任，该责任在性质上属于违约责任。

（三）劳动者单方解除行为的效力

根据第37条的规定，劳动者行使辞职权，单方解除劳动合同，必须提前30天以书面形式通知用人单位，问题是劳动者没有提前30天书面通知用人单位解除劳动合同的，该书面通知行为在法律上具有何种效力？是无效还是劳动合同自实际通知之日起30日解除？例如，李某由于不知道劳动法的有关预告期的规定，于2007年6月10日书面告知用人单位，希望于6月30日解除劳动合同，该书面通知是否有效？我们认为，根据第37条的规定，劳动者提前30天可以单方解除劳动合同，该30天属于程序上的限制，如果劳动者没有提前30天解除的，应当根据实际通知的时间将劳动合同解除的时间推延。因此，虽然李某6月10日的书面通知行为应该被认定是有效的，只是该通知不能使劳动合同根据其书面通知的要求于6月30日解除，而必须经过30日，即7月10日方能解除。

劳动者行使辞职权后，劳动合同将在30天后解除，值得研究的是，劳动者在行使辞职权后，但是在30天预告期届满前，即劳动合同解除之前，是否可以撤回解除劳动合同的意思表示？从性质上看，解除劳动合同的行为属于需要接受方的、具有形成效力的单方意思表示，该意思表示的发出和生效应该准用民法关于意思表示的一般规定，即自书面解除劳动合同的通知到达用人单位之时解除劳动合同的意思表示生效，劳动合同自该通知之日起30天内自动解除，因此，自解除劳动合同的书面通知到达用人单位起，劳动者不得撤回劳动合同的解除。从法律上看，劳动者在解除通知到达用人单位后作出的撤回解除的意思表示可以认定为订立新的劳动合同的要约，用人单位可以通过承诺使当事人之间建立新的劳动合同关系。

第三十八条　（劳动者随时解除权）
用人单位有下列情形之一的，劳动者可以解除劳动合同：

（一）未按照劳动合同约定提供劳动保护或者劳动条件的；

（二）未及时足额支付劳动报酬的；

（三）未依法为劳动者缴纳社会保险费的；

（四）用人单位的规章制度违反法律、法规的规定，损害劳动者权益的；

（五）因本法第二十六条第一款规定的情形致使劳动合同无效的；

（六）法律、行政法规规定劳动者可以解除劳动合同的其他情形。

用人单位以暴力、威胁或者非法限制人身自由的手段强迫劳动者劳动的，或者用人单位违章指挥、强令冒险作业危及劳动者人身安全的，劳动者可以立即解除劳动合同，不需事先告知用人单位。

【相关法条】

《劳动法》

第三十二条　有下列情形之一的，劳动者可以随时通知用人单位解除劳动合同：

（一）在试用期内的；

（二）用人单位以暴力、威胁或者非法限制人身自由的手段强迫劳动的；

（三）用人单位未按照劳动合同约定支付劳动报酬或者提供劳动条件的。

最高人民法院《关于审理劳动争议案件适用法律若干问题的解释》

第十五条　用人单位有下列情形之一，迫使劳动者提出解除劳动合同的，用人单位应当支付劳动者的劳动报酬和经济补偿，并可支付赔偿金：

（一）以暴力、威胁或者非法限制人身自由的手段强迫劳动的；

（二）未按照劳动合同约定支付劳动报酬或者提供劳动条件的；

（三）克扣或者无故拖欠劳动者工资的；

（四）拒不支付劳动者延长工作时间工资报酬的；

（五）低于当地最低工资标准支付劳动者工资的。

【草案相关条文比较】

对于劳动者随时解除劳动合同，征求意见稿第 36 条第 2 款做了规定："有下列情形之一的，劳动者可以随时通知用人单位解除劳动合同：（一）在试用期内的；（二）用人单位未按照劳动合同约定提供劳动条件，未提供合格的安全生产条件的；（三）用人单位未按时足额支付劳动报酬的；（四）用人单位未依法为劳动者缴纳社会保险费的；（五）用人单位的规章制度违反法律、行政法规的规定，损害劳动者权益的；（六）法律、行政法规规定的其他情形。用人单位以暴力、威胁或者非法限制人身自由的手段强迫劳动者劳动的，或者用人单位违章指挥、强令冒险作业危及劳动者人身安全的，劳动者可以立即解除劳动合同，无需通知用人单位。"二审稿将试用期内的预告解除作为劳动者预告解除的组成部分进行规定，增加规定了"用人单位乘人之危，使劳动者在违背真实意思的情况下订立劳动合同的"作为劳动者的随时解除的条件。三审稿则将劳动者的预告解除与随时解除分离开，将其作为独立的法条进行规定，并对具体情形的措辞进行比较细致的界定。三审稿第 38 条规定："有下列情形之一的，劳动者可以随时通知用人单位解除劳动合同：（一）用人单位未按照劳动合同约定提供劳动保护和劳动条件的；（二）用人单位未及时足额支付劳动报酬的；（三）用人单位未依法为劳动者缴纳社会保险费的；（四）用人单位的规章制度违反法律、法规的规定，损害劳动者权益的；（五）用人单位以欺诈、胁迫的手段或者乘人之危，使劳动者在违背其真实意思的情况下订立或者变更劳动合同的；（六）法律、行政法规规定的其他情形。用人单位以暴力、威胁或者非法限制人身自由的手段强迫劳动者劳动的，或者用人单位违章指挥、强令冒险作业危及劳动者人身安全的，劳动者可以立即解除劳动合同，无需事先告知用人单位。"四审稿只是在语言表达上进行完善。最终稿对劳动者随时解除的条件没有实质性变动，不过在解除的程序方面有一定的变化，最终稿第 38 条规定："用人单位有下列情形之一的，劳动者可以解除劳动合同……"

【法条评析】

本条是关于劳动者随时解除权的规定。

劳动者随时解除又称即时辞职，是指劳动者无须向用人单位预告就可随时通知解除劳动合同。这对于用人单位在暂时无人顶替辞职者岗位的情况下，将对正常营业造成一定影响。因而，立法一般只限于试用期内或者在用人单位有过错行为的场合允许即时辞职。

合同是平等主体之间设立、变更和终止民事权利义务关系的协议，是为了特定的目的服务的。在合同履行过程中，如果一方当事人违反合同义务致使合同目的不能实现的，则对方当事人可以解除合同，违约的一方还应当赔偿对方所遭受的损失。劳动合同也不例外，劳动合同是用人单位与劳动者就劳动给付和工资支付达成的协议，如果用人单位违反劳动合同的义务，致使劳动合同目的不能实现的，劳动者当然可以随时解除劳动合同。同时，在劳动合同中，赋予劳动者随时解除劳动合同的权利更具有特殊的意义。劳动合同具有人身隶属性，劳动者履行劳动义务必须将其身体交由用人单位支配与管理，如果用人单位没有提供足够安全、健康的劳动条件和劳动保护措施的，则劳动者有权立即解除劳动合同，这样才能保护劳动者的人权权益。此外，用人单位与劳动者在劳动合同中的地位是不平等的，用人单位处于强势地位，它可能利用其强势地位使劳动者沦为其附庸，因此，赋予劳动者随时解除权，不仅可以使劳动者掌握维护自己合法权益的主动权，更有利于有效监督和遏制用人单位的违约行为，促使其遵守劳动法、劳动合同法的规定和劳动合同的约定。

《劳动法》第32条明确规定了劳动者的随时解除权，但该条对劳动者享有随时解除权的范围规定得还比较窄，劳动者解除劳动合同后的权益保障也规定得不够具体明确，对用人单位的违约和违法行为缺乏必要的制裁手段，于是很多地方劳动合同立法在规定劳动者随时解除权时，拓宽了随时解除权产生的范围，对劳动者解除劳动合同后的救济措施规定得比较具体明确。《劳动合同法》在借鉴了地方劳动合同立法的基础上，对《劳动法》第32条规定进行完善，主要体现在增加了随时解除权的产生的情形。具体来说，该规定可以从以下几个方面进行解释：

（一）随时解除权产生的条件

随时解除是指劳动者可以无须预告即可以通知用人单位单方解除劳动合同，无须得到用人单位的同意。劳动合同的随时解除，会给毫无准备的用人单位带来损失，用人单位没有时间到劳动力市场上寻求替代人员，可能会使正常的生产受到一定的影响。因此，劳动者随时解除权的产生一般限制在特定情形之中，主要包括以下几种：

1. 用人单位未按照劳动合同约定提供劳动保护和劳动条件的。

劳动合同是具有人身隶属性合同，劳动者履行自己提供劳动的义务需要其自身接受用人单位的支配和管理，因此，用人单位提供劳动条件时必须在安全卫生上达到一定的要求，并且采取必要的劳动保护措施。从法律根据来看，根据合同法上的诚实信用原则和劳动法上的劳动者倾斜保护原则，用人单位对劳动者承担一般保护义务。同时，根据劳动安全卫生方面的法律，用人单位还承担特别保护义务，例如《安全生产法》、《工厂安全卫生规程》、《建筑安装工程安全技术规程》、《矿山安全条例》、《矿山安全法》、《关于防止厂矿企业中矽尘危害的决定》、《关于防止沥青中毒办法》、《工业企业噪声标准》、《关于加强防毒工作的决定》、《尘肺病防治条例》、《放射性同位素与射线装置放射防护条例》以及《女职工劳动保护规定》、《妇女权益保障法》、《女职工禁忌劳动范围的规定》等，都对用人单位的安全卫生作出了规定。用人单位违反对劳动者承担的一般保护义务和劳动安全卫生法上的特殊保护义务的，未提供符合标准的安全生产条件，或者没有采取必要的劳动保护设施和劳动防护用品的，则对劳动者的生命安全和身体健康将存在潜在的威胁，劳动者可以随时解除劳动合同。

2. 用人单位未及时足额支付劳动报酬的。

用人单位在劳动合同中承担的最为主要的义务即是及时足额向劳动者支付劳动报酬，劳动者为用人单位提供劳动的目的在于换取劳动报酬，支付劳动报酬是用人单位承担的主合同义务，用人单位没有及时足额支付劳动报酬违反合同主义务，当然允许劳动者随时解除劳动合同，同时劳动者有权要求用人单位按照其所付出的劳动支付相应的劳动报酬。劳动报酬的数额一般是由当事人双方约定的，该约定不得低于当地的最低工资标准。劳动报酬必须在用人单位与劳动者约定的日期支付。如遇节假日或休息日，则应提前在最近的工作日支付。劳动报酬至少每月支付一次，实行周、日、小时工资制的可按周、日、小时支付。

3. 用人单位未依法为劳动者缴纳社会保险费的。

根据社会保险法上的规定，用人单位必须缴纳一部分的社会保险费用。由于《劳动法》对用人单位承担的社会保险费义务规定不够明确具体，在实践中对用人单位承担的社会保险费用缴纳义务是否属于对劳动者承担的劳动合同法上的义务存在争议，有不少地方法院判决，用人单位没有缴纳社会保险费用的，劳动者只能向劳动和社会保障部门进行检举，不能直接请求用人单位缴纳社会保险费用，也不得以用人单位没有缴纳社会保险费用为由解除劳动合同，该做法毫无疑问对劳动者的保护十分不利。为了弥补《劳动法》规定的不足，很多地方劳动合同立法将缴纳社会保险费的义务规定为用人单位承担的劳动合同义务，违反该义务劳动者可以随时解除劳动合同，《劳动合同法》吸收了这些做法，规定用人单位未依法为劳动者缴纳社会保险费的，劳动者可以随时解除劳动合同。根据该规定，只要用人单位没有按照社会保险法的规定及时、足额缴纳任何一种社会保险的保险费的，劳动者都可以随时解除劳动合同。

4. 用人单位的规章制度违反法律、法规的规定，损害劳动者权益的。

劳动者参加劳动过程中，必须接受用人单位规章制度的约束，如果该规章制度违反法律、法规规定，损害劳动者权益的，当然应该允许劳动者随时解除劳动合同。此外，根据《劳动合同法》第 88 条的规定，用人单位制定的劳动规章制度违反法律、法规规定的无效，对劳动者造成损害的，用人单位应当承担赔偿责任。该款中的"法律"应该说是比较明确的，应该认定为由全国人大和全国人大常务委员会制定的法律。"法规"的内容则不是很明确，通过对本条第 6 项规定"法律、行政法规"的反对解释，可以认为该"法规"的范围比行政法规要广，似乎可以认为可包括行政法规、地方性法规、部门规章以及地方政府规章在内的所有规范，至于"政策性文件"是否属于该"法规"，则是值得探讨的。此外，劳动者享有随时解除权必须以该规章制度损害劳动者权益为条件，因为，用人单位的规章制度违反法律、法规的，可能只是违反公法上的义务，并没有违反其对劳动者承担的劳动法上的义务，或者侵犯劳动者的权益，在这些情况下，劳动者是不能以此为由解除劳动合同的。

5. 用人单位以欺诈、胁迫的手段或者乘人之危，使劳动者在违背其真实意思的情况下订立或者变更劳动合同的。

合同是当事人双方意思表示的合意，如果一方当事人以欺诈、胁迫的手段或者乘人之危，使另一方当事人在违背真实意思的情况下签订合同的，受欺诈、胁迫或者处于危机中的当事人可以撤销该合同。在国外，劳动合同适用合同法的一般规定，用人单位以欺诈、胁迫的手段或者乘人之危，使劳动者在违背其真实意思的情况下订立或者变更劳动合同的，劳动者可以撤销该合同。但我国《劳动法》并没有建立劳动合同撤销制度，用人单位采取欺诈、威胁等手段订立的劳动合同被认为无效合同，该制度设计不利于保护劳动者的合法权益，《劳动合同法》对其进行完善，对于劳动合同解除制度予以补充，赋予劳动者因受欺诈、胁迫或乘人之危等原因而意思表示不真实的情况下以解除劳动合同的权利。从制度设计比较来看，赋予劳动者解除权比赋予劳动者撤销权更有利于劳动者的保护：因受欺诈、胁迫和乘人之危解除劳动合同可以要求用人单位支付经济补偿金，同时可以要求赔偿可得利益损失；而撤销合同则一般不得要求用人单位支付经济补偿金，只能要求信赖利益损失的赔偿。

6. 法律、行政法规规定的其他情形。

法律关于劳动者即时解除权的产生情形通过列举性规定是无法穷尽的，必须通过一般性条款予以补充，本款即是兜底性条款，为其他随时解除权的产生提供基础。值得注意的是，此处用的是"法律、行政法规"规定的其他情形，不包括地方性法规、部门规章、地方政府规章以及其他规范性法律文件。

7. 用人单位以暴力、威胁或者非法限制人身自由的手段强迫劳动者劳动的，或者用人单位违章指挥、强令冒险作业危及劳动者人身安全的。

劳动关系应当以自愿劳动为基础，用人单位通过对劳动者施加暴力、威胁或者其他强制方法，强迫其从事劳动，则与此精神相悖。在劳动关系中，劳动者依法享有基本的人身自由，其中包括法定工作时间之外的完全人身自由和法定工作时间之内的有限人身自由。因此，用人单位强迫劳动或者违章指挥、强令冒险作业危及劳动者人身安全的，劳动者可以随时解除劳动合同。在此处，"非法限制人身自由"，是指采用拘留、禁闭或其他强制方法非法剥夺或限制劳动者按照自己意志支配自己身体活动的自由。用人单位对劳动者人身自由的限制，如果超出履行劳动义务所需要的限度（没有法律依据，或者依据的集体合同、劳动合同、劳动纪律的条款不合法），即属非法限制。根据本法第88条的规定，用人单位以暴力、威胁或者非法限制人身自由的手段强迫劳动者劳动的，或者用人单位违章指挥、强令冒险作业危及劳动者人身安全，构成犯罪的，依法追究刑事责任；有违反治安管理行为的，依法给予行政处罚；对劳动者造成损害的，用人单位应当承担赔偿责任。此外，根据本法第32条规定，用人单位管理人员违章指挥、强令冒险作业的，劳动者有拒绝履行的抗辩权。

（二）随时解除权的行使

劳动者在符合法律规定的情形下，可以随时解除劳动合同。解除权在性质上属于形成权，行使解除权的意思表示属于无须对方当事人同意但却需要对方接受的意思表示，应该适用民法关于意思表示的有关规定，劳动者通知到达用人单位时劳动合同解除。从形式上看，解除权的行使可以书面解除，也可以口头解除。值得注意的是，用人单位以暴力、威胁或者非法限制人身自由的手段强迫劳动者劳动的，或者用人单位违章指挥、强令冒险作业危及劳动者人身安全的，劳动者无须事先告知用人单位即可解除劳动合同。

（三）随时解除权的法律后果

劳动者行使解除权的首要法律后果是使劳动合同向将来终止，已经履行的劳动合同仍然是有效的，用人单位必须支付工资。劳动合同解除的第二个法律效果是经济补偿金的支付，根据本法第36条规定，劳动者根据第38条解除劳动合同的，用人单位必须支付经济补偿金。根据最高人民法院《关于审理劳动争议案件适用法律若干问题的解释》第15条规定，劳动者因用人单位以暴力、威胁或者非法限制人身自由的手段强迫劳动的，或未按照劳动合同约定支付劳动报酬或者提供劳动条件的，或克扣或者无故拖欠劳动者工资的，或拒不支付劳动者延长工作时间工资报酬的，或低于当地最低工资标准支付劳动者工资的等原因提出解除劳动合同的，用人单位应当支付劳动者的劳动报酬和经济补偿，并可支付赔偿金。

【理解与适用】

（一）劳动合同的解除是否适用《合同法》关于合同解除的规定

从国外的有关规定来看，劳动合同法属于特殊合同，一般在合同法分则中予以规定，在具体法律适用中，有关劳动合同的争议首先适用劳动合同法的规定，劳动合同法没有规定的，再适用合同法的一般规定。在我国，劳动法属于社会法，民法属于私法，作为社会法的劳动法与作为私法的民法之间究竟处于何种关系不是特别清楚，这也使得劳动合同法与合同法的关系不是很清楚。有不少观点主张劳动法独立于民法，民法的规定不适用于劳动纠纷，在劳动合同方面也是如此，合同法的规定不适用于劳动合同纠纷，问题是，在劳动合同法的规定不是很完善和面面俱到的情况下，是否需要合同法的有关规定予以补充？以下将就劳动者随时解除劳动合同的情况进行分析。

我国《合同法》第94条对法定解除的条件做了一般规定，第95条和第96条对解除权的行使进行规定，第97条对合同解除的法律效果进行规定。《劳动合同法》第38条则对劳动者随时解除权产生的条件以及行使做了规定。从法律规定来看，劳动者随时解除劳动合同中是否应该适用《合同法》的规定将在以下几个方面产生区别：

首先，关于合同解除权产生的条件，《合同法》第94条规定："有下列情形之一的，当事人可以解除合同：（一）因不可抗力致使不能实现合同目的；（二）在履行期限届满之前，当事人一方明确表示或者以自己的行为表明不履行主要债务；（三）当事人一方迟延履行主要债务，经催告后在合理期限内仍未履行；（四）当事人一方迟延履行债务或者有其他违约行为致使不能实现合同目的；（五）法律规定的其他情形。"《劳动合同法》第38条规定了劳动者随时解除的6种具体情形，还规定了兜底条款。从以上可以看出，《合同法》第94条规定的情形并没有完全包含在《劳动合同法》第38条中，因此，如果《合同法》是对《劳动合同法》的补充，则《合同法》第94条规定的所有情形也应该是劳动者随时解除劳动合同的条件。如果劳动合同纠纷不适用《合同法》，则劳动者只能在《劳动合同法》第38条的情形下才能随时解除劳动合同。此外，值得研究的是，《合同法》第94条是否属于《劳动合同法》第38条中的"法律、行政法规规定的其他情形"，如果属于，则劳动者仍然可以依据《合同法》第94条随时解除劳动合同。

其次，关于合同解除权产生的判断标准，《劳动合同法》第38条规定了劳动者随时解除权产生的6种具体情形和1个兜底条款，但缺乏判断标准的规定。例如，用人单位迟延支付劳动报酬多长时间或者有多少比例的工资没有支付，构成用人单位未及时足额支付劳动报酬的？根据《合同法》第94条规定，当事人违约行为致使合同目的不能实现时，可以解除合同；当事人迟延履行即使没有致使合同目的不能实现，只有经催告后在合理期限内仍未履行的，才可解除合同。如果劳动合同的解除应该适用《合同法》的规定，则只有在用人单位的行为致使劳动合同目的不能实现时，或者用人单位在经催告后在合理期限内仍未履行时，劳动者才可随时解除劳动合同。如果不适用《合同法》的规定，则只要用人单位有违约行为，劳动者就可以解除劳动合同，违约行为造成的后果并不是考虑的因素。

再次，关于解除权的行使，《合同法》第95条对合同解除权的行使做了规定，法律规定或者当事人约定解除权行使期限，期限届满当事人不行使的，该权利消灭，法律没有规定或者当事人没有约定解除权行使期限，经对方催告后在合理期限内不行使的，该权利消灭。《劳动合同法》第38条只是规定"可以随时"解除劳动合同，并没有对解除权行使的期限作出限定。如果劳动合同的解除必须适用《合同法》第95条的规定，则劳动者必须在合理的期限内行使解除权。

从以上可以看出，劳动合同解除是否适用《合同法》的规定对劳动者的权益影响很大，为了更好地保障劳动者的合法权益，充分贯彻和体现劳动法倾斜保护劳动者的精神，我们认为，劳动合同的解除原则上不适用《合同法》的规定，但《合同法》第94条属于《劳动合同法》第38条规定的"法律、行政法规规定劳动者可以解除劳动合同的其他情形"。具体来说，在解除条件上，劳动者可以依据《劳动合同法》第38条和《合同法》第94条请求解除劳动合同；在解除条件判断上，只要用人单位违反劳动合同或者违反法律规定，劳动者即可解除劳动合同，无须违约行为致使合同目的不能实现或者经过催告；在解除权行使上，劳动者可以随时解除劳动合同，没有期间限制。

（二）劳动合同的无效与解除

《劳动合同法》第26条第1款规定，以欺诈、胁迫的手段或者乘人之危，使对方在违背其真实意思的情况下订立劳动合同的，劳动合同无效或者部分无效。根据《劳动合同法》第 38 条第 1 款第 5 项规定，用人单位以欺诈、胁迫的手段或者乘人之危，使劳动者在违背其真实意思的情况下订立或者变更劳动合同的，劳动者可以随时通知用人单位解除劳动合同。以上两个规定，对于劳动者因欺诈、胁迫或者乘人之危而签订的劳动合同的效力做了不同规定：第 26 条认为是无效或者是部分无效；第 38 条则认为是有效的，只是劳动者可以随时解除。从《劳动合同法》的相关规定来看，劳动合同的无效与解除存在以下几个方面的区别：(1) 劳动合同的效力不同，劳动合同的无效是自始、当然、确定的无效，对于已经履行的劳动合同，用人单位应当参考用人单位同类岗位劳动者的劳动报酬确定或者按照本单位职工平均工资向劳动者支付劳动报酬；劳动合同的解除则首先承认劳动合同是有效的，其解除是使劳动合同向将来消灭，已经履行的劳动合同是有效的，用人单位应根据劳动合同约定支付劳动报酬。(2) 请求主体不同，劳动合同的无效由劳动行政部门、劳动争议仲裁机构或者人民法院确认，劳动合同的解除则是由劳动者提出。(3) 在法律后果上，因用人单位欺诈、胁迫或乘人之危致使劳动合同无效的，劳动行政部门可以处以 500 元以上 2 万元以下罚款，给劳动者造成损害的，用人单位应当承担赔偿责任，但不用支付经济补偿金；因用人单位欺诈、胁迫或乘人之危致使劳动合同被解除的，用人单位应当支付经济补偿金，同时应承担赔偿责任。从以上可以看出，因欺诈、胁迫和乘人之危签订的劳动合同被确认为无效或者被解除在法律效果上存在很大的差别，对劳动者的权益影响很大，从保护劳动者的角度出发，将其认定为可解除的合同似乎更有利于劳动者的保护。因此，我们认为，以欺诈、胁迫的手段或者乘人之危，使劳动者在违背其真实意思的情况下订立劳动合同的，劳动者主张解除合同的，即使劳动行政部门、劳动争议仲裁机构或者人民法院主张确认劳动合同无效的，也应该将其作为合同的解除来处理。

第三十九条　（用人单位随时解除）

劳动者有下列情形之一的，用人单位可以解除劳动合同：

（一）在试用期间被证明不符合录用条件的；

（二）严重违反用人单位的规章制度的；

（三）严重失职，营私舞弊，给用人单位造成重大损害的；

（四）劳动者同时与其他用人单位建立劳动关系，对完成本单位的工作任务造成严重影响，或者经用人单位提出，拒不改正的；

（五）因本法第二十六条第一款第一项规定的情形致使劳动合同无效的；

（六）被依法追究刑事责任的。

【相关法条】

《劳动法》

第二十五条　劳动者有下列情形之一的，用人单位可以解除劳动合同：

（一）在试用期间被证明不符合录用条件的；

（二）严重违反劳动纪律或者用人单位规章制度的；

（三）严重失职，营私舞弊，对用人单位利益造成重大损害的；

（四）被依法追究刑事责任的。

第三十条　用人单位解除劳动合同，工会认为不适当的，有权提出意见。如果用人单位违反法律、法规或者劳动合同，工会有权要求重新处理；劳动者申请仲裁或者提起诉讼的，工会应当依法给予支持和帮助。

劳动部《关于〈中华人民共和国劳动法〉若干条文的说明》

第二十五条　劳动者有下列情形之一的，用人单位可以解除劳动合同：

（一）在试用期间被证明不符合录用条件的；

（二）严重违反劳动纪律或者用人单位规章制度的；

（三）严重失职，营私舞弊，对用人单位利益造成重大损害的；

（四）被依法追究刑事责任的。

本条中"严重违反劳动纪律"的行为，可根据《企业职工奖励条例》和《国营企业辞退违纪职工暂行规定》等有关法规认定。

本条中的"重大损害"由企业内部规章来规定。因为企业类型各有不同，对重大损害的界定也千差万别，故不便对重大损害作统一解释。若由此发生劳动争议，可以通过劳动争议仲裁委员会对其规章规定的重大损害进行认定。

本条中"被依法追究刑事责任"，具体指：（1）被人民检察院免予起诉的；（2）被人民法院判处刑罚（刑罚包括：主刑：管制、拘役、有期徒刑、无期徒刑、死刑；附加刑：罚金、剥夺政治权利、没收财产）的；（3）被人民法院依据刑法（指 1979 年《刑法》）第 32 条免予刑事处分的。

劳动部《关于贯彻执行〈中华人民共和国劳动法〉若干问题的意见》

28. 劳动者涉嫌违法犯罪被有关机关收容审查、拘留或逮捕的，用人单位在劳动者被限制人身自由期间，可与其暂时停止劳动合同的履行。

暂时停止履行劳动合同期间，用人单位不承担劳动合同规定的相应义务。劳动者经证明被错误限制人身自由的，暂时停止履行劳动合同期间劳动者的损失，可由其依据《国家赔偿法》要求有关部门赔偿。

29. 劳动者被依法追究刑事责任的，用人单位可依据劳动法第二十五条解除劳动合同。

"被依法追究刑事责任"是指：被人民检察院免予起诉的、被人民法院判处刑罚的、被人民法院依据刑法第三十二条免予刑事处分的。

劳动者被人民法院判处拘役、三年以下有期徒刑缓刑的，用人单位可以解除劳动合同。

30. 劳动法第二十五条为用人单位可以解除劳动合同的条款，即使存在第二十九条规定的情况，只要劳动者同时存在第二十五条规定的四种情形之一，用人单位也可以根据第二十五条的规定解除劳动合同。

31. 劳动者被劳动教养的，用人单位可以依据被劳教的事实解除该劳动者的劳动合同。

39. 用人单位依据劳动法第二十五条解除劳动合同，可以不支付劳动者经济补偿金。

87. 劳动法第二十五条第（三）项中的"重大损害"应由企业内部规章来规定，不便于在全国对其作统一解释。若用人单位以此为由解除劳动合同，与劳动者发生劳动争议，当事人向劳动争议仲裁委员会申请仲裁的，由劳动争议仲裁委员会根据企业类型、规模和损害程度等情况，对企业规章中规定的"重大损害"进行认定。

【草案相关条文比较】

关于用人单位随时解除劳动合同，征求意见稿第 31 条规定："劳动者有下列情形之一的，用人单位可以解除劳动合同：（一）在试用期间被证明不符合录用条件的；（二）严重违反用人单位的规章制度，按照用人单位的规章制度应当解除劳动合同的；（三）严重失职，营私舞弊，给用人单位的利益造成重大损害的；（四）劳动者同时与其他用人单位建立劳动关系，对完成工作任务造成严重影响，经用人单位提出，拒不改正的；（五）被依法追究刑事责任的。"三审稿增加了"因本法第二十六条第一项规定的情形致使劳动合同无效的"。四审稿和最终稿对三审稿的个别文字进行了完善，在内容上没有变化。

【法条评析】

本条是关于用人单位随时解除权的规定。

用人单位的随时解除又称即时辞退、即时解除或者过失性解除，是指用人单位无须向对方预告就可随时通知解除劳动合同，其法定许可性条件一般为劳动者经试用不合格，或者劳动者违纪、违法达到一定严重程度，或者劳动者存在其他的过错。在劳动合同中，用人单位与劳动者在事实上处于不平等的状态，为防止用人单位利用其强势地位任意解除劳动合同，法律必须对用人单位随时解除劳动合同的条件进行限制，只有在劳动者因经试用不合格或者因存在过错的情况下，才允许用人单位随时解除劳动合同。

《劳动法》第 25 条对用人单位随时解除劳动合同的条件进行规定，原劳动部还针对该规定做了解释和说明，并予以具体化。该规定在实践中亦引起一些问题。由于第 25 条对"录用条件"、"严重违反"、"严重失职"和"重大损害"等词句缺乏具体界定，不少用人单位任意以该条为依据解除劳动合同，不利于劳动者的保护。同时，依法被追究刑事责任可即时解除劳动合同，也扩大了用人单位即时解除劳动合同的范围。针对以上问题，地方劳动合同立法做了一定的变动，限制用人单位即时解除劳动合同的条件，加大对劳动者的保护。但是，《劳动合同法》并没有借鉴地方立法的做法，2006 年 3 月公布的《劳动合同法（征求意见稿)》第31条对《劳动法》第25条做了一些语言上的修改，增加"劳动者同时与其他用人单位建立劳动关系，对完成本单位的工作任务造成严重影响，或者经用人单位提出，拒不改正的"，用人单位可以随时解除劳动合同。2006年12月公布的《劳动合同法（二次审议稿）》第39条规定的内容与《征求意见稿》第31条完全相同。2007年4月公布的《三次审议稿》第39条在《征求意见稿》第31条规定的基础上增加了"因本法第二十六条第一项规定的情形致使劳动合同无效的"作为用人单位随时解除劳动合同的条件。具体来说，该规定可从以下几个方面进行分析：

（一）用人单位随时解除劳动合同的条件

为防止用人单位任意解除劳动合同损害劳动者的权益，用人单位只有在法律规定的条件下才能即时解除劳动合同。

1. 在试用期间被证明不符合录用条件的。

录用条件是指用人单位在招用劳动者时提出的具体要求和标准。为了考察招用的劳动者是否符合本单位工作岗位的要求，用人单位一般在招用劳动者时都规定了长短不等的试用期。在试用期内，如果劳动者不能胜任用人单位的工作岗位的，用人单位可以随时解除劳动合同。具体实践中，是否合格，应当以法定的最低就业年龄等基本录用条件和招用时规定的文化、技术、身体、品质等条件为准，在具体录用条件不明确时，还应以是否胜任商定的工作为准，同时，该录用条件不得违法或者有歧视性内容。不合格，既包括完全不具备录用条件，也包括部分不具备录用条件，但都必须由用人单位对此提出合法有效的证明。是否在试用期间，应当以劳动合同为准；若劳动合同约定的试用期间超出法定最长时间，则以法定最长期限为准；若试用期届满后仍未办理劳动者转正手续，则不能认为还处在试用期间，即不能再以试用不合格为由辞退劳动者。

2. 严重违反用人单位的规章制度的。

用人单位的规章制度是指用人单位为加强劳动管理，在本单位实施的保障劳动者依法享有劳动权利和履行劳动义务的行为准则。规章制度是用人单位为规范生产经营的过程、创造良好的工作环境而作出的规定。用人单位的规章制度是保障其生产经营顺利进行的需要，也是减少劳动中的意外事故的保证，对单位的全体劳动者都有约束力。如果劳动者严重违反用人单位规章，则可能影响用人单位生产经营的顺利进行，也可能会引起意外事故的发生，因此，用人单位可以劳动者严重违反用人单位规章制度为由解除劳动合同。

在具体实践中，判断是否违纪的用人单位的规章制度必须是合法、有效的、并经过公示的。劳动者的行为是否违反规章制度，应当以劳动者本人有义务遵循的劳动纪律及用人规章制度为准，其范围既包括全体劳动者都有义务遵循者，也包括劳动者本人依其职务、岗位有义务遵循者。违反规章制度的行为是否严重，一般应当以劳动法规所规定的限度和用人单位规章制度依此限度所规定的具体界限为准。在《企业职工奖惩条例》等法规中，对严重违纪行为作了列举式规定，有的还规定了数量界限（如旷工天数），用人单位内部劳动规则关于严重违纪行为的具体规定，不得降低或扩大劳动法所要求的严重程度。在判定违反规章制度的行为是否严重时，应当以劳动者在本劳动合同存续期间和法定追究期限内的未经处罚和法定可重复处罚的违纪事实为限，而不能将超出此时间范围或法定不可重复处罚的违纪事实累计在内。

3. 严重失职，营私舞弊，给用人单位的利益造成重大损害的。

劳动者在履行劳动合同期间，违反其忠于职守、维护和增进用人单位利益的义务，有未尽职责的严重过失行为或者利用职务之便谋取私利的故意行为，使用人单位的有形财产、无形财产或人员遭受重大损害，但不够被刑罚处罚的程度，用人单位可以随时解除劳动合同。在判断劳动者的行为是否符合该款规定时，应当掌握两个标准：一是劳动者的"失职"、"营私舞弊"必须是严重的；二是劳动者的行为必须对用人单位的利益造成了重大损害。例如，因玩忽职守而造成事故；因工作不负责任而经常产生废品、损坏设备工具、浪费原材料或能源；贪污受贿；泄露或出卖商业秘密；等等。

4. 劳动者同时与其他用人单位建立劳动关系，对完成本单位的工作任务造成严重影响，或者经用人单位提出，拒不改正的。

本款是《劳动合同法》在《劳动法》第25条基础上新增加的内容，主要适用于劳动者与其他用人单位建立劳动关系的情况。劳动者在第一重劳动关系之外，与其他用人单位建立第二重劳动关系的，如果影响其本职工作或者原用人单位反对的，则原用人单位可以解除劳动合同。用人单位根据本款规定解除劳动合同主要有两种情形：第一是劳动者同时与其他用人单位建立劳动关系，对完成本单位的工作任务造成严重影响的。在该情形中，不管原用人单位是否曾经提出过异议，只要劳动者严重影响其本单位工作的，则原用人单位即可解除劳动合同。第二是劳动者同时与其他用人单位建立劳动关系，经用人单位提出，拒不改正的。在该情形中，即使劳动者与其他用人单位建立劳动关系没有影响其本职工作的，只要用人单位提出异议，劳动者拒不改正的，用人单位也可以解除劳动合同。

5. 因本法第 26 条第 1 项规定的情形致使劳动合同无效的。

《劳动合同法》第 26 条第 1 款规定，以欺诈、胁迫的手段或者乘人之危，使对方在违背其真实意思的情况下订立劳动合同的，劳动合同无效或者部分无效。在一般民事合同中，一方当事人以欺诈、胁迫或者乘人之危使对方在违背其真实意思的情况下订立劳动合同的，受欺诈、胁迫或者陷于危机的当事人可以请求撤销合同。但在我国劳动合同法中，并没有承认劳动合同的撤销制度，以欺诈、胁迫手段或者乘人之危订立的劳动合同要么是无效劳动合同，要么是可被随时解除的劳动合同，受欺诈、胁迫或者陷于危机的一方当事人可以即时解除劳动合同。当然，该劳动合同的无效和解除的关系是值得探讨的。

6. 被依法追究刑事责任的。

劳动者在劳动合同存续期间，因严重违法，构成犯罪，被依法追究刑事责任的，已经不能再为用人单位提供劳动的，其与用人单位之间的劳动合同也就失去了存在的意义，用人单位可以即时解除劳动合同。《劳动法》第 25 条就此做了规定，但在理论上对是否所有被追究刑事责任的都赋予用人单位即时解除劳动合同的权利存在一定的争议，实践中，对依照刑法被处以管制者、宣告缓刑者，以及被免予刑事处罚者，一般也有不予辞退的。因为在这些情况下，劳动者仍有履行劳动合同的行为自由，并且保留其劳动关系更有利于本人的改造。本款并没有对刑事责任进行区别对待，在解释上仍然应该认为，只要劳动者被依法追究刑事责任，即使劳动者被人民法院免予起诉或者免于刑事处分的，用人单位也可以即时解除劳动合同。

值得注意的是，《劳动法》颁布之后，《劳动部关于贯彻执行〈中华人民共和国劳动法〉若干问题的意见》第 30 条规定："劳动法第二十五条为用人单位可以解除劳动合同的条款，即使存在第二十九条规定的情况，只要劳动者同时存在第二十五条规定的四种情形之一，用人单位也可以根据第二十五条的规定解除劳动合同。"根据该规定，即使存在法定不能解除的情况，只要符合《劳动法》第 25 条规定的条件的，用人单位仍然可以解除劳动合同。根据《劳动合同法》第42条的规定，限制劳动合同解除的条件只是适用于第40条和第41条，因此，只要符合本条规定的条件，即使存在第42条规定的情形，用人单位仍然可以即时解除劳动合同。

（二）用人单位即时解除劳动合同的程序

关于用人单位解除劳动合同的程序，《劳动法》第30条规定："用人单位解除劳动合同，工会认为不适当的，有权提出意见。如果用人单位违反法律、法规或者劳动合同，工会有权要求重新处理；劳动者申请仲裁或者提起诉讼的，工会应当依法给予支持和帮助。"该规定严格来说不是用人单位即时解除劳动合同的程序，而是监督，要求用人单位解除劳动合同之后必须听取工会的意见。这种事后监督的规定在实践中很难起到保护劳动者的作用。《劳动合同法》对此做了完善，《劳动合同法》第43条规定，用人单位单方解除劳动合同，应当事先将理由通知工会。用人单位违反法律、行政法规规定或者劳动合同约定的，工会有权要求用人单位纠正。用人单位应当研究工会的意见，并将处理结果书面通知工会。根据该规定，用人单位解除劳动合同之前，必须事先将理由征求工会的意见。此外，根据《劳动合同法》第50条的规定，用人单位应当在解除劳动合同时出具解除劳动合同的证明。

（三）用人单位即时解除劳动合同的法律后果

用人单位即时解除劳动合同的首要法律效果是使劳动合同向将来发生消灭，已经履行的劳动合同仍然有效，用人单位必须按照约定支付劳动报酬。由于用人单位是由于劳动者的原因而即时解除劳动合同的，无须向劳动者支付经济补偿金。

【理解与适用】

（一）《劳动合同法》是否承认双重劳动关系

关于双重劳动关系，我国《劳动法》的规定并不明确。有观点认为，《劳动法》第99条规定："用人单位招用尚未解除劳动合同的劳动者，对原用人单位造成经济损失的，该用人单位应当承担连带赔偿责任。"因此，一个劳动者原则上只能与一个用人单位建立劳动关系，除法律、行政法规有特别规定外，劳动者建立双重、多重劳动关系就属于违法。也有观点认为，《劳动法》第99条只是规定因双重劳动关系给原用人单位造成损失时，劳动者和新用人单位应当承担赔偿责任，该规定并没有禁止双重劳动关系。《劳动法》规定的不明确造成实务界的做法不统一，不利于纠纷的解决和法律的统一适用，也不利于保护兼职劳动者的合法权益。

针对《劳动法》规定存在的不足，《劳动合同法》进行了完善。《劳动合同法》第91条对第《劳动法》第99条的内容做了一定的变动，规定："用人单位招用与其他用人单位尚未解除或者终止劳动合同的劳动者，给其他用人单位造成损失的，应当承担连带赔偿责任。"同时，《劳动合同法》第39条还规定，劳动者同时与其他用人单位建立劳动关系，对完成本单位的工作任务造成严重影响，或者经用人单位提出，拒不改正的，用人单位可以随时解除劳动合同。从这两个规定可以看出，《劳动合同法》对双重劳动关系持肯定态度，但是，建立双重劳动关系必须符合两个条件：第一，不能影响在原用人单位的工作；第二，必须原用人单位同意。同时，如果因双重劳动关系给原用人单位造成损失的，新用人单位必须向原用人单位承担赔偿责任。

（二）用人单位即时解除劳动合同是否可以要求劳动者赔偿损失

用人单位因劳动者的原因即时解除劳动合同的，如果劳动者的行为给用人单位造成了其他损失，用人单位解除劳动合同之后是否可以要求劳动者赔偿损失？从《劳动合同法》的规定来看，只有在第90条规定，劳动者违反本法规定解除劳动合同，或者违反劳动合同中约定的保密义务或者竞业限制，给用人单位造成经济损失的，应当承担赔偿责任，在其他情况下则没有关于劳动者承担损害赔偿责任的规定。因此，只有在劳动者违反劳动合同约定的保密事项或竞业限制，用人单位才能要求其承担赔偿责任。

（三）劳动合同的无效和解除

《劳动合同法》第26条第1款第1项规定，以欺诈、胁迫的手段或者乘人之危，使对方在违背其真实意思的情况下订立劳动合同的，劳动合同无效或者部分无效。《劳动合同法》第39条第5项则规定，因本法第26条第1款第1项规定的情形致使劳动合同无效的，用人单位可以解除劳动合同。以上两个规定，对于劳动者因欺诈、胁迫或者乘人之危而签订的劳动合同的效力做了不同规定：第26条认为是无效或者是部分无效；第39条则认为是有效的，只是用人单位可以随时解除。从《劳动合同法》的相关规定来看，劳动合同的无效与解除存在以下几个方面的区别：（1）劳动合同的效力不同，劳动合同的无效是自始、当然、确定的无效，对于已经履行的劳动合同，用人单位应当参考用人单位同类岗位劳动者的劳动报酬确定或者按照本单位职工平均工资向劳动者支付劳动报酬；劳动合同的解除则首先承认劳动合同是有效的，其解除是使劳动合同向将来消灭，已经履行的劳动合同是有效的，用人单位应根据劳动合同约定支付劳动报酬。（2）请求主体不同，劳动合同的无效由劳动行政部门、劳动争议仲裁机构或者人民法院确认，劳动合同的解除则是由用人单位主张。（3）在法律后果上，因劳动者欺诈、胁迫或乘人之危致使劳动合同无效的，劳动行政部门可以处以 500 元以上 2 万元以下罚款，给用人单位造成损害的，劳动者应当承担赔偿责任，用人单位不用支付经济补偿金；因劳动者欺诈、胁迫或乘人之危致使劳动合同被解除的，用人单位不应当支付经济补偿金，劳动者一般也不承担赔偿责任。从以上可以看出，劳动合同的无效和解除存在一定的差别，从保护用人单位的角度出发，将此类合同认定为可解除合同更为合理。

第四十条　（用人单位预告解除）

有下列情形之一的，用人单位提前三十日以书面形式通知劳动者本人或者额外支付劳动者一个月工资后，可以解除劳动合同：

（一）劳动者患病或者非因工负伤，在规定的医疗期满后不能从事原工作，也不能从事由用人单位另行安排的工作的；

（二）劳动者不能胜任工作，经过培训或者调整工作岗位，仍不能胜任工作的；

（三）劳动合同订立时所依据的客观情况发生重大变化，致使劳动合同无法履行，经用人单位与劳动者协商，未能就变更劳动合同内容达成协议的。

【相关法条】

《劳动法》

第二十六条　有下列情形之一的，用人单位可以解除劳动合同，但是应当提前三十日以书面形式通知劳动者本人：

（一）劳动者患病或者非因工负伤，医疗期满后，不能从事原工作也不能从事由用人单位另行安排的工作的；

（二）劳动者不能胜任工作，经过培训或者调整工作岗位，仍不能胜任工作的；

（三）劳动合同订立时所依据的客观情况发生重大变化，致使原劳动合同无法履行，经当事人协商不能就变更劳动合同达成协议的。

劳动部《关于〈中华人民共和国劳动法〉若干条文的说明》

第二十六条 有下列情形之一的，用人单位可以解除劳动合同，但是应当提前三十日以书面形式通知劳动者本人：

（一）劳动者患病或者非因工负伤，医疗期满后，不能从事原工作也不能从事由用人单位另行安排的工作的；

（二）劳动者不能胜任工作，经过培训或者调整工作岗位，仍不能胜任工作的；

（三）劳动合同订立时所依据的客观情况发生重大变化，致使原劳动合同无法履行，经当事人协商不能就变更劳动合同达成协议的。

本条第（一）项指劳动者医疗期满后，不能从事原工作的，由原用人单位另行安排适当工作之后，仍不能从事另行安排的工作的，可以解除劳动合同。

本条第（二）项中的"不能胜任工作"，是指不能按要求完成劳动合同中约定的任务或者同工种，同岗位人员的工作量。用人单位不得故意提高定额标准，使劳动者无法完成。

本条中的"客观情况"指：发生不可抗力或出现致使劳动合同全部或部分条款无法履行的其他情况，如企业迁移、被兼并、企业资产转移等，并且排除本法第二十七条所列的客观情况。

【草案相关条文比较】

关于用人单位预告解除，征求意见稿第 32 条规定："有下列情形之一的，用人单位在提前 30 日以书面形式通知劳动者本人或者额外支付劳动者 1 个月工资后，可以解除无固定期限劳动合同：（一）劳动者患病或者非因工负伤，在规定的医疗期满后不能从事原工作，且未能就变更劳动合同与用人单位协商一致的；（二）劳动者被证明不能胜任工作，经过培训或者调整工作岗位，仍不能胜任工作的；（三）劳动合同订立时所依据的客观情况发生重大变化，致使劳动合同无法履行，经用人单位与劳动者协商，未能就变更劳动合同内容或者中止劳动合同达成协议的。"二审稿则删除了征求意见稿中"无固定"三个字，规定："有下列情形之一的，用人单位在提前三十日以书面形式通知劳动者本人或者额外支付劳动者一个月工资后，可以解除劳动合同……"三审稿对二审稿本条第1款内容做了修改，规定："劳动者患病或者非因工负伤，在规定的医疗期满后不能从事原工作，且未能就变更劳动合同与用人单位协商一致的"，以"未能就变更劳动合同与用人单位协商一致的"代替"不能从事由用人单位另行安排的工作的"，四审稿对三审稿第1款改了回来。

【法条评析】

本条是关于用人单位预告解除的规定。

预告解除，又称非过失性解除、预告辞退，即劳动合同成立生效之后，基于客观情况的变化使劳动合同无法履行，用人单位经过预告，解除劳动合同。劳动合同在履行过程中，可能因为遇到一些客观原因，致使合同无法履行的，则应当允许用人单位解除劳动合同，保障其生产经营利益。同时，为了加强对劳动者的保护，用人单位在这种情况下解除劳动合同应当受到一定的限制。

《劳动法》第26条对用人单位的预告解除做了规定，该规定由于在一些关键概念上规定得过于宽泛，对预告解除的程序规定得过于简单，给司法和执法实践带来一定的争议和难题，有些地方劳动合同立法做了一定的具体化。《劳动合同法》第40条在《劳动法》第26条的基础上，借鉴了地方劳动合同立法的规定，对预告解除进行了完善。具体来说，可以从以下几个方面进行分析：

（一）预告解除的构成要件

预告解除的法定许可性条件，一般限于在劳动者无过错的情况下由于主客观情况变化而导致劳动合同无法履行的情形。主要包括：

1. 劳动者患病或非因工负伤，医疗期满后，不能从事原工作也不能从事由用人单位另行安排的工作。

医疗期是指企业职工因患病或非因工负伤，停止工作治病休息，不得解除劳动合同的时限。劳动者患病或者非因工负伤，按照劳动部《企业职工患病或非因工负伤医疗期规定》的规定可以享受不同期限的医疗期，用人单位在医疗期内不得解除劳动合同，必须按照原标准支付劳动报酬。医疗期满后，如果劳动者不能从事原工作，也不能从事由用人单位另行安排的工作的，则用人单位可以预告解除劳动合同。值得注意的是，此处的医疗期，是指劳动者根据其工龄等条件，依法可以享受的停工医疗并发给病假工资的期间，而不是劳动者病伤治愈所实际需要的医疗期。劳动者在规定的医疗期届满后，其病伤尚未医疗终结或者医疗终结但其劳动能力受损，经劳动鉴定机构证明，缺乏或丧失从事原工作或者用人单位在现有条件下为其所安排新工作的劳动能力，而无法继续履行劳动合同，用人单位可解除劳动合同。

2. 劳动者不能胜任工作，经过培训或者调整工作岗位，仍不能胜任工作。

"不能胜任工作"是指不能按要求完成劳动合同中约定的任务或者同工种、同岗位人员的工作量。劳动者在试用期满后不能胜任劳动合同所约定的工作，用人单位应对其进行培训或者为其调整工作岗位，如果劳动者经过一定期间的培训仍不能胜任原约定的工作，或者对重新安排的工作也不胜任，就意味着劳动者缺乏履行劳动合同的劳动能力，不适合用人单位为其安排的工作岗位，用人单位可以解除劳动合同。

3. 劳动合同订立时所依据的客观情况发生重大变化，致使原劳动合同无法履行，经当事人协商不能就变更劳动合同达成协议。

客观情况，是指履行原劳动合同所必要的客观条件，如自然条件、原材料或能源供给条件、生产设备条件、产品销售条件、劳动安全卫生条件等。如果这类客观条件由于发生不可抗力或者出现其他情况，而发生了足以使原劳动合同无法履行的变化，用人单位应当就劳动合同变更问题与劳动者协商；如果劳动者不同意变更劳动合同，原劳动合同所确立的劳动关系就没有存续的必要。此处的客观情况发生重大变化是指，发生不可抗力或出现使劳动合同全部或部分条件无法履行的其他情况，而且该情况并不属于第 41 条规定的情形。

需要明确的是，用人单位依据第 40 条规定解除劳动合同要受第 42 条规定的限制，在第 42 条规定的情形中，用人单位不得解除劳动合同。

（二）预告解除的程序

根据《劳动法》第 26 条的规定，用人单位在非过失性解除中，只有提前 30 日以书面形式通知劳动者本人后，才可解除劳动合同。《劳动合同法》第 40 条增加了解除合同的另一种程序，即：即使没有提前 30 天书面通知本人，用人单位在额外支付劳动者一个月工资后，也可以解除劳动合同。用人单位提前 30 天进行解除的，必须采用书面形式，通知自到达劳动者本人后生效。

值得注意的是，用人单位依据本条规定进行的解除应该适用第 43 条的规定，应当事先将理由通知工会。工会认为不适当的，有权提出意见。用人单位违反法律、行政法规规定或者劳动合同约定的，工会有权要求用人单位纠正。用人单位应当研究工会的意见，并将处理结果书面通知工会。

（三）预告解除的法律后果

预告解除的首要后果是使劳动合同自始向将来发生消灭，已经履行的合同仍然有效，用人单位必须支付劳动报酬。根据《劳动合同法》第 46 条的规定，用人单位根据该条规定解除劳动合同必须支付经济补偿金。

【理解与适用】

（一）第 39 条与第 40 条的区别

第 39 条和第 40 条都是用人单位单方解除劳动合同的规定，第 39 条适用于劳动者存在过错或者因试用期被证明不符合录用条件的情况，其解除不受第 42 条规定的限制；第 40 条适用于双方当事人都没有过错，而是因客观原因致使合同无法履行的情况，其解除受第 42 条规定的限制。正是由于适用的情况不一样，用人单位解除程序也不相同，除了都必须适用第 43 条的规定外，第 39 条情形中的用人单位可以随时解除，第 40 条中的用人单位必须提前 30 日以书面形式通知劳动者本人或者额外支付劳动者一个月工资后才可解除劳动合同。在法律后果上，二者也存在很大的差别，用人单位依据第 39 条解除劳动合同无须支付经济补偿金，依据第 40 条解除劳动合同必须支付经济补偿金。

第 39 条规定情形与第 40 条规定的情形的界限一般是泾渭分明的，但也可能存在一定的交叉。例如，劳动者在试用期内患病不能参加工作的，用人单位是否能够立即解除劳动合同？根据《企业职工患病或非因工负伤医疗期规定》，劳动者在试用期内也享受国家规定的医疗期的权利，在医疗期内用人单位不得解除劳动合同。如果用人单位能够证明劳动者在试用期内不符合其录用条件，其解除劳动合同的行为是否受劳动者医疗期的限制？是否可以即时解除劳动合同？严格依据对第39条的文义来说，用人单位在试用期内如果能够证明劳动者不符合其录用条件的，即可立即解除劳动合同，不受其他条件的限制。

（二）对"客观情况发生重大变化"的理解

对于哪些情况属于"客观情况发生重大变化"，第40条的规定缺乏详细的界定，有些地方的劳动合同立法则予以具体化，这些地方劳动合同立法对于我们理解哪些情况属于"客观情况发生重大变化"是有重要参考价值的。根据《杭州市劳动合同条例》，客观情况发生重大变化，是指遇不可抗力或者用人单位跨地区迁移、兼并、分立、合资、转（改）制、转产、进行重大技术改造等致使劳动合同所确定的生产、工作岗位消失。根据《宁波市劳动合同条例》，客观情况发生重大变化，是指因用人单位分立、合资、合并、兼并、转（改）制、跨地区搬迁、企业转产或者进行重大技术改造，致使劳动合同所确定的生产、工作岗位消失。根据《海南省劳动合同管理规定》，客观情况发生重大变化包括用人单位分立、合并、停产、转产或者其他客观情况发生重大变化。在司法实践中，企业经济滑坡不属于此处客观情况发生重大变化。

（三）对企业职工患病或非因公负伤医疗期的理解

根据《企业职工患病或非因工负伤医疗期规定》，企业职工因患病或非因工负伤，需要停止工作医疗时，根据本人实际参加工作年限和在本单位工作年限，给予3个月到24个月的医疗期：（1）实际工作年限10年以下的，在本单位工作年限5年以下的为3个月；5年以上的为6个月。（2）实际工作年限10年以上的，在本单位工作年限5年以下的为6个月；5年以上10年以下的为9个月；10年以上15年以下的为12个月；15年以上20年以下的为18个月；20年以上的为24个月。企业职工在医疗期内，其病假工资、医疗救济费和医疗待遇按照有关规定执行。企业职工非因工负伤致残和经医生或医疗机构认定患有难以治疗的疾病，在医疗期内医疗终结，不能从事原工作，也不能从事用人单位另行安排的工作的，应当由劳动鉴定委员会参照工伤与职业病致残程度鉴定标准进行劳动能力的鉴定。被鉴定为一至四级的，应当退出劳动岗位，终止劳动关系，办理退休、退职手续，享受退休、退职待遇；被鉴定为五至十级的，医疗期内不得解除劳动合同。企业职工非因工致残和经医生或医疗机构认定患有难以治疗的疾病，医疗期满，应当由劳动鉴定委员会参照工伤与职业病致残程度鉴定标准进行劳动能力的鉴定。被鉴定为一至四级的，应当退出劳动岗位，解除劳动关系，并办理退休、退职手续，享受退休、退职待遇。

第四十一条 （经济性裁员）

有下列情形之一，需要裁减人员二十人以上或者裁减不足二十人但占企业职工总数百分之十以上的，用人单位提前三十日向工会或者全体职工说明情况，听取工会或者职工的意见后，裁减人员方案经向劳动行政部门报告，可以裁减人员：

（一）依照企业破产法规定进行重整的；

（二）生产经营发生严重困难的；

（三）企业转产、重大技术革新或者经营方式调整，经变更劳动合同后，仍需裁减人员的；

（四）其他因劳动合同订立时所依据的客观经济情况发生重大变化，致使劳动合同无法履行的。

裁减人员时，应当优先留用下列人员：

（一）与本单位订立较长期限的固定期限劳动合同的；

（二）与本单位订立无固定期限劳动合同的；

（三）家庭无其他就业人员，有需要扶养的老人或者未成年人的。

用人单位依照本条第一款规定裁减人员，在六个月内重新招用人员的，应当通知被裁减的人员，并在同等条件下优先招用被裁减的人员。

【相关法条】

《劳动法》

第二十七条 用人单位濒临破产进行法定整顿期间或者生产经营状况发生严重困难，确需裁减人员的，应当提前三十日向工会或者全体职工说明情况，听取工会或者职工的意见，经向劳动行政部门报告后，可以裁减人员。

用人单位依据本条规定裁减人员，在六个月内录用人员的，应当优先录用被裁减的人员。

劳动部《关于〈中华人民共和国劳动法〉若干条文的说明》

第二十七条　用人单位濒临破产进行法定整顿期间或者生产经营状况发生严重困难，确需裁减人员的，应当提前三十日向工会或者全体职工说明情况，听取工会或者职工的意见，经向劳动行政部门报告后，可以裁减人员。

用人单位依据本条规定裁减人员，在六个月内录用人员的，应当优先录用被裁减的人员。

本条中的"法定整顿期间"指依据《中华人民共和国破产法》和《民事诉讼法》的破产程序进入的整顿期间。"生产经营状况发生严重困难"可以根据地方政府规定的困难企业标准来界定。"报告"仅指说明情况，无批准的含义。"优先录用"指同等条件下优先录用。

劳动部《关于贯彻执行〈中华人民共和国劳动法〉若干问题的意见》

25. 依据劳动法第二十七条和劳动部《企业经济性裁减人员规定》（劳部发［1994］447号）第四条的规定，用人单位确需裁减人员，应按下列程序进行：

（1）提前三十日向工会或全体职工说明情况，并提供有关生产经营状况的资料；

（2）提出裁减人员方案，内容包括：被裁减人员名单、裁减时间及实施步骤，符合法律、法规规定和集体合同约定的被裁减人员的经济补偿办法；

（3）将裁减人员方案征求工会或者全体职工的意见，并对方案进行修改和完善；

（4）向当地劳动行政部门报告裁减人员方案以及工会或者全体职工的意见，并听取劳动行政部门的意见；

（5）由用人单位正式公布裁减人员方案，与被裁减人员办理解除劳动合同手续，按照有关规定向被裁减人员本人支付经济补偿金，并出具裁减人员证明书。

《企业经济性裁减人员规定》

【草案相关条文比较】

关于经济性裁员，征求意见稿第 33 条规定："劳动合同订立时所依据的客观情况发生重大变化，致使劳动合同无法履行，需要裁减人员 50 人以上的，用人单位应当向本单位工会或者全体职工说明情况，并与工会或职工代表协商一致。裁减人员时，应当优先留用在本单位工作时间较长、与本单位订立较长期限的有固定期限劳动合同以及无固定期限劳动合同的劳动者。用人单位依照前款规定参见人员后，应当将被裁减人员的数量、名单通报所在地县级人民政府劳动保障主管部门。用人单位 6 个月内重新招用人员的，应当优先招用被裁减的人员。"二审稿增加规定了经济性裁员的几种具体情况，第 41 条规定："有下列情形之一，致使劳动合同无法履行，需要裁减人员二十人以上或者裁减不足二十人但占企业职工总数百分之十以上的，用人单位应当提前三十日向工会或者全体职工说明情况，听取工会或者职工的意见后，裁减人员方案经向劳动行政部门报告，可以裁减人员：（一）依照企业破产法规定进行重整的；（二）生产经营发生严重困难的；（三）因防治污染搬迁的；（四）其他因劳动合同订立时所依据的客观经济情况发生重大变化，致使劳动合同无法履行的。裁减人员时，应当优先留用下列劳动者：（一）在本单位工作时间较长的；（二）与本单位订立较长期限的固定期限劳动合同的；（三）订立无固定期限劳动合同的；（四）家庭无其他就业人员，有需要扶养的老人或者未成年人的。用人单位在六个月内重新招用人员的，应当优先招用被裁减的人员。"针对二审稿允许经济性裁员的条件，有不少委员提出，还有由于出现转产、技术革新、经济方式调整等而发生规模性裁员的情况，而工会方面认为，可以考虑这些因素，但需要附加必要的限制，企业应和劳动者变更劳动合同，为其安排其他岗位，如仍不能容纳，对剩下的人可以裁员。因此三审稿增加规定，企业转产、技术革新、经营方式调整，经变更劳动合同后，仍需裁减人员的，用人单位可以裁减人员。三审过程中对此争议不大，三审稿的内容最终保留下来。四审稿将三审稿中所规定的"技术革新"改成"重大技术革新"，同时删除"因防治污染搬迁的"。

【法条评析】

本条系经济性裁员的规定。

经济性裁员是指用人单位由于生产经营状况发生变化而出现劳动力过剩，通过一次性辞退部分劳动者，以改善生产经营状况的一种手段。在市场经济中，裁员具有不可避免性，但又会给社会和劳动者带来不利后果，影响社会稳定和增加就业压力。因此，在法律上必须赋予用人单位在一定条件下的经济性裁员自主权，同时必须对裁员进行一定的限制。

《劳动法》第 27 条对经济性裁员做了原则性规定。1994 年原劳动部发布了《企业经济性裁减人员规定》，对经济性裁员的条件、程序、被裁人员的标准以及保障等方面的问题做了细化规定，但在关键条文上的规定仍然不够具体，给实践带来不少问题。在《劳动合同法》的立法过程中，企业经济性裁员一直都受到各方的重视，在历次审议中均有改动，不断取得完善。

本条内容可以从以下几个方面进行分析：

（一）经济性裁员的适用范围

经济性裁员是指用人单位因生产经营中出现的问题，通过裁减人员以改善生产经营状况的措施。经济性裁员虽然也是用人单位单方预告解除劳动合同，但与其他预告解除在解除条件、解除的程序和法律效果等方面都存在较大的区别。在法律上之所以必须对经济性裁员作出区别的原因在于，经济性裁员一般涉及的人数比较多，影响比较大，因此，只有企业的行为属于经济性裁员行为才适用本条的规定。根据本条规定，需要裁减人员 20 人以上或者裁减不足 20 人但占企业职工总数 10％以上的，才构成经济性裁员，适用本条规定。

（二）经济性裁员的条件

1. 依照企业破产法规定进行重整的。

该情形应该是《劳动法》所规定的"用人单位濒临破产进行法定整顿期间"的改进。企业重整，是指具有一定规模的企业，出现破产原因或有破产原因出现的危险时，为防止企业破产，经利害关系人申请，在法院的干预下，对该公司企业实行强制治理，使其复兴的法律制度。企业重整以恢复企业的生产经营能力为目的，因此可能需要裁减部分人员。根据我国最新的《企业破产法》规定，企业法人不能清偿到期债务，并且资产不足以清偿全部债务或者明显缺乏清偿能力的，或者有明显丧失清偿能力可能的，可以进行重整。

2. 生产经营发生严重困难的。

企业因生产经营发生严重困难的情况下，可能会出现一些劳动力过剩情况，为了减轻企业的负担，使其能够有能力恢复生机，应该允许生产经营发生严重困难的企业裁减人员。何为"生产经营发生严重困难的"，法律没有明确规定。根据 1994 年《企业经济性裁减人员规定》，生产经营发生严重困难指的是，生产经营发生严重困难，达到当地政府规定的严重困难企业标准。

3. 企业转产、重大技术革新、经营方式调整，经变更劳动合同后，仍需裁减人员的。

企业转产、重大技术革新以及经营方式的调整，会对企业的劳动力需求产生影响，在企业因以上原因出现劳动力过剩的情况下，应当允许企业裁减人员。当然，企业因转产、技术革新或者经营方式调整对劳动力需求出现变动的情况下，应该首先与劳动者协商，变更劳动合同来解决问题，如果变更劳动合同后仍有富余劳动力的，才可裁减人员。

4. 其他因劳动合同订立时所依据的客观经济情况发生重大变化，致使劳动合同无法履行的。

该款是兜底性条款，为其他情况下企业裁减人员提供可能性。在市场经济竞争日益激烈的今天，企业为增强竞争力和经营的需要，经常要采取调整人员的方式来应对，这是企业经营自主权的表现。如果对企业的经营自主权限制得过死，则不利于企业的发展。因此，在法律上应该采用列举和概括相结合的方式，为用人单位裁减人员提供空间。值得注意的是，该款所指的客观情况仅指"客观经济情况"，而不包括其他政治、社会等情况的变化。

（三）经济性裁员的程序

在经济性裁员中，用人单位首先应当提前 30 日向工会或者全体职工说明情况，听取工会或者职工的意见；其次，必须将裁减人员方案向劳动行政部门报告。只有在完成以上两个程序后才可裁员。此外，根据第 43 条规定，在经济性裁员中，用人单位应当事先将理由通知工会，工会认为不适当的，有权提出意见。用人单位违反法律、行政法规规定或者劳动合同约定的，工会有权要求用人单位纠正。用人单位应当研究工会的意见，并将处理结果书面通知工会。

（四）被裁人员的顺序

用人单位裁员，必须优先留用与本单位订立较长期限的固定期限劳动合同的，订立无固定期限劳动合同的，家庭无其他就业人员、有需要扶养的老人或者未成年人的。以上的人员有先后顺序，顺序较前的受保护的程度越高。需要明确的是，根据《劳动合同法》第 42 条的规定，用人单位的经济性裁员必须受到第 42 条规定的限制，不得裁减第 42 条规定的劳动者。

（五）裁员的法律后果

经济性裁员的首要后果是解除劳动者与用人单位之间的劳动关系。其次，根据《劳动合同法》第 46 条的规定，用人单位因依据破产法规定进行重整而裁员的，应当支付经济补偿金。同时，因经济性裁员而被解除劳动关系的劳动者享有优先录用权，用人单位在 6 个月内重新招用人员的，应当通知被裁减人员，并在同等条件下优先招用被裁减的人员。此外，根据《企业经济性裁减人员规定》，用人单位有条件的，应为被裁减的人员提供培训或就业帮助。

【理解与适用】

（一）经济性裁员与预告解除之间的关系

经济性裁员与预告解除都是在劳动合同成立并生效之后，用人单位因客观情况的变化而解除劳动合同的，二者的区别在于：经济性裁员是因用人单位生产经营原因而解除劳动合同，而且辞退的劳动者较多；预告解除是因劳动者不能胜任工作而解除劳动合同，辞退的人数较少。二者在适用对象上的区别决定了在解除程序、标准和后果上都不相同：在解除程序上，经济性裁员中，用人单位必须征求工会的意见，并且必须向劳动行政部门报告；预告解除中，用人单位要提前 30 日以书面形式通知劳动者本人或者额外支付劳动者一个月工资后，才可以解除劳动合同。在辞退人员的顺序上，经济性裁员必须遵守一定的顺序，预告解除则是辞退不适合工作岗位的劳动者。在法律效果上，只有因破产重整裁员的可以要求用人单位支付经济补偿金，被裁人员有优先录用权；在预告解除中，用人单位必须支付经济补偿金。

（二）经济性裁员的具体程序

根据《企业经济性裁减人员规定》，用人单位确需裁减人员，应按下列程序进行：（1）提前 30 日向工会或者全体职工说明情况，并提供有关生产经营状况的资料；（2）提出裁减人员方案，内容包括：被裁减人员名单，裁减时间及实施步骤，符合法律、法规规定和集体合同约定的被裁减人员经济补偿办法；（3）将裁减人员方案征求工会或者全体职工的意见，并对方案进行修改和完善；（4）向当地劳动行政部门报告裁减人员方案以及工会或者全体职工的意见，并听取劳动行政部门的意见；（5）由用人单位正式公布裁减人员方案，与被裁减人员办理解除劳动合同手续，按照有关规定向被裁减人员本人支付经济补偿金，出具裁减人员证明书。用人单位违反法律、法规规定和集体合同约定裁减人员的，工会有权要求重新处理。用人单位裁减人员没有遵守以上程序的，或者工会对用人单位的裁员行为有异议的，裁员行为无效。

（三）优先录用权

在经济性裁员中，被裁人员有优先录用权，用人单位从裁减人员之日起，6 个月内需要新招人员的，必须优先从本单位裁减的人员中录用，并向当地劳动行政部门报告录用人员的数量、时间、条件以及优先录用人员的情况。问题是，该优先录用权如何保障？如果用人单位没有优先录用被裁人员，如何保障劳动者的利益？从保护劳动者角度出发，应该认为，如果用人单位不能说明其没有优先录用被裁人员的合理原因，应当推定存在劳动关系。

第四十二条 （用人单位解除劳动合同的禁止性条件）

劳动者有下列情形之一的，用人单位不得依照本法第四十条、第四十一条的规定解除劳动合同：

（一）从事接触职业病危害作业的劳动者未进行离岗前职业健康检查，或者疑似职业病病人在诊断或者医学观察期间的；

（二）在本单位患职业病或者因工负伤并被确认丧失或者部分丧失劳动能力的；

（三）患病或者非因工负伤，在规定的医疗期内的；

（四）女职工在孕期、产期、哺乳期的；

（五）在本单位连续工作满十五年，且距法定退休年龄不足五年的；

（六）法律、行政法规规定的其他情形。

【相关法条】

《劳动法》

第二十九条 劳动者有下列情形之一的，用人单位不得依据本法第二十六条、第二十七条的规定解除劳动合同：

（一）患职业病或者因工负伤并被确认丧失或者部分丧失劳动能力的；

（二）患病或者负伤，在规定的医疗期内的；

（三）女职工在孕期、产期、哺乳期内的；

（四）法律、行政法规规定的其他情形。

劳动部《关于〈中华人民共和国劳动法〉若干条文的说明》

第二十九条 劳动者有下列情形之一的，用人单位不得依据本法第二十六条、第二十七条的规定解除劳动合同：

（一）患职业病或者因工负伤并被确认丧失或者部分丧失劳动能力的；

（二）患病或者负伤，在规定的医疗期内的；

（三）女工在孕期、产期、哺乳期内的；

（四）法律、行政法规规定的其他情形。

本条第（一）项、第（二）项、第（三）项之所以以法律的形式规定不得解除劳动合同，是为了保证劳动者在特殊情况下的权益不受侵害。在第（二）项、第（三）项规定的情形下劳动合同到期的，应延续劳动合同到医疗期满或女职工"三期"届满为止。

本条第（四）项中的"法律、法规规定的其他情形"，这类规定是立法时经常采用的技术性手段，其立法用意是：（1）在该条款列举情况时，为避免遗漏现行法律、法规规定的其他情况，采用此种办法使该法与其他法相衔接。（2）便于与以后颁布的法律相衔接，即与新法相衔接。本法第四十二条第（三）项的解释与此相同。

劳动部《关于贯彻执行〈中华人民共和国劳动法〉若干问题的意见》

34.除劳动法第二十五条规定的情形外，劳动者在医疗期、孕期、产期和哺乳期内，劳动合同期限届满时，用人单位不得终止劳动合同。劳动合同的期限应自动延续至医疗期、孕期、产期和哺乳期期满为止。

35. 请长病假的职工在医疗期满后，能从事原工作的，可以继续履行劳动合同；医疗期满后仍不能从事原工作也不能从事由单位另行安排的工作的，由劳动鉴定委员会参照工伤与职业病致残程度鉴定标准进行劳动能力鉴定。被鉴定为一至四级的，应当退出劳动岗位，解除劳动关系，办理因病或非因工负伤退休退职手续，享受相应的退休退职待遇；被鉴定为五至十级的，用人单位可以解除劳动合同，并按规定支付经济补偿金和医疗补助费。

【草案相关条文比较】

关于用人单位解除劳动合同的禁止性条件，征求意见稿第 34 条规定："劳动者有下列情形之一的，用人单位不得依照本法第三十二条、第三十三条的规定解除劳动合同：（一）患职业病或者因工负伤并被确认丧失或者部分丧失劳动能力的；（二）患病或者负伤，在规定的医疗期内的；（三）女职工在孕期、产期、哺乳期的；（四）正在担任平等协商代表的；（五）法律、行政法规规定的其他情形。"二审稿在此基础上又增加了禁止解除劳动合同的情形，该稿第 42 条规定："劳动者有下列情形之一的，用人单位不得依照本法第四十条、第四十一条的规定解除劳动合同：（一）从事接触职业病危害作业的劳动者未进行离岗前职业健康检查，或者疑似职业病病人在诊断或者医学观察期间的；（二）在本单位患职业病或者因工负伤并被确认丧失或者部分丧失劳动能力的；（三）患病或者负伤，在规定的医疗期内的；（四）女职工在孕期、产期、哺乳期的；（五）在本单位连续工作满十五年，且距法定退休年龄不足五年的；（六）法律、行政法规规定的其他情形。"四审稿将二审稿第 3 款中的"患病或负伤"改为"患病或非因工负伤"。

【法条评析】

本条是关于用人单位解除劳动合同的禁止性条件的规定。

劳动法是劳动者保护法，贯彻劳动者倾斜保护的原则，劳动合同解除制度也要体现对劳动者倾斜保护的原则，这就要求法律必须对用人单位单方解除劳动关系实行严格限制。一方面，用人单位解除劳动合同必须必备法律规定的许可性条件；另一方面，在法律规定的禁止性条件和限制性条件中，用人单位不能解除劳动合同。

《劳动法》第 29 条对用人单位解除劳动合同的禁止性条件做了规定，该规定仅适用于预告辞退和经济性裁员，不适用于用人单位随意解除的情形，《劳动合同法》在该条的基础上对禁止性条件的具体情形进行了完善。

具体来看，该规定应从以下几个方面进行理解：

（一）禁止性条件的适用范围

根据本条规定，禁止性条件仅适用于用人单位的预告解除和经济性裁员，而不适用于用人单位与劳动者协商解除劳动合同、劳动者单方解除劳动合同以及用人单位单方随时解除劳动合同的情形。因此，在具备禁止性条件时，用人单位不得依据第 40 条关于预告解除的规定和第 41 条关于经济性裁员的规定解除劳动合同。

（二）禁止性条件的情形

1. 从事接触职业病危害作业的劳动者未进行离岗前职业健康检查，或者疑似职业病病人在诊断或者医学观察期间的。

该规定是二次审议过程中新加入的，是对《劳动法》第 29 条第 1 款和第 2 款情形的补充，主要目的在于保护可能遭受职业病的劳动者。该规定主要包括两种情形：第一是对于从事接触职业病危害作业的劳动者，在未进行离岗前职业健康检查之前，用人单位不得预告解除和裁员，所谓从事接触职业病危害作业指的是可能引起职业病的劳动；第二是对于疑似职业病病人，在诊断或者医学观察期间，用人单位不得预告解除和裁员。

2. 在本单位患职业病或者因工负伤并被确认丧失或者部分丧失劳动能力的。

职业病是指劳动者在生产劳动过程中受职业危害因素的影响而导致的疾病。工伤是指劳动者在工作过程中受到的伤害。职业病和工伤都是由劳动过程中的职业危害因素所致，因而，用人单位对由此而丧失或部分丧失劳动能力的劳动者，负有保障其生活和劳动权利的义务，不得将其辞退。该情形必须具备以下几个要件：第一，必须是患职业病或者遭受工伤，不包括其他疾病或伤害；第二，必须达到丧失或部分丧失劳动能力，没有丧失劳动能力的，不受保护；第三，劳动者受到的职业病或工伤必须是在本单位遭受的，如果是因在其他单位劳动而导致的，新的用人单位解除劳动合同不受该规定的限制。

3. 患病或非因公负伤并在规定的医疗期内。

医疗期是指企业职工因患病或非因公负伤停止工作接受治疗和休息的时间。劳动者患普通疾病或者非因工负伤，用人单位应依法给予一定的医疗期，并在此期限内负有保障其医疗和生活义务。所以，此期限未满，不得将病伤者辞退。

4. 女职工在孕期、产期、哺乳期内。

根据我国劳动法律法规的规定，女职工在孕期、产期、哺乳期内享受特殊劳动保护，用人单位不得预告解除劳动合同或对其采取裁员措施，该规定目的在于保护妇女和儿童的特殊权益。孕期与产期和哺乳期，或者孕期与产期为一个连续的过程，其中，产期长度应当以生育正产、难产或小产的法定产假期为准，哺乳期长度应当与法定界限相符，一般限于婴儿周岁。处在孕期、产期和哺乳期的女职工，用人单位不得将其辞退，除非提供证据证明引起辞退的事由在法定禁止性条件的适用范围之外，并且与怀孕、分娩或哺乳毫无关系。

5. 在本单位连续工作满15年，且距法定退休年龄不足5年的。

该规定是《劳动合同法（二次审议稿）》新增的内容，其目的在于保护临近退休的劳动者。从该规定来看，必须具备两个要件：首先是必须在本单位连续工作满15年，而不是已经连续工作满15年；其次必须达到法定的年龄，距法定退休年龄不足5年。在我国，一般来说男性劳动者的退休年龄是60岁，女性劳动者的退休年龄是55岁。

6. 法律、行政法规规定的其他情形。

该规定是兜底性的一般条款。能够就禁止辞退的其他情形作出规定的，只限于一定形式的法规，只能是法律和行政法规。

（三）违法解除的法律效果

用人单位如果没有遵守以上规定，在存在禁止性条件的情况下，仍然采用预告解除或者经济性裁员的形式解除劳动合同的，则该解除行为或者裁员行为对享受该款规定保护的劳动者无效，劳动合同继续存在。

【理解与适用】

（一）职业病的范围和诊断

职业病，是指企业、事业单位和个体经济组织的劳动者在职业活动中，因接触粉尘、放射性物质和其他有毒、有害物质等因素而引起的疾病。当前有关职业病的具体范围和鉴定主要体现在《职业病防治法》、《职业病诊断与鉴定管理办法》以及《职业病目录》中。根据以上规定，在我国职业病的种类主要包括：尘肺、职业性放射性疾病、职业中毒、物理因素所致职业病、生物因素所致职业病、职业性皮肤病、职业性眼病、职业性耳鼻喉口腔疾病、职业性肿瘤和其他职业病。劳动者所患疾病是否属于职业病应当由用人单位所在地或者本人居住地依法承担职业病诊断的医疗卫生机构进行诊断。

（二）工伤的范围和认定

我国当前对工伤的规定主要体现在国务院 2003 年颁布的《工伤保险条例》中。根据该条例，职工有下列情形之一的，应当认定为工伤：（1）在工作时间和工作场所内，因工作原因受到事故伤害的；（2）工作时间前后在工作场所内，从事与工作有关的预备性或者收尾性工作受到事故伤害的；（3）在工作时间和工作场所内，因履行工作职责受到暴力等意外伤害的；（4）患职业病的；（5）因工外出期间，由于工作原因受到伤害或者发生事故下落不明的；（6）在上下班途中，受到机动车事故伤害的；（7）法律、行政法规规定应当认定为工伤的其他情形。职工有下列情形之一的，视同工伤：（1）在工作时间和工作岗位，突发疾病死亡或者在 48 小时之内经抢救无效死亡的；（2）在抢险救灾等维护国家利益、公共利益活动中受到伤害的；（3）职工原在军队服役，因战、因公负伤致残，已取得革命伤残军人证，到用人单位后旧伤复发的。职工有前款第（1）项、第（2）项情形的，按照本条例的有关规定享受工伤保险待遇；职工有前款第（3）项情形的，按照本条例的有关规定享受除一次性伤残补助金以外的工伤保险待遇。职工有下列情形之一的，不得认定为工伤或者视同工伤：（1）因犯罪或者违反治安管理伤亡的；（2）醉酒导致伤亡的；（3）自残或者自杀的。职工发生的事故伤害是否属于工伤，必须由统筹地区劳动保障行政部门进行认定。

（三）丧失劳动能力的认定以及享受的劳动保护

对于劳动者是否丧失劳动能力以及丧失劳动能力的程度，必须通过劳动能力鉴定来确定。劳动能力鉴定是指劳动功能障碍程度和生活自理障碍程度的等级鉴定。劳动功能障碍分为十个伤残等级，最重的为一级，最轻的为十级。生活自理障碍分为三个等级：生活完全不能自理、生活大部分不能自理和生活部分不能自理。不同的伤残等级享受不同的劳动保护。职工因工致残被鉴定为一级至四级伤残的，保留劳动关系，退出工作岗位，可请求工伤保险基金支付一次性伤残补助金和伤残津贴。职工因工致残被鉴定为五级、六级伤残的，可请求工伤保险基金支付一次性伤残补助金；保留与用人单位的劳动关系，由用人单位安排适当工作；难以安排工作的，由用人单位按月发给伤残津贴；经工伤职工本人提出，该职工可以与用人单位解除或者终止劳动关系，由用人单位支付一次性工伤医疗补助金和伤残就业补助金。职工因工致残被鉴定为七级至十级伤残的，可请求工伤保险基金支付一次性伤残补助金，劳动合同期满终止，或者职工本人提出解除劳动合同的，由用人单位支付一次性工伤医疗补助金和伤残就业补助金。

（四）医疗期

企业职工患病或非因工受伤后，可享有一定长度的医疗期，在该期限内，职工因患病或非因工负伤停止工作治病休息不得解除劳动合同。医疗期是指企业职工因患病或非因工负伤停止工作治病休息不得解除劳动合同的时限。医疗期的程度依据本人实际参加工作年限和在本单位工作年限确定：实际工作年限 10 年以下的，在本单位工作年限 5 年以下的为 3 个月；5 年以上的为 6 个月。实际工作年限 10 年以上的，在本单位工作年限 5 年以下的为 6 个月；5 年以上 10 年以下的为 9 个月；10 年以上 15 年以下的为 12 个月；15 年以上 20 年以下的为 18 个月；20 年以上的为 24 个月。医疗期 3 个月的按 6 个月内累计病休时间计算；6 个月的按 12 个月内累计病休时间计算；9 个月的按 15 个月内累计病休时间计算；12 个月的按 18 个月内累计病休时间计算；18 个月的按 24 个月内累计病休时间计算；24 个月的按 30 个月内累计病休时间计算。

第四十三条　（工会在用人单位解除劳动合同中的作用）
用人单位单方解除劳动合同，应当事先将理由通知工会。用人单位违反法律、行政法规规定或者劳动合同约定的，工会有权要求用人单位纠正。用人单位应当研究工会的意见，并将处理结果书面通知工会。

【相关法条】

《劳动法》
第三十条　用人单位解除劳动合同，工会认为不适当的，有权提出意见。如果用人单位违反法律、法规或者劳动合同，工会有权要求重新处理；劳动者申请仲裁或者提起诉讼的，工会应当依法给予支持和帮助。

劳动部《关于〈中华人民共和国劳动法〉若干条文的说明》

第三十条　用人单位解除劳动合同，工会认为不适当的，有权提出意见。如果用人单位违反法律、法规或者劳动合同，工会有权要求重新处理；劳动者申请仲裁或者提起诉讼的，工会应当依法给予支持和帮助。

本条中的"法律、法规"是指与解除劳动合同有关的现行法律、法规。

《工会法》

第二十一条　企业、事业单位处分职工，工会认为不适当的，有权提出意见。

企业单方面解除职工劳动合同时，应当事先将理由通知工会，工会认为企业违反法律、法规和有关合同，要求重新研究处理时，企业应当研究工会的意见，并将处理结果书面通知工会。

职工认为企业侵犯其劳动权益而申请劳动争议仲裁或者向人民法院提起诉讼的，工会应当给予支持和帮助。

【草案相关条文比较】

关于工会在用人单位解除劳动合同中的作用，征求意见稿第 35 条规定，用人单位解除劳动合同，应当事先通知工会。工会认为不适当的，有权提出意见。用人单位违反法律、行政法规规定或者劳动合同约定的，工会有权要求用人单位纠正。用人单位应当研究工会的意见，并将处理结果书面通知工会。劳动者申请劳动仲裁或者提起诉讼的，工会应当给予支持和帮助。二审稿将一审稿第 5 款："劳动者申请劳动仲裁或者提起诉讼的，工会应当给予支持和帮助"删除。四审稿将一审稿第 2 款"工会认为不适当的，有权提出意见"删除。

【法条评析】

本条是关于工会在用人单位解除劳动合同中的作用的规定。

工会是职工自愿结合的工人阶级的群众组织，工会有责任维护职工的合法权益。在用人单位解除劳动合同中，工会维护职工合法权益的职能体现在工会对用人单位解除劳动合同的干预，从而预防用人单位任意解除劳动合同，损害劳动者的合法权益。

《劳动法》第30条就工会在用人单位解除劳动合同中的作用做了规定，但根据该规定，工会的作用更多体现在事后的监督，在实践中发挥的功能有限。《劳动合同法》第43条借鉴了《工会法》第21条的规定，强化工会对用人单位单方解除劳动合同的事前参与。

具体来说，本条适用于所有用人单位单方解除劳动合同的情况，用人单位随时解除、预告解除以及经济性裁员中，都必须遵守该规定，应当事先将理由通知工会。该规定是用人单位解除劳动合同的程序性要求，用人单位没有遵守该要求，没有事先将解除劳动合同的理由通知工会的，其解除劳动合同的行为无效。

【理解与适用】

用人单位单方解除劳动合同必须将解除理由通知工会。根据该规定，用人单位的通知必须以解除劳动合同的理由为主要内容，没有说明理由的，则不构成有效通知。值得探讨的是，本条规定没有对通知的形式进行具体限定，是否说用人单位也可以选择口头形式进行通知？我们认为，为了更好地保护劳动者的利益，应该认为，此处的通知应该是书面通知，而且书面通知应该包括解除理由的说明，缺乏理由或者没有采用书面形式的都不构成合格的通知。没有采用书面形式的，则也不构成有效通知。

第四十四条 （劳动合同的终止）
有下列情形之一的，劳动合同终止：
（一）劳动合同期满的；
（二）劳动者开始依法享受基本养老保险待遇的；
（三）劳动者死亡，或者被人民法院宣告死亡或者宣告失踪的；
（四）用人单位被依法宣告破产的；
（五）用人单位被吊销营业执照、责令关闭、撤销或者用人单位决定提前解散的；

（六）法律、行政法规规定的其他情形。

【相关法条】

《劳动法》

第二十三条　劳动合同期满或者当事人约定的劳动合同终止条件出现，劳动合同即行终止。

劳动部《关于贯彻执行〈中华人民共和国劳动法〉若干问题的意见》

34. 除劳动法第二十五条规定的情形外，劳动者在医疗期、孕期、产期和哺乳期内，劳动合同期限届满时，用人单位不得终止劳动合同。劳动合同的期限应自动延续至医疗期、孕期、产期和哺乳期满为止。

最高人民法院《关于审理劳动争议案件适用法律若干问题的解释》

第十六条　劳动合同期满后，劳动者仍在原用人单位工作，原用人单位未表示异议的，视为双方同意以原条件继续履行劳动合同。一方提出终止劳动关系的，人民法院应当支持。

根据《劳动法》第二十条之规定，用人单位应当与劳动者签订无固定期限劳动合同而未签订的，人民法院可以视为双方之间存在无固定期限劳动合同关系，并以原劳动合同确定双方的权利义务关系。

【草案相关条文比较】

征求意见稿第 37 条规定："有下列情形之一的，劳动合同终止：（一）劳动合同期满的，或者劳动合同约定的终止条件出现的；（二）劳动者已开始依法享受基本养老保险待遇的；（三）劳动者死亡，或者被人民法院宣告死亡或者宣告失踪的；（四）用人单位歇业、解散的；（五）用人单位被依法宣告破产、被吊销营业执照或者责令关闭的；（六）法律、行政法规规定的其他情形。被人民法院宣告死亡、宣告失踪的劳动者重新出现的，劳动合同期限未满的，应当继续履行；因情况变化确实无法履行的，劳动合同解除。"二审稿第 44 条删除了征求意见稿中的第 2 款："被人民法院宣告死亡、宣告失踪的劳动者重新出现的，劳动合同期限未满的，应当继续履行；因情况变化确实无法履行的，劳动合同解除。"三审稿第 44 条则删除了二审稿中的一些终止情形，规定："有下列情形之一的，劳动合同终止：（一）劳动合同期满的；（二）劳动者已开始依法享受基本养老保险待遇的；（三）劳动者死亡，或者被人民法院宣告死亡或者宣告失踪的；（四）用人单位被依法宣告破产的；（五）用人单位解散、被吊销营业执照或者责令关闭的；（六）法律、行政法规规定的其他情形。"最终稿基本维持三审稿的内容，只是在第5项中增加规定"用人单位决定提前解散"这一用人单位消灭的情形。

【法条评析】

本条是关于劳动合同终止的规定。

劳动合同的终止，是指劳动合同的法律效力依法被消灭，亦即劳动合同所确立的劳动关系由于一定法律事实的出现而终结，劳动者与用单位之间原有的权利和义务不复存在。劳动合同的终止有广义和狭义之分，广义的劳动合同终止包括劳动合同解除，狭义的劳动合同终止则不包括劳动合同解除。我国劳动法对劳动合同终止和解除采并列说，本条是关于狭义的劳动合同终止的规定。

《劳动法》第23条就规定了劳动合同的终止制度，但对劳动合同终止的情形限定于劳动合同期满和当事人约定的终止条件出现，不能满足实践的需要。为了解决该不足，各地劳动合同立法对劳动合同终止的情形予以丰富和完善，《劳动合同法》则借鉴了国内外的相关规定不断完善。

具体来说，劳动合同的终止主要包括以下几种情形：

1. 劳动合同期满的。

劳动合同是用人单位与劳动者意思表示的一致，当事人双方可以自由约定劳动合同的有效时间。如果当事人对劳动合同的期限有明确规定的，则劳动合同期限届满时，该劳动合同自然终止。具体来说，劳动合同期限分为固定期限、无固定期限和以完成一定工作任务为期限三种。固定期限劳动合同，是指用人单位与劳动者约定合同终止时间的劳动合同。无固定期限劳动合同，是指用人单位与劳动者约定无确定终止时间的劳动合同。以完成一定工作任务为期限的劳动合同，是指用人单位与劳动者约定以某项工作的完成为合同期限的劳动合同。其中，固定期限劳动合同和以完成一定工作任务为期限的劳动合同均有有效期限，该期限届满时劳动合同解除。

2. 劳动者已开始依法享受基本养老保险待遇的。

养老保险是为达到法定老年年龄、从事某种劳动达到法定年限并解除劳动义务后的劳动者提供收入补偿的社会保险制度。养老保险是在法定范围内的老年人退出社会劳动才发生作用的，是以劳动者与生产资料的脱离为前提的。因此，劳动者因达到退休年龄或完全丧失劳动能力而办理退休手续，其劳动合同即告终止。

3. 劳动者死亡，或者被人民法院宣告死亡或者宣告失踪的。

劳动合同是以劳动者向用人单位提供劳动为主给付内容的合同，是以劳动者与用人单位之间的信任关系为基础的合同，劳动者死亡，或者被人民法院宣告死亡或宣告失踪的，劳动合同将无法继续履行，劳动合同的维持没有意义，因此应该终止。

4. 用人单位被依法宣告破产的。

用人单位资不抵债，被依法宣告破产后，将丧失主体资格，作为劳动合同一方的当事人也就不存在，劳动合同应当终止。劳动合同终止的时间是人民法院宣告用人单位破产的时间。用人单位的破产财产在优先清偿破产费用和共益债务后，依照下列顺序清偿：破产人所欠职工的工资和医疗、伤残补助、抚恤费用，所欠的应当划入职工个人账户的基本养老保险、基本医疗保险费用，以及法律、行政法规规定应当支付给职工的补偿金；破产人欠缴的除前项规定以外的社会保险费用和破产人所欠税款；普通破产债权。

5. 用人单位被吊销营业执照、责令关闭、撤销或者用人单位决定提前解散的。

用人单位法人资格终止原因除了被依法宣告破产外，还包括自行解散、撤销等其他原因，在这些情况下，用人单位都将丧失其主体资格，劳动合同也将丧失其存在的基础，应当终止。此处应该区分用人单位的消灭和变更：在用人单位消灭中，劳动合同终止；在用人单位变更中，劳动合同由变更后的用人单位承担。

6. 法律、行政法规规定的其他情形。

本条是兜底性的一般条款，主要限于法律、行政法规规定的其他使劳动合同无法存在的情形。

此外，劳动合同的终止要受到第 42 条规定的限制。根据《劳动合同法》第 45 条规定，劳动合同期限届满的，但存在第 42 条规定的情形之一的，劳动合同应当续延至相应的情形消失时终止。

值得注意的是，本条规定删除了《劳动法》第 23 条中的"当事人约定的劳动合同终止条件出现"，根据历史解释和体系解释，可以认为，当事人约定的劳动合同终止条件出现并不能导致劳动合同的终止，因此，似乎也可以认为，当事人之间不得约定劳动合同终止的条件，或者说该约定没有效力。

关于劳动合同终止的法律效力，《劳动合同法》对《劳动法》做了根本性的修改，根据《劳动合同法》第 45 条的规定，在因劳动合同期限届满以及因用人单位主体资格丧失的原因使劳动合同终止的，用人单位必须支付经济补偿金。

【理解与适用】

（一）劳动合同的解除与劳动合同终止的区别

关于劳动合同的解除与终止的关系，在理论界一直都存在并列说和包容说两种观点，劳动立法则采取并列说，将劳动合同解除和劳动合同终止作为两个独立并列的制度。从我国现有制度设计来看，劳动合同的解除是劳动合同当事人通过协商解除或者单独解除，使劳动合同权利义务关系发生消灭的制度。劳动合同的终止则是因法律规定的原因而使劳动合同权利义务关系发生消灭的制度。劳动合同的解除更多是基于劳动合同当事人的意志而使劳动关系发生消灭，劳动合同终止则是基于非当事人意志的客观原因而使劳动关系发生消灭。在具体制度设计上，其区别主要体现在条件和程序方面：在条件方面，劳动合同的解除是基于劳动者的辞职和用人单位的辞退或者经济性裁员而发生，解除的条件比较多；劳动合同的终止是基于法律规定的原因而使劳动关系发生消灭，主要限于劳动合同期限届满以及当事人一方主体资格的丧失。在程序方面，劳动合同的解除一般必须遵守特定的程序，有的必须遵守一定的预告期，用人单位单方解除必须事先将解除理由通知工会；劳动合同的终止则没有特别的程序要求。值得注意的是，根据《劳动法》的规定，是否需要支付经济补偿金是劳动合同解除和终止的根本区别，但该区别在《劳动合同法》中得到消除，用人单位是否应当支付经济补偿金并不是以劳动合同的解除和终止进行判断的，劳动合同期限届满或者因用人单位主体资格丧失而使劳动合同终止的，用人单位必须支付经济补偿金。

（二）退休后是否可以参加劳动

对于本条第 2 项规定的"劳动者开始依法享受基本养老保险待遇的"，在立法过程中有学者就提出疑义，认为应该改为"达到法定退休年龄及退职条件的"，但该规定还是被保留下来。从范围上看，达到法定退休年龄及退职条件比开始依法享受基本养老保险待遇要广，尤其在我国当前，公务员系统和比照公务员管理的事业单位还没有完全实行养老保险制度，这些单位的退休人员享受的是退休养老金待遇而不是养老保险待遇。同时，我国基本养老保险待遇的给付必须以养老保险费的缴纳为前提，而实践中有不少用人单位并没有为劳动者及时足额缴纳养老保险费，这使得有些劳动者达到法定退休年龄后仍然无法享受养老保险待遇。因此，在我国，有不少达到法定退休年龄的劳动者是无法享受基本养老保险待遇的。从立法目的上看，是将享受基本养老保险待遇还是将达到法定退休年龄作为劳动合同终止的条件体现不同的立法目的：将达到法定退休年龄作为终止条件的，则该条的目的就在于强制达到法定退休年龄的劳动者退休，实现就业队伍的年轻化；将享受基本养老保险待遇作为终止条件的，则该条除了强制退休外，还有保护劳动者生活的目的，防止无法享受基本养老保险待遇的劳动者被终止劳动关系，丧失生活来源。根据严格的文义解释，应该认为劳动者只有在事实上可以享受基本养老保险待遇时，劳动合同才终止。如果因用人单位没有缴纳基本养老保险费而使劳动者无法享受养老保险待遇的，劳动合同没有终止。

劳动者享受基本养老保险待遇后，劳动合同自动终止，这也就意味着劳动者享受基本养老保险待遇后就不能参加劳动，问题是，如果劳动者享受基本养老保险待遇的同时仍然到其他用人单位工作，其与用人单位之间的关系如何看待，该劳动者与新用人单位之间是属于事实劳动关系还是其他？如果是事实劳动关系，则又该如何理解劳动关系终止？如果不是事实劳动关系，又该如何理解劳动者从用人单位获得的报酬的性质？该劳动者在劳动过程中发生的事故是否应该认定为工伤？退休人员参加劳动的，应该也要认为是劳动者，其与用人单位之间的关系应视为事实劳动关系，在劳动过程中受到的伤害应认为是工伤。这样才有利于退休劳动者的保障。

（三）被人民法院宣告死亡、宣告失踪的劳动者重新出现的，对劳动关系有什么影响

《劳动合同法（征求意见稿）》中曾规定"被人民法院宣告死亡、宣

告失踪的劳动者重新出现的，劳动合同期限未满的，应当继续履行；因情况变化确实无法履行的，劳动合同解除。"该规定在第二次审议中被删除。这也就留下一个问题：被人民法院宣告死亡、宣告失踪的劳动者重新出现的，其与用人单位之间已经终止的劳动关系是否自动恢复？从平衡劳动者与用人单位之间的利益出发，我们认为，被人民法院宣告死亡、宣告失踪的劳动者重新出现的，劳动合同期限未满的，该劳动合同自动恢复；但用人单位已经雇用替代人员或者出现其他重大变化的，不自动恢复。

（四）劳动合同终止的程序和手续

从其他国家和地区的劳动立法来看，都对劳动合同终止的程序做了规定，一般都要求用人单位在劳动合同期限届满前或者终止条件即将出现前一段时间提前通知劳动者。我国有的地方劳动合同立法对此也做了规定，例如《北京市劳动合同规定》第40条规定："劳动合同期限届满前，用人单位应当提前30日将终止或者续订劳动合同意向以书面形式通知劳动者，经协商办理终止或者续订劳动合同手续。"第47条规定："用人单位违反本规定第四十条规定，终止劳动合同未提前30日通知劳动者的，以劳动者上月日平均工资为标准，每延迟1日支付劳动者1日工资的赔偿金。"但是，《劳动合同法》并没有采纳该规定。

原劳动部1996年发布的《劳动部关于实行劳动合同制度若干问题的通知》对劳动合同终止的程序和手续做了规定，其第15条规定："在劳动者履行了有关义务终止劳动合同时，用人单位应当出具终止劳动合同证明书，作为该劳动者按规定享受失业保险待遇和失业登记、求职登记的凭证。证明书应写明劳动合同期限、终止或解除的日期、所担任的工作。如果劳动者要求，用人单位可在证明中客观地说明解除劳动合同的原因。"地方劳动合同立法也做了一些具体规定。例如，《上海市劳动合同条例》第41条第1款规定："劳动合同解除或者终止，用人单位应当出具解除或者终止劳动合同关系的有效证明。"《劳动合同法》吸收了该规定，其第50条第1款规定："用人单位应当在解除或者终止劳动合同时出具解除或者终止劳动合同的证明，并在十五日内为劳动者办理档案和社会保险关系转移手续。"根据该规定，用人单位终止劳动关系必须出具终止劳动关系的证明。值得探讨，用人单位出具终止证明的义务对劳动合同终止的影响。如果劳动合同期限届满，用人单位没有出具终止证明，该劳动合同是否自动终止？终止后的法律效果如何？对此，应该根据终止的不同情形区别对待。

在本条第 3 项、第 4 项和第 5 项规定的情形中，劳动合同当事人一方已经不存在，劳动合同自动终止，无须用人单位出具终止证明。

在本条第 2 项规定的情形中，劳动者享受基本养老保险待遇而使劳动合同终止的，一般来说也无须用人单位出具终止证明，因为，当前我国劳动者享受基本养老保险待遇的手续一般都必须由用人单位负责办理，自用人单位为劳动者办理完基本养老保险待遇手续，劳动者开始享受养老保险待遇时，劳动合同自动终止。

本条第 1 项规定的因劳动合同期限届满而使劳动合同终止的情形则比较复杂，劳动部的文件、最高人民法院的司法解释以及各地立法对劳动合同期限届满用人单位不出具终止证明的效力规定均不统一。《劳动部关于实行劳动合同制度若干问题的通知》第 14 条规定："有固定期限的劳动合同期满后，因用人单位方面的原因未办理终止或续订手续而形成事实劳动关系的，视为续订劳动合同。用人单位应及时与劳动者协商合同期限，办理续订手续。由此给劳动者造成损失的，该用人单位应当依法承担赔偿责任。"最高人民法院《关于审理劳动争议案件适用法律若干问题的解释》第 16 条规定："劳动合同期满后，劳动者仍在原用人单位工作，原用人单位未表示异议的，视为双方同意以原条件继续履行劳动合同。一方提出终止劳动关系的，人民法院应当支持。"《杭州市劳动合同条例》第 25 条规定："劳动合同期满，因用人单位的原因未办理终止或续订手续而形成事实劳动关系的，劳动合同自动续延，用人单位应当及时与劳动者办理续订劳动合同的手续。"《北京市劳动合同规定》第 45 条规定："劳动合同期限届满，因用人单位的原因未办理终止劳动合同手续，劳动者与用人单位仍存在劳动关系的，视为续延劳动合同，用人单位应当与劳动者续订劳动合同。当事人就劳动合同期限协商不一致的，其续订的劳动合同期限从签字之日起不得少于 1 年；劳动者在用人单位连续工作满 10 年以上，劳动者要求续订无固定期限劳动合同的，用人单位应当与其签订无固定期限劳动合同。"根据以上规定，我们认为，劳动合同期限届满后，用人单位没有出具终止证明的，可认定为双方当事人之间应当以原有条件为基础继续履行劳动合同。至于该劳动关系的基础是原有劳动合同还是属于事实劳动关系，则仍然值得研究。

第四十五条　（劳动合同终止的限制）

劳动合同期满，有本法第四十二条规定情形之一的，劳动合同应当续延至相应的情形消失时终止。但是，本法第四十二条第二项规定丧失或者部分丧失劳动能力劳动者的劳动合同的终止，按照国家有关工伤保险的规定执行。

【相关法条】

劳动部《关于贯彻执行〈中华人民共和国劳动法〉若干问题的意见》

34. 除劳动法第二十五条规定的情形外，劳动者在医疗期、孕期、产期和哺乳期内，劳动合同期限届满时，用人单位不得终止劳动合同。劳动合同的期限应自动延续至医疗期、孕期、产期和哺乳期期满为止。

【草案相关条文比较】

关于劳动合同终止的限制性规定，《征求意见稿》第 38 条规定："劳动合同约定的终止条件已经出现，但是有本法第三十四条规定的情形之一，劳动者提出延缓终止劳动合同的，劳动合同应当续延至相应的情形消失时终止。但是，法律、行政法规有其他规定的，从其规定。"二审稿第 45 条将其修改为："劳动合同期满或者劳动合同约定的终止条件出现，但是有本法第四十二条规定情形之一的，劳动合同应当续延至相应的情形消失时终止。"三审稿进一步完善，第 45 条规定："劳动合同期满，有本法第四十二条规定情形之一的，劳动合同应当续延至相应的情形消失时终止。但是，本法第四十二条第二项规定部分丧失劳动能力劳动者的劳动合同的终止，按照工伤保险的有关规定执行。"

【法条评析】

本条是关于劳动合同终止的限制性规定。

劳动法是劳动者保护法，贯彻劳动者倾斜保护的原则，劳动合同终止制度也要体现对劳动者倾斜保护的原则，这就要求法律必须对劳动合同的终止进行一定的限制，以保护劳动者的利益。

《劳动法》并没有对劳动合同的终止作出限制性规定，劳动部《关于贯彻执行〈中华人民共和国劳动法〉若干问题的意见》做了补充规定，但其限制条件仅限于"劳动者在医疗期、孕期、产期和哺乳期内"。《劳动合同法》增加了劳动合同终止的限制条件。

本条应从以下几个方面进行限制：

（一）适用范围

本条是对劳动合同的终止进行限制，但仅限于因劳动合同期限届满而终止劳动合同的情况，劳动合同因其他原因终止的不受本条规定的限制。

（二）限制的情形

只有具备第42条规定的情形之一的，劳动合同的终止就将受到限制。根据第42条的规定，限制的情形主要包括：从事接触职业病危害作业的劳动者未进行离岗前职业健康检查，或者疑似职业病病人在诊断或者医学观察期间的；患病或者非因工负伤，在规定的医疗期内的；女职工在孕期、产期、哺乳期的；在本单位连续工作满15年，且距法定退休年龄不足5年的；以及法律、行政法规规定的其他情形。

根据本条第2款的规定，劳动者在本单位患职业病或者因工负伤并被确认丧失或者部分丧失劳动能力的，其劳动合同的终止应当按照工伤保险的规定执行，即不适用本条的规定。

（三）法律效力

在存在第42条规定的情形时，劳动合同应当续延至相应的情形消失时终止，具体来说：在从事接触职业病危害作业的劳动者未进行离岗前职业健康检查，或者疑似职业病病人在诊断或者医学观察期间的，劳动合同应于职业健康检查后或者医学观察期届满后终止；患病或者非因工负伤，在规定的医疗期内的，劳动合同自医疗期届满时终止；女职工在孕期、产期、哺乳期的，劳动合同自孕期、产期、哺乳期届满时终止；在本单位连续工作满15年，且距法定退休年龄不足5年的，劳动合同只能等到达到法定退休年龄时终止。

第四十六条 （经济补偿金的适用范围）

有下列情形之一的，用人单位应当向劳动者支付经济补偿：

（一）劳动者依照本法第三十八条规定解除劳动合同的；

　　（二）用人单位依照本法第三十六条规定向劳动者提出解除劳动合同并与劳动者协商一致解除劳动合同的；

　　（三）用人单位依照本法第四十条规定解除劳动合同的；

　　（四）用人单位依照本法第四十一条第一款规定解除劳动合同的；

　　（五）除用人单位维持或者提高劳动合同约定条件续订劳动合同，劳动者不同意续订的情形外，依照本法第四十四条第一项规定终止固定期限劳动合同的；

　　（六）依照本法第四十四条第四项、第五项规定终止劳动合同的；

　　（七）法律、行政法规规定的其他情形。

【相关法条】

《劳动法》

　　第二十八条　用人单位依据本法第二十四条、第二十六条、第二十七条的规定解除劳动合同的，应当依照国家有关规定给予经济补偿。

　　劳动部《关于〈中华人民共和国劳动法〉若干条文的说明》

　　第二十八条　用人单位依据本法第二十四条、第二十六条、第二十七条的规定解除劳动合同的，应当依照国家有关规定给予经济补偿。

　　本条中的"依据国家有关规定"是指国家法律、法规和劳动部制定的规章及其他规范性文件。

　　目前除《国营企业实行劳动合同制暂行规定》对新招工人解除劳动合同给予经济补偿，《中华人民共和国中外合资经营企业劳动管理规定》第四条规定，企业应对被解雇的职工予以经济补偿外，其他劳动法律、法规、规章尚无此规定。需制定新的经济补偿办法。《履行和解除劳动合同的经济补偿办法》正在制定中，将于明年一月一日前颁布。

　　劳动部《关于贯彻执行〈中华人民共和国劳动法〉若干问题的意见》

　　36.用人单位依据劳动法第二十四条、第二十六条、第二十七条的规定解除劳动合同，应当按照劳动法和劳动部《违反和解除劳动合同的经济补偿办法》（劳部发［1994］481号）支付劳动者经济补偿金。

37. 根据《民法通则》第四十四条第二款"企业法人分立、合并，它的权利和义务由变更后的法人享有和承担"的规定，用人单位发生分立或合并后，分立或合并后的用人单位可依据其实际情况与原用人单位的劳动者遵循平等自愿、协商一致的原则变更、解除或重新签订劳动合同。在此种情况下的重新签订劳动合同视为原劳动合同的变更，用人单位变更劳动合同，劳动者不能依据劳动法第二十八条要求经济补偿。

38. 劳动合同期满或者当事人约定的劳动合同终止条件出现，劳动合同即行终止，用人单位可以不支付劳动者经济补偿金。国家另有规定的，可以从其规定。

39. 用人单位依据劳动法第二十五条解除劳动合同，可以不支付劳动者经济补偿金。

40. 劳动者依据劳动法第三十二条第（一）项解除劳动合同，用人单位可以不支付经济补偿金，但应按照劳动者的实际工作天数支付工资。

41. 在原固定工实行劳动合同制度的过程中，企业富余职工辞职，经企业同意可以不与企业签订劳动合同的，企业应根据《国有企业富余职工安置规定》（国务院令第 111 号，1993 年公布）发给劳动者一次性生活补助费。

42. 职工在接近退休年龄（按有关规定一般为五年以内）时因劳动合同到期终止劳动合同的，如果符合退休、退职条件，可以办理退休、退职手续；不符合退休、退职条件的，在终止劳动合同后按规定领取失业救济金。享受失业救济金的期限届满后仍未就业，符合社会救济条件的，可以按规定领取社会救济金，达到退休年龄时办理退休手续，领取养老保险金。

43. 劳动合同解除后，用人单位对符合规定的劳动者应支付经济补偿金。不能因劳动者领取了失业救济金而拒付或克扣经济补偿金，失业保险机构也不得以劳动者领取了经济补偿金为由，停发或减发失业救济金。

最高人民法院《关于审理劳动争议案件适用法律若干问题的解释》

第十五条　用人单位有下列情形之一，迫使劳动者提出解除劳动合同的，用人单位应当支付劳动者的劳动报酬和经济补偿，并可支付赔偿金：

（一）以暴力、威胁或者非法限制人身自由的手段强迫劳动的；

（二）未按照劳动合同约定支付劳动报酬或者提供劳动条件的；

（三）克扣或者无故拖欠劳动者工资的；

（四）拒不支付劳动者延长工作时间工资报酬的；

（五）低于当地最低工资标准支付劳动者工资的。

《违反和解除劳动合同的经济补偿办法》

《违反〈劳动法〉有关劳动合同规定的赔偿办法》

【草案相关条文比较】

关于经济补偿金的适用范围，征求意见稿第 39 条做了规定，适用于：用人单位预告解除、用人单位经济性裁员、劳动者因用人单位违反法律规定和劳动合同约定随时解除、用人单位解除因被宣告死亡和宣告失踪的劳动者重新出现而继续履行的劳动合同，以及用人单位提出动议的协商解除；在用人单位合并、分立的情况下解除劳动合同的；劳动合同因劳动合同期满，或者劳动合同约定的终止条件出现的，劳动者死亡，或者被人民法院宣告死亡或者宣告失踪的，用人单位歇业、解散的，用人单位被依法宣告破产、被吊销营业执照或者被责令关闭的，以及法律、行政法规规定的其他原因而终止的。

二审稿第 46 条做了规定，其变化体现在：第一，对劳动者随时解除劳动合同中需要支付经济补偿金的情形进行限制，仅限于劳动者因用人单位未及时足额支付劳动报酬和未依法为劳动者缴纳社会保险费而解除劳动合同的情形，将劳动者因用人单位未按照劳动合同约定提供劳动条件，未提供合格的安全生产条件的，用人单位的规章制度违反法律、法规的规定，损害劳动者权益的，用人单位乘人之危，使劳动者在违背真实意思的情况下订立劳动合同的，以及法律、行政法规规定的其他原因解除劳动合同的排除在外；第二，对劳动合同因劳动合同期满，或者劳动合同约定的终止条件出现而终止规定了例外规定，规定："除用人单位不降低现有劳动合同约定条件，劳动者不同意续签劳动合同的情况外"，劳动合同因劳动合同期满，或者劳动合同约定的终止条件出现而终止的，必须支付经济补偿金；第三，删除了劳动合同因劳动者死亡，或者被人民法院宣告死亡或者宣告失踪的，以及法律、行政法规规定的其他原因而终止等情形，规定："有下列情形之一的，用人单位应当按照国务院规定的标准向劳动者支付经济补偿：（一）劳动者依照本法第三十八条第二款、第三款规定解除劳动合同的；（二）用人单位依照本法第四十条规定解除劳动合同的；（三）用人单位依照本法第四十一条第一款规定解除劳动合同的；（四）用人单位向劳动者提出解除劳动合同动议并与劳动者协商一致解除劳动合同的；（五）除用人单位不降低现有劳动合同约定条件，劳动者不同意续签劳动合同的情况外，依照本法第四十四条第一项规定终止固定期限劳动合同的；（六）依照本法第四十四条第四项、第五项规定终止劳动合同的。"

三审稿第 46 条做了规定，其变化体现在以下两个方面：第一，对第 1 项规定的劳动者随时解除劳动合同的情形，删除了二审稿"第二款、第三款"，规定："劳动者依照本法第三十八条规定解除劳动合同的"，将所有劳动者随时解除都包括进来，回到征求意见稿；第二，对第 5 项的内容进行完善，规定："除用人单位维持或提高劳动合同约定条件续订劳动合同，劳动者不同意续订的情形外，依照本法第四十四条第一项规定终止固定期限劳动合同的"。四审稿则增加了规定："法律、行政法规规定的其他情形"的兜底性条款作为第 7 项。这也是最终稿。

【法条评析】

本条是关于经济补偿金适用范围的规定。

经济补偿金是指在劳动合同解除或终止后，用人单位依法一次性支付给劳动者的经济上的补助。经济补偿金是劳动法上一项极有特色的制度，充分体现了劳动法对劳动者倾斜保护的原则和目的。经济补偿金具有劳动贡献补偿和社会保障的双重功能，在某种程度上也具有违约金的功能，是劳动法上特有的和独立的解约补偿方式。

《劳动法》第 28 条确立了经济补偿金制度，其适用范围仅限于协商解除、用人单位预告解除和经济性裁员三种情形，不适用于劳动合同的终止，将劳动者因用人单位原因的随时解除也排除在外。该规定范围过窄，容易造成劳动合同短期化，不利于对劳动者的保护。最高人民法院《关于审理劳动争议案件适用法律若干问题的解释》增加规定了劳动者被迫解除劳动合同的几种情形，地方劳动合同立法也对此进行了一定的规定。本条的规定在很大程度上弥补了现有规定的不足。具体来说，应从以下几个方面进行理解：

经济补偿金的适用范围主要包括以下情形：

1. 劳动者随时解除劳动合同的。

本项指的是劳动者依照本法第 38 条规定解除劳动合同的情形。《劳动法》没有将劳动者因用人单位的原因被迫辞职作为用人单位支付经济补偿金的条件,这使得实践中,用人单位经常采取各种手段迫使劳动者主动解除劳动合同,从而逃避支付经济补偿金,对劳动者极为不利,本项即是应对该情形而制定的。根据第 38 条的规定,用人单位有下列情形之一的,劳动者可以解除劳动合同:未按照劳动合同约定提供劳动保护或者劳动条件的;未及时足额支付劳动报酬的;未依法为劳动者缴纳社会保险费的;用人单位的规章制度违反法律、法规的规定,损害劳动者权益的;因本法第 26 条第 1 款规定的情形致使劳动合同无效的;法律、行政法规规定劳动者可以解除劳动合同的其他情形。用人单位以暴力、威胁或者非法限制人身自由的手段强迫劳动者劳动的,或者用人单位违章指挥、强令冒险作业危及劳动者人身安全的,劳动者可以立即解除劳动合同,不需事先告知用人单位。劳动者因以上所有原因解除劳动合同的,用人单位都应当支付经济补偿金。

2. 用人单位提出动议协商解除劳动合同的。

本项指的是用人单位依照本法第 36 条规定向劳动者提出解除劳动合同并与劳动者协商一致解除劳动合同的。协商解除是用人单位与劳动者通过协商达成解除劳动合同的协议,从而解除劳动合同。协商解除可以是由用人单位提起动议的,也可以是由劳动者提起动议的,本项适用于用人单位提起动议的协商解除。因劳动者提起动议协商解除劳动合同的,用人单位不需支付经济补偿金。

3. 用人单位非过失性解除的。

本项指的是用人单位依照本法第 40 条规定解除劳动合同的情形。用人单位的非过失性解除又称预告解除,该解除原因并不是劳动者的过错造成的,而是基于客观原因,因此,用人单位非过失性解除劳动合同必须支付经济补偿金。根据第 40 条的规定,下列情形之一的,用人单位提前 30 日以书面形式通知劳动者本人或者额外支付劳动者一个月工资后,可以解除劳动合同:劳动者患病或者非因工负伤,在规定的医疗期满后不能从事原工作,也不能从事由用人单位另行安排的工作的;劳动者不能胜任工作,经过培训或者调整工作岗位,仍不能胜任工作的;劳动合同订立时所依据的客观情况发生重大变化,致使劳动合同无法履行,经用人单位与劳动者协商,未能就变更劳动合同内容达成协议的。

用人单位基于以上所有原因解除劳动合同的，都必须支付经济补偿金。

4. 用人单位因经济性裁员解除劳动合同的。

本项是指用人单位依照本法第 41 条第 1 款规定解除劳动合同的情形。在劳动合同履行过程中，用人单位因生产经营的需要采取经济性裁员措施，将给劳动者造成一定的损失，应当支付经济补偿金。根据第 41 条的规定，需要裁减人员 20 人以上或者裁减不足 20 人但占企业职工总数 10％以上的，才构成经济性裁员；只有在法律规定的条件下才能经济性裁员，而且必须事先告知工会。

5. 劳动合同因期限届满而终止的。

本项是指除用人单位维持或者提高劳动合同约定条件续订劳动合同，劳动者不同意续订的情形外，依照本法第 44 条第 1 项规定终止固定期限劳动合同的情形。根据《劳动法》的规定，经济补偿金只适用于劳动合同解除，而不适用于劳动合同终止，因此，用人单位为了逃避经济补偿金，通常会与劳动者签订短期合同，造成劳动合同短期化，对劳动者极为不利。《劳动合同法》将劳动合同因履行期限届满而终止的情形纳入支付经济补偿金的范围，但规定了例外情况，如果用人单位维持或者提高劳动合同约定条件续订劳动合同，劳动者不同意续订的，用人单位不需支付经济补偿金。

6. 劳动合同因用人单位主体资格丧失而终止的。

本项是指依照本法第 44 条第 4 项、第 5 项规定终止劳动合同的情形。根据第 44 条的规定，有下列情形之一的，劳动合同终止：劳动合同期满的；劳动者开始依法享受基本养老保险待遇的；劳动者死亡，或者被人民法院宣告死亡或者宣告失踪的；用人单位被依法宣告破产的；用人单位被吊销营业执照、责令关闭、撤销或者用人单位决定提前解散的；法律、行政法规规定的其他情形。其中，劳动合同因劳动合同期满而终止的，用人单位必须依据第 5 项的规定支付经济补偿金；劳动合同因用人单位主体资格丧失而终止的，用人单位必须依据本项支付经济补偿金；劳动合同因其他原因而终止的，用人单位无须支付经济补偿金。

7. 法律、行政法规规定的其他情形。

本项是兜底性一般条款，其范围限于"法律、行政法规"规定的情形，不包括部门规章、地方法规和地方规章以及其他规范性法律文件的规定。

【理解与适用】

（一）经济补偿金与违约金可以并用

在劳动合同中，如果当事人之间在劳动合同中约定违约金的，由于用人单位违反劳动合同的约定而使劳动合同被解除的，或者用人单位违反约定解除劳动合同的，劳动者是否可以同时请求用人单位支付经济补偿金和违约金。对此，我们认为，经济补偿金和违约金的性质和功能各不相同，两者可以并存。经济补偿金是指在劳动合同解除或终止后，用人单位依法一次性支付给劳动者的经济上的补助。违约金是当事人通过约定而预先确定的、在违约后生效的独立于履行行为之外的给付，是由双方约定的在违约后一方向另一方支付的一笔金钱，是一种违约责任形式。如果劳动合同中约定了违约金条款，用人单位违反规定或合同约定解除劳动合同，劳动者可以要求用人单位同时支付经济补偿金和违约金。

（二）经济补偿金与赔偿金可以并用

如果用人单位违反劳动合同给劳动者造成损失的，劳动者在劳动合同解除之后是否可以在用人单位支付经济补偿金的同时支付赔偿金，赔偿其损失？对此，《劳动法》第91条规定："用人单位有下列侵害劳动者合法权益情形之一的，由劳动行政部门责令支付劳动者的工资报酬、经济补偿，并可以责令支付赔偿金：（一）克扣或者无故拖欠劳动者工资的；（二）拒不支付劳动者延长工作时间工资报酬的；（三）低于当地最低工资标准支付劳动者工资的；（四）解除劳动合同后，未依照本法规定给予劳动者经济补偿的。"最高人民法院《关于审理劳动争议案件适用法律若干问题的解释》第15条也规定："用人单位有下列情形之一，迫使劳动者提出解除劳动合同的，用人单位应当支付劳动者的劳动报酬和经济补偿，并可支付赔偿金：（一）以暴力、威胁或者非法限制人身自由的手段强迫劳动的；（二）未按照劳动合同约定支付劳动报酬或者提供劳动条件的；（三）克扣或者无故拖欠劳动者工资的；（四）拒不支付劳动者延长工作时间工资报酬的；（五）低于当地最低工资标准支付劳动者工资的。"《劳动合同法》第85条规定："用人单位有下列情形之一的，由劳动行政部门责令限期支付劳动报酬、加班费或者经济补偿；劳动报酬低于当地最低工资标准的，应当支付其差额部分；逾期不支付的，责令用人单位按应付金额百分之五十以上百分之一百以下的标准向劳动者加付赔偿金：（一）未按照劳动合同的约定或者国家规定及时足额支付劳动者劳动报酬的；（二）低于当地最低工资标准支付劳动者工资的；（三）安排加班不支付加班费的；（四）解除或者终止劳动合同，未依照本法规定向劳动者支付经济补偿的。"

第四十七条　（经济补偿金的计算标准）

经济补偿按劳动者在本单位工作的年限，每满一年支付一个月工资的标准向劳动者支付。六个月以上不满一年的，按一年计算；不满六个月的，向劳动者支付半个月工资的经济补偿。

劳动者月工资高于用人单位所在直辖市、设区的市级人民政府公布的本地区上年度职工月平均工资三倍的，向其支付经济补偿的标准按职工月平均工资三倍的数额支付，向其支付经济补偿的年限最高不超过十二年。

本条所称月工资是指劳动者在劳动合同解除或者终止前十二个月的平均工资。

【相关法条】

《违反和解除劳动合同的经济补偿办法》

第二条　对劳动者的经济补偿金，由用人单位一次性发给。

第三条　用人单位克扣或者无故拖欠劳动者工资的，以及拒不支付劳动者延长工作时间工资报酬的，除在规定的时间内全额支付劳动者工资报酬外，还需加发相当于工资报酬百分之二十五的经济补偿金。

第四条　用人单位支付劳动者的工资报酬低于当地最低工资标准的，要在补足低于标准部分的同时，另外支付相当于低于部分百分之二十五的经济补偿金。

第五条　经劳动合同当事人协商一致，由用人单位解除劳动合同的，用人单位应根据劳动者在本单位工作年限，每满一年发给相当于一个月工资的经济补偿金，最多不超过十二个月。工作时间不满一年的按一年的标准发给经济补偿金。

第六条　劳动者患病或者非因工负伤，经劳动鉴定委员会确认不能从事原工作、也不能从事用人单位另行安排的工作而解除劳动合同的，用人单位应按其在本单位的工作年限，每满一年发给相当于一个月工资的经济补偿金，同时还应发给不低于六个月工资的医疗补助费。患重病和绝症的还应增加医疗补助费，患重病的增加部分不低于医疗补助费的百分之五十，患绝症的增加部分不低于医疗补助费的百分之百。

第七条　劳动者不能胜任工作，经过培训或者调整工作岗位仍不能胜任工作，由用人单位解除劳动合同的，用人单位应按其在本单位工作的年限，工作时间每满一年，发给相当于一个月工资的经济补偿金，最多不超过十二个月。

第八条　劳动合同订立时所依据的客观情况发生重大变化，致使原劳动合同无法履行，经当事人协商不能就变更劳动合同达成协议，由用人单位解除劳动合同的，用人单位按劳动者在本单位工作的年限，工作时间每满一年发给相当于一个月工资的经济补偿金。

第九条　用人单位濒临破产进行法定整顿期间或者生产经营状况发生严重困难，必须裁减人员的，用人单位按被裁减人员在本单位工作的年限支付经济补偿金。在本单位工作的时间每满一年，发给相当于一个月工资的经济补偿金。

第十条　用人单位解除劳动合同后，未按规定给予劳动者经济补偿的，除全额发给经济补偿金外，还须按该经济补偿金数额的百分之五十支付额外经济补偿金。

第十一条　本办法中经济补偿金的工资计算标准是指企业正常生产情况下劳动者解除合同前十二个月的月平均工资。

用人单位依据本办法第六条、第八条、第九条解除劳动合同时，劳动者的月平均工资低于企业月平均工资的，按企业月平均工资的标准支付。

【草案相关条文比较】

关于经济补偿金的计算，征求意见稿第 39 条做了规定。根据该规定，用人单位应当根据劳动者在本单位的工作年限，按满 6 个月支付半个月工资、满 1 年支付 1 个月工资的标准向劳动者支付经济补偿。劳动者在本单位的工作年限超过 6 个月不满 1 年的，按 1 年计算；不满 6 个月的，按 6 个月计算。劳动合同续签的，用人单位不支付经济补偿。劳动合同终止计算经济补偿时，劳动合同每存续 5 年，经济补偿减少 10％。二审稿没有对经济补偿金的具体计算标准进行规定，规定"用人单位应当按照国务院规定的标准向劳动者支付经济补偿"。三审稿第 47 条则又做了具体规定："经济补偿按照劳动者在本单位工作的年限，每满一年支付一个月工资的标准向劳动者支付。不满一年的按一年计算。劳动者月工资高于用人单位所在直辖市、设区的市上年度职工月平均工资三倍的，向其支付经济补偿的标准按职工月平均工资三倍的数额支付，向其支付经济补偿的年限最高不超过十二年。本条所称月工资是指劳动者在劳动合同解除或者终止前十二个月的平均工资。"四审稿没有任何改动。最终稿对三审稿的第 1 款做了一些修改，规定："经济补偿按劳动者在本单位工作的年限，每满一年支付一个月工资的标准向劳动者支付。六个月以上不满一年的，按一年计算；不满六个月的，向劳动者支付半个月工资的经济补偿。"

【法条评析】

本条对经济补偿金的计算标准进行规定。

《劳动法》没有规定经济补偿金的计算标准，《违反和解除劳动合同的经济补偿办法》对其进行补充，根据不同的情形确定了不同的计算标准，其内容包括劳动贡献积累补偿、失业补偿和其他特殊补偿，内容比较复杂而且标准不统一。针对该问题，《劳动合同法》制定了统一的计算标准。

经济补偿金总额等于工作年数×工资基数。工作年数是指劳动者在本单位工作的年限。工作年数每满一年支付一个月工资；六个月以上不满一年的，按一年计算；不满六个月的；支付半个月工资。工作年数和工资都有一定的上限，工作年限的上限为十二年，月工资的上限为用人单位所在直辖市、设区的市级人民政府公布的本地区上年度职工月平均工资三倍。值得注意的是，此处的工资是劳动者的月平均工资，而不是企业的月平均工资，是劳动者在劳动合同解除或者终止前十二个月的平均工资。

【理解与适用】

（一）工作年限的计算

《劳动合同法》对工作年限的计算没有作出特别规定，在实践中可以借鉴劳动部的规定和地方劳动立法的规定进行计算。劳动部办公厅《对〈关于终止或解除劳动合同计发经济补偿金有关问题的请示〉的复函》指出，因用人单位的合并、兼并、合资、单位改变性质、法人改变名称等原因而改变工作单位的，其改变前的工作时间可以计算为"在本单位的工作时间"。由于成建制调动、组织调动等原因而改变工作单位的，是否计算为"在本单位的工作时间"，在行业直属企业间成建制调动或组织调动等，由行业主管部门作出规定；其他调动，由各省、自治区、直辖市作出规定。《大连市劳动合同规定》第35条规定："劳动者有下列情况的，可计算为本企业工作年限：（1）因单位分立、兼并（合并）、合资、改变性质、法人改变名称或成建制调动等原因而改变工作单位，原单位未支付经济补偿金的，其原单位的工作时间计算为本企业工作年限，劳动合同有明确约定的从其约定。（2）经上级组织部门或行业主管部门指令性调动的职工，其调动前单位的工作时间与调动后本企业工作年限合并计算。（3）复员、转业军人的军龄和城镇知识青年下乡插队的年限，计算为首次接收安置单位的本企业工作年限。"

（二）工资的范围

根据《关于工资总额组成的规定》，工资总额包括：计时工资、计件工资、奖金、津贴和补贴、加班加点工资、特殊情况下支付的工资。计时工资是指按计时工资标准（包括地区生活费补贴）和工作时间支付给个人的劳动报酬。计件工资是指对已做工作按计件单价支付的劳动报酬。奖金是指支付给职工的超额劳动报酬和增收节支的劳动报酬，包括生产奖、节约奖、劳动竞赛奖、机关、事业单位的奖励工资和其他奖金。津贴和补贴是指为了补偿职工特殊或额外的劳动消耗和因其他特殊原因支付给职工的津贴，以及为了保证职工工资水平不受物价影响支付给职工的物价补贴。加班加点工资是指按规定支付的加班工资和加点工资。特殊情况下支付的工资包括根据国家法律、法规和政策规定，因病、工伤、产假、计划生育假、婚丧假、事假、探亲假、定期休假、停工学习、执行国家或社会义务等原因按计时工资标准或计时工资标准的一定比例支付的工资；附加工资、保留工资。工资总额不包括的项目：根据国务院发布的有关规定颁发的发明创造奖、自然科学奖、科学技术进步奖和支付的合理化建议和技术改进奖以及支付给运动员、教练员的奖金；有关劳动保险和职工福利方面的各项费用；有关离休、退休、退职人员待遇的各项支出；劳动保护的各项支出；稿费、讲课费及其他专门工作报酬；出差伙食补助费、误餐补助、调动工作的旅费和安家费；对自带工具、牲畜来企业工作职工所支付的工具、牲畜等的补偿费用；实行租赁经营单位的承租人的风险性补偿收入；对购买本企业股票和债券的职工所支付的股息（包括股金分红）和利息；劳动合同制职工解除劳动合同时由企业支付的医疗补助费、生活补助费等；因录用临时工而在工资以外向提供劳动力单位支付的手续费或管理费；支付给家庭工人的加工费和按加工订货办法支付给承包单位的发包费用；支付给参加企业劳动的在校学生的补贴；计划生育独生子女补贴。

第四十八条　（用人单位违法解除或终止劳动合同的法律效果）

用人单位违反本法规定解除或者终止劳动合同，劳动者要求继续履行劳动合同的，用人单位应当继续履行；劳动者不要求继续履行劳动合同或者劳动合同已经不能继续履行的，用人单位应当依照本法第八十七条规定支付赔偿金。

【草案相关条文比较】

关于用人单位违法解除或终止劳动合同的法律效果，征求意见稿开始就对其作出规定，该稿第 42 条规定："用人单位违反本法规定解除或者终止劳动合同，劳动者要求继续履行劳动合同的，用人单位应当继续履行；劳动者不要求继续履行劳动合同或者劳动合同已经不能继续履行的，用人单位应当依照本法第三十九条规定的经济补偿标准的 2 倍向劳动者支付赔偿金，用人单位支付赔偿金后，劳动合同终止。"二审稿和三审稿对该条规定都没有修改。四审稿对该条第 2 款进行修改，四审稿第 48 条第 2 款规定："劳动者不要求继续履行劳动合同或者劳动合同已经不能继续履行的，用人单位支付赔偿金后，劳动合同解除或者终止。"最终稿对四审稿中的赔偿标准进行完善，明确了赔偿标准，同时删除了劳动合同解除或终止的时间规定。

【法条评析】

本条是对用人单位违法解除或终止劳动合同的法律效果的规定。

用人单位解除或终止劳动关系必须符合法律规定的条件，而且必须遵守法律规定的程序。缺乏法律规定的条件或者违反法律规定的程序解除或终止劳动合同的，该解除和终止行为无效，劳动合同仍然有效。

《劳动法》在第 98 条中规定，用人单位违反本法规定的条件解除劳动合同或者故意拖延不订立劳动合同的，由劳动行政部门责令改正；对劳动者造成损害的，应当承担赔偿责任。该规定适用于违法解除情形，而不适用于违法终止情形。同时，由于该规定不够具体，劳动者被违法解除或终止劳动合同的，很难依据该规定获得保障。《劳动合同法》则在此基础上，进一步完善用人单位违法解除和终止劳动合同的法律救济措施。具体来说，该规定可以从以下几个方面进行理解：

（一）适用范围

根据文义解释，该条适用于用人单位违法解除或终止劳动合同的情形，不适用于劳动者违法解除或者终止劳动合同的情形。这也充分体现了劳动法中劳动者倾斜保护的理念。

（二）违法解除和终止的范围

用人单位解除和终止劳动合同，必须遵守法律规定的条件和程序，必须受法定禁止性条件的限制，解除劳动合同必须事先将理由通知工会，在法律规定的条件下必须支付经济补偿金，必须协助劳动者办理相关手续。从本条在体系中所处的结构来看，"违法"中的"法"不仅包括法定解除和终止许可性条件、禁止性条件和法定程序，还包括必须支付经济补偿金，但不包括办理移转档案和社会保险关系移转手续。也就是说，用人单位在违反法律规定的解除或终止条件，或者违反解除或终止程序，或者没有支付经济补偿金，其解除和终止行为都属于"违法解除和终止"，其解除和终止行为无效，劳动合同继续有效。用人单位没有协助劳动者办理档案和社会保险关系移转手续并不构成本条所说的"违法解除和终止"，劳动合同的解除和终止行为不受其影响。用人单位违反本法第 49 条规定，没有办理档案和社会保险移转手续的，应根据第 84 条的规定承担损害赔偿责任，并接受相应的处罚。

（三）违法解除和终止的法律效果

用人单位违法解除和终止劳动合同的，解除和终止行为无效，劳动合同继续有效，因此，劳动者可以要求继续履行该劳动合同。劳动者不要求继续履行劳动合同或者劳动合同已经不能继续履行的，用人单位应当依照本法第 87 条规定支付赔偿金。根据第 87 条规定，用人单位违反本法规定解除或者终止劳动合同的，应当依照本法第 47 条规定的经济补偿标准的 2 倍向劳动者支付赔偿金。

第四十九条　（社会保险关系转移）

国家采取措施，建立健全劳动者社会保险关系跨地区转移接续制度。

【相关法条】

《企业职工基本养老保险社会统筹与个人账户相结合实施办法之一》

二、建立基本养老保险个人账户

…………

（四）职工在同一地区范围内调动工作，不变换基本养老保险个人账户。职工由于各种原因中断工作，其个人账户予以保留。职工调动或中断工作前后个人账户的储存额可以累积计算，不间断计息。

（五）职工在不同地区之间调动工作，基本养老保险个人账户的全部储存额由调出地社会保险经办机构向调入地社会保险经办机构划转，调入地社会保险经办机构为其建立基本养老保险个人账户。

《企业职工基本养老保险社会统筹与个人账户相结合实施办法之二》

二、建立基本养老保险个人账户

…………

（四）职工在同一地区内调动工作，不变换个人账户。职工由于各种原因停止工作或失业而间断缴纳养老保险费的，其个人账户予以保留。职工调动或中断工作前后缴费年限可以累积计算，个人账户储存额不间断计息。职工在不同地区之间调动工作，个人账户及其储存额应随同转移。

国务院《关于建立统一的企业职工基本养老保险制度的决定》（国发〔1997〕26 号）

四、按本人缴费工资 11％的数额为职工建立基本养老保险个人账户，个人缴费全部记入个人账户，其余部分从企业缴费中划入。随着个人缴费比例的提高，企业划入的部分要逐步降至 3％。个人账户储存额，每年参考银行同期存款利率计算利息。个人账户储存额只用于职工养老，不得提前支取。职工调动时，个人账户全部随同转移。职工或退休人员死亡，个人账户中的个人缴费部分可以继承。

国务院《关于完善企业职工基本养老保险制度的决定》（国发〔2005〕38 号）

八、加快提高统筹层次。进一步加强省级基金预算管理，明确省、市、县各级人民政府的责任，建立健全省级基金调剂制度，加大基金调剂力度。在完善市级统筹的基础上，尽快提高统筹层次，实现省级统筹，为构建全国统一的劳动力市场和促进人员合理流动创造条件。

【草案相关条文比较】

这一条是在二审稿中加入的，二审稿第 48 条规定："国家采取措施，逐步实现劳动者基本养老保险个人账户随劳动者在全国范围内流动。"三审稿第 49 条作了相同的规定。四审稿第 49 条作出了修改："国家采取措施，建立健全劳动者社会保险关系跨地区转移接续制度。"立法者考虑到劳动关系并非是一个孤立的关系，劳动者的社会保险也是劳动保障部分的内容之一，劳动关系的变动也就涉及劳动者社会保险关系的变动，为了便利劳动者地区间的流动，相应的不同地区间的社会保险制度应该衔接上，为劳动力地区间的流动扫除障碍。而社会保险关系又不限于养老保险关系，还包括医疗保险、失业保险等，同时为了与下一条用人单位为劳动者办理"社会保险关系转移手续"相对应，因此，改为"建立健全劳动者社会保险关系跨地区转移接续制度"。

【法条评析】

建立健全劳动者社会保险关系跨地区转移接续制度，促进劳动力地区间流动，为全国统一的劳动力市场扫清障碍。

我国劳动者社会保险关系跨地区转移接续制度的健全有两个前提：第一，应当提高我国社会保险基金的统筹层次。当前，我国社会保险制度主要以县市级统筹为主，统筹层次明显偏低，随着市场经济的不断发展，地区间劳动力流动日益频繁，而过低的统筹层次造成了各地标准不一，劳动者社会保险关系跨地区流动无法很好地衔接，导致部分参保人员选择退出社会保险计划，从而阻碍了劳动力跨地区流动。社会保险制度是以"大数法则"为基础，只有实现较大范围的统筹，才可以实现地区之间社会保险基金的余缺调剂，才能增强基金的抗风险能力。同时，而提高统筹层次，能够在更大范围内实现各地区缴费基数、缴费比例和享受待遇标准的统一，加大基金调剂功能，消除参保职工跨地区流动的障碍。另外，提高统筹层次还有利于提高管理水平，减少管理环节，降低不必要的管理成本，降低社保基金分散管理的风险，从而实现社会保险集中社会化管理。第二，"做实"社会保险个人账户。以我国基本养老保险为例，我国养老保险的筹资模式从现收现付制转为社会统筹和个人账户相结合的部分积累制，统筹账户的基金用于互济，个人账户的基金用于养老金的个人积累。但是，由于计划经济体制留下了历史债务，养老保险没有资金积累，随着人口老龄化的到来，加上这种统筹账户与个人账户并账管理的模式，导致了不得不动用个人账户基金来填补养老金发放的缺口，这就造成了现在的"空账"问题。截至 2004 年，中国社会养老保险个人账户的空账达 7 400 亿元，且每年以一千多亿元的规模在扩大。这样既不利于社会保险制度的稳健运行，也会影响社会保险关系跨地区转移接续，从而制约了劳动力的正常流动。因此，通过做实社会保险个人账户，使个人账户基金具有可携带性，做实了的个人账户可以随着参保人员工作的变动而变动，从而有利于参保人员在地区间的流动，也利于调动广大劳动者参加社会保险的积极性。

【理解与适用】

本条实际上是一个宣示性的条款，不是一个行为规范，也不构成一个裁判规范，只是体现了我国社会保险制度改革的政策取向。如果能够使社会保险在现有的县市级统筹的基础上，积极实现省级统筹，从而逐步实现全国统筹，以及把社会保险个人账户做实，为构建全国统一的劳动力市场和促进劳动力地区间的合理流动创造条件，那么劳动者社会保险关系跨地区转移接续问题通过一定的技术处理就很容易实现。而且此条的规定也为下一条用人单位在劳动合同解除或终止时办理社会保险关系的转移手续提供了前提条件。

第五十条 （附随义务）

用人单位应当在解除或者终止劳动合同时出具解除或者终止劳动合同的证明，并在十五日内为劳动者办理档案和社会保险关系转移手续。

劳动者应当按照双方约定，办理工作交接。用人单位依照本法有关规定应当向劳动者支付经济补偿的，在办结工作交接时支付。

用人单位对已经解除或者终止的劳动合同的文本，至少保存二年备查。

【相关法条】

劳动部《企业职工档案管理工作规定》

第十八条 企业职工调动、辞职、解除劳动合同或被开除、辞退等，应由职工所在单位在一个月内将其档案转交其新的工作单位或其户口所在地的街道劳动（组织人事部门）……

劳动部《关于实行劳动合同制度若干问题的通知》（劳部发〔1996〕354 号）

15. 在劳动者履行了有关义务终止、解除劳动合同时，用人单位应当出具终止、解除劳动合同证明书，作为该劳动者按规定享受失业保险待遇和失业登记、求职登记的凭证。

…………

17. 用人单位招用职工时应查验终止、解除劳动合同证明，以及其他能证明该职工与任何用人单位不存在劳动关系的凭证，方可与其签订劳动合同。

国务院《失业保险条例》

第十六条第二款 城镇企业事业单位职工失业后，应当持本单位为其出具的终止或者解除劳动关系的证明，及时到指定的社会保险经办机构办理失业登记……

【草案相关条文比较】

征求意见稿第 43 条规定："用人单位应当自解除或者终止劳动合同之日起七日内，为劳动者办理档案和社会保险转移手续，并为需要办理失业登记的劳动者出具解除或者终止劳动合同的证明。劳动者应当按照双方约定，遵循诚实信用的原则办理工作交接。用人单位须支付经济补偿的，应当在办结工作交接手续时向劳动者支付。"二审稿第 49 条在征求意见稿的基础上增加了一款："用人单位对已经解除或者终止的劳动合同文本，应当保存六个月以上备查。"立法者主要是考虑到劳动合同文本的证据价值，利于用人单位和劳动者发生争议时有备可查，所以增加了一款用人单位的义务。三审稿第 50 条在二审稿的基础上作了如下修改：（1）删去了为劳动者出具解除或终止劳动合同证明的前提条件"需要办理失业登记的劳动者"，以免在实践中出现劳动者要求用人单位出具解除或终止劳动合同证明时要先证明自己是需要办理失业登记的劳动者；同时，解除或终止劳动合同证明书也是劳动者能够顺利再就业的前提条件。（2）劳动合同解除或终止时，用人单位就应当给劳动者出具劳动合同的证明，而为劳动者办理档案和社会保险转移手续则放宽为"三十日内"办理，立法者主要是考虑到实践中用人单位履行不同的义务需要的时间不同，不能一概而论。四审稿第 50 条在三审稿的基础上作了如下修改：（1）在第 2 款中删去了"遵循诚实信用原则"，因为诚实信用原则本身就是劳动合同法的一项基本原则，贯穿于劳动合同订立、履行、解除等的各个环节，因此，在劳动者办理工作交接时无须再通过立法明示之。（2）将第 3 款中的"六个月以上"劳动合同文本的备查时间改为"二年以上"，以更好地保护劳动者的权益。

【法条评析】

本条是对劳动合同解除或终止时用人单位和劳动者双方基于劳动合同所产生的附随义务的规定。劳动合同是从传统契约理论结合劳动合同的特殊性发展而来的一类特殊的民事合同，因此，诚实信用原则既是传统合同法的一项基本原则，更是具有人身性、从属性的劳动合同关系得以维系的一项基本原则。这使得不仅劳动合同关系存续期间，用人单位与劳动者应当诚信履行劳动合同明示或默示的义务，而且在劳动合同关系结束时以及结束后，双方也应当根据劳动合同的约定或者基于诚实信用原则履行应尽的义务，即用人单位对劳动者的照顾以及劳动者对用人单位的忠实的附随义务。为了避免双方因履行附随义务发生不必要的争议，劳动合同法将劳动合同的附随义务予以法定化，同时应当结合劳动合同的特殊性，法律对附随义务的规定也应当体现倾斜保护劳动者的原则。

一、劳动合同解除或终止时，用人单位的附随义务

第一，在劳动合同解除或者终止时，用人单位有出具解除或者终止劳动合同的证明，并且为劳动者办理档案和社会保险关系转移手续的义务。附随义务对于劳动者权益的保护很重要，"一方面使离职劳工易于获得工作，以谋生计，另一方面使第三人（未来的雇主）决定是否雇用时，有参考之资料，具有增进劳工就业之社会功能"[1]。因此，如果用人单位没有出具解除或终止劳动合同证明书，则使没有及时再就业的劳动者无法办理失业登记，也就导致劳动者无法享受失业保险待遇。如果用人单位没有为劳动者办理档案转移手续，则劳动者无法到新的用人单位工作。如果用人单位没有为劳动者办理社会保险关系转移手续，则会导致劳动者中断享受社会保险待遇，劳动者的社会保险权益受损。同时，法律还规定了这一附随义务的履行时间，以敦促用人单位履行义务。出具证明书的时间应当在"解除或者终止劳动合同时"；为劳动者办理档案和社会保险关系转移手续的时间应当在"解除或者终止劳动合同三十日内"。因此，用人单位这一附随义务的履行是劳动者享受其他合法利益的前提和保证，有利于实现劳动者的其他合法权益。

第二，用人单位依照本法有关规定应当向劳动者支付经济补偿的，在办结工作交接时支付。《劳动合同法》第46条规定了用人单位应当向劳动者支付经济补偿的情形，支付经济补偿金是用人单位依据劳动合同法律的规定在劳动关系解除或终止时对于劳动者为用人单位已作出贡献的一种补偿，其数额一般与劳动者为用人单位的服务年限挂钩。这一条规定了用人单位支付经济补偿金的履行时间，即在与劳动者"办理工作

---

[1] 王泽鉴：《民法学说与判例研究》（七），172～173页，北京，中国政法大学出版社，1997。

交接时"支付。法律的明确规定可以避免用人单位与劳动者对于何时支付经济补偿金发生争议。

第三，用人单位对已经解除或者终止的劳动合同文本，应当保存 2 年以上备查。当劳动关系结束时，劳动合同文本具有一定的证据作用，用人单位应当根据其对劳动者的照顾义务，妥善保管劳动合同文本，以备查询。其中，"二年"是最低的保存时间。应当注意的是，劳动合同文本涉及用人单位和劳动者双方的权利和义务，涉及双方的一些资料和信息，用人单位应当阻止第三人对劳动合同文本的不当查阅，避免造成对劳动者合法权益的侵害。

二、劳动合同解除或终止时，劳动者的附随义务

在劳动合同解除或终止后，为了使用人单位的事业继续进行，不至于因为劳动合同的解除或终止而中断，造成不必要的损失，如何顺利地进行工作上的一些交接手续对用人单位来说是很重要的。如果用人单位与劳动者双方对此有所预见，在劳动合同中约定或就劳动合同关系结束时的交接事宜另行作了约定，则劳动者按程序履行工作交接手续纯属履行劳动合同约定义务的行为，如劳动者对其负责的事务或归其保管的物品进行移交等等。但是，当双方没有对劳动合同关系终止后的工作交接进行约定，劳动者除了承担依据对用人单位的忠实义务而派生出的保密义务和竞业禁止义务外，主要的就是承担工作交接的附随义务，劳动者应当依据诚信原则协助用人单位的事业平稳过渡。

【理解与适用】

一、用人单位或劳动者违反劳动合同附随义务，应当承担赔偿责任

劳动合同附随义务是依据诚实信用原则派生出的义务，是一种法定的义务，如果用人单位或劳动者违反了劳动合同的这种后合同义务，与违反劳动合同的约定义务不同，不承担违约责任，而应承担缔约过失责任。因违反附随义务造成对方损失的，应当赔偿对方信赖利益的损失。《劳动合同法》第 84 条规定，劳动者依法解除或者终止劳动合同，用人单位扣押劳动者档案或者其他物品的，由劳动行政部门责令限期退还劳动者本人，按每一名劳动者 500 元以上 2 000 元以下的标准处以罚款；给劳动者造成损害的，用人单位应当承担赔偿责任。第 85 条规定，用人单位解除或者终止劳动合同，未依照《劳动合同法》规定向劳动者支

付经济补偿的，由劳动行政部门责令限期支付经济补偿；逾期不支付的，责令用人单位按应付金额50％以上100％以下的标准向劳动者加付赔偿金。第89条规定，用人单位违反本法规定未向劳动者出具解除或者终止劳动合同的书面证明，由劳动行政部门责令改正；给劳动者造成损害的，用人单位应当承担赔偿责任。

二、用人单位或劳动者不能依据劳动合同附随义务行使抗辩权

如果劳动者在劳动合同解除或终止时，没有办理工作交接手续，用人单位是否可以扣押劳动者的档案或者不支付经济补偿金？也即用人单位或者劳动者是否可以依据劳动合同附随义务行使同时履行抗辩权或者先履行抗辩权？由于劳动合同的附随义务是基于诚实信用原则产生的一项法定义务，不是双方在劳动合同中的约定义务。合同中的抗辩权存在的基础是合同义务的牵连性，给付与对待给付具有不可分性，合同中的抗辩权是一种针对对方请求权的一种债权保障措施。而附随义务的法定性及双方义务的非牵连性决定了，一方违反附随义务不能行使抗辩权，只能依据法律的规定请求损害赔偿。

第五章　特别规定

第一节　集体合同

第五十一条　（集体合同的订立和内容）

企业职工一方与用人单位通过平等协商，可以就劳动报酬、工作时间、休息休假、劳动安全卫生、保险福利等事项订立集体合同。集体合同草案应当提交职工代表大会或者全体职工讨论通过。

集体合同由工会代表企业职工一方与用人单位订立；尚未建立工会的用人单位，由上级工会指导劳动者推举的代表与用人单位订立。

【相关法条】

《劳动法》

第三十三条　企业职工一方与企业可以就劳动报酬、工作时间、休息休假、劳动安全卫生、保险福利等事项，签订集体合同。集体合同草案应当提交职工代表大会或者全体职工讨论通过。

集体合同由工会代表职工与企业签订；没有建立工会的企业，由职工推举的代表与企业签订。

《工会法》

第六条　维护职工合法权益是工会的基本职责。工会在维护全国人民总体利益的同时，代表和维护职工的合法权益。

工会通过平等协商和集体合同制度，协调劳动关系，维护企业职工劳动权益。

工会依照法律规定通过职工代表大会或者其他形式，组织职工参与本单位的民主决策、民主管理和民主监督。

工会必须密切联系职工,听取和反映职工的意见和要求,关心职工的生活,帮助职工解决困难,全心全意为职工服务。

第二十条　工会帮助、指导职工与企业以及实行企业化管理的事业单位签订劳动合同。工会代表职工与企业以及实行企业化管理的事业单位进行平等协商,签订集体合同。集体合同草案应当提交职工代表大会或者全体职工讨论通过。

工会签订集体合同,上级工会应当给予支持和帮助。

企业违反集体合同,侵犯职工劳动权益的,工会可以依法要求企业承担责任;因履行集体合同发生争议,经协商解决不成的,工会可以向劳动争议仲裁机构提请仲裁,仲裁机构不予受理或者对仲裁裁决不服的,可以向人民法院提起诉讼。

劳动和社会保障部《集体合同规定》

第一条　为规范集体协商和签订集体合同行为,依法维护劳动者和用人单位的合法权益,根据《中华人民共和国劳动法》和《中华人民共和国工会法》,制定本规定。

第二条　中华人民共和国境内的企业和实行企业化管理的事业单位(以下统称用人单位)与本单位职工之间进行集体协商,签订集体合同,适用本规定。

第三条　本规定所称集体合同,是指用人单位与本单位职工根据法律、法规、规章的规定,就劳动报酬、工作时间、休息休假、劳动安全卫生、职业培训、保险福利等事项,通过集体协商签订的书面协议;所称专项集体合同,是指用人单位与本单位职工根据法律、法规、规章的规定,就集体协商的某项内容签订的专项书面协议。

第四条　用人单位与本单位职工签订集体合同或专项集体合同,以及确定相关事宜,应当采取集体协商的方式。集体协商主要采取协商会议的形式。

劳动和社会保障部《关于贯彻实施〈集体合同规定〉的通知》(劳社部函〔2004〕195号)

劳动和社会保障部、国家经济贸易委员会、中华全国总工会、中国企业联合会、中国企业家协会《关于进一步推行平等协商和集体合同制度的通知》(劳社部发〔2001〕17号)

【法条评析】

本条分为两款，其中第 1 款的规定包括三个方面的内容：

（一）集体合同订立的原则

合同订立的原则是指合同订立过程中必须遵循的基本准则，其对于合同的订立以及最终的合同的效力认定具有决定性作用。《集体合同规定》（2004）第 5 条规定："进行集体协商，签订集体合同或专项集体合同，应当遵循下列原则：（一）遵守法律、法规、规章及国家有关规定；（二）相互尊重，平等协商；（三）诚实守信，公平合作；（四）兼顾双方合法权益；（五）不得采取过激行为。"本条第 1 款中明确了"平等协商"原则，该原则是集体合同订立的基本原则之一，可以理解为：

1. 当事人的缔约地位平等

在具体的劳动过程中，无论是工会代表或者职工代表，都隶属于用人单位，受用人单位的指示、命令。并且，根据《工会法》第五章"工会的经费和财产"中的规定，工会的经费和活动场所部分是由用人单位提供，但是，这并不能否认双方当事人的平等的缔约地位。劳动和社会保障部、国家经济贸易委员会、中华全国总工会、中国企业联合会/中国企业家协会《关于进一步推行平等协商和集体合同制度的通知》（劳社部发〔2001〕17 号）规定："平等协商，是用人单位（包括企业、雇主或雇主团体，或以进行平等协商为目的的小企业联合组织）和相应的工会组织（未建立工会的企业由职工民主推举代表），在法律地位完全平等的基础上，就劳动标准、劳动条件以及其他与劳动关系相关的问题，依据国家法律法规而进行沟通、协商的行为。"

2. 当事人缔约过程中适用的规则平等

法律规则之所以具有普遍效力，是因为除特别规定外，其规则都是同等适用于所有的主体。在集体合同的缔约过程中，一方面，基于法律对劳动者的倾斜保护，确立诸多强行性规范平衡劳动者与用人单位的地位；另一方面，双方权利、义务的确立更多的是基于双方的自治协商。如果适用不平等的缔约规则，则会导致整个集体合同的内容的失衡，尤其是在用人单位的强势地位之下，可能会加剧劳动者的弱者地位。

3. 平等的法律保护

法律对于主体的权利的保护体现在两方面：一是，权利的确认；二是，权利受到侵害时的法律保护。前者体现在规则的平等和地位的平等中，而后者则应该是体现为对于任何一方侵害对方平等缔约权利的给予平等的法律救济，只有通过平等的救济才能树立法律的权威性，并且赋予权利应有之义。在集体合同订立过程中，尤其要强化工会代表或者职工代表的权利救济。如《集体合同规定》（2004）第 28 条规定："职工一方协商代表在其履行协商代表职责期间劳动合同期满的，劳动合同期限自动延长至完成履行协商代表职责之时，除出现下列情形之一的，用人单位不得与其解除劳动合同……"

（二）集体合同的内容

集体合同的内容实际上是双方当事人权利、义务的约定，根据本条以及《集体合同规定》（2004）第 8 条的规定其内容包括：（1）劳动报酬；（2）工作时间；（3）休息休假；（4）劳动安全与卫生；（5）补充保险和福利；（6）女职工和未成年工特殊保护；（7）职业技能培训；（8）劳动合同管理；（9）奖惩；（10）裁员；（11）集体合同期限；（12）变更、解除集体合同的程序；（13）履行集体合同发生争议时的协商处理办法；（14）违反集体合同的责任；（15）双方认为应当协商的其他内容。

（三）订立集体合同的程序要件

本条第 1 款规定："集体合同草案应当提交职工代表大会或者全体职工讨论通过。"根据《集体合同规定》（2004），集体合同的订立程序可以分为以下几个阶段：（1）确立协商代表；（2）协商、起草、草签阶段；（3）职代会讨论通过；（4）国家审查阶段。该规定第 36 条第 2 款规定："职工代表大会或者全体职工讨论集体合同草案或专项集体合同草案，应当有三分之二以上职工代表或者职工出席，且须经全体职工代表半数以上或者全体职工半数以上同意，集体合同草案或专项集体合同草案方获通过。"第 37 条规定："集体合同草案或专项集体合同草案经职工代表大会或者职工大会通过后，由集体协商双方首席代表签字。"

第 2 款主要是关于集体合同的订立人的规定。所谓集体合同的订立主体是指集体合同的签约人，即分别代表集体合同当事人签订集体合同的主体，包括劳动者方签约人和用人单位方的签约人。[①]《工会法》第 10 条规定："企业、事业单位、机关有会员二十五人以上的，应当建立基层工会委员会；不足二十五人的，可以单独建立基层工会委员

---

① 参见王全兴：《劳动法》，2 版，168 页，北京，法律出版社，2004。

会，也可以由两个以上单位的会员联合建立基层工会委员会，也可以选举组织员一人，组织会员开展活动。女职工人数较多的，可以建立工会女职工委员会，在同级工会领导下开展工作；女职工人数较少的，可以在工会委员会中设女职工委员。企业职工较多的乡镇、城市街道，可以建立基层工会的联合会。县级以上地方建立地方各级总工会。同一行业或者性质相近的几个行业，可以根据需要建立全国的或者地方的产业工会。全国建立统一的中华全国总工会。"近年我国工会的组建率和职工入会率不断增加，据中华全国总工会统计，截至2006年9月底，全国基层工会数达到132.4万个，比去年同期增长12.7%；工会会员总数达到1.7亿人，在去年新增1 334.5万人的基础上又新增1 964.8万人，增长13.1%，其中，农民工会员达4 097.8万人。在外商投资（含台港澳投资）企业中，已有6.1万个建立工会，覆盖单位8.3万家，会员达到1 179.7万人，组建率和职工入会率分别为54.5%和55.5%。[①] 但是，还是存在一些用人单位不组建工会的情况，尤其是外资企业。[②]

第2款根据实践中工会的组建情况规定了两种情形：（1）工会与用人单位签订，即已建立工会的用人单位，由工会代表代表职工与用人单位签订集体合同；（2）未建立工会的，由职工代表与用人单位签订，即尚未建立工会的，则由在上级工会指导下劳动者推荐的职工代表签订。《集体合同规定》（2004）第20条规定："职工一方的协商代表由本单位工会选派。未建立工会的，由本单位职工民主推荐，并经本单位半数以上职工同意。职工一方的首席代表由本单位工会主席担任。工会主席可以书面委托其他协商代表代理首席代表。工会主席空缺的，首席代表由工会主要负责人担任。未建立工会的，职工一方的首席代表从协商代表中民主推举产生。"

---

① 参见全国总工会：《2006年中国工会维护职工权益蓝皮书》，载人民网，http://acf-tu. people. com. cn/GB/5732637. html。

② 杭州半数外资企业未建工会，工会组建率仅为51%。参见《杭州半数外资企业未建工会 工会组建率51%》，载浙商网，http://biz. zjol. com. cn/05biz/system/2006/08/15/007809517. shtml。按照2004年的数据，在华投资的外资企业有48万家，其中16万家外企建立了工会，仅占33%。参加王东仁：《在2/3外企未建工会的背后》，载新华网，http://news. xinhuanet. com/comments/2006-04-04/content_4380530. htm。

【理解与适用】

一、集体合同的合法性维护

有学者认为集体合同是"中观"层次的规范[①]，我们对此表示认同。因为，一方面，其效力居于法律、法规之下，其内容必须符合相关的法律、法规的规定；另一方面，其又具有指导和制约劳动合同订立与履行的作用。因此，必须注意集体合同的合法性问题，具体包括：程序合法、主体合法和内容合法三个方面。

二、劳动者方的协商代表的产生以及职责履行

《集体合同规定》（2004）第26条第1款规定："协商代表应当维护本单位正常的生产、工作秩序，不得采取威胁、收买、欺骗等行为。"因此，协商代表应该切实履行自己的义务，忠实地维护本方的利益。

主体地位的平等、独立是确保集体合同内容的合法、有效的重要条件之一。《集体合同规定》（2004）第24条规定："用人单位协商代表与职工协商代表不得相互兼任。"但是，劳动者方的协商代表是由工会在征求职工意见后推选的，由工会主席担任首席代表。然而，就我国的劳动实践来看，工会主席多由现任或者离任的管理人员兼任，如：公司的副总经理或者事业单位的党委副书记等兼任单位的工会主席。由于这些管理人员自身劳动给付的复杂性，即一方面他们作为劳动者，属于工会组织，是工会的一员，从这个角度来看，他们应该在公平合作的基础上尽力维护职工的权益；而另一方面，他们作为管理人员，履行着用人单位的管理职能，属于劳动者相对人具有雇主的属性，因此，他们似乎又难以挣脱用人单位（雇主）利益的束缚。

第五十二条 （专项集体合同）

企业职工一方与用人单位可以订立劳动安全卫生、女职工权益保护、工资调整机制等专项集体合同。

---

① 参见董保华：《锦上添花抑或雪中送炭——析〈中华人民共和国劳动合同法（草案）〉的基本定位》，载《法商研究》，2006（3）。

【相关法条】

《集体合同规定》（2004）

第三条 ……所称专项集体合同，是指用人单位与本单位职工根据法律、法规、规章的规定，就集体协商的某项内容签订的专项书面协议。

第四条 用人单位与本单位职工签订集体合同或专项集体合同，以及确定相关事宜，应当采取集体协商的方式。集体协商主要采取协商会议的形式。

中华全国总工会办公厅《关于推进女职工权益保护专项集体合同工作的意见》（总工办发〔2006〕38号）

辽宁省《女职工特殊权益专项集体合同暂行办法》

【法条评析】

本条规定的是专项集体合同的内容。

集体合同的内容具有综合性。但《集体合同规定》（2004）第8条规定："集体协商双方可以就下列多项或某项内容进行集体协商，签订集体合同或专项集体合同：（一）劳动报酬；（二）工作时间；（三）休息休假；（四）劳动安全与卫生；（五）补充保险和福利；（六）女职工和未成年工特殊保护；（七）职业技能培训；（八）劳动合同管理；（九）奖惩；（十）裁员；（十一）集体合同期限；（十二）变更、解除集体合同的程序；（十三）履行集体合同发生争议时的协商处理办法；（十四）违反集体合同的责任；（十五）双方认为应当协商的其他内容。"就以上事项，用人单位与职工可以就其中多项，也可就某项内容进行集体协商。因此，专项集体合同实际是就上述某项内容经集体协商订立的专门性集体合同。本法条也例举了部分内容，"劳动安全卫生、女职工权益保护、工资调整机制等"。专项集体合同相对于综合性集体合同，其内容更为简单、明确，因此，能够减少劳动者与用人单位的分歧，使得就某项问题集体协商一致的概率更大，削减集体协商的成本。

【理解与适用】

我国目前的劳动实践中订立专项集体合同的越来越多，其中主要集中在女职工权益保护的专项集体合同和劳动保护的专项集体合同。全国总工会就推进女职工权益保护专项集体合同工作发布了专门的通知。然而，在实践中，关于集体合同和专项集体合同的关系需要进一步明确：

集体合同的内容具有综合性，包括劳动安全卫生、女职工权益保护、工资调整机制等诸多方面。一方面，内容（实际上是双方权利、义务的安排）的综合性往往会增加双方协商一致的难度，从而增加企业的成本，而专项集体合同则能缩减协商内容，从而提高当事人协商一致的可能性；另一方面，集体合同中的约定可能会比较原则，缺少具体的指引性，而专项集体合同是就某项具体事宜进行专门的协商后作出的具体规定，因此，内容更为具体、明确。因此，集体合同和专项集体合同在同一企业内是可以并存的。但是，需要明确的是要注意二者在内容方面的协调。

第五十三条 （行业性、区域性集体合同）

在县级以下区域内，建筑业、采矿业、餐饮服务业等行业可以由工会与企业方面代表订立行业性集体合同，或者订立区域性集体合同。

【相关法条】

劳动和社会保障部、中华全国总工会、中国企业联合会、中国企业家协会《关于开展区域性行业性集体协商工作的意见》（劳社部发〔2006〕32号）

《北京市集体合同条例》

第五十七条 区域、行业工会组织代表职工与相应的用人单位推选的代表进行集体协商，签订区域、行业集体合同的，参照本条例执行。

【法条评析】

　　行业性集体合同和区域性集体合同形式在我国出现得较晚，在《劳动法》和《集体合同规定》（2004）中都没有相关规定。《工会法》第10条规定："同一行业或者性质相近的几个行业，可以根据需要建立全国的或者地方的产业工会。"其中明确了产业工会的设立。劳动和社会保障部、中华全国总工会、中国企业联合会/中国企业家协会《关于开展区域性行业性集体协商工作的意见》（劳社部发〔2006〕32号）第2条规定："区域性行业性集体协商是指区域内的工会组织或行业工会组织与企业代表或企业代表组织，就劳动报酬、工作时间、休息休假、劳动安全卫生、保险福利等事项，开展集体协商签订集体合同的行为。区域性行业性集体协商一般在小型企业或同行业企业比较集中的乡镇、街道、社区和工业园区（经济技术开发区、高新技术产业园区）开展。在行业特点明显的区域要重点推行行业性集体协商和集体合同工作，具备条件的地区可以根据实际情况在县（区）一级开展行业性集体协商签订集体合同。"

　　一、行业性集体合同、区域性集体合同的适用范围

　　劳动和社会保障部、中华全国总工会、中国企业联合会/中国企业家协会《关于开展区域性行业性集体协商工作的意见》（劳社部发〔2006〕32号）规定："职工一方的协商代表由区域内的工会组织或行业工会组织选派，首席代表由工会主席担任。企业一方的协商代表由区域内的企业联合会/企业家协会或其他企业组织、行业协会选派，也可以由上级企业联合会/企业家协会组织区域内的企业主经民主推选或授权委托等方式产生，首席代表由企业方代表民主推选产生。"行业性集体合同和区域性集体合同的协商代表分别由行业工会选派和企业联合会等选派，对于整个行业或区域的劳动者和企业都具有代表性，因此，行业性和区域性集体合同适用于本行业、本区域的用人单位和劳动者。

　　二、订立行业性集体合同、区域性集体合同的法律适用

　　关于行业性集体合同和区域性集体合同的法律规定较少，因此，关于二者的订立程序、内容的确立以及效力认定等就涉及法律的适用问题。因此，《劳动合同法》颁布后，可能要就相关立法进行修改。而在此之前，一是，根据《北京市劳动合同规定》等一些关于集体合同的地方性法规的规定，参照适用一般集体合同的相关规定，是订立行业性集体合同、区域性集体合同的基本原则。二是，按照劳动和社会保障部、中华全国总工会、中国企业联合会/中国企业家协会《关于开展区域性行业性集体协商工作的意见》（劳社部发［2006］32号）规定的协商内容、协商程序以及纠纷解决等进行。根据该意见的规定，行业性集体合同、区域性集体合同也应该经过劳动行政部门的审查才能生效。

【理解与适用】

一、行业性集体合同、区域性集体合同与一般性集体合同的区别

尽管行业性集体合同、区域性集体合同与一般性集体合同在程序和内容等方面具有一定的相同点，但是其相互之间还是存在一定的区别。

第一，适用范围不同。一般性集体合同适用于某一企业及企业内的全体劳动者。行业性集体合同则适用于某一行业内的一定数量的企业及该行业内的全体劳动者，区域性集体合同则适用于一定区域内的企业及其全体职工。

第二，协商主体不同。一般性集体合同协商是由该企业的工会或者职工推选的代表与企业法定代表人指定的代表进行谈判。行业性集体合同协商双方通常是由行业工会推选的代表与行业内的企业协会等推选的企业代表。

第三，订立的基础不同。一般性集体合同是以单独某一企业为基础，根据该企业自身特点进行集体协商；而行业性或区域性集体合同则是以行业和区域内的所有企业为基础，因此，就需要突出一定行业或者区域内企业的共性，而本条款所列举的"建筑业、采矿业、餐饮服务业等行业"都是一些劳动密集型行业，技术和知识含量相对较低，而且这些行业的职工往往流动性较大，并且基层工会组织较为缺乏。

二、订立行业性集体合同、区域性集体合同的优点

"工会所缔结之团体协约，就个别劳动契约中对受雇人不利之内容，可由团体协约中法规效力部分予以防止，因此，工会所担当之角色应系一种社会监护人（Soziale Vormundschaft），而非意定代理人。"[1] 但是，我国的集体合同制度在实践中并不尽如人意。

---

[1] 黄越钦：《劳动法新论》，49页，北京，中国政法大学出版社，2003。

一是，工会的独立性不够，如：工会的场所和经费多是由企业提供，导致工会在订立集体合同过程中基于利益的依赖，并不能切实地维护职工利益；此外，基层工会组织的建会率偏低，导致企业集体协商机制的不完全。

二是，工会成员的专业性不强，多是企业职工兼职，并且工会主要负责人多还兼任企业管理职务，因此，他们很难代表职权益而与用人单位据理力争。

行业性和区域性集体合同的特点就是将协商主体和适用范围扩大到一定行业或者一定区域，其根本作用在于削弱工会对于某个特定企业的依赖性，从而增强了工会的独立性。此外，通过协商主体和适用范围的扩大，使得更多的职工成为利益相关人，从而增强了工会的谈判能力。

三是，从劳动者与用人单位集体协商的力量对比来看，行业性或区域性集体合同立足于行业内或者一定区域的企业和劳动者的共性，增强了基层工会组织的谈判能力。

四是，从企业成本和劳动行政管理成本的核算来看，对于该行业或区域内关系到劳动者切身利益保护的共性问题，如果每个企业都单独和本企业职工代表或者工会协商，订立一般集体合同，则会导致行业或区域内企业成本增加，而签订行业性或区域性集体合同则能有效地降低企业运营成本。

第五十四条　（集体合同的报送与生效）

集体合同订立后，应当报送劳动行政部门；劳动行政部门自收到集体合同文本之日起十五日内未提出异议的，集体合同即行生效。

依法订立的集体合同对用人单位和劳动者具有约束力。行业性、区域性集体合同对当地本行业、本区域的用人单位和劳动者具有约束力。

【相关法条】

《劳动法》

第三十四条　集体合同签订后应当报送劳动行政部门；劳动行政部门自收到集体合同文本之日起十五日内未提出异议的，集体合同即行生效。

第三十五条　依法签订的集体合同对企业和企业全体职工具有约束力。职工个人与企业订立的劳动合同中劳动条件和劳动报酬等标准不得低于集体合同的规定。

《集体合同规定》（2004）

第四十二条　集体合同或专项集体合同签订或变更后，应当自双方首席代表签字之日起 10 日内，由用人单位一方将文本一式三份报送劳动保障行政部门审查。

劳动保障行政部门对报送的集体合同或专项集体合同应当办理登记手续。

劳动部办公厅《关于印发集体合同审核管理工作流程图及系列表格的通知》（劳办发〔1997〕44 号）

劳动部《关于加强集体合同审核管理工作的通知》（劳部发〔1996〕360 号）

劳动部《关于加强集体合同审核工作力量的通知》（劳部发〔1997〕66 号）

劳动部《对"关于中央直属企业集体合同报送审查问题"的答复》（1996 年 4 月 24 日）

【法条评析】

一、集体合同审核主管机关及其管辖

集体合同订立后，应当经过劳动行政部门的审核。《集体合同规定》（2004）第 43 条规定："集体合同或专项集体合同审查实行属地管辖，具体管辖范围由省级劳动保障行政部门规定。中央管辖的企业以及跨省、自治区、直辖市的用人单位的集体合同应当报送劳动保障部或劳动保障部指定的省级劳动保障行政部门。"

二、集体合同的生效

集体合同经职工代表大会讨论通过并由双方协商代表签字后，并没有立即生效，根据本条第 1 款的规定，劳动行政部门的审核同意是集体合同的生效要件。相对于民事合同的相对性原理，集体合同之所以需要由作为第三方的劳动行政部门审核生效，主要是因为：

一是，集体合同双方主体的地位悬殊，可能导致利益失衡，因此，

通过审核可以对于合同内容进行合法性的监督和检查，从而确定双方权益的均衡。这是劳动法倾斜保护劳动者理念的具体体现。

二是，集体合同确立的内容会对法律、法规的相关规定进行变更，如：在劳动时间或者工资给付方面进行高于劳动基准的约定。为了更好地履行自身职责，加强对用人单位劳动过程的监督检查，劳动行政部门从行政管理的角度有必要了解集体合同的规定。

劳动部《关于加强集体合同审核管理工作的通知》（劳部发〔1996〕360号）第5条规定："集体合同生效日期 根据《劳动法》第三十四条的规定，集体合同报送劳动行政部门后，十五日内未提出异议的，生效日期自第十六日起计算；在十五日内经审核登记，劳动行政部门制作《集体合同审核意见书》送达集体合同签订双方代表的，生效日期为《集体合同审核意见书》确认的生效日期。凡未履行其法定报送程序的集体合同不具有法律效力，应视为无效。"

三是，政府劳动行政部门的审查是现代法治社会政府适度干预在劳动合同法领域的具体体现；是政府为了适应社会发展的需要，强化对于弱势群体的事前保护，构建和谐的劳动关系的职能的体现。

三、集体合同的适用范围

本条第2款规定："依法订立的集体合同对用人单位和劳动者具有约束力。"明确了依照法定的程序订立、生效的集体合同的适用范围，即尽管集体合同的签订者分别是企业和工会或者职工代表，但是合同的内容经职工大会讨论通过，并且工会代表和职工代表也是经职工推选，所以实际上集体合同约束用人单位内的全体职工。一般而言，合同具有相对性，只对合同当事人具有约束力。而集体合同能够约束当事人以外的关系人，主要是基于以下原因：

一是，集体合同的当事人与关系人之间存有代表关系，也就是说集体合同的协商代表由工会或者职工推选，因此，根据代表的相关理论，代表人的行为一般被视为被代表人本人的行为。

二是，集体合同的当事人与关系人之间存在隶属关系，一般而言，职工都是工会会员，而企业则是企业协会会员，因此，根据工会或者企业协会的相关章程，其所订立的协议对于其会员具有一定的约束力。如：法国规定集体合同具有强制适用，因为某雇主是订立集体合同的雇主组织的成员，就必须适用该合同，而且，不得因为其退出该订立集体合同的雇主组织而免除其适用的义务。①

【理解与适用】

一、审核的内容

《集体合同规定》(2004)第44条规定:"劳动保障行政部门应当对报送的集体合同或专项集体合同的下列事项进行合法性审查:(一)集体协商双方的主体资格是否符合法律、法规和规章规定;(二)集体协商程序是否违反法律、法规、规章规定;(三)集体合同或专项集体合同内容是否与国家规定相抵触。"因此,劳动行政部主要是审查集体合同的合法性,包括:订约主体的合法、程序的合法以及内容的合法。根据《劳动部关于加强集体合同审核管理工作的通知》(劳部发〔1996〕360号),主体资格的审查主要包括"企业法人资格、工会社团法人资格、职工协商代表是否与企业存在劳动关系等内容。具备企业法人资格、跨省市的大型企业或集团公司的法定代表人可以委托所属下一级企业或子公司的负责人与工会集体协商签订集体合同,但只能委托一级,不得层层委托"。

二、集体合同审核管理工作流程

集体合同的审核流程具体包括报送、登记、审核、通知、备案五个基本环节。相关环节的具体要求都详细地规定在《劳动部办公厅关于印发集体合同审核管理工作流程图及系列表格的通知》(劳办发〔1997〕44号)中。

三、集体合同的效力

我国的集体合同立法采纳了法规范说的观点,突出强调了集体合同对劳动合同的订立和履行的指引。

第一,强行性的效力。违反集体合同有关劳动条件、劳动报酬等规定的劳动合同部分无效。《集体合同规定》第6条规定:"符合本规定的集体合同或专项集体合同,对用人单位和本单位的全体职工具有法律约束力。用人单位与职工个人签订的劳动合同约定的劳动条件和劳动报酬等标准,不得低于集体合同或专项集体合同的规定。"我国学者认为集

---

① 参见王益英主编:《外国劳动法和社会保障法》,223页,北京,中国人民大学出版社,2001。

体合同具有准法规的效力，即"集体合同的标准型条款和单个劳动关系运行规则条款对其关系人（单个劳动关系当事人）具有相当于法律规范的效力"，并且强调这种效力的自发性，即无论关系人同意与否，集体合同都直接确定其关系人之间的相互权利、义务，且劳动者无权放弃其所赋予的权益。

第二，直接效力。即集体合同的内容对于劳动合同的内容具有直接支配的效力。一方面，劳动合同的条款违反集体合同规定的，则集体合同对于劳动合同的条款具有修正作用；另一方面，当劳动合同中出现没有约定的事项，而集体合同中有相关规定时，则集体合同的规定具有劳动合同约定的效力，集体合同对于劳动合同具有补全的作用。并且，集体合同的直接效力不以受其约束的劳动合同当事人的合意和认知为条件。《劳动合同法》第 11 条规定："用人单位未在用工的同时订立书面劳动合同，与劳动者约定的劳动报酬不明确的，新招用的劳动者的劳动报酬应当按照企业的或者行业的集体合同规定的标准执行；没有集体合同的，用人单位应当对劳动者实行同工同酬。"该条规定实际是集体合同直接效力的体现。

第三，立即效力。即集团合同不仅对它以后订立的劳动合同有效，而且对正在履行中的劳动合同有效，即当某一企业受某一集体合同约束时，该集体合同的条款立即适用于企业订立的个人合同，除非依据有利于劳动者的原则订立了更有利的条款。

第五十五条　（集体合同中劳动报酬和劳动条件等标准）

集体合同中劳动报酬和劳动条件等标准不得低于当地人民政府规定的最低标准；用人单位与劳动者订立的劳动合同中劳动报酬和劳动条件等标准不得低于集体合同规定的标准。

【相关法条】

《劳动法》

第三十五条　依法签订的集体合同对企业和企业全体职工具有约束力。职工个人与企业订立的劳动合同中劳动条件和劳动报酬等标准不得低于集体合同的规定。

《集体合同规定》（2004）

第六条 ……

用人单位与职工个人签订的劳动合同约定的劳动条件和劳动报酬等标准，不得低于集体合同或专项集体合同的规定。

最高人民法院《关于审理劳动争议案件适用法律若干问题的解释（二）》（法释〔2006〕6 号）

第十六条 用人单位制定的内部规章制度与集体合同或者劳动合同约定的内容不一致，劳动者请求优先适用合同约定的，人民法院应予支持。

【法条评析】

本条实际是关于法律、法规、集体合同以及劳动合同三者之间的效力位阶的认定。有学者认为三者分别为调整劳动关系的"宏观"、"中观"以及"微观"规范，本人对此表示赞同。从另外一个角度来看，法律、法规的适用范围最广，具有最大范围的普遍性和一般性；而集体合同则适用于用人单位及其全体职工，并且因为用人单位职工的流动性，其一般不特指某一具体的职工，相对于法律、法规具有一定的特殊性；劳动合同则是特定的劳动者与用人单位关于相互之间的权利义务的约定，具有最大的特殊性。因此，根据法律的逻辑来看，"特殊规定优于一般规定"，应该是先适用劳动合同的约定，再适用集体合同，最后才适用法律、法规。但是"特殊规定优于一般规定"暗含了一个逻辑前提，即"特殊源自一般，只有具备了一般的共性，才会有特殊的个性"，也就是集体合同必须满足法律、法规的最低要求，而劳动合同必须满足集体合同的最低要求，才能按照"特殊规定优先于一般规定"的规则适用。

一、法律、法规的效力高于集体合同

为了切实保护劳动者权益，防止他们为了生存出卖尊严，在劳动法领域需要国家的适当干预。而国家的适当干预较多地体现为法律、法规中就劳动基准和劳动保护条件的一般规定，该一般规定多为强行性规范，因此，集体合同必须合法，其规定的劳动基准和劳动条件应当高于当地政府的最低规定，尤其是劳动报酬部分。劳动报酬可以分为两个部分：一是与劳动者生存相关的保障工资；二是与劳动者的劳动技能等相关的对价工资。而前者与当地政府的最低工资标准具有一定的契合性，因为，最低工资标准就是根据当地的经济发展状况、消费水平等确立的，而确立最低工资标准的根本目的就是防止用人单位肆意降低工资危及劳动者的生存。

二、集体合同与一般劳动合同的效力关系及其原因

集体合同的效力高于一般劳动合同，集体合同对一般劳动合同具有准法规的效力，其所确立的劳动报酬、劳动条件等是一般劳动合同内容的基准线，即职工个人与企业订立的劳动合同中的劳动条件和劳动报酬等标准，低于集体合同的规定的无效。其原因：

一是，从集体合同与一般劳动合同的属性来看，集体合同具有一般性，其适用于企业的全体职工，代表他们的一般利益；而一般劳动合同具有特定性，其仅适用于劳动者个人，体现的是劳动者的个体的特定利益。

二是，从二者的订立程序来看，集体合同是由职工民主推选代表与企业代表签订，是集体民主协商的产物，并且经过劳动行政机关的合法性审查；而一般劳动合同仅由劳动者和用人单位订立，仅具有个体性。

【理解与适用】

一、在签订劳动合同时，要注意集体合同以及法律、法规的规定

在实践中，用人单位基于强势地位，往往在与劳动者订立劳动合同过程中，会竭力地压低工资等，容易忽视集体合同的存在，从而导致劳动合同的相关约定无效，因而，用人单位要承担相应的法律责任。如，随意约定工作时间以及试用期不办理保险或者无工资试用等。

二、集体合同订立在先的，对于后招录的劳动者同样适用

《劳动合同法》第54条第2款规定："依法订立的劳动合同对用人单位和劳动者具有约束力。"而集体合同的效力体现为对人的效力和时间效力两个方面，对人的效力即集体合同及于企业以及企业的全体职工；而时间效力不仅体现为集体合同的存续期限，还包括集体合同当期效力，即集体合同存续时对一般劳动合同有约束力；溯及效力，即集体合同对于集体合同存续前就已经存在而至今还有效的一般劳动合同也有约束力；余后效力，即集体合同存续期间，对于后签订的一般劳动合同也有约束力。[1]

---

[1]　参见王全兴：《劳动法》，2版，174页，北京，法律出版社，2004。

第五十六条 （集体合同争议及法律救济）

用人单位违反集体合同，侵犯职工劳动权益的，工会可以依法要求用人单位承担责任；因履行集体合同发生争议，经协商解决不成的，工会可以依法申请仲裁、提起诉讼。

【相关法条】

《集体合同规定》

第五十五条 因履行集体合同发生的争议，当事人协商解决不成的，可以依法向劳动争议仲裁委员会申请仲裁。

《工会法》

第二十条 工会帮助、指导职工与企业以及实行企业化管理的事业单位签订劳动合同。

工会代表职工与企业以及实行企业化管理的事业单位进行平等协商，签订集体合同。集体合同草案应当提交职工代表大会或者全体职工讨论通过。

工会签订集体合同，上级工会应当给予支持和帮助。

企业违反集体合同，侵犯职工劳动权益的，工会可以依法要求企业承担责任；因履行集体合同发生争议，经协商解决不成的，工会可以向劳动争议仲裁机构提请仲裁，仲裁机构不予受理或者对仲裁裁决不服的，可以向人民法院提起诉讼。

【法条评析】

本条是关于集体合同履行的纠纷解决，主要是规定了工会方的救济方式。根据本条规定，对于用人单位违反集体合同，侵犯职工劳动权益的，工会可以要求用人单位承担法律责任。除此之外，权益受到侵害的劳动者个人，也可以基于其与用人单位的合同约定或者法律规定要求用人承担相应的责任。

对于履行集体合同发生争议的，可以首先由工会与用人单位协商，协商不成的，则可以由工会依法申请仲裁或提起诉讼。

实际上，在集体合同履行纠纷中，由工会申请仲裁或提起诉讼，主要是基于以下考虑：一方面，工会作为职工的集体组织，具有代表性，能够切实履行其"维护职工合法权益"的基本职责；另一方面，集体合同在一定程度上具有合同的相对性特点，因此，工会作为集体合同的协商者和签订者，基于合同相对性原理，其有权利要求作为合同相对方的用人单位承担相应的责任。

【理解与适用】

一、工会行使诉讼权利的风险考量

根据本条规定，法律明确了集体合同履行过程中，工会的救济途径。但是，救济途径并不等于救济成功，也就是说仲裁或诉讼并不能必然导致胜诉。因此，工会在行使相关的救济权利时，应该慎重，因为诉讼的风险可能会转嫁给劳动者。最高人民法院《关于在民事审判工作中适用〈中华人民共和国工会法〉若干问题的解释》第1条规定："人民法院审理涉及工会组织的有关案件时，应当认定依照工会法建立的工会组织的社团法人资格。具有法人资格的工会组织依法独立享有民事权利，承担民事义务。建立工会的企业、事业单位、机关与所建工会以及工会投资兴办的企业，根据法律和司法解释的规定，应当分别承担各自的民事责任。"

二、用人单位的责任形式

根据《劳动合同法》第七章的规定，用人单位违反规定可能要承担刑事责任、行政责任以及民事责任。如第89条规定："用人单位有下列行为之一，构成犯罪的，依法追究刑事责任；有违反治安管理行为的，依法给予行政处罚；对劳动者造成损害的，用人单位应当承担赔偿责任：（一）以暴力、威胁或者非法限制人身自由的手段强迫劳动的；（二）违章指挥或者强令冒险作业危及劳动者人身安全的；（三）侮辱、体罚、殴打、非法搜查或者拘禁劳动者的；（四）劳动条件恶劣、环境污染严重，对劳动者身心健康造成严重损害的。"

第二节　劳务派遣

第五十七条　（劳务派遣单位的设立）

劳务派遣单位应当依照公司法的有关规定设立，注册资本不得少于五十万元。

【相关法条】

《公司法》

第二十六条　有限责任公司的注册资本为在公司登记机关登记的全体股东认缴的出资额。公司全体股东首次出资额不得低于注册资本的百分之二十，也不得低于法定的注册资本最低限额，其余部分由股东自公司成立之日起两年内缴足；其中投资公司可在五年内缴足。

有限责任公司注册资本的最低限额为人民币三万元。法律、行政法规对有限责任公司注册资本的最低限额有较高规定的，从其规定。

【草案相关条文比较】

最初的征求意见稿中没有该条规定，在二审稿中增加了该条，并最终确定下来，条文表述未发生变化。本条的意义在于对劳务派遣单位的资质进行限定，以防止劳务派遣单位的滥设。

【法条评析】

本条是关于劳务派遣单位设立的规定。

一、劳务派遣单位的设立受到法律限制

劳务派遣是一种新型的劳动用工方式，而劳务派遣业是一个新兴的产业。所谓劳务派遣，是指劳务派遣单位根据用工单位的要求，为其选拔、派遣劳动者，由劳务派遣单位与被派遣劳动者建立劳动关系，负责其工资支付、办理社会保险等日常管理性事务，而用工单位实际地使用劳动者并向劳务派遣单位支付服务费用。在劳务派遣法律关系中涉及三方主体，即劳务派遣单位、用工单位和被派遣劳动者。劳务派遣的本质特征在于劳动力的雇佣与使用相分离。所谓劳务派遣合同，实际上是一组合同，一个是劳务派遣单位与被派遣劳动者之间的劳动合同，另一个是劳务派遣单位与用工单位之间的劳务派遣协议。

劳务派遣在世界范围内被普遍使用。在我国劳务派遣起步较晚但发展极快，起初主要应用于保姆、保安、保洁劳务人员就业，后来适用范围不断扩展，在建筑、采矿、交通运输、通讯、邮政、电力、化工等行

业都广泛应用。用人单位对派遣员工的使用越来越多，而劳务派遣单位也因此如雨后春笋般涌现，劳务派遣遂蔚然成为一种新兴的劳动力和人才产业。劳务派遣业的兴起有其客观因素，是劳动力市场化的必然结果。与传统的用工方式相比，劳务派遣具有特殊的功能，能够满足用人单位灵活用工的需求，并具有促进劳动者就业的功能，对于社会经济发展具有进步意义。但是，劳务派遣特殊的三方关系构造也容易滋生弊端，特别是容易被一些不良用人单位利用来逃避法律义务，损害劳动者的利益。因此，在肯定劳务派遣地位的同时，必须对其作出适当的限制以克服其弊端。《劳动合同法》一方面确认了劳务派遣的合法性，另一方面对其从各个方面作出了合理的限制。

对劳务派遣进行法律规制，必须从对劳务派遣的市场准入严格把关入手，必须确保派遣机构具有相当的资质和实力。劳务派遣作为一种新兴的人才产业，蕴藏着无限商机，潜力巨大，良好的获利前景吸引了社会上很多人投身这一行业，这一方面促进了劳务派遣业的繁荣，另一方面也诱发了劳务派遣单位滥设的危险。我国的现状是劳务派遣机构滥设的情况确实存在且十分严重。由于劳务派遣是一个新事物，旧的法律对其鲜有规定，很多不具有执业资格的组织和个人趁混乱之机也加入到劳务派遣单位中来，单纯追求经济利益，漠视劳动者的合法权益。劳务派遣业处于一种发展快速但失范的状态，这种状况必须加以改变，劳务派遣单位必须具备一定的资质和抵抗风险的实力才能设立。《劳动合同法》对劳务派遣单位的设立作出了规范，第57条主要是从劳务派遣单位的组织形式和注册资本的角度，对劳务派遣单位的设立作出了合理的限制。

二、劳务派遣单位应采用公司的组织形式成立

规范劳务派遣单位的设立，首先必须明确劳务派遣单位的性质和地位。劳务派遣单位到底是一种什么性质的组织，是事业单位还是企业，具体应当采用什么样的组织形态，归谁管理，必须予以明确。否则，劳务派遣单位无法运作，工商行政管理部门和劳动行政管理部门也无法对其进行监管，劳务派遣单位如何核算收入、是否需要纳税、纳何种税也都无法确定。从国际上的做法来看，劳务派遣单位应当是一种具有法人资格的经济组织。劳务派遣单位是一种营利性组织，因此应当受到工商行政管理部门的监管。

《劳动合同法》明确了劳务派遣单位的性质，根据第57条的规定，劳务派遣单位只能采取公司的组织形式设立，而不得采用独资企业、合

伙企业等其他的组织形式设立。这一规定的意义十分重大，使得劳务派遣单位的设立纳入公司法的规范轨道，走出了混乱状态。《劳动合同法》将劳务派遣单位的组织形式限定为公司是比较严格的，公司较独资企业和合伙企业更加规范，成立的条件更加严格，更多地受到法律的直接调整。上述规定的目的就在于使劳务派遣单位规范化运作。劳务派遣单位严格地遵照公司法的规定设立和运行，就可以很好地解决实践中劳务派遣机构滥设的问题。

三、劳动派遣公司的最低注册资本限制

《劳动合同法》不但限定了劳务派遣单位的组织形式，而且还进一步限定了其成立所需的最低注册资本。根据第 57 条的规定，劳务派遣公司的注册资本不得少于 50 万元。我国《公司法》规定的公司设立的最低注册资本是 3 万元人民币，《劳动合同法》规定的劳务派遣公司的最低注册资本远远高于《公司法》的这一规定，可见劳务派遣公司设立的门槛比较高。《劳动合同法》提高劳务派遣公司设立门槛的目的在于防止皮包公司的设立，增强劳务派遣单位的实力和抗风险能力，使其能够负担起对于被派遣劳动者的责任，有能力履行劳动法上的义务。

【理解与适用】

一、劳务派遣单位应当依法设立

设立劳务派遣单位必须严格按照《劳动合同法》及相关法律法规的规定进行，不得违法滥设。具体而言，主要应遵照公司法关于公司设立的有关规定设立。所谓依法设立，既包括遵守实体法规范，也包括符合程序法规范。《劳动合同法》并没有具体限定劳务派遣单位应设立为何种公司，可以理解为劳务派遣公司既可以采用有限责任公司的形式设立，也可以采用股份有限公司的形式设立。另外，也可以设立劳务派遣一人公司。设立劳务派遣公司应当具备法定的发起人或者股东人数，应达到法定资本最低限额，应有自己的名称，应制定公司章程，建立公司组织机构，并有自己的住所即经营活动场所。在公司的章程中，应当明确公司的经营范围主要是从事劳务派遣。

二、劳务派遣公司必须达到法定最低注册资本要求

根据《劳动合同法》第 57 条的规定，劳务派遣公司最少应具备 50 万元人民币的注册资本。在设立劳务派遣公司时应严格遵守该规定。劳

务派遣公司的发起人和股东应当实际地认缴出资，在公司成立后不得抽逃出资。《劳动合同法》并没有明确限定设立劳务派遣公司的出资形式，根据《公司法》的一般规定，股东除了可以用货币出资，还可以用实物、知识产权、土地使用权等可以用货币估价并可以依法转让的非货币财产作价出资。对作为出资的非货币财产应当评估作价，核实财产，不得高估或者低估作价。全体股东的货币出资金额不得低于有限责任公司注册资本的30%。股东应当按期足额缴纳公司章程中规定的各自所认缴的出资额。股东以货币出资的，应当将货币出资足额存入有限责任公司在银行开设的账户；以非货币财产出资的，应当依法办理其财产权的转移手续。股东的首次出资经依法设立的验资机构验资后，应当申请公司的设立登记，公司从领取营业执照之日起即可从事劳务派遣业务。劳动行政管理部门应当对劳务派遣单位的设立加强监督管理。

第五十八条 （劳务派遣单位的义务）

劳务派遣单位是本法所称用人单位，应当履行用人单位对劳动者的义务。劳务派遣单位与被派遣劳动者订立的劳动合同，除应当载明本法第十七条规定的事项外，还应当载明被派遣劳动者的用工单位以及派遣期限、工作岗位等情况。

劳务派遣单位应当与被派遣劳动者订立二年以上的固定期限劳动合同，按月支付劳动报酬；被派遣劳动者在无工作期间，劳务派遣单位应当按照所在地人民政府规定的最低工资标准，向其按月支付报酬。

【相关法条】

《劳动合同法》

第十七条 劳动合同应当具备以下条款：

（一）用人单位的名称、住所和法定代表人或者主要负责人；

（二）劳动者的姓名、住址和居民身份证或者其他有效身份证件号码；

（三）劳动合同期限；

（四）工作内容和工作地点；

（五）工作时间和休息休假；

（六）劳动报酬；

（七）社会保险；

（八）劳动保护和劳动条件；

（九）法律、法规规定应当纳入劳动合同的其他事项。

劳动合同除前款规定的必备条款外，用人单位与劳动者可以协商约定试用期、培训、保守商业秘密、补充保险和福利待遇等其他事项。

【草案相关条文比较】

二审稿第 57 条规定："劳务派遣单位是本法第二条所称用人单位，应当履行用人单位对劳动者的全部义务。劳务派遣单位与被派遣劳动者订立的劳动合同，除应当载明本法第十七条规定的事项外，还应当载明被派遣劳动者的用工单位以及派遣期限、工作岗位等情况。劳务派遣单位应当与被派遣劳动者订立二年以上的固定期限劳动合同，按月支付劳动报酬，在无工作期间不得低于当地最低工资标准支付劳动报酬。劳动合同到期后，无本法第三十九条、第四十条规定情形的，应当续签劳动合同。"对于上述条文，有些意见认为，按照这一款后一句的规定，劳务派遣中绝大部分的劳动合同都要续签，而且还要签无固定期限劳动合同，这不符合草案规定劳务派遣的临时性、辅助性或者替代性灵活用工的特点，三审稿最终删去了这一款中"劳动合同到期后，无本法第三十九条、第四十条规定情形的，应当续签劳动合同"一句。另外还有一个细微的表述上的变化，就是删去了二审稿中"全部义务"的"全部"二字，理由在于在劳务派遣中由于劳务派遣单位并不直接地使用被派遣劳动者，有些用人单位的义务其无法履行。四审稿较三审稿有一些措辞上的变化，删除了"第二条"几个字，"在无工作期间不得低于当地最低工资标准支付劳动报酬"一句修改为"在无工作期间不得低于劳务派遣单位所在地人民政府规定的最低工资标准支付劳动报酬"。

【法条评析】

本条明确了在劳务派遣中谁是被派遣劳动者的真正劳动法意义上的

用人单位，规定了劳务派遣单位必须与被派遣劳动者签订劳动合同，并对劳务派遣劳动合同的内容作出了特别限制，特别是对合同期限作出了特殊的法律规制。

一、劳务派遣单位是被派遣劳动者的用人单位

劳务派遣的特殊性在于其涉及派遣单位、实际用工单位和被派遣劳动者三方的关系，这三方主体相互之间关系的性质如何是劳务派遣中的一个关键问题，也是争议较大的问题，在实践中很多纠纷都源于此。尤其是在劳务派遣单位和实际用工单位这两个单位组织之中，究竟哪一个是劳动法意义上的用人单位，这一点十分关键。当被派遣劳动者认为自己的合法权益受到了侵害要请求救济时，应向谁提出请求呢？在劳动派遣实务中，常常会发生当劳动者主张权利时，派遣单位和用工单位相互推诿的情况，劳动者被来回踢皮球而求助无门。

围绕劳务派遣中三方主体之间关系的性质，尤其是对于究竟应有几个雇主、谁是真正劳动法意义上的雇主，存在着激烈的争论，主要有两种观点，即一重劳动关系说和双重劳动关系说。一重劳动关系说认为派遣劳工与派遣机构和要派机构三者之间只存在一个劳动关系。派遣机构，而不是要派机构与派遣劳动者建立劳动关系。双重劳动关系说认为，在劳务派遣中存在着两个劳动关系，即派遣单位与被派遣劳动者之间的劳动关系以及实际用工单位和被派遣劳动者之间的劳动关系，派遣单位和用工单位构成共同雇主。在各国立法例上，既有采纳一重劳动关系说者，也有采纳双重劳动关系说者，前者如德国和日本，后者如美国。[①]

《劳动合同法》对于在劳务派遣中谁是真正的雇主给出了明确的答案，第58条第1款规定："劳务派遣单位是本法所称用人单位，应当履行用人单位对劳动者的义务。"根据这一规定，在劳务派遣中，派遣单位是真正劳动法意义上的用人单位，应当同被派遣劳动者建立劳动关系。这一规定的意义重大，有利于澄清长期以来人们对这个问题的混乱认识，特别是有利于杜绝劳务派遣单位和用工单位相互推卸责任，从而保护被派遣劳动者的合法权益。

二、劳务派遣单位应当与被派遣劳动者订立劳动合同

派遣单位既然作为用人单位，就应当严格按照《劳动法》以及《劳

---

① 参见姜颖：《劳动合同法论》，337页，北京，法律出版社，2006。

动合同法》的规定，同被派遣劳动者订立劳动合同。劳务派遣劳动合同是劳动合同的一种特殊形式。与普通的用工方式相比，在劳务派遣用工中，签订劳动合同更加具有重要意义。劳务派遣是一种备受争议的用工方式，其本身存在着一定的弊端，特别是不利于劳动者权益的保障，就业不稳定。特别是由于存在三方主体，有时可能会导致其相互之间关系混乱的情况，派遣单位与用工单位相互推卸责任，受害的是劳动者。派遣单位与被派遣劳动者订立劳动合同，可以很好地明确双方之间的法律关系，使劳动者获得更有力的保障。另外，劳务派遣劳动合同毕竟与普通的劳动合同有所不同，合同的内容和条款自然会有不同，通过签订合同对这些特殊条款予以明确也是十分必要的。

劳务派遣单位应当按照劳动法律法规的规定和劳动合同的约定，对被派遣劳动者履行各项应尽的义务，包括为劳动者支付报酬、办理社会保险、缴纳住房公积金、在劳动合同解除时支付经济补偿金，等等。不过，派遣单位的权利、义务具有一定的特殊性，由于其并不直接使用劳动者，与劳动过程直接相关的一些权利、义务的享有和履行都有一些特别之处，特别是常常需要用工单位配合协作，比如派遣单位无法直接对劳动者实施劳动保护，而只能督促用工单位加强对被派遣劳动者的保护。

三、对于劳务派遣劳动合同的特殊限制

由于劳务派遣存在着明显弊端，必须对其加以合理限制，而限制的主要手段之一就是对劳务派遣劳动合同的内容等进行适当的规制。

（一）合同必备条款的限制

根据《劳动合同法》的规定，劳务派遣单位与被派遣劳动者订立的劳动合同，除应当载明普通劳动合同应当具备的事项外，还应当载明被派遣劳动者的用工单位以及派遣期限、工作岗位等情况。对于劳动者而言，劳动就业是关乎生存的重大问题，劳动者在就业时对于自己将服务于谁、做什么工作、工作多久等基本情况应当有知情权，以获得一个合理的预期。在劳务派遣中，虽然派遣单位是受派遣劳动者的雇主，但是派遣单位并不实际地使用该劳动者，而是将其派往其他单位劳动，如果派遣单位不告知劳动者其将为哪个单位工作，则劳动者无从得知，心里没底，只能听天由命。为了使劳动者在就业时明明白白地知道自己未来的工作情况，而不至于产生稀里糊涂上了贼船的感觉，派遣单位在同受派遣劳动者签订劳动合同时，必须将被派遣劳动者的用工单位以及派遣期限、工作岗位等情况在合同文本中明确载明。

（二）合同期限的特殊限制

合同期限是劳动合同中的法定必备条款，《劳动合同法》第17条明确规定劳动合同中应当具备合同期限。劳务派遣劳动合同也是劳动合同的一种，因此也必须具备合同期限条款。

合同期限条款是十分重要的条款，其直接意义在于，明确用人单位和劳动者劳动关系的存续期间。在该期间内，双方当事人都必须履行法律规定和劳动合同约定的义务，同时享有各种权利，并不得随意地解除劳动合同。劳动合同期限届满或者约定的合同终止条件成就，双方当事人没有续订合同的，劳动合同即行终止，劳动关系消灭。劳动合同期限是对当事人的一种约束，但从另外一个角度看也是一种保护，特别是对劳动者一方而言。明确的合同有效期约定可以使劳动者获得清晰的职业预期，合理的合同期限还有利于维护劳动者职业的稳定。劳动法上有一些特别针对劳动合同期限设置的制度，旨在保护处于弱势地位的劳动者的就业安定权。在劳务派遣劳动合同中，劳动合同期限更是具有特别的意义。劳务派遣本身具有就业不稳定的弊端，因此，通过合理确定合同期限使劳动者就业更加稳定的意义特别重大。

在劳务派遣中，对于劳务派遣单位与被派遣劳动者订立的劳动合同的期限有加以特别规制的必要。劳务派遣具有促进就业的功能，但同时，通过劳务派遣方式实现的就业存在着不稳定的弊端，受到许多人的批评。在劳务派遣中，用工单位使用派遣劳动者大多是短期的和临时性的，一旦用工完毕，就将被派遣劳动者返回派遣单位。如果劳务派遣公司与劳动者解除劳动合同，则劳动者在短期就业后再次陷入失业状态，还要继续寻找工作。短期的劳务派遣行为对于劳动者的伤害是巨大的，使得劳动者的职业生涯缺乏连续性、稳定性和安全性，其就业经历不断被切断，分割为数个独立的片段，工龄无法连续计算，也无法获得相应的工资调整，社会保险等也可能因此存在问题。劳动者可能会经常处于间隔性失业的状态，在没有工作期间，如果没有收入保障，生存就成为问题。在实践中短期劳务派遣行为是普遍存在的，给劳动者的就业权和生存权造成了严重的危害。因此，在法律上要认可劳务派遣，就必须同时对劳务派遣进行合理的限制，就派遣单位与劳动者的劳动合同期限而言，立法上必须进行适当的规制，以克服劳务派遣就业不稳定的弊端，保护劳动者的就业权和生存利益。

《劳动合同法》中对于劳务派遣单位与受派遣劳动者签订的劳动合同的期限从多个方面进行了限定。《劳动合同法》第58条第2款规定："劳务派遣单位应当与被派遣劳动者订立二年以上的固定期限劳动合同，按月支付劳动报酬，在无工作期间不得低于当地最低工资标准支付劳动报酬。"根据上述规定，劳务派遣单位与被派遣劳动者订立的劳动合同的期限类型受到限制，即只能是有固定期限的劳动合同。合同期限的长度也受到限制，即必须在2年以上，不得少于2年。在劳动合同有效存续期间，即使劳动者没有工作可做，派遣单位也应向其支付工资，并不得低于当地最低工资水平。

此外，《劳动合同法》第58条还对劳务派遣工工资支付的周期作出了限制，即必须按月支付。在实践中，拖欠派遣工工资的情况十分普遍，有些派遣单位几个月、半年甚至一年才向派遣工一次性支付工资。这种做法是违法的。

上述措施无疑有利于克服劳务派遣的弊端，增强被派遣劳动者就业的稳定性。2年以上的合同期限是一个相对较长的期间，在此期间内劳动者与派遣单位形成较为稳定的关系。

【理解与适用】

本条旨在明确劳务派遣单位与被派遣劳动者之间的劳动关系，规范派遣劳动合同的签订。被派遣劳动者一方，应当积极地主张同派遣单位订立劳动合同，并利用劳动合同的签订维护自身权益。劳务派遣单位作为劳动法上的用人单位，应当主动同被派遣劳动者订立劳动合同，劳动合同的内容应当符合《劳动合同法》的规定及特别限制。

一、被派遣劳动者在订立合同时应当注意的一些问题

对于劳动者来说，劳动合同可以说是一种基本的权益保护手段。在劳务派遣中，被派遣劳动者应积极要求同派遣单位订立劳动合同，明确双方的劳动关系，以防派遣单位日后推卸责任。在具体签订合同时，应当注意以下一些问题：

（一）审查劳务派遣单位的资质

由于劳务派遣在我国发展较晚，还很不成熟，存在着很多问题，过快发展和长期缺乏规范指导使其实际处于一种无序竞争的状态。就劳务派遣机构而言，发展良莠不齐，有些劳务派遣单位不具备必要的资质，

给劳动者造成了严重的损害。劳动者在通过劳务派遣方式就业时，存在一定的风险，必须选择一个信得过的劳务派遣单位。劳动者希望通过劳务派遣就业的，首先必须把好派遣单位的资质关，确保其具有合法的经营资格，以免上当受骗。劳动者首先应该看派遣单位的资本状况，劳务派遣单位必须以公司的方式设立，最少应当具备50万元的注册资本，资本越多表明该单位抗击市场风险的能力越强，员工的权益就越有保障。审查派遣单位是否具有经营资质的一个简单的方法是到工商行政管理部门或者劳动行政部门查询其是否经过合法登记。

（二）注意区别劳务派遣与职业介绍

劳动者在同派遣单位签订合同时，必须明确双方所建立关系的性质是劳动关系。劳动者与派遣单位签订合同的首要意义在于，明确双方建立的是劳动关系，而不是其他关系，因此劳务派遣单位必须向劳动者履行各种劳动法上的义务。劳务派遣关系与其他一些法律关系尤其是一些民事法律关系，特别是与居间合同具有相似性，很容易混淆。职业介绍机构为劳动者提供就业信息，促成其工作，并收取中介服务费。职业中介在实践中大量存在。职业中介与劳务派遣表面看来有一定相似性，但本质上是不同的。职业中介只是为找工作的劳动者和用人单位之间搭起一座桥梁，提供就业居间服务，促成劳动者与用人单位之间建立劳动关系，而职业介绍机构本身与接受就业居间服务的劳动者之间并不建立劳动关系，而只是居间民事关系，这是一种短暂的不稳定的关系，职业介绍机构不需要为劳动者支付劳动报酬，更不需要为其办理社会保险。而在劳务派遣中，派遣单位与被派遣劳动者之间签订的是劳动合同，建立的是劳动法律关系，因此，派遣单位应当向被派遣劳动者履行劳动法上的各种义务，包括支付工资、办理社会保险，等等。显然劳动关系对于保障劳动者的权益更加有利。因此，劳动者在同派遣单位签订合同时，在条款中必须明确双方建立的是劳动关系，而不是简单的民事关系。劳动者要提防劳务派遣单位在合同条款的措辞上含糊不清，为以后推卸责任留下可能。

（三）在劳动合同中明确用工单位、工作岗位和派遣期限

劳动者在与派遣单位签订的劳动合同中应当明确用工单位、工作岗位和派遣期限等具体问题。由于在劳务派遣中，劳务派遣单位并不直接使用劳动者，而是将劳动者派往其他单位，为了防止劳务派遣单位随意地将劳动者差遣到其他单位，尤其是一些条件恶劣的单位，劳动者在就

业时应当明白地知道将来自己的实际工作单位在哪里、工作环境和待遇怎么样、在那里要工作多长时间，如果发现用工单位的情况不符合自己的要求，可以拒绝与派遣单位签订劳动合同。对于上述这样一些重要事项，都应当在劳动合同中载明。

（四）约定合理的合同期限，明确无工作期间的待遇

基于劳动合同期限对于就业稳定的重要意义，被派遣劳动者对此应给予充分关注，应根据自己的需要，同派遣单位约定一个合理的合同有效期。在实践中派遣单位往往更愿意同被派遣劳动者订立短期合同，劳动者发现合同期限短于《劳动合同法》规定的两年的，可以要求派遣单位延长合同期限。

在劳务派遣中，用工单位用工完毕后就将劳动者退回派遣单位，劳动者可能经常处于没有实际工作的状态，这对其非常不利，没有工作必然影响收入。为了维持生计，劳动者应当与派遣单位在劳动合同中约定这段期间的工资待遇问题。根据《劳动合同法》的规定，派遣单位在被派遣劳动者无工作期间，应向其支付不低于所在地区的最低工资标准的劳动报酬。被派遣劳动者最好与派遣单位具体约定这段时间的工资标准，以免发生争议。

二、劳务派遣单位应注意的问题

劳务派遣单位在签订劳动合同时，首先应当审查劳动者是否具有受雇的能力，比如是否达到就业年龄，是否有尚未了结的劳动关系，等等。派遣单位要特别注意防范的风险是劳动者劳动技能的瑕疵，应保障员工队伍的高素质。劳务派遣单位是经营劳务派遣业务的专业机构，其主要营业就是向用工单位输送劳动者并收取服务费。因此，劳务派遣机构要实现良好的发展必须保证向用工单位提供高水平的劳动者，如果其派遣的劳动者不能够满足用工单位提出的要求，与派遣协议中派遣单位所承诺的有所差距，则可能要因此向用工单位承担一定的责任。有些劳动者在找工作时，为了获得一份职业可能会不择手段，甚至编造虚假事实来夸大自己的劳动能力，比如伪造出国经历。这就要求劳务派遣机构在选择录用员工时必须谨慎，进行认真的审查核实。

三、区别劳务派遣劳动合同期限与派遣期限

应注意将劳务派遣单位与被派遣劳动者订立的劳动合同的期限同另一个期限区别开来，即劳务派遣单位与用工单位签订的劳务派遣协议中确定的对于被派遣劳动者的派遣期限。这是两个不同的期限：劳动合同

的期限是派遣单位与被派遣劳动者劳动关系的存续期间，而派遣期限是用工单位实际使用派遣劳动者的期限。劳务派遣期限一般较短，根据《劳动合同法》的规定，劳务派遣只能在临时性的工作岗位上实施。而劳动合同的期限较长，通常长于派遣期限。当派遣期限届满时，用工单位如果没有与派遣单位达成继续用工的协议，则应将被派遣劳动者交回派遣单位，但劳务派遣单位与被派遣劳动者之间的劳动合同并不因此消灭，而是继续存续，派遣单位应当为劳动者联系新的用工单位。在劳动者没有工作期间，劳务派遣单位仍然应当向劳动者支付工资，并且不得低于当地的最低工资。在此期间，由于劳动者没有实际工作，没有实际为派遣单位创造收入，派遣单位向其支付的工资可以低于其正常工作期间的工资，但最低不得低于当地的最低工资。

第五十九条 （劳务派遣协议）

劳务派遣单位派遣劳动者应当与接受以劳务派遣形式用工的单位（以下称用工单位）订立劳务派遣协议。劳务派遣协议应当约定派遣岗位和人员数量、派遣期限、劳动报酬和社会保险费的数额与支付方式以及违反协议的责任。

用工单位应当根据工作岗位的实际需要与劳务派遣单位确定派遣期限，不得将连续用工期限分割订立数个短期劳务派遣协议。

【草案相关条文比较】

颁布稿与二审稿、三审稿和四审稿在该条上有细微表述变化，对应颁布稿中"劳务派遣协议应当约定派遣岗位"，二审稿、三审稿和四审稿使用的是"劳务派遣协议应当明确派遣岗位"的表述。

【法条评析】

本条是关于劳务派遣协议的规定。订立劳务派遣协议是强制性义务，劳务派遣单位和用工单位必须认真履行。派遣协议的内容受到特别的限制。

一、实施劳务派遣必须订立劳务派遣协议

劳务派遣协议是劳务派遣单位与接受以劳务派遣形式用工的单位（用工单位）订立的，明确双方在劳务派遣中的权利义务关系的协议。劳务派遣协议的基本作用在于确立劳务派遣合作服务关系。劳务派遣协议不同于劳务派遣劳动合同，后者是劳务派遣单位与被派遣劳动者订立的确立劳动关系的合同，前者是两个单位组织订立的协议。

随着劳务派遣的发展，现在越来越多的用人单位使用派遣员工，这种新型的用工形式特别受到公司管理层的青睐。对于用人单位来说，使用劳务派遣形式的用工有很多好处：（1）用人机制更加灵活：由于派遣员工与用人单位之间只是一种简单的有偿使用关系，用人单位对派遣员工可以"只用不管"，从而彻底解除了员工对用人单位的依附关系，从根本上解决了"员工能进不能出"、"能上不能下"、"干好干坏一个样"的人事管理痼疾。（2）内部竞争更加剧烈：用人单位采用正式、代理、派遣几种不同层次的组合用工形式，并根据员工表现使其在不同层次上合理流动，不仅可以使较低层次员工的竞争更剧烈、员工积极性更高，而且可以使较高层次员工的危机感更强。（3）人力资源成本更低：使用派遣员工，一可通过人力外包，简化职能部门，提高综合管理效益；二可减少招聘费用，降低招聘产生的人事和机会成本；三可通过市场化定价，降低派遣员工的薪酬支出；四可根据经营状况，随时增减员工数量，总体降低人力成本支出。（4）事务工作压力更小：派遣员工的招聘选拔、档案接转、社保缴纳、职称申报评定、计划生育管理、劳动关系建立与解除、劳动纠纷处理等均由派遣机构负责，不仅节约了成本，使管理更加专业、规范，而且彻底解放了人力资源部，使其能够更加专注于对核心人才的管理和服务。（5）合理规避劳动纠纷：派遣员工由派遣机构实施专业化管理，一方面可大大减少劳动纠纷的发生；另一方面，一旦出现劳动纠纷，一般由与派遣员工建立劳动关系的派遣机构处理，用人单位只需予以协助，这样就在很大程度上避免了用人单位处理劳动纠纷的麻烦。

根据本条规定，用人单位选择劳务派遣的方式用工，并且符合法律规定的劳务派遣的适用条件的，应当与劳务派遣单位签订劳务派遣协议，这是《劳动合同法》规定的劳务派遣单位和用工单位的强制性义务，必须履行。之所以设此强制性义务，一方面固然是为了明确劳务派遣单位与实际用工单位之间在人才派遣服务与费用支付方面的权利义务关系，另一方面更重要的原因还在于通过劳务派遣协议明确派遣单位和

用工单位对于被派遣劳动者应履行义务的分配及其具体实现方式，比如工资、社会保险费如何负担和支付，等等，以规范和合理限制派遣用工行为，克服劳务派遣的固有弊端，保护劳动者的合法权益。

二、劳务派遣协议的主要内容及其法律规制

劳务派遣协议既为一种合同，其内容当然得由作为当事人的劳务派遣单位和用工单位自由协商确定。不过，由于劳务派遣协议的性质比较特殊，不同于一般的民事合同，因而要受到劳动法律规范的特别限制。应当看到，劳务派遣单位向用工单位提供人才派遣服务而收取服务费具有市场交易行为的性质，但又与商品买卖等普通的民事合同有所不同。首先，劳务派遣协议是在《劳动合同法》中作出规定的，《劳动合同法》明显属于劳动法律规范，因此不能简单说劳务派遣协议是民事合同。其次，劳务派遣单位与用工单位虽然是平等的市场主体，但是它们之间因劳务派遣订立的协议因为涉及用工，也就涉及劳动者权益保护的问题，因此，该协议不能完全奉行民法上的意思自治原则，而是要受到劳动法律规范的诸多限制，协议内容不得违反劳动法律规范的强制性规定，否则无效。可以说劳务派遣协议是劳动法上的劳动合同之外的一种特别合同。

劳务派遣协议的特殊性质决定了其必然受到劳动法律规范的诸多限制，《劳动合同法》第 59 条不但设置了签订劳务派遣协议的强制性义务，还进一步限制了劳务派遣协议的内容，该条第 1 款规定"劳务派遣协议应当约定派遣岗位和人员数量、派遣期限、劳动报酬和社会保险费的数额与支付方式以及违反协议的责任。"上述条文实际上以列举的方式规定了劳务派遣协议的法定必备条款，劳务派遣单位与用工单位订立劳务派遣协议必须包含上述列举的条款。第 59 条第 2 款还对派遣期限的问题作出了特别的规定。

（一）派遣岗位和人员数量

劳务派遣协议中首先必须明确派遣岗位，劳务派遣的适用范围是受到限制的，主要在临时性、替代性的工作岗位上设立，并不是所有行业和所有岗位都可以使用派遣工。明确派遣岗位可以增加劳务派遣就业的透明度，防止派遣单位随意指使被派遣劳动者，频繁调动工作岗位，从而有利于保护劳动者的利益。派遣协议中还应明确劳务派遣单位向用工单位派遣人员的数量，这直接关系到相关费用的计算，劳务派遣一般是按人头计费的。

（二）派遣期限

派遣期限是劳务派遣单位将劳动者派遣至用工单位的时间，也就是用工单位实际使用被派遣劳动者的时间。派遣期限不同于劳务派遣劳动合同期限，一般短于后者。派遣期限是派遣协议中的重要条款，特别是对劳动者的利益影响甚巨。用工单位对于派遣期限有着同被派遣劳动者相反的利益，其具有使派遣期限短期化的偏好。因为长期用工必然涉及给劳动者进行工资调整的问题，要给劳动者涨工资，《劳动合同法》第62条规定，"连续用工的，实行正常的工资调整机制"，所以用工单位更愿意使用短期工。用工行为短期化问题不仅存在于普通用工中，在劳务派遣中表现尤为突出。在实践中，很多用工单位将一个连续用工期限分割订立数个短期劳务派遣协议，规避劳动法上的义务。这种行为严重损害了劳动者的利益。还有的用工单位走另外一个极端，长期地使用派遣员工，这也是不合法的。劳务派遣毕竟只是一种辅助性的用工方式，存在着明显弊端——劳动者就业不稳定，用工单位希望长期使用被派遣劳动者的，应当与该劳动者直接订立劳动合同，确立劳动关系。总之，对于派遣期限这样重大的问题，不能完全任由派遣单位和用工单位自由约定，法律应当适当干预。《劳动合同法》首先规定了劳务派遣协议中必须明确派遣期限，不能不约定或者含糊不清；其次，特别针对短期派遣行为，第59条第2款规定，"用工单位应当根据工作岗位的实际需要与劳务派遣单位确定派遣期限，不得将连续用工期限分割订立数个短期劳务派遣协议"。

（三）劳动报酬和社会保险费的数额与支付方式

劳动报酬和社会保险费的数额与支付方式条款是劳务派遣协议中与被派遣劳动者利益联系最密切的条款，劳务派遣实践中发生纠纷最多的也是劳动报酬和社会保险问题，因此这是一个十分重要的条款。

1. 劳动报酬

劳动者有获得报酬的权利，劳动报酬是劳动者为用人单位进行劳动而获取的回报，是劳动力使用的对价。用人单位是劳动力的使用者和受益者，在劳动法上，有义务向劳动者支付报酬的主体是用人单位，向劳动者支付工资报酬是用人单位的基本义务，在劳务派遣中也不例外。在劳务派遣法律关系中，涉及两个单位组织，一个是劳务派遣单位，另一个是实际用工单位。在这两者中，劳务派遣单位才是劳动者真正的雇主，是劳动法意义上的用人单位。用工单位虽然实际地使用劳动者，但并不同被派遣劳动者签订劳动合同，双方不存在劳动关系，所以不必直接向被派遣劳动者支付工资。事实上，用工单位之所以选择劳务派遣的用工方式，很大一方面的原因就在于这种方式可以使其省去工资支付、管理方面的麻烦。《劳动合同法》明确规定，劳务派遣单位是劳动合同法所称的用人单位，应当履行用人单位对劳动者的义务，其中自然包括向劳动者支付工资的义务。

被派遣劳动者的工资应当由劳务派遣单位直接支付给该劳动者，但这不是说用工单位与被派遣劳动者的报酬支付没有任何关系，不需要负担任何义务。用工没有白用的，用工单位使用派遣劳动者不可能是免费的，而是要付钱的。实际上，用工单位要向劳务派遣单位支付使用派遣劳动者的相关费用，这其中主要的一部分就是应当支付给劳动者的劳务费。所以，用工单位只是没有直接将劳动报酬支付给被派遣劳动者，而是先交给派遣单位，再由派遣单位直接发放给劳动者本人。

劳动报酬的数额和具体的支付方式可以十分灵活，比如可以现金支付、银行转账支付或者票据支付，等等，劳务派遣单位和用工单位就此有充分的意思自治的空间，可展开充分的协商。不管采用何种方式，必须在劳务派遣协议中明确下来，不能含糊不清。约定的劳动报酬数额不得低于当地的最低工资标准。

2. 社会保险

社会保险是最主要的社会保障形式，是保障劳动者基本生存需要的有效手段。在劳务派遣法律关系中，被派遣劳动者也有享受社会保险保障的权利。由于劳务派遣就业存在不稳定的弊端，社会保险对于被派遣劳动者而言就显得尤为重要。为劳动者办理社会保险，按时足额缴纳社会保险费，是用人单位的基本义务。由于在劳务派遣中，被派遣劳动者要与两个单位组织发生联系，即劳务派遣单位和用工单位，对于究竟应由哪个单位为劳动者办理社会保险、缴纳社会保险费，如果派遣单位和用工单位在劳务派遣协议中没有约定或者虽有约定但不明确的，常常会发生争议，相会推诿，劳动者的社会保险利益受到损害。因此，对于社会保险这样重大的问题，必须予以明确。

对于社会保险问题的处理，原则上与劳动报酬的处理相同，即劳务派遣单位作为用人单位应当负责为被派遣劳动者办理社会保险，具体操作一些相关日常事务，用工单位不必负担社会保险的事务性管理工作，但应实际负担被派遣劳动者的社会保险费，将其支付给劳务派遣单位，再由后者向社会保险基金管理中心缴纳。这是劳务派遣中劳动者的社会保险问题处理的一般原则，但在实践中社会保险的实际运作可以有多种灵活的形式，劳务派遣单位可以就被派遣劳动者的社会保险问题与用工单位进行约定和分工。例如：用工单位也可以与劳务派遣单位约定由劳务派遣单位自己承担被派遣劳动者的社会保险费支出，或者约定由派遣单位和用工单位分别负担一部分社会保险费用。总之，只要符合法律的规定，被派遣劳动者的社会保险利益得到切实保障，劳务派遣单位和用工单位可以作自由的约定。无论怎样，双方应当对此问题作出分工明确的约定，以防止发生分歧。如果劳务派遣协议中对于社会保险问题没有作出约定或者约定不明确，则极易发生纠纷。由于劳务派遣单位是被派遣劳动者用人单位，在发生上述情况时，应由劳务派遣单位负担为劳动者办理和缴纳社会保险的义务。

（四）违约责任

在劳务派遣协议中约定违约责任是必要的，比如劳务派遣单位提前撤回劳动者或者用工单位提前将劳动者退回怎么办，用工单位拖欠劳动报酬、社会保险费和服务费怎么办。约定违约责任条款有两方面的作用，其一方面可以敦促派遣单位和用工单位严格遵守协议的约定，起到担保的作用，另一方面可以在事前明确违约责任，当一方违约时方便快捷地解决责任承担的问题，防止发生争议。

【理解与适用】

一、企业应选择合适的劳务派遣单位作为合作伙伴

企业希望通过劳务派遣的方式用工的，首先应当选择合适的劳务派遣单位作为合作伙伴。现在市场上的劳务派遣单位良莠不齐，很多不具有合法的资质，在具有合法资质的派遣单位中，也有实力强弱之分，企业在选择劳务派遣单位时，应当综合考虑各种因素，择优选择。首先要考虑服务的价格，通过将租赁成本与企业自行管理成本进行综合比较，确定其确能极大节约企业管理成本；其次要对派遣单位的整体能力进行评估，综合考虑企业战略、员工特点、成本实力、企业文化等多种因素。依此选择合适的劳务派遣单位进行合作。

二、应注意区别劳务派遣与人事代理

劳务派遣与人事代理都是人力资源外包的重要形式，二者的区别在

于谁同劳动者订立劳动合同。人事代理是由实际用人企业与员工直接建立劳动关系；而劳务派遣则是由劳务派遣单位担当员工的法定雇主，实际用人单位同劳务派遣单位签订劳务派遣合同，用人单位负责派遣员工的工作管理，劳务派遣单位负责派遣员工的人事管理。

三、劳务派遣协议的完善与执行

劳务派遣协议是派遣单位与用工单位合作的基础，劳务派遣协议条款必须全面、明确、清晰，不能有模棱两可的描述和各种错误，对双方权利、义务、责任等应进行明确的约定。劳务派遣协议的内容不得违反《劳动合同法》及相关法律的规定，应当包含《劳动合同法》规定的必备记载事项，不得欠缺。除了法定内容之外，双方可以根据实际的需要在派遣协议中约定其他条款。

派遣期限的约定应当合法，用工单位应当根据工作岗位的实际需要与劳务派遣单位确定派遣期限，不得将连续用工期限分割，订立数个短期劳务派遣协议。

关于工资的支付，在实务操作中，一般由用工单位每月定期将应支付给受派遣劳动者的劳务费交付给派遣单位，再由后者向劳动者发放。支付的方式可以有多种，比如电汇、支票、现金，等等，用人单位可以根据自己的情况进行选择，一般来说，现金交付比较麻烦，并有一定的风险，使用转账的方式把钱打入派遣单位的账户比较简便易行。用工单位需要注意的是，缴费时一定要保留支付凭证，以免日后发生纠纷时没有证据。派遣单位接到用工单位的款项之后，应当及时向受派遣劳动者支付，不应拖延。发放工资应当制作支付记录，并抄送用工单位。

劳务派遣单位应当为被派遣劳动者向当地的社会保险经办机构进行申报和登记，并为劳动者建立相应的社会保险账户。用工单位应当向劳务派遣单位支付社会保险费，劳务派遣单位收到用工单位的社会保险费后，应当每月按时地向社会保险经办机构缴纳。

应明确违约责任。任意一方当事人违反了劳务派遣协议，均应向对方负违约责任。但是，用工单位违约不能成为派遣单位拒绝向被派遣劳动者履行义务的正当理由。比如，用工单位拖欠劳务费和社会保险费，派遣单位可以向其主张违约责任，派遣单位不能以此为由拒绝给被派遣劳动者发放工资和缴纳社会保险费，而仍应履行上述义务，之后继续向用工单位主张违约责任。

第六十条　（劳务派遣单位的义务）

劳务派遣单位应当将劳务派遣协议的内容告知被派遣劳动者。

劳务派遣单位不得克扣用工单位按照劳务派遣协议支付给被派遣劳动者的劳动报酬。

劳务派遣单位和用工单位不得向被派遣劳动者收取费用。

【法条评析】

一、劳务派遣单位的告知义务

本条第1款规定的是劳务派遣单位的告知义务，即应向被派遣劳动者告知派遣协议的相关内容。劳务派遣协议的主体是劳务派遣单位和用工单位，被派遣劳动者不是该协议的主体，但是劳务派遣协议与被派遣劳动者的利益密切相关，是以被派遣劳动者向用工单位提供劳动的，派遣协议中的大多数条款都是与被派遣劳动者直接相关的，比如派遣岗位、劳动报酬和社会保险费的负担和支付方式、派遣期限，等等。对于劳务派遣协议中与被派遣劳动者利益相关的内容，被派遣劳动者应当有知情权，由于其并不参与协议的订立，劳务派遣单位作为其用人单位，有义务向其告知上述内容。规定劳务派遣单位的告知义务，可以增强劳务派遣的透明性，防止劳务派遣单位和用工单位暗箱操作甚至恶意串通，损害被派遣劳动者的合法权益。

二、劳务派遣单位不得克扣报酬

劳务派遣单位与用工单位应当在劳务派遣协议中明确约定被派遣劳动者的劳动报酬，包括其数额及其具体的负担和支付方式。对于约定的劳动报酬条款，双方都必须认真严格地履行。一般的做法是用工单位将应当支付给被派遣劳动者的劳动报酬直接支付给劳务派遣单位，再由后者直接支付给劳动者。实践中，有些劳务派遣单位受利益驱使，克扣用工单位支付的劳动报酬，只向被派遣劳动者部分发放，从中渔利。这种做法侵害了被派遣劳动者的劳动报酬权，是违法的。《劳动合同法》第60条第2款明确禁止了这种行为："劳务派遣单位不得克扣用工单位按照劳务派遣协议支付给被派遣劳动者的劳动报酬。"

三、禁止劳务派遣单位和用工单位向被派遣劳动者收取费用

在劳务派遣实务中，有些劳务派遣单位和用工单位以各种名义向被派遣劳动者收取费用，这种做法也是不合法的。《劳动合同法》第60条第3款对这种做法进行了明确禁止。首先，劳务派遣单位无权向被派遣劳动者收取任何费用。劳务派遣不同于职业介绍，劳务派遣单位也不是职业介绍所，营利性的职业介绍所进行就业居间服务而按照规定收取费用是合法的，但劳务派遣不同于职业介绍，劳务派遣单位是被派遣劳动者的用人单位，不得向本单位的员工收取费用。劳务派遣单位已经从用工单位获得服务费用了，不得再对劳动者盘剥。用工单位也没有资格向被派遣劳动者收取费用，用工单位对派遣员工仅有使用和必要的劳动管理的权利，收取费用是没有任何权利依据的。

【理解与适用】

劳务派遣单位应当积极履行告知义务，主动向被派遣劳动者告知派遣协议中与其利益相关的内容。被派遣劳动者也可以主动询问，派遣单位应认真如实回答。派遣单位不得向被派遣劳动者隐瞒，也不得故意向其告知虚假的情况。所谓"相关内容"，主要是指派遣协议中与被派遣劳动者利益密切相关的内容，如：派遣岗位、派遣期限、劳动报酬和社会保险费的数额与支付方式以及违反协议的责任等。对于派遣协议中与被派遣劳动者利益不相关的内容，派遣单位不负有告知义务。

劳务派遣单位不得克扣用工单位支付给被派遣劳动者的劳动报酬。所谓克扣，就是从中扣留一部分或者全部，不足额或者根本不发放到被派遣劳动者手中。所谓劳动报酬，既包括被派遣劳动者应得的基本工资，也包括奖金、津贴和补贴等辅助工资。用工单位按照劳务派遣协议支付给被派遣劳动者的一切劳动报酬，劳务派遣单位均不得从中截留，应全部实际发放到被派遣劳动者手中。

禁止劳务派遣单位和用工单位以一切名义向被派遣劳动者收取任何费用。已经收取的费用，应当如数退还给被派遣劳动者。

第六十一条（跨地区派遣的劳动标准和报酬）

劳务派遣单位跨地区派遣劳动者的，被派遣劳动者享有的劳动报酬和劳动条件，按照用工单位所在地的标准执行。

【法条评析】

本条是关于跨地区劳务派遣中的劳动条件和劳动报酬确定标准的规定。

我国幅员辽阔，各地区关于劳动条件和劳动报酬的确定标准有很大差别。在劳务派遣中，有时劳务派遣单位可能会将劳动者派遣到另外一个地区的用工单位，而两个地区规定的劳动条件和劳动报酬的标准又不一致，此时应按哪个标准执行？本条规定明确解决了这一问题：遇到跨地区派遣的，应当按照用工单位所在地区的标准确定被派遣劳动者享有的劳动条件和劳动报酬。

【理解与适用】

在实践中，劳务派遣单位所在地区的劳动条件和劳动报酬标准可能高于甚至远远高于用工单位所在地区的相关标准，如果劳务派遣单位和用工单位在劳务派遣协议中约定按照劳务派遣单位所在地区的较高标准执行的，根据劳动合同法保护劳动者利益的基本精神，这样的约定应当是有效的。即使是在用工单位所在地区内，关于劳动条件和劳动报酬也可能存在着不同的标准，此时应从中选择最权威、最合理的标准。

第六十二条 （用工单位的义务）

用工单位应当履行下列义务：

（一）执行国家劳动标准，提供相应的劳动条件和劳动保护；

（二）告知被派遣劳动者的工作要求和劳动报酬；

（三）支付加班费、绩效奖金，提供与工作岗位相关的福利待遇；

（四）对在岗被派遣劳动者进行工作岗位所必需的培训；

（五）连续用工的，实行正常的工资调整机制。

用工单位不得将被派遣劳动者再派遣到其他用人单位。

【法条评析】

本条是关于劳务派遣中用工单位应履行的义务的规定。从条文的内容来看，主要是用工单位应向被派遣劳动者履行的义务；从义务的性质看，主要是劳动法上的义务。

一、劳务派遣中用工单位受劳动法规律

在劳务派遣涉及的三重法律关系中，劳务派遣单位与被派遣劳动者之间的关系、劳务派遣单位与用工单位之间的关系性质都比较明确，而用工单位与被派遣劳动者之间的法律关系的性质则比较模糊，存在着争议。对此有两种主要观点：一种观点认为用工单位与被派遣劳动者之间形成的是劳动关系，用工单位与派遣单位构成被派遣劳动者的共同雇主；另一种观点认为，用工单位与被派遣劳动者之间不构成劳动关系，而主要是一种劳务关系，但也受到劳动法律规范的一定制约。

对于用工单位与被派遣劳动者之间的关系性质，《劳动合同法》没有给出十分明确的定性。与《劳动合同法》明确将劳务派遣单位规定为用人单位相比，该法并未明确地把用工单位也列为用人单位，不强制用工单位与被派遣劳动者签订劳动合同，可见，将用工单位与被派遣劳动者之间的关系定性为劳动关系是不甚妥当的，与法律的意旨不符。但是，这种关系又与民法上一般的劳务关系有很大差别。首先，法律关系的主体不同。在劳务派遣中用工单位必须是单位组织，而不能是自然人，被派遣劳动者只能是自然人；普通劳务关系的主体既可以都是公民，也可以都是法人，或者是公民与法人。其次，期限不同。用工单位与被派遣劳动者之间关系的维系期间即派遣期限相对较长，劳动者的劳务提供是一种具有一定稳定性的职业性行为，是作为一种谋生的手段；劳务关系的有效期一般较短，常常是一次性履行后即归于消灭，是一种暂时性行为。再次，用工单位有权对被派遣劳动者进行必要的监督、指挥和管理；劳务关系的任何一方无权对他方进行监督和管理。最后，用工单位与被派遣劳动者之间的关系受到《劳动合同法》等劳动法律规范的规制，用工单位须向被派遣劳动者履行一定的劳动法上的义务；劳务关系受民法调整，当事人之间不负有劳动法上的义务。

综上，用工单位与被派遣劳动者之间的关系既不同于严格意义上的

劳动关系，更不能简单等同于民法上的一般劳务关系，而是一种劳动法上的与劳动关系相似的法律关系，我们这里称之为准劳动关系。

二、用工单位应当履行的义务

根据本条规定，用工单位应当履行的主要义务有：

（一）执行国家劳动标准，提供相应的劳动条件和劳动保护

本条第1项明确了用工单位的劳动保护义务。

劳动安全卫生权是劳动者享有的基本权利之一，而对劳动者进行劳动保护，提供卫生、安全的工作条件和环境，防止职业伤害的发生，是用人单位必须履行的义务。在劳务派遣中，被派遣劳动者同一般劳动者一样享有劳动安全卫生权，有权要求获得劳动保护。

在劳务派遣中，对劳动者的安全健康保护面临特殊的问题。由于劳务派遣单位并不直接地使用劳动者，而是将其派至用工单位，由用工单位实际使用，所以劳务派遣单位无法直接控制和防范被派遣劳动者的职业伤害风险，只能通过间接的方式，督促用工单位对被派遣劳动者提供必要的劳动安全卫生保护，特别是应通过劳务派遣协议明确双方在劳动保护方面的义务和责任。

用工单位由于直接使用被派遣劳动者，在劳动保护方面负有更大的、直接的义务。用工单位虽然不是派遣劳动者的用人单位，双方不存在劳动关系，但用工单位仍应负担劳动保护的义务。派遣劳动者的劳动是一种职业性行为，而不是普通的劳务行为。用工单位实际地使用劳动者并受益，生产经营过程也由用工单位直接控制，最方便对于劳动过程中的伤害风险进行控制，因此，用工单位适合并应当确保劳动者的安全和健康。

用工单位应当严格执行国家的相关劳动标准，我国关于劳动条件和劳动保护制订了很多标准，用工单位都应严格遵照执行。用工单位应采取有效措施，为劳动者提供安全、卫生的工作环境和工作条件，在生产经营中严格遵守操作规程，不违章指挥。劳动保护工作应坚持预防为主的原则，将损害消灭在萌芽之中。

（二）告知义务

用工单位对被派遣劳动者负有告知义务。首先，用工单位应告知派遣员工具体的工作要求，要让被派遣劳动者知道该干什么、怎么干，只有这样，才能使其更好地提高工作效率，满足用工单位的需求。其次，用工单位应向被派遣劳动者告知劳动报酬，使其知情权获得实现。因为

用工单位与被派遣劳动者之间并不签订合同，劳动报酬是在劳务派遣协议中记载的，被派遣劳动者无从得知。被派遣劳动者为用工单位实际提供劳动，理应清楚用工单位为其支付多少报酬，也可以防止劳务派遣单位克扣用工单位支付给他的劳动报酬。

（三）支付加班费、绩效奖金，提供与工作岗位相关的福利待遇

劳动者在常规劳动时间之外加班的，用人单位应当支付加班工资。加班工资是工资报酬的一种特殊形式，与普通工资具有一定的独立性，根据加班时间的长短来确定，具有不确定性。安排劳动者加班的，用人单位必须向劳动者支付加班费，这是劳动法规定的用人单位必须履行的义务。在劳务派遣中，用工单位安排被派遣劳动者加班的，同样应当向被派遣劳动者支付加班工资。被派遣劳动者与普通劳动者只是就业方式不同，但法律地位是平等的，都应受到劳动法的平等保护。被派遣劳动者享有同工同酬的权利。劳动者超出正常工作时间，在节假日加班，付出了超额的劳动，当然有权就此获得一般工资之外的相应的报酬，无论是普通劳动者还是被派遣劳动者，都是如此。

所谓绩效奖金，顾名思义就是根据员工作出的特殊成绩和创造的效益而发放的奖金。绩效奖金也是劳动报酬的一种特殊形式，是用人单位对员工作出特别贡献的奖励。同加班工资一样，被派遣劳动者符合获得绩效奖金条件的，用工单位应向其支付该笔奖金，其不应因派遣工的身份而受到影响。

同理，与工作岗位相关的其他福利待遇，用工单位都有义务向被派遣劳动者提供。

（四）对在岗被派遣劳动者进行工作岗位所必需的培训

劳动者有获得职业培训的权利，用人单位则有义务对员工进行必要的培训。在劳务派遣中，用工单位虽然不是被派遣劳动者的用人单位，但是用工单位直接地使用被派遣劳动者，这些劳动者的劳动技能如何，直接影响到劳动的效果，有时甚至影响到安全生产，因此，用工单位有义务对在岗的被派遣劳动者进行工作岗位所必需的培训，比如安全生产培训、职业技能培训，等等。

（五）连续用工的，实行正常的工资调整机制

用工单位制定有工资调整政策，被派遣劳动者符合该政策的，用工单位应对其实行正常的工资调整。在实践中，有些用工单位连续使用派遣员工较长的时间，却从未调整过工资，派遣员工的权益得不到保障。

这种状况是不合理的。派遣员工与用工单位的正式员工在工资调整方面的待遇应该是平等的，不应受到歧视。

（六）禁止转派遣

用工单位对于被派遣劳动者仅能进行使用，不得再次向其他用工单位进行派遣。被派遣劳动者不是商品，更不是股票，不能被随便地倒来倒去。劳务派遣本就存在着容易导致法律关系混乱的弊端，如果不加节制地进行转派遣，无疑会加剧混乱。

【理解与适用】

一、用工单位应认真履行劳动安全保护义务

用工单位不能认为自己不是被派遣劳动者的用人单位，因此就可以不履行劳动保护义务，而应严格认真地贯彻执行国家的各项劳动标准，具体来说主要应履行下列义务：（1）向劳动者提供符合劳动安全卫生标准的劳动条件；（2）对劳动者进行劳动保护教育和劳动保护技术培训；（3）建立和实施劳动保护管理制度；（4）保障职工休息权的实现；（5）为女工和未成年工提供特殊劳动保护；（6）接受政府有关部门、工会组织和职工群众的监督。

二、加班加点问题

（一）加班加点应合法支付加班工资

用工单位应当根据自身需要，合理合法地安排被派遣劳动者加班。根据我国劳动法的有关规定，用工单位禁止安排未成年工、怀孕7个月以上的女工和哺乳未满周岁婴儿的女工参加加班加点。加班加点应以"生产经营需要"为条件。延长工作时间的长度必须符合法律规定，加班一般每日不超过1小时，因特殊原因需要，在保障劳动者身体健康的条件下每日不超过3小时，但每周不得超过36小时。

用工单位安排被派遣劳动者加班，应当作好加班记录，按照加班时间并依据法定标准向劳动者支付加班费。在普通工作日加班工作，应支付不低于正常工资150％的加班费；周休日加班工资不低于正常工资的200％；法定假日加班工资不低于正常工资的300％。加班工资应当及时发放给被派遣劳动者，不得拖欠。

（二）加班工资应由谁支付

在劳务派遣实践中，有些用工单位随意安排被派遣劳动者加班，并

且不支付加班费。由于加班具有临时性和偶然性，劳务派遣单位和用工单位在签订劳务派遣协议时，无法预见将来可能发生的加班的具体情况，也就没有办法将加班工资纳入到被派遣劳动者一般工资报酬中去，也不可能确定加班费的实际数额，劳务派遣协议中对于加班费应由哪一方负担也常常忽略作出约定。因此一旦发生了加班的情况，被派遣劳动者主张加班费的权利时，经常引发纠纷，劳务派遣单位和用工单位都各执一词，主张应由对方负担。劳务派遣单位的理由是：用工单位实际地使用被派遣劳动者，是否加班完全是由用工单位控制的，本方并没有得到什么好处，因此应由用工单位支付才合理。用工单位的主要理由是：劳务派遣单位是被派遣劳动者的用人单位，加班费是劳动报酬的一种，而向劳动者支付劳动报酬是用人单位应当承担的义务，因此劳务派遣单位应当负责支付被派遣劳动者的加班费。双方相互推脱的结果就是被派遣劳动者的加班费无法及时获得。

那么，加班费到底应由劳务派遣单位还是应由实际用工单位来负担呢？从劳动法律关系的角度分析，劳动报酬确实应当由用人单位向劳动者支付，而加班费是劳动报酬的一种。但在劳务派遣中，情况比较特殊。加班具有不确定性，何时加班、加班多久，只能由直接控制和使用劳动者的单位亲自来确定。而在劳务派遣法律关系中，劳务派遣单位虽然是被派遣劳动者的用人单位，但其并不直接地控制和使用劳动者，而是将其派遣到用工单位，由用工单位根据本单位的需要来实际用工，包括决定是否安排被派遣劳动者加班、何时加班以及加班多长时间等等。另外，用工单位因为安排劳动者加班而获得了收益，根据谁受益谁负责的原理，被派遣劳动者的加班费由用工单位来负担比较合理。另外由于加班工资是一种特殊形式的劳动报酬，与普通工资具有一定的独立性，所以在劳务派遣中对被派遣劳动者的普通工资和加班工资分别由不同的单位支付并无不可。《劳动合同法》62条明确规定了用工单位安排被派遣劳动者加班的，应直接向被派遣劳动者支付加班费。

三、培训费返还问题

劳动者有获得职业培训的权利，用工单位对在岗被派遣劳动者进行工作岗位所必需的培训，派遣期限届满被派遣劳动者离开用工单位时，用工单位不得要求被派遣劳动者返还培训费。

第六十三条 （被派遣劳动者的同工同酬权）

被派遣劳动者享有与用工单位的劳动者同工同酬的权利。用工单位无同类岗位劳动者的，参照用工单位所在地相同或者相近岗位劳动者的劳动报酬确定。

【相关法条】

《劳动法》

第四十六条 工资分配应当遵循按劳分配原则，实行同工同酬。

工资水平在经济发展的基础上逐步提高。国家对工资总量实行宏观调控。

【草案相关条文比较】

二审稿第 63 条规定："被派遣劳动者享有同工同酬的权利。用工单位无同类岗位其他劳动者的，参照用工单位所在地设区的市级人民政府公布的劳动力市场工资指导价位确定劳动报酬。"三审稿第 63 条规定："被派遣劳动者享有同工同酬的权利。用工单位无同类岗位其他劳动者的，参照用工单位所在直辖市、设区的市人民政府公布的职工平均工资确定劳动报酬。"四审稿与三审稿没有差别。

【法条评析】

本条规定的是被派遣劳动者的同工同酬权。

同工同酬即干同样的工作拿同样的钱。同工同酬是劳动法上的重要原则，是劳动者平等原则的体现，同工不同酬则是一种歧视。《劳动法》第 46 条明确规定："工资分配应当遵循按劳分配原则，实行同工同酬。"劳务派遣作为一种特殊的劳动用工形式，其弊端之一就是被派遣劳动者的待遇差，常常被用工单位与本单位正式员工区别对待，与正式员工干同样的活，却拿不一样的钱，同工不同酬的现象严重，这种状况必须扭转。被派遣劳动者也是劳动者，其同样应当享有同工同酬的权利。劳务派遣是一种特殊的就业形式，被派遣劳动者与普通的劳动者只是就业形式不同而已，但地位是平等的。对于劳务派遣中被派遣劳动者是否应适用同工同酬原则，少数人存在着不同看法，认为同工同酬原则对于被派遣劳动者不适用，因为被派遣劳动者不是用工单位的员工，双方不存在劳动关系，根本不是所谓的"工"，无法与正式员工进行比较，也就无法适用同工同酬，用工单位不需要给予派遣员工与正式员工同等的待遇。上述理由是站不住脚的。我们认为同工同酬中的"工"，不是指员工身份，而是指工作、实际付出的劳动。被派遣劳动者虽然不是用工单位的员工，但是实际地为用工单位劳动，并且这种劳动是一种职业性劳动，而不同于一般的劳务行为，只要其付出的劳动与正式员工付出的劳动相同，就应当获得同样的待遇。

《劳动合同法》本条规定是特别针对劳务派遣中的同工同酬问题设计的，该条明确肯定了被派遣劳动者享有同工同酬权，有利于消除同工不同酬现象，保护被派遣劳动者的正当的报酬权。

劳务派遣中的同工同酬，首先是指被派遣劳动者与用工单位同岗位其他劳动者同工同酬。用工单位可能没有与被派遣劳动者同岗位的其他劳动者，此时，其劳动报酬的确定应当参照用工单位所在直辖市、设区的市人民政府公布的职工平均工资作为标准。

【理解与适用】

同工同酬原则适用的关键在于"同工"的判断。同工不能简单地理解为工作岗位相同，还要看劳动者在该工作岗位劳动的努力程度和效果。同工同酬不等于平均主义，同工同酬的前提是按劳分配。在同样的工作岗位上，一些劳动者作出较大贡献的，应当多获得报酬，相反，贡献小的就少得。被派遣劳动者与用工单位同岗位的其他劳动者进行同样的劳动，应当获得同样的工资报酬；作出特别成绩的，还有权多获得报酬。同工同酬中的"酬"不仅指基本工资，也包括其他特殊形式的工资，比如被派遣劳动者被用工单位安排加班的，有权像正式员工一样获得加班费。

第六十四条　（被派遣劳动者参加或组织工会的权利）
被派遣劳动者有权在劳务派遣单位或者用工单位依法
参加或者组织工会，维护自身的合法权益。

【法条评析】

本条是关于被派遣劳动者参加和组织工会的规定。

工会是劳动者的自治性组织，依法参加和组织工会是劳动者的基本权利。工会在维护劳动者权益方面发挥着重要作用。劳动者个人势单力薄，无法与用人单位抗衡，劳动者组成团体团结起来，就可以与用人单位进行对话，更好地维护自身的权益。在劳务派遣中，被派遣劳动者的权益特别容易受到侵害，其参加和组织工会意义更加重大。但在实践中，被派遣劳动者参加和组织工会的情况却不甚理想。本条规定既是一个确权性规范，明确被派遣劳动者也有权依法参加和组织工会，又是一个倡导性规范，鼓励被派遣劳动者参加和组织工会。被派遣劳动者不仅可以在劳务派遣单位依法参加和组织工会，而且可以在用工单位依法参加和组织工会。

【理解与适用】

被派遣劳动者应当积极参加或组织工会，劳务派遣单位和用工单位应当积极配合，不得加以恶意阻挠。被派遣劳动者参加或组织工会应依法进行，不得以组织工会为名从事非法活动。上级工会组织应当扶持、帮助被派遣劳动者组建工会，指导工作。

第六十五条　（劳务派遣合同的解除）

被派遣劳动者可以依照本法第三十六条、第三十八条的规定与劳务派遣单位解除劳动合同。

被派遣劳动者有本法第三十九条和第四十条第一项、第二项规定情形的，用工单位可以将劳动者退回劳务派遣单位，劳务派遣单位依照本法有关规定，可以与劳动者解除劳动合同。

【相关法条】

《劳动合同法》

第三十六条　用人单位与劳动者协商一致，可以解除劳动合同。

第三十八条 用人单位有下列情形之一的，劳动者可以解除劳动合同：

（一）未按照劳动合同约定提供劳动保护或者劳动条件的；

（二）未及时足额支付劳动报酬的；

（三）未依法为劳动者缴纳社会保险费的；

（四）用人单位的规章制度违反法律、法规的规定，损害劳动者权益的；

（五）因本法第二十六条第一款规定的情形致使劳动合同无效的；

（六）法律、行政法规规定劳动者可以解除劳动合同的其他情形。

用人单位以暴力、威胁或者非法限制人身自由的手段强迫劳动者劳动的，或者用人单位违章指挥、强令冒险作业危及劳动者人身安全的，劳动者可以立即解除劳动合同，不需事先告知用人单位。

第三十九条 劳动者有下列情形之一的，用人单位可以解除劳动合同：

（一）在试用期间被证明不符合录用条件的；

（二）严重违反用人单位的规章制度的；

（三）严重失职，营私舞弊，给用人单位的利益造成重大损害的；

（四）劳动者同时与其他用人单位建立劳动关系，对完成本单位的工作任务造成严重影响，或者经用人单位提出，拒不改正的；

（五）因本法第二十六条第一款第一项规定的情形致使劳动合同无效的；

（六）被依法追究刑事责任的。

【法条评析】

本条是关于劳务派遣合同解除的规定。与普通的劳动合同一样，劳务派遣合同在生效后履行完毕前可以解除，但劳务派遣合同的解除具有一定的特殊性。

一、被派遣劳动者解除劳务派遣合同

劳动者解除劳动合同的情形主要三种：一是与用人单位协商一致解除；二是不需要任何理由，提前 30 天通知用人单位解除；三是在具备一定的法定事由时即时解除。在劳务派遣中，被派遣劳动者解除劳动合同的情形有所不同。根据《劳动合同法》第 65 条第 1 款的规定，"被派

遣劳动者可以依照本法第三十六条、第三十八条的规定与劳务派遣单位解除劳动合同"。第36条规定的是劳动合同的协议解除,第38条规定的是劳动者的即时解除。也就是说,被派遣劳动者可以采用协议解除和即时解除的办法解除同劳务派遣单位的劳动合同。《劳动合同法》没有规定被派遣劳动者可以采用提前通知的方法解除劳动合同,在解释上可认为被派遣劳动者不可以采用这种方法解除劳务派遣劳动合同。可见,在劳务派遣中被派遣劳动者解除劳动合同的权利受到了限缩,较普通的劳动者解除劳动合同的权利为小。《劳动合同法》限制被派遣劳动者辞职权的理由可能在于:被派遣劳动者随意辞职会造成劳务派遣单位对用人单位的违约。

《劳动合同法》第38条主要是规定了一些用人单位有严重过错,劳动者可以即时解除合同的情形。在劳务派遣中,被派遣劳动者按照这条规定解除劳动合同存在一个问题:劳务派遣单位是所谓的用人单位,但是由于劳务派遣单位并不实际地使用被派遣劳动者,第38条所列举的很多情况在劳务派遣单位身上实际是不可能发生的,例如不按照合同约定提供劳动保护和劳动条件,以暴力、威胁或者非法限制人身自由的手段强迫劳动者劳动,违章指挥、强令冒险作业危及劳动者人身安全,等等。事实上,由于用工单位实际地使用被派遣劳动者,这些行为常常发生在用工单位身上,而用工单位并不是被派遣劳动者的用人单位。当用工单位有上述违法行为时,被派遣劳动者可否解除同劳务派遣单位的劳动合同呢?《劳动合同法》对此并未明确规定。我们认为,用工单位虽然不是被派遣劳动者严格意义上的用人单位,但其实际地使用被派遣劳动者,可以视为准用人单位,用工单位在直接用工中有严重违法行为的,被派遣劳动者同样可以解除劳务派遣劳动合同。

二、用工单位退回劳动者与派遣单位解除劳动合同

在一定情形下,用工单位可以结束同被派遣劳动者之间的关系。由于双方未订立劳动合同,不存在严格意义上的劳动关系,用工单位解除与被派遣劳动者用工关系的行为也不能称为劳动合同的解除,《劳动合同法》将这种行为称为"退回"。所谓"退回",即用工单位将被派遣劳动者交还给劳务派遣单位。用工单位不得随意"退回"被派遣劳动者,而必须具备法定的事由。根据《劳动合同法》第65条第2款的规定,被派遣劳动者有第39条和第40条第1项、第2项规定情形的,用工单位可以将劳动者退回劳务派遣单位。第39条规定的是劳动者有严重过

错，用人单位可以解除劳动合同的情形，具体包括：（1）在试用期间被证明不符合录用条件的；（2）严重违反用人单位的规章制度的；（3）严重失职，营私舞弊，给用人单位的利益造成重大损害的；（4）劳动者同时与其他用人单位建立劳动关系，对完成本单位的工作任务造成严重影响，或者经用人单位提出，拒不改正的；（5）因第26条第1款第1项规定的情形致使劳动合同无效的；（6）被依法追究刑事责任的。用工单位将被派遣劳动者退回劳务派遣单位后，在结清相关的劳务费、社会保险费等费用后，双方的关系即解除，针对该被派遣劳动者的劳务派遣协议规定的权利、义务失效。

用工单位将被派遣劳动者退回劳务派遣单位后，用工单位与被派遣劳动者之间、用工单位与劳务派遣单位针对该劳动者之间的关系消灭，但劳务派遣单位与被派遣劳动者之间的关系并不当然消灭。劳务派遣单位是被派遣劳动者的用人单位，其欲解除同被派遣劳动者之间的关系，应当按照用人单位解除劳动合同的相关规定处理。劳务派遣单位也可以不解除与被派遣劳动者之间的劳动合同，那么应继续为被派遣劳动者寻找新的用工单位。在被派遣劳动者找到新的用工单位之前，劳务派遣单位仍有义务为其支付工资，并不得低于当地最低工资。

【理解与适用】

在劳务派遣中，用工单位与被派遣劳动者之间虽然不存在劳动关系，但双方都不能随意地没有任何理由地结束同对方的关系。被派遣劳动者不能简单地认为自己不是用工单位的员工，因此可以随时走人。用工单位更不能随便将被派遣劳动者退回劳务派遣单位，应当严格遵守劳务派遣协议约定的派遣期限。确需结束劳务派遣用工关系的，必须具备法定事由，并且应遵守必要的程序。

在实践中用工单位随意辞退派遣员工的现象比较严重，不利于劳动者就业的稳定，应当严格限制。《劳动合同法》第65条限定了用工单位可以将被派遣劳动者退回的事由，用工单位必须严格遵守。除了法律的规定之外，劳务派遣单位最好与用工单位在劳务派遣协议中明确退回派遣员工的相关问题，包括在何种情形下可以退回，退回的程序如何，是否需要提前通知被派遣劳动者本人和派遣单位，退回以后的结果如何，用工单位是否有义务支付经济补偿金，等等。

用工单位在依法将被派遣劳动者退回时，应当结清与该劳动者相关的各项费用和事务；应当支付至劳动者被退回之日的劳动报酬，缴纳尚拖欠的社会保险费用；还应结清应向派遣单位支付的派遣服务费用。

劳动者被退回劳务派遣单位后，劳务派遣单位不是必须，也不能一律解除同该劳动者的劳动合同。只有符合《劳动合同法》及相关劳动法律法规规定的劳动合同解除条件的，劳务派遣单位才能解除合同。在实践中有一种倾向是，一旦劳动者被用工单位退回，接下来劳务派遣单位大多会解除同被退回员工的劳动关系。实际上，劳务派遣单位可以继续为被退回的劳动者联系新的用工单位，这样一方面有利于劳动者的就业稳定，另一方面派遣单位也可以从中获利。

第六十六条 （劳务派遣适合的岗位）
劳务派遣一般在临时性、辅助性或者替代性的工作岗位上实施。

【法条评析】

本条是关于劳务派遣适用范围的规定。

劳务派遣在我国起步较晚，但发展速度极快，适用范围不断扩张。最初采用劳务派遣方式的主要是保安、保姆、保洁等低端劳动行业，此后不断扩展，建筑、采矿、交通运输、通讯、邮政、电力、化工等行业都广泛采用这种用工方式。现在越来越多的用工单位选择使用劳务派遣工，甚至威胁到传统的用工方式，有成为主流用工方式的趋势。劳务派遣在我国发展之所以如此迅速，固然是因为这种新型的用工方式具有很多传统用工方式无法比拟的优点，满足了用工单位和劳动者就业的需求，但在我们看来，这种表面繁荣背后的真正原因其实在于：用工单位天生具有为了追求利润最大化而竭力降低用工成本，甚至不惜规避劳动义务的倾向，劳务派遣恰恰为其提供了有效规避法律义务的合法外衣。当前劳务派遣在我国的过快发展是不正常的，需要降温。我国的劳务派遣业必须在规范的基础上走上理智发展的轨道，而不是陷入狂热无序的深渊。

劳务派遣只能作为一种辅助性的劳动用工方式存在，其不应也不能取代传统的用工方式，成为用工方式的常态。让所有的劳动者都成为劳务派遣工，这是不可想象的，也是不可能发生的。劳务派遣的弊端是明显的，特别是对劳动者保护不利，对此，本书在前面已经多次提及。虽然对劳务派遣可以从劳动法律规范上加以规制，但其弊端是无法根本革除的。因此，必须对劳务派遣的适用范围作出严格的限定，不能说什么行业、什么岗位都可以使用劳务派遣，更不能使其成为主流的用工方式，否则，对劳动者是大大不利的。事实上从国际上的经验来看，劳务派遣比较发达的国家都对劳务派遣的适用范围作出了一定限制，都是将其作为一种辅助性的劳动用工方式使用的。在这方面日本有严格的规定，其允许劳务派遣的行业和岗位大多数是一些层次较高的岗位，如办公室工作、文秘工作、会计等。① 按照劳务派遣业发育较为充分国家的经验，通过劳务派遣实现就业的人数一般占非正规从业人员人数的 6％左右，而且从业范围主要集中在高端技能和低端技能领域。② 我国目前劳务派遣在一些领域已成为主要的用工形式，譬如建筑行业的劳务派遣用工就占到我国劳务派遣用工总人数的比例超过 40％。对劳务派遣的适用范围进行限制是当务之急。

《劳动合同法》本条规定对劳务派遣的适用范围明确作出了限定。根据该条规定，劳务派遣一般应当在临时性、辅助性或者替代性的工作岗位上实施。本条确定了劳务派遣适用的一般原则。劳务派遣一般不得在长期的工作岗位实施，用工单位要长期地使用劳动者的，应当与劳动者订立劳动合同，建立普通的劳动关系。所谓辅助性的工作岗位，是指工作独立性不强，主要是辅助其他工作的岗位；所谓替代性工作岗位，是指工作岗位的要求不高，同样的工作岗位设立多个，很容易找到可替代的劳动者的低端工作岗位。具体哪些岗位上可以实施劳务派遣，《劳动合同法》中并未明确规定，但是规定了一个授权性条款，即授权国务院劳动行政部门规定。所谓国务院劳动行政部门，主要是指中华人民共和国劳动与社会保障部。劳动与社会保障部应当根据我国社会发展的实际状况，合理地确定劳务派遣的具体适用范围。

---

① 参见谢化祥、付嗣全：《关于劳务派遣法律问题探析》，载《广西青年干部学院学报》，2006 (6)。

② 参见宋群英：《关于劳务派遣相关法律问题的思考》，载《湖南行政学院学报》，2007 (2)。

【理解与适用】

用工单位在用工时，首先应当合理选择用工的形式。特别是当选择劳务派遣的方式用工时，首先应审查待用工的岗位是否适合实施劳务派遣，是否符合《劳动合同法》规定的"临时性、辅助性或者替代性"的条件。如果不符合条件，则不能在该岗位上实施劳务派遣。不是所有岗位都适合实施劳务派遣。

劳动行政部门应当对劳务派遣的实施进行必要的监督和管理，合理控制劳务派遣的范围，防止劳务派遣的滥用。适时地出台规定，明确劳务派遣适用的具体范围，增强对实践的约束。

第六十七条 （禁止自我派遣）

用人单位不得设立劳务派遣单位向本单位或者所属单位派遣劳动者。

【法条评析】

近年来劳务派遣在我国发展很快，甚至呈现出过热发展的态势。这种缺乏法律规范的过快过热发展引发了很多问题，有些用人单位借劳务派遣之名逃避本应履行的法律义务。在实践中，有些用工单位自己成立劳务派遣单位，然后向自己或者所属单位派遣劳动者。很多在单位工作多年的员工，一夜之间身份发生了变化，由正式员工转变为派遣工，与原单位不再具有劳动关系。用工单位这样做的目的昭然若揭，即逃避劳动法上的义务。这是一种典型的规避法律的行为，应当予以制止。《劳动合同法》本条规定是特别针对这种情况设立的，明确禁止用工单位自设劳务派遣单位，向本单位或者所属单位派遣劳动者。

【理解与适用】

劳动者发现用人单位有自设劳务派遣单位情形的，应当积极向有关劳动行政部门举报，劳动行政部门也应当主动地查处有上述行为的用人单位，一旦发现，对于设立的劳务派遣单位应当取缔，已经实施的劳务派遣无效，并且应对违法单位给予警告、罚款等相应的处罚。工商行政管理部门也要把好劳务派遣单位的设立关，认真审查用人单位是否存在自设劳务派遣单位的情况，一旦发现不予登记。

第三节　非全日制用工

第六十八条　（非全日制用工的概念）

非全日制用工，是指以小时计酬为主，劳动者在同一用人单位一般平均每日工作时间不超过四小时，每周工作时间累计不超过二十四小时的用工形式。

【相关法条】

劳动保障部《关于非全日制用工若干问题的意见》（劳社部发〔2003〕12 号）

1. 非全日制用工是指以小时计酬、劳动者在同一用人单位平均每日工作时间不超过 5 小时累计每周工作时间不超过 30 小时的用工形式。

....

北京市劳动和社会保障局《关于北京市非全日制就业管理若干问题的通知》（京劳社办发〔2003〕68 号）

第一条　本通知所称非全日制从业人员是指：本市行政区域内的企业、个体工商户、民办非企业单位、国家机关、事业单位及社会团体（以下统称为用人单位）所雇用的每日工作时间不超过 4 小时（包括 4 小时），并以小时为单位计算发放工资的劳动者，劳动者在同一用人单位每日工作时间超过 4 小时的视为全日制从业人员。

凡具有下列情形之一的劳动者，不属于非全日制从业人员范围：

（一）个体工商户、私营企业主及合伙人；

（二）聘用、留用的离、退休人员。

中共中央、国务院《关于进一步做好下岗失业人员再就业工作的通知》（中发〔2002〕12 号）

【法条评析】

本条是关于非全日制用工概念的规定，从中可以概括出非全日制用工的以下几个特点：

（一）劳动时间短，灵活性强

国际劳动组织将非全日制劳动定义为：非全日制劳动是指工作时间少于可比性全日制正常工作时数。《劳动法》第36条确立了我国的标准工时制度，规定："国家实行劳动者每日工作时间不超过八小时、平均每周工作时间不超过四十四小时的工时制度。"（国务院1994年2月3日颁布、1995年3月25日修改的《关于职工工作时间的规定》第3条规定："职工每日工作8小时、每周工作40小时。"）而本条规定非全日制用工的工作时间为，平均每日工作不超过4小时，每周累计工作时间不超过24小时。相对于"每日8小时，每周40小时"的标准工时制度，非全日用工的劳动时间更短。

（二）小时计酬，不得低于当地最低工资规定

工资支付方式一般是由双方当事人约定。《工资支付暂行规定》第3条规定："本规定所称工资是指用人单位依据劳动合同的规定，以各种形式支付给劳动者的工资报酬。"而对于非全日制劳动劳动合同法明确以小时计酬实际上是由非全日制用工自身的特点决定。因为，非全日劳动合同的特点在于工作时间"平均每日工作不超过四小时，每周累计工作时间不超过二十四小时。"

【理解与适用】

一、非全日制劳动合同与全日制劳动合同的区别

首先，二者的稳定性不同。全日制劳动合同对于劳动合同的期限分为固定期限、无固定期和完成一定工作任务期限三种，并且对于当事人双方的合同解除权作出了严格限制。《劳动合同法》第12条规定："劳动合同分为固定期限劳动合同、无固定期限劳动合同和以完成一定工作任务为期限的劳动合同。"并先后在第36条规定了协商解除，在第37条规定了劳动者的法定解除权、推定解雇的解除权等。非全日制劳动的灵活性更强，《劳动合同法》对于非全日制劳动合同的期限没有限制，

第 71 条规定："非全日制用工双方当事人任何一方都可以随时通知对方终止用工。终止用工，用人单位不向劳动者支付经济补偿。"此外，合同稳定性的不同还体现在单方解除劳动合同的法律责任方面：对于一般劳动合同，用人单位违约解除劳动合同一般要承担给付经济补偿金，甚至赔偿金的责任。劳动者违约解除劳动合同对用人单位造成损失的，也要承担赔偿责任，而非全日制劳动合同中任何一方都可解除劳动合同而且不支付经济补偿金或赔偿金。

其次，劳动时间不同。《劳动法》第 36 条规定："国家实行劳动者每日工作时间不超过八小时、平均每周工作时间不超过四十四小时的工时制度。"(国务院 1994 年 2 月 3 日颁布、1995 年 3 月 25 日修正的《关于职工工作时间的规定》第 3 条规定："职工每日工作 8 小时、每周工作 40 小时。")这是适用于一般劳动合同的标准工时制度。而《劳动合同法》第 68 条规定："非全日制用工，是指以小时计酬为主，劳动者在同一用人单位一般平均每日工作时间不超过四小时，每周工作时间累计不超过二十四小时的用工形式。"

再次，合同形式不同。一般劳动合同必须采取书面形式，《劳动合同法》第 10 条规定："建立劳动关系，应当订立书面劳动合同。已建立劳动关系，未同时订立书面劳动合同的，应当自用工之日起一个月内订立书面劳动合同。"并且，明确了不建立书面劳动合同的法律责任，第 82 条规定："用人单位自用工之日起超过一个月不满一年未与劳动者订立书面劳动合同的，应当向劳动者每月支付二倍的工资。"而非全日制劳动合同则可以采取口头形式，《劳动合同法》第 69 条规定："非全日制用工双方当事人可以订立口头协议。"

最后，劳动关系数量限制的不同。目前，在一般劳动合同领域，我国不承认双重劳动关系的存在，因此，一般将后建立的"关系"界定为劳务关系等。[①] 而在非全日制劳动合同领域则承认多重劳动关系的存在，《劳动合同法》第 69 条第 2 款规定："从事非全日制用工的劳动者可以与一个或者一个以上用人单位签订劳动合同；但是，后订立的劳动合同不得影响先订立的劳动合同的履行。"

二、能否因为非全日制劳动，而要求非全日制劳动者每天工作

在实践中，很多用人单位认为对于非全日制劳动者只要满足每周工

---

① 《劳动合同法》第 39 条第 4 项规定表明立法者双重劳动关系的态度转变。

作不超过 24 小时，平均每天工作不超过 4 小时的条件即可，而无须满足其他的休息安排。因此，用人单位往往以非全日制劳动者平均工作时间短、休息时间充裕为由，而要求他们每周工作七天。这是违反劳动法的休息休假的要求的，因为《劳动法》第 38 条规定："用人单位应当保证劳动者每周至少休息一日。"所以，要求非全日制劳动者每周连续工作 7 天的安排是违法的。

从以上分析可以看出，关于非全日制劳动者的工作时间安排必须满足以下条件：一是，每周必须至少安排一天的休息，也就是一周最多工作 6 天；二是，每周工作时间不超过 24 小时；三是，平均每天工作不超过 4 小时。即非全日制劳动时间应为：周工作时间（≤24 小时）÷周工作天数（≤6 天）≤4 小时。

第六十九条 （非全日制用工劳动合同）

非全日制用工双方当事人可以订立口头协议。

从事非全日制用工的劳动者可以与一个或者一个以上用人单位订立劳动合同；但是，后订立的劳动合同不得影响先订立的劳动合同的履行。

【相关法条】

劳动和社会保障部《关于非全日制用工若干问题的意见》（劳社部发〔2003〕12 号）

1.……

从事非全日制工作的劳动者，可以与一个或一个以上用人单位建立劳动关系。用人单位与非全日制劳动者建立劳动关系，应当订立劳动合同。劳动合同一般以书面形式订立。劳动合同期限在一个月以下的，经双方协商同意，可以订立口头劳动合同。但劳动者提出订立书面劳动合同的，应当以书面形式订立。

北京市劳动和社会保障局《关于北京市非全日制就业管理若干问题的通知》（京劳社办发〔2003〕68 号）

二、非全日制从业人员可以同时与两个或多个用人单位建立劳动关系，用人单位与非全日制从业人员应当自用工之日起以书面形式订立非全日制劳动合同，劳动合同一式两份，双方当事人各执一份。

劳动合同书由市劳动和社会保障行政部门制定范本。

劳动合同应包括劳动合同生效时间、工作时间、工作内容、劳动报酬及支付形式、职业安全卫生等项条款，其他内容由双方协商确定，但不得违反法律、法规、规章的规定。

【法条评析】

本条分为两个部分：

（一）非全日制劳动合同的形式要求

对于全日制劳动合同的形式我国一直坚持严格的形式要件主义，《劳动法》第19条规定："劳动合同应当以书面形式订立，并具备以下条款……"《劳动合同法》第10条规定："建立劳动关系，应当订立书面劳动合同。已建立劳动关系，未同时订立书面劳动合同的，应当自用工之日起一个月内订立书面劳动合同……"

非全日制用工形式在我国属于新兴事务，1994年颁布的《劳动法》对此没有作出专门的规定。因此，在《劳动合同法》之前关于非全日制用工合同的形式也存在不同规定。2003年5月，劳动和社会保障部发布的《关于非全日制用工若干问题的意见》，对于非全日制用工合同的形式采取了区别对待的方式，即：一般要求严格采用书面形式，但合同期限在一个月以下，且经双方协商同意的可以采用口头形式；而北京市劳动和社会保障局《关于北京市非全日制就业管理若干问题的通知》（京劳社办发〔2003〕68号）则采用了严格的书面形式的规定，并且明确了市劳动和社会保障行政部门制定非全日制用工合同范本。

本条第1款明确了非全日制劳动合同可以采用口头形式，没有沿用全日制劳动合同严格的形式要件的规定。是根据实践中非全日制劳动合同的订立情况以及非全日制劳动的短期性、灵活性用工的特点规定。

（二）非全日制劳动者可以建立多重劳动关系

《劳动合同法》颁布之前，一般认为我国不承认双重劳动关系的存在，其原因在于："一是根据传统劳动法理论，一般认为每个职工只能与一个单位建立劳动法律关系，而不能同时建立多个劳动法律关系；二是依据《劳动法》第99条关于'用人单位招用尚未解除劳动合同的劳动者，对原用人单位造成经济损失的，该用人单位应当依法承担连带赔偿责任'的规定，推导出法律禁止劳动者与多个用人单位建立劳动关系；三是认为如果承认双重劳动关系，必然导致社会保险关系的混乱，从而引起不利的后果。"[1] 但是，《劳动合同法》第39条规定："劳动者有下列情形之一的，用人单位可以解除劳动合同：……（四）劳动者同时与其他用人单位建立劳动关系，对完成本单位的工作任务造成严重影响，或者经用人单位提出，拒不改正的……"根据该规定似乎可以推知，在"双重劳动关系"的问题上，立法者已经明确了赞同的态度。

本条第2款规定"从事非全日制用工的劳动者可以与一个或者一个以上用人单位订立劳动合同"，实际是明确了非全日制劳动者可以与多个用人单位建立多重劳动关系，但是，后面的"但书"给多重劳动关系的建立设定了限定性条件，即"后订立的劳动合同不得影响或者损害先订立劳动合同的权利和义务"。对此可以理解为"在先合同的优先原则"。一般而言，债务的履行具有平等性，不会因为合同订立的先后顺序而影响债务履行的先后顺序。但是，由于劳动合同的履行具有人身属性，所以，其不具有平等履行的特性，一般而言先订立的劳动合同具有优先性，如果后订立的非全日制劳动合同影响履行在先合同的履行，则会导致在先的用人单位可以向劳动者或在后的用人单位请求损害赔偿问题。

【理解与适用】

一、非全日制劳动者建立多重劳动关系，能否超越标准工时制度和特殊的劳动保护制度规定

我国劳动法确立了"每日8小时，每周40小时"的标准工时制度，并且明确采用特殊的工时制度的用人单位应当经过劳动行政部门的审批。而且为了加强对于特殊劳动者以及特定行业的劳动者保护，劳动法专门规定了特殊的工时制度和劳动保护制度。因此，非全日制劳动合同应该严格遵守相关的规定。

由于本条第2款明确非全日制劳动者可以建立多重劳动关系，那么非全日制劳动者建立多重劳动关系后，其累积的工作时间等能否超过标准工时制度和特殊劳动保护制度的规定呢？我们认为应该不允许，其原因：

一是，标准工时制度的确立是基于社会经济发展水平以及劳动者的

---

[1]　林嘉：《劳动合同若干法律问题研究》，载《法学家》，2003（6）。

休息权和人格尊严的权利的保障的平衡考量而确立的，如果允许非全日制劳动者建立多重劳动关系，肆意地超越标准工时用工，势必会侵害到他们的休息权和人格尊严；

二是，从劳动者自身的身份属性来看，一方面其履行劳动给付等社会义务；另一方面他们又承担着大量家庭义务，而二者义务的履行需要合理地平衡工作时间，因此，延长劳动者的工作时间，就会相对地影响到非全日制劳动者的家庭义务的履行。

三是，有关的地方性法律规范明确规定标准工时制度对于非全日制劳动者建立多重劳动关系的限制，如：《上海市劳动合同条例》第46条第3款规定："劳动者在多个用人单位的工作时数总和，不得超过法定最高工作时数。"北京市劳动和社会保障局《关于北京市非全日制就业管理若干问题的通知》（京劳社办发〔2003〕68号）第3条规定："非全日制从业人员在多个用人单位工作时间，每月总计不得超过标准工作时间。"

二、非全日制劳动者建立多重劳动关系的具体形式的确定

本条第2款规定："从事非全日制用工的劳动者可以与一个或者一个以上用人单位订立劳动合同。"明确可以建立多重劳动关系，但是就"多重"来看可能存在以下两种情形：一是建立多个非全日制劳动关系；二是建立非全日制劳动关系和全日制劳动关系的混合型态的多重劳动关系。对于前一情形而言，只要符合本条款的"但书"规定应该是可以的。但是对于后一情形是否允许呢？学界存有不同观点，有人认为是可以的。① 我们认为，该观点有一定的合理性：一方面，从学理的解释来看，确实存在这种混合型态的"多重劳动关系"可能；另一方面，从本条文的字义来看，仅规定"从事非全日制用工的劳动者可以与一个或者一个以上用人单位订立劳动合同"，没有明确劳动合同的具体属性，到底是全日制还是非全日制。但是，我们认为应该考虑以下几点：

第一，从法律的体系来看，本条规定在《劳动合同法》第五章第三节其他用工形式中，因此，限定了相关条款的前提就是关于非全日制用工形式的规定。

第二，从该条款自身来看，其限定性条件为"从事非全日制用工的

①　如果说全日制劳动是非全日制劳动以外的话，则可能存在全日制劳动与非全日制劳动并存的兼职劳动。参见林海权：《双重劳动关系法律问题研究》，载《中国劳动关系学院学报》，2007（1）。

劳动者",因此,如果允许混合型的多重劳动关系存在,难以保持该身份前提的一致性。

第三,如果将混合型多重劳动关系细分,可以分为:一是,先建立了全日制劳动关系,后建立非全日制劳动关系;二是,先建立非全日制劳动关系,后建立全日制劳动关系。对于前者,在目前我国不承认"双重劳动关系"的情况下,在建立了全日制劳动关系后,除法律有特别规定外①,其他"劳动关系"就被认定为劳务关系了。而对于后者的情形,如果采取相反的规定,则会使得法律适用不统一,因此,以上两种情形并无太多差别。

第四,从相关法律规定的比较来看,在"相关法条"部分列举的劳动和社会保障部《关于非全日制用工若干问题的意见》和北京市劳动和社会保障局《关于北京市非全日制就业管理若干问题的通知》的规定来看,比较明确地指明多重劳动关系仅限于建立多个非全日制劳动关系。

第五,尽管该条款仅规定"从事非全日制用工的劳动者可以与一个或者一个以上用人单位订立劳动合同",没有明确劳动合同的具体类型,到底是全日制还是非全日制。但是在该条款中出现了三次"劳动合同",从立法的技术来看应该保持相关术语意思的一致性,因此,可以确定的是在后面,即但书条款"后订立的劳动合同不得影响或者损害先订立劳动合同的权利和义务"中,至少有一个"劳动合同"应该是指非全日制的劳动合同,那么其他两处也应该是此种意思。

三、当后订立的非全日制劳动合同影响到在先非全日制劳动合同的履行时,是否导致后订立的非全日制劳动合同无效

我们认为,在先订立的全日制劳动合同并不能否定在后订立的合同的效力。一方面,劳动合同作为债的一种,具有债的兼容性。"一个已经产生的劳动关系不会阻止其他有效的劳动合同。这里只可能产生可履行问题、双方解约或者双方劳动关系解除以及损害赔偿问题。"② 那么,先订立的非全日制劳动合同中用人单位方可以请求非全日制劳动者以及后订立的非全日制劳动合同的用人单位方根据《劳动合同法》第 91 条规定承担赔偿责任,即:"用人单位招用与其他用人单位尚未解除或者终止劳动合同的劳动者,

---

① 参见《国务院办公厅转发国家科委关于科技人员业余兼职若干问题意见的通知》(国办发〔1988〕4 号)、中共中央国务院发布的《关于切实做好下岗职工基本生活和再就业工作的通知》(中发〔1998〕10 号)。

② 〔德〕W·杜茨著,张国文译:《劳动法》,44 页,北京,法律出版社,2005。

给其他用人单位造成损失的，应当承担连带赔偿责任。"

另一方面，根据劳动合同履行具有人身属性的特点，其既不能强制履行，也不能强制劳动者不向其他用人单位履行劳动给付，即用人单位不享有对劳动者的不作为的请求权。"要求雇员停止在另一雇主那里的工作，因为这方面雇员不存在独立的义务"。但是，当"雇员违反竞业禁止义务在有竞争关系的公司从事劳动的，无论如何雇主都享有不作为请求权"①。

第七十条 （非全日制用工不得约定试用期）
非全日制用工双方当事人不得约定试用期。

【相关法条】

劳动和社会保障部《关于非全日制用工若干问题的意见》（劳社部发[2003]12号）

3. 非全日制劳动合同的内容由双方协商确定，应当包括工作时间和期限、工作内容、劳动报酬、劳动保护和劳动条件五项必备条款，但不得约定试用期。

北京市劳动和社会保障局《关于北京市非全日制就业管理若干问题的通知》（京劳社办发[2003]68号）

第二条……

用人单位不得约定试用期。

【法条评析】

试用期是指用人单位和劳动者为相互了解、选择而约定的考察期。由于用人单位和劳动者在试用期内享有单方地解除劳动合同的权利，并且，通常情形下，任何一方单方解除劳动合同不需要承担相应的责任。实践中，关于试用期的劳动争议纠纷比比皆是，对于劳动者而言，试用期也是最为"著名"的陷阱之一。

本条规定非全日制用工不得约定试用期，我们认为是基于以下两点原因：

---

① ［德］W·杜茨著，张国文译：《劳动法》，78页，北京，法律出版社，2005。

一方面,《劳动合同法》第 19 条规定了试用期的期限要件、一次试用原则、不得约定试用期的情形以及试用期不成立的情形,从而更为明确地限定了试用期制度的适用,为切实发挥试用期制度的效用提供了更为完善的规范基础。而本条规定实际上是劳动合同立法意图弥补《劳动法》相关规定的不足,限制和规范试用期制度,保护劳动者权益的理念的具体体现之一。

另一方面,根据《劳动合同法》第 19 条第 1 款关于试用期期限的规定,以及第 3 款"以完成一定工作任务为期限的劳动合同或者劳动合同期限不满三个月的,不得约定试用期"的规定来看,劳动合同法对于短期劳动合同(合同期限不满 3 个月)禁止约定试用期或者限定约定试用期的长短,而非全日制劳动合同尽管没有期限要求,但是实践中一般存在短期性和灵活性的特点,因此,与第 19 条的相关规定具有内在逻辑的契合性。

【理解与适用】

需要注意的是实践中可能出现非全日制劳动者与用人单位订立口头协议且没有约定合同期限,而约定了试用期条款的,那么需要明确该试用期条款能否根据《劳动合同法》第 19 条第 4 款的规定——"劳动合同仅约定试用期的,试用期不成立,该期限为劳动合同期限。"——认定为劳动合同期限,我们认为不能,其原因:一是,本条规定"非全日制用工不得约定试用期"为强行性规范,因此,约定的试用期条款本身就是无效的;二是,《劳动合同法》第 19 条是针对全日制劳动合同而规定,具有一般性,而本条规定是针对非全日制劳动合同的特殊规定,因此,不能适用第 19 条的规定。

第七十一条 (非全日制用工双方均可随时终止用工)
非全日制用工双方当事人任何一方都可以随时通知对方终止用工。终止用工,用人单位不向劳动者支付经济补偿。

【相关法条】

劳动和社会保障部《关于非全日制用工若干问题的意见》(劳社部

发〔2003〕12 号）

4. 非全日制劳动合同的终止条件，按照双方的约定办理。劳动合同中，当事人未约定终止劳动合同提前通知期的，任何一方均可以随时通知对方终止劳动合同；双方约定了违约责任的，按照约定承担赔偿责任。

北京市劳动和社会保障局《关于北京市非全日制就业管理若干问题的通知》（京劳社办发〔2003〕68 号）

第二条第五款　劳动合同双方可以随时通知对方终止劳动合同，也可以约定终止劳动合同的提前通知期。

【法条评析】

一、非全日制劳动合同双方均可随时终止

非全日制用工灵活性的特点，表现为两个方面：

一方面，工作时间短，且可以建立多重劳动关系；另一方面，双方可随时终止劳动关系。这跟劳动法对于非全日制用工的态度有关，因为，从强化劳动者保护的角度来看，非全日制用工不利于劳动者的权益实现。寻求稳定的长期的劳动关系是劳动法所鼓励的，因此，赋予双方随时解除非全日制用工则是为劳动者重新建立全日制的劳动关系减少约束。

二、终止非全日制用工不用支付经济补偿金

根据《违反和解除劳动合同的经济补偿办法》（劳部发〔1994〕481号）以及《劳动合同法》的规定，劳动合同解除时，用人单位需要支付经济补偿金的情况包括四种：（1）经过双方协商一致，由用人单位解除劳动合同的；（2）用人单位根据客观原因而非劳动者的主观原因解除劳动合同，也称为非过失性解除；（3）用人单位因经济性裁员而解除劳动合同的；（4）推定解雇的情形，即由于用人单位过错致使劳动者解除劳动合同的。

经济补偿金是指在劳动合同解除或终止后，用人单位依法一次性支付给劳动者的经济上的补助，其具有单向性，仅由用人单位承担。因此，本条款后半句实际上是指用人单位终止非全日制用工时不用支付经济补偿金。

【理解与适用】

需要注意随意终止非全日制用工与双方的非全日制劳动合同的约定的协调，主要是指相关义务的规定：一方面，非全日制合同中不得限定双方的随时终止劳动合同的权利，尤其是限制劳动者的权利；另一方面，要注意合同中相关义务条款的效力及责任，主要是违约金以及赔偿金的问题，因为，本条款仅免除了用人单位支付经济补偿金的责任，而对于双方的其他责任则没有涉及。《劳动合同法》第 22 条、第 23 条分别规定了"服务期"和"约定保守商业秘密"的情形下，劳动合同双方当事人可以约定劳动者承担支付违约金责任；第 25 条规定："除本法第二十二条和第二十三条规定的情形外，用人单位不得与劳动者约定由劳动者承担的违约金。"

关键问题在于两个方面：

一是，非全日制劳动合同中双方能否就保守商业秘密和服务期进行约定？

对此《劳动合同法》没有明确。根据北京市劳动和社会保障局《关于北京市非全日制就业管理若干问题的通知》（京劳社办发［2003］68号）第 2 条第 3 款——"劳动合同应包括劳动合同生效时间、工作时间、工作内容、劳动报酬及支付形式、职业安全卫生等项条款，其他内容由双方协商确定，但不得违反法律、法规、规章的规定"，以及劳动和社会保障部《关于非全日制用工若干问题的意见》（劳社部发［2003］12 号）关于非全日制劳动合同内容的规定，可以看出只要符合法律相关规定，非全日制用工合同双方对于"保守商业秘密"和"服务期"条款是可以约定的。《上海劳动合同条例》第 49 条规定："非全日制劳动合同当事人可以对劳动时间、工作内容、劳动报酬及支付形式、保守用人单位商业秘密等内容进行约定。"

二是，如果能约定，能否就此约定违约责任？

实际上关于该问题的规定涉及两方面的利益平衡，即劳动者辞职权利与用人单位的经营权（尤其是服务期和保守商业秘密）。《劳动合同法》将约定违约金的情形限定在这两方面，一个重要的原因在于用人单位为此支付的一定的代价，如：提供培训以及支付补偿金等。《上海劳动合同条例》第 17 条规定："劳动合同对劳动者的违约行为设定违约金的，仅限于下列情形：（一）违反服务期约定的；（二）违反保守商业秘密约定的。违约金数额应当遵循公平、合理的原则约定。"但是第53条规定："本条例第二章、第三章、第四章中的规定，不适用于非全日制的劳动合同，但第八条、第二十条和第二十一条除外。"因此，排除了第17条的规定对非全日制劳动合同的适用。

此外，《劳动合同法》第八章"法律责任"中明确了劳动者和用人单位的法律责任，第90条规定："劳动者违反本法规定解除劳动合同，或者违反劳动合同中约定的保密义务或者竞业限制，给用人单位造成损失的，应当承担赔偿责任。"该条款也会涉及非全日制劳动合同中约定了保密事项条款时，劳动者违反该条款给用人单位造成损失的，是否承担赔偿责任的问题。

对于以上问题可能会出现较大的争议，关键在于《劳动合同法》没有明确一般劳动合同的相关规定对于非全日制劳动合同是否适用。因此，《劳动合同法》颁布后，需要配套的相关法规或司法解释来予以明确。但是，我们认为，根据法律规则适用的一般原则——"特殊优先于一般，如果没有特殊规定则适用一般规定"，那么在法律没有明确不予适用的情形下，应该都予以适用。

第七十二条 （非全日制用工劳动报酬）

非全日制用工小时计酬标准不得低于用人单位所在地人民政府规定的最低小时工资标准。

非全日制用工劳动报酬结算支付周期最长不得超过十五日。

【相关法条】

劳动和社会保障部《关于非全日制用工若干问题的意见》（劳社部发［2003］12号）

9. 非全日制用工的工资支付可以按小时、日、周或月为单位结算。

北京市劳动和社会保障局《关于北京市非全日制就业管理若干问题的通知》（京劳社办发［2003］68号）

九、非全日制从业人员的工资按小时计算。小时工资由用人单位和劳动者协商制定，但不得低于本市规定的非全日制从业人员小时最低工资标准。小时工资包括用人单位支付的小时劳动报酬、应为非全日制从业人员缴纳的社会保险费和劳动者本人应缴纳的社会保险费及风险补偿金。用人单位可以按周或月支付非全日制从业人员的工资……

【法条评析】

一、非全日制用工的劳动报酬不得低于当地的最低工资规定。

从工资组成部分的功能区别来看，工资包括保障功能的基本工资和补偿功能的对价工资两部分。前者主要是指最低工资；而后者则是最低工资以上的其他形式的报酬。

最低工资标准，是指劳动者在法定工作时间或依法签订的劳动合同约定的工作时间内提供了正常劳动的前提下，用人单位依法应支付的最低劳动报酬。《劳动法》第 48 条规定："国家实行最低工资保障制度。最低工资的具体标准由省、自治区、直辖市人民政府规定，报国务院备案。用人单位支付劳动者的工资不得低于当地最低工资标准。"劳动和社会保障部《关于非全日制用工若干问题的意见》（劳社部发［2003］12 号）第 7 条规定："用人单位应当按时足额支付非全日制劳动者的工资。用人单位支付非全日制劳动者的小时工资不得低于当地政府颁布的小时最低工资标准。"第 8 条规定："非全日制用工的小时最低工资标准由省、自治区、直辖市规定，并报劳动保障部备案。确定和调整小时最低工资标准应当综合参考以下因素：当地政府颁布的月最低工资标准；单位应缴纳的基本养老保险费和基本医疗保险费（当地政府颁布的月最低工资标准未包含个人缴纳社会保险费因素的，还应考虑个人应缴纳的社会保险费）；非全日制劳动者在工作稳定性、劳动条件和劳动强度、福利等方面与全日制就业人员之间的差异。小时最低工资标准的测算方法为：

小时最低工资标准＝［（月最低工资标准÷20.92÷8）×（1＋单位应当缴纳的基本养老保险费和基本医疗保险费比例之和）］×（1＋浮动系数）"。北京市劳动和社会保障局《关于北京市非全日制就业管理若干问题的通知》（京劳社办发［2003］68 号）第 9 条规定："……非全日制从业人员工资每小时不得低于 6 元。非全日制从业人员在法定节日期间工作的最低小时工资标准不得低于 13.3 元……"

二、非全日制工资支付的基本原则

原劳动部于 1994 年 12 月 6 日颁布的《工资支付暂行规定》（劳部

发〔1994〕489号）确立了工资支付的相关规则，包括：（1）法定货币支付；（2）直接支付；（3）按时支付；（4）足额支付。

本条文是关于非全日制劳动报酬支付周期的规定，是按时支付原则的体现。《工资支付暂行规定》（劳部发〔1994〕489号）规定："按时支付即工资必须在用人单位与劳动者约定的日期支付，并且工资至少每月支付一次。"该规定为工资按时支付的一般原则，本条款对于非全日制劳动报酬支付作了特别规定，但是具体的工资支付应该由当事人协商确立，但是必须满足"结算周期最长不得超过十五日"的基本要求。

【理解与适用】

劳动部《关于贯彻执行〈中华人民共和国劳动法〉若干问题的意见》第53条规定："劳动法中的'工资'是指用人单位依据国家有关规定或劳动合同的约定，以货币形式直接支付给本单位劳动者的劳动报酬，一般包括计时工资、计件工资、奖金、津贴和补贴、延长工作时间的工资报酬以及特殊情况下支付的工资等。'工资'是劳动者劳动收入的主要组成部分。"

第六章　监督检查

第七十三条　（劳动合同制度监督检查的体制）

国务院劳动行政部门负责全国劳动合同制度实施的监督管理。

县级以上地方人民政府劳动行政部门负责本行政区域内劳动合同制度实施的监督管理。

县级以上各级人民政府劳动行政部门在劳动合同制度实施的监督管理工作中，应当听取工会、企业方面代表以及有关行业主管部门的意见。

【相关法条】

《劳动法》

第八十五条　县级以上各级人民政府劳动行政部门依法对用人单位遵守劳动法律、法规的情况进行监督检查，对违反劳动法律、法规的行为有权制止，并责令改正。

《劳动保障监察条例》

第一条　为了贯彻实施劳动和社会保障法律、法规和规章，规范劳动保障监察工作，维护劳动者的合法权益，根据劳动法和有关法律，制定本条例。

第三条　国务院劳动保障行政部门主管全国的劳动保障监察工作。县级以上地方各级人民政府劳动保障行政部门主管本行政区域内的劳动保障监察工作。

…………

第四条　县级、设区的市级人民政府劳动保障行政部门可以委托符合监察执法条件的组织实施劳动保障监察。

…………

劳动和社会保障部《关于实施〈劳动保障监察条例〉若干规定》（劳动和社会保障部令第 25 号）

第二条　劳动保障行政部门及所属劳动保障监察机构对企业和个体工商户（以下称用人单位）遵守劳动保障法律、法规和规章的情况进行监察，适用本规定；对职业介绍机构、职业技能培训机构和职业技能考核鉴定机构进行劳动保障监察，依照本规定执行；对国家机关、事业单位、社会团体执行劳动保障法律情况进行劳动保障监察，根据劳动保障行政部门的职责，依照本规定执行。

第五条　县级以上劳动保障行政部门设立的劳动保障监察行政机构和劳动保障行政部门依法委托实施劳动保障监察的组织具体负责劳动保障监察管理工作。

【法条评析】

劳动合同监督检查体系根据监督检查主体的不同，可分为劳动合同保障监察、相关行政部门监督检查、工会监督、社会监督。作为法定专门机关实施的统一、全面、专门的监督检查，劳动合同保障监察居于其他监督形式所不及的地位。因其涉及职权不仅包括检查，又包括督促、纠偏、处罚等，故《劳动合同法》将其称为"监督管理"。此外，我国《劳动保障监察条例》（以下简称《条例》）为更好地规范劳动保障行政部门的监督检查，对劳动保障行政部门的监督检查的机构设置、管辖、职权、程序、责任等作了详细规定。

一、劳动合同保障监察的含义和特征

劳动监察，是指法定专门机关代表国家对劳动法的遵守情况依法进行的检查、纠举、处罚等一系列监督活动。劳动监察是保障国家劳动法律、法规的贯彻实施，维护劳动关系双方合法权益，促进劳动关系和谐、稳定发展的一项行政执法制度。[①] 劳动合同保障监察属于劳动监察体系的重要组成部分，指劳动保障监察行政部门专门针对劳动合同制度的实施情况进行监督检查。劳动合同保障监察具有如下特征：（1）法定性。劳动合同保障监察规则直接由法律规定，而且属于强行性规范，监

---

① 参见王全兴主编：《劳动法学》，549 页，北京，人民法院出版社、中国人民公安大学出版社，2005。

察主体必须严格依照法律实施检查活动，被监察主体不得以协议或其他任何形式规避监察。（2）行政性。劳动合同保障监察属于行政执法和行政监督的范畴，是行政机关行使行政权力的具体行政行为。（3）专门性。劳动合同保障监察是由法定的专门机关针对劳动合同制度的实施情况所进行的专门监督。（4）唯一性。在劳动合同监督检查体系中，仅有劳动合同保障监察是以国家名义对劳动合同制度实施情况进行的统一、全面的监督。

二、劳动合同保障监察机构及其职权

《劳动合同法》在第 73 条中确定了劳动合同保障监察机构及其职权为：国务院劳动行政部门负责全国劳动合同制度实施的监督管理。县级以上地方人民政府劳动行政部门负责本行政区域内劳动合同制度实施的监督管理。

《条例》明确规定：国务院劳动保障行政部门主管全国的劳动保障监察工作。县级以上地方人民政府劳动保障行政部门主管本行政区域内的劳动保障监察工作。因此，根据依法行政要求的主体法定原则，劳动保障行政部门是劳动保障监察主体；其他有关部门虽然也有监督用人单位遵守劳动保障法律法规的职责，但不是劳动保障监察执法的主体。劳动保障行政部门必须依法履行监察职责，否则就要承担相应的法律责任。同时，《条例》还规定，县、设区的市级人民政府劳动保障行政部门可以委托符合监察执法条件的组织具体实施劳动保障监察工作。这是因为一些地区劳动保障行政部门的编制很少，实际工作中劳动保障监察执法主要由使用事业编制的劳动保障监察机构实施，因此需要对这些机构的劳动保障监察执法进行委托。[①]

本条第 3 款规定，县级以上各级人民政府劳动行政部门在劳动合同制度实施的监督管理工作中，应当听取工会、企业方面代表以及有关行业主管部门的意见。这是我国劳动保障监察行政执法理念的创新。劳动保障监察行政执法，要转变观念，破除过去在计划经济条件下由政府采用行政手段调整劳动关系的传统意识，树立市场经济条件下的劳动关系市场化手段调整的新观念。

---

① 如《上海市实施〈劳动保障监察条例〉若干规定》（2007 年 1 月 1 日施行）第 3 条第 3 款规定："市劳动保障监察总队和区、县劳动保障监察大队，分别接受市和区、县劳动保障行政部门的委托，具体实施劳动保障监察。"

【理解与适用】

一、劳动合同保障监察的相对人的范围界定

我国《劳动法》第 85 条明确规定，县级以上各级劳动政府劳动行政部门依法对用人单位遵守劳动法律、法规的情况进行监督检查。《劳动合同法》第 74 条亦规定用人单位为劳动合同保障监察的相对人。在劳务派遣关系中，劳务派遣单位（用人单位）与接受以劳务派遣形式用工的单位（用工单位）均应为劳动保障监察的相对人。此外，某些劳动服务主体如职业介绍机构、职业技能培训机构和职业技能考核鉴定机构、社会保险机构，与劳动者权益密切相关，有时决定着劳动基准法的实施，决定着劳动者权益的实现，故将其作为监察相对人，也是非常有必要的。《条例》第 2 条、劳动和社会保障部《关于实施〈劳动保障监察条例〉若干规定》（以下简称《规定》）第 2 条亦确认了职业介绍机构、职业技能培训机构和职业技能考核鉴定机构等社会服务机构为劳动保障监察的相对人。

《劳动合同法》第 75 条第 1 款规定："县级以上地方人民政府劳动行政部门实施监督检查时，有权查阅与劳动合同、集体合同有关的材料，有权对劳动场所进行实地检查，用人单位和劳动者都应当如实提供有关情况和材料。"据此条规定，似乎劳动者也为劳动监督的相对人。但我们认为，解释为劳动者协助劳动监察机关对用人单位的检查更为合适，劳动者不宜作为劳动监察的相对人。有学者从以下角度分析，认为只应将用人单位和其他社会服务主体作为监察相对人。其理由如下：劳动法以保护劳动者为宗旨；劳动法已将执行劳动纪律的权力赋予用人单位，其中已包含了对劳动者遵守劳动法的监督；劳动基准法是为用人单位设定的最基本的义务；劳动监察法最初即在雇主不遵守劳动法的现象相当普遍和严重的背景下产生，与劳动关系和劳动法的本质要求相符。①

《劳动合同法》第 2 条对用人单位进行了解释，指出"中华人民共和国境内的企业、个体经济组织、民办非企业单位"为用人单位。"国

---

① 参见王全兴主编：《劳动法学》，553 页，北京，人民法院出版社、中国人民公安大学出版社，2005。

家机关、事业单位、社会团体和与其建立劳动关系的劳动者，订立、履行、变更、解除或者终止劳动合同，依照本法执行。"第96条规定事业单位与实行聘用制的工作人员订立、履行、变更、解除或者终止劳动合同，法律、行政法规或者国务院另有规定的，依照其规定；未作规定的，依照本法有关规定执行。《条例》第2条规定："对企业和个体工商户进行劳动保障监察，适用本条例"，第34条还规定国家机关、事业单位、社会团体执行劳动保障法律、法规和规章的情况，由劳动保障行政部门根据其职责，依照本条例实施劳动保障监察。同时，为了解决当前突出的非法用工主体侵犯劳动者合法权益的问题，《条例》第33条规定，对无营业执照或者已被依法吊销营业执照，有劳动用工行为的，由劳动保障行政部门依照本条例实施劳动保障监察，并及时通报工商行政管理部门予以查处取缔。

综上，劳动合同保障监察相对人应为用人单位和社会中介机构。用人单位主要包括：企业、个体经济组织、民办非企业单位。国家机关、事业单位、社会团体当与其劳动者建立劳动关系时，事业单位与其聘任人员建立劳动关系时，亦为劳动合同监察的用人单位。

二、对非法用工主体如何实施劳动保障监察问题

《条例》第33条规定：对无营业执照或者已被依法吊销营业执照，有劳动用工行为的，由劳动保障行政部门依照本条例实施劳动保障监察。《劳动合同法》第93条规定，不具备合法经营资格的用人单位，劳动者已经付出劳动的，该单位或者其出资人应当依照本法有关规定向劳动者支付劳动报酬、经济补偿、赔偿金；给劳动者造成损害的，应当承担赔偿责任。该规定间接规定了无营业执照经营单位亦为劳动保障监察的相对人。劳动保障行政部门在对上述对象实施劳动保障监察时，应遵循以下原则：

1. 正确确定劳动保障监察对象

实践中，无营业执照或者已被依法吊销营业执照的单位一般包括两类：一是已被依法吊销营业执照或已向工商行政管理部门申请登记，但尚未取得营业执照的单位，确定劳动保障监察对象时，以在工商行政管理部门登记的单位名称为准；二是对有固定生产经营场所，从事生产经营行为，依法应当领取营业执照但未向工商行政管理部门申领的单位，劳动保障行政部门可以根据其经营内容等拟制单位名称，并注明生产经营场所，以此确定劳动保障监察对象，在向人民法院申请强制执行时，被申请人应为其投资人或收益人。

对用人单位和实际用人单位如何实施劳动保障监察？我国地方立法中规定，针对实际用人单位与用人单位对承担劳动者义务已有约定的，劳动保障行政部门实施劳动保障监察时，应根据约定内容确定劳动保障监察对象。没有约定或约定不明的，涉及劳动者有关劳动条件和劳动保护等与劳动过程直接相关的权益的，以实际用人单位为劳动保障监察对象；涉及劳动者财产方面权益的，原则上以用人单位为劳动保障监察对象，但由实际用人单位承担连带责任。① 《劳动合同法》第 92 条的规定，对执法中的这一难题做了回答，并明确规定了劳务派遣法律关系中用人单位和实际用工单位的连带责任。

2. 正确认定劳动用工行为

正确区分劳动用工行为和雇佣行为。劳动保障行政部门对属于劳动保障监察对象的"无营业执照或者已被依法吊销营业执照的单位"，应当先根据相关法律法规审查其与劳动者是否属于劳动用工关系。对不符合条件，而属于雇佣关系的，应当告知投诉人。

3. 正确把握劳动保障监察事项

对无营业执照或者已被依法吊销营业执照，但有劳动用工行为的单位，实施劳动保障监察的事项应主要包括遵守禁止使用童工规定情况和涉及非法用工主体向劳动者履行财产清偿义务的情况。②

第七十四条 （劳动合同制度监督检查事项）

县级以上地方人民政府劳动行政部门依法对下列实施劳动合同制度的情况进行监督检查：

（一）用人单位制定直接涉及劳动者切身利益的规章制度及其执行的情况；

（二）用人单位与劳动者订立和解除劳动合同的情况；

---

① 《江苏省劳动合同条例》第 23 条："用人单位按照劳动合同约定或者经与劳动者协商一致指派劳动者到其他单位以下称实际用人单位工作的，可以与实际用人单位约定，由实际用人单位承担或者部分承担用人单位对劳动者的义务，并将约定内容书面告知劳动者。实际用人单位未按照约定承担对劳动者义务的，由用人单位承担对劳动者的义务，实际用人单位承担连带责任。"

② 参见《江苏省劳动保障厅关于印发〈全省劳动保障监察工作研讨会纪要〉的通知》的精神（苏劳社察［2006］15 号，2006-09-13），载北大法律信息网。

（三）劳务派遣单位和用工单位遵守劳务派遣有关规定的情况；

（四）用人单位遵守国家关于劳动者工作时间和休息休假规定的情况；

（五）用人单位支付劳动合同约定的劳动报酬和执行最低工资标准的情况；

（六）用人单位参加各项社会保险和缴纳社会保险费的情况；

（七）法律、法规规定的其他劳动监察事项。

【相关法条】

《劳动保障监察条例》

第十一条　劳动保障行政部门对下列事项实施劳动保障监察：

（一）用人单位制定内部劳动保障规章制度的情况；

（二）用人单位与劳动者订立劳动合同的情况；

（三）用人单位遵守禁止使用童工规定的情况；

（四）用人单位遵守女职工和未成年工特殊劳动保护规定的情况；

（五）用人单位遵守工作时间和休息休假规定的情况；

（六）用人单位支付劳动者工资和执行最低工资标准的情况；

（七）用人单位参加各项社会保险和缴纳社会保险费的情况；

（八）职业介绍机构、职业技能培训机构和职业技能考核鉴定机构遵守国家有关职业介绍、职业技能培训和职业技能考核鉴定的规定的情况；

（九）法律、法规规定的其他劳动保障监察事项。

【草案相关条文比较】

《劳动合同法》制定过程中，对于劳动合同保障监察事项的范围的争议主要集中在监察事项的第1项和第2项。

关于对用人单位规章制度的监察，劳动合同法草案征求意见稿、二审稿、三审稿均规定为对用人单位制定规章制度的情况进行监察，四审稿对其进行了限定，规定为对用人单位制定的直接涉及劳动者切身利益的规章制度的情况进行监察。而劳动合同法又对四审稿的限定作了扩张，规定对用人单位规章制度的监察，应为对用人单位制定的直接涉及劳动者切身利益的规章制度的制定及执行情况的监察，对比前面几审稿，劳动合同法的规定更加突出体现了劳动合同保障监察的宗旨。

关于对劳动合同的订立或解除的监察，《条例》第11条第2项规定的监察事项为：用人单位与劳动者订立劳动合同的情况。而劳动合同法将其扩大为"用人单位与劳动者订立和解除劳动合同的情况"。劳动合同法征求意见稿、二审稿中曾对劳动合同保障监察的范围作了扩大，如征求意见稿规定监察事项包括用人单位与劳动者订立和履行劳动合同的情况；用人单位与工会组织或职工代表平等协商，订立和履行集体合同的情况；二审稿规定监察事项包括用人单位招用劳动者办理用工手续的情况；用人单位提供劳动合同文本的情况等。劳动合同法删除了对用人单位招用劳动者办理用工手续的情况、用人单位提供劳动合同文本的情况、用人单位与劳动者履行劳动合同情况的监督检查的规定，改为对用人单位与劳动者订立和解除劳动合同的情况的监察，缩小了监察范围，同时针对实践中用人单位与劳动者解除劳动合同时大量存在的损害劳动者利益的情况，突出了对用人单位与劳动者解除劳动合同情况的监督管理。

【法条评析】

该条系对劳动合同保障监察事项的具体规定，劳动合同法采列举式规定，其中第7项为兜底条款。

一、对用人单位制定直接涉及劳动者切身利益的规章制度及其执行的情况的监察

《劳动法》第4条规定，用人单位应当依法建立和完善规章制度，保障劳动者享有劳动权利和履行劳动义务。第25条第2项将劳动者严重违反劳动纪律或用人单位规章制度的情形作为用人单位可以解除劳动合同的法定情形之一。第89条规定了用人单位制定的劳动规章制度违反法律、法规规定的法律责任。1997年原劳动部制定的《关于新开办用人单位实行劳动规章制度备案制度的通知》（劳部发〔1997〕338号）中规定，劳动规章制度应包括劳动合同管理、工资管理、社会保险、福

利待遇、工时休假、职工奖惩以及其他劳动合同管理等七项内容，并要求劳动行政部门从内容和程序两方面进行审查，符合规定的予以备案。2001 年最高人民法院《关于审理劳动争议案件适用法律若干问题的解释》（法释［2001］14 号）第 19 条规定，用人单位根据《劳动法》第 4 条之规定，通过民主程序制定的规章制度，不违反国家法律、行政法规及政策之规定，并已向劳动者公示的，可以作为人民法院审理劳动争议案件的依据。由上可见，用人单位规章制度涉及内容广泛，贯穿整个劳动合同的签订和履行过程，在用人单位组织劳动及进行劳动管理中发挥着重要的作用。同时，用人单位规定制度还影响到用人单位和劳动者的劳动合同解除权的行使，对劳动者的利益影响很大，而且法律也赋予了符合法律条件及程序的劳动规章以法律效力。

《劳动合同法》中涉及用人单位规章的条款也较多，第 4 条规定用人单位规章必须制定劳动规章制度及制定规章的主体、内容、具体程序。"用人单位应当依法建立和完善劳动规章制度，保障劳动者享有劳动权利、履行劳动义务。用人单位在制定、修改或者决定有关劳动报酬、工作时间、休息休假、劳动安全卫生、保险福利、职工培训、劳动纪律以及劳动定额管理等直接涉及劳动者切身利益的规章制度或者重大事项时，应当经职工代表大会或者全体职工讨论，提出方案和意见，与工会或者职工代表平等协商确定。在规章制度和重大事项决定实施过程中，工会或者职工认为不适当的，有权向用人单位提出，通过协商予以修改完善。用人单位应当将直接涉及劳动者切身利益的规章制度和重大事项决定公示，或者告知劳动者。"第 38 条、第 39 条规定，用人单位的规章制度违反法律、法规的规定，损害劳动者权益的，劳动者可以随时通知用人单位解除劳动合同。劳动者有严重违反用人单位规章制度的，用人单位可以解除劳动合同。

实践中，劳动规章制度几成用人单位剥夺劳动者劳动权利的工具，劳动争议仲裁和诉讼中有关劳动规章制度的争议日益增加。① 因此，对用人单位制定规章制度的情况进行监察是十分必要的。《劳动合同法》第 80 条亦规定，用人单位直接涉及劳动者切身利益的规章制度违反法律、法规规定的，由劳动行政部门责令改正，给予警告；给劳动者造成

---

① 参见高圣平：《用人单位劳动规章制度研究——从解释论与立法论的视角》，载《法学》，2006（10）。

损害的，应当承担赔偿责任。

二、对用人单位与劳动者订立和解除劳动合同的情况的监察

（一）对用人单位与劳动者订立劳动合同情况的监督检查

劳动合同是劳动者与用人单位确立劳动关系、明确双方权利义务关系的协议。劳动合同具有从属性、双务性、有偿性、诺成性、附合性、继续性等特征，它不同于一般的民事合同，从属性与附合性乃其中之本质和关键。从属性，是指劳动者在人格上、经济上、组织上从属于用人单位，遵照用人单位的要求为用人单位劳动，完全纳入用人单位的经济组织与生产结构之内。① 劳动合同的从属性传达了劳动者和用人单位之间实质上的不平等。附合性是指劳动者对劳动合同条款并无磋商交涉机会，只能附合表示同意。②

基于劳动合同的从属性和附合性，用人单位在草拟格式劳动合同之时，常常会出现不当减轻或免除用人单位的责任（如"工伤概不负责"条款）、用人单位单方面保留权利（如"本合同的最终解释权属于用人单位"条款）、加重劳动者责任（如"劳动者如违反企业规章制度即离职"条款）、限制或剥夺劳动者权利的行使（如"结婚即离职"条款）、不当转移举证责任（如"因履行劳动合同发生争议时，由劳动者就其工作年限的计算举证"条款）、使劳动者负担不合理或不公平之风险等违背契约正义的条款。由此，格式劳动合同常被处于优势地位的用人单位所滥用，实质上是假借契约自由之名而行剥夺或限制劳动者契约自由之实。处于弱势一方的劳动者仅享有形式上的契约自由，并无有效的实质契约自由，其结果常与基于伦理观念而产生的实质正义相违背。基于保护劳动者之立场，为维护契约正义及确保实质上的契约自由原则，国家自有对劳动合同专门立法或对格式劳动合同予以特别规制的必要。③

《劳动合同法》对劳动合同的行政规制即劳动合同的保障监察。第81条规定用人单位提供的劳动合同文本未载明本法规定的劳动合同必备条款或者用人单位未将劳动合同文本交付劳动者的，由劳动行政部门责令改正。第83条规定了用人单位违反本法规定与劳动者约定试用期

---

① 参见王全兴主编：《劳动法学》，160页，北京，人民法院出版社、中国人民公安大学出版社，2005。

②③ 参见高圣平：《格式劳动合同的行政规制论——兼评〈中华人民共和国劳动合同法（草案）〉第五章》，载《法学杂志》，2007（2）。

的法律责任。第 54 条规定了集体合同订立后，应当报送劳动行政部门。《劳动合同法》的规定，体现了对劳动合同订立的事前和事后的监督检查。

劳动保障监察部门对劳动合同订立的监督检查方式依现行法的规定，主要有三种：（1）制定劳动合同示范文本；（2）劳动合同鉴证；（3）劳动合同备案。① 第一种系属于事前协商制，第二种属于事先审查制，第三种属于事后介入制。有学者指出，这三种均是行政规章或规范性文件规定的模式，缺乏上位阶法律规范的支持，在我国行政许可法颁布之后，其合法性颇值怀疑。同时，相关制度之设计存在诸多不合理之处。如示范文本鲜少考虑劳动的行业特点和职业特点，针对性不强；文本内容过于抽象，缺乏可操作性；有些示范文本甚至剥夺了劳动者的法定权利，如吉林省、湖北省、广州市等地的示范文本规定了用人单位支付培训费后劳动者在一定期间内不得解除劳动合同，实则限制了劳动者的法定解除权。劳动合同鉴证和备案有行政机关过度干预之嫌。该制度施行效果欠佳，不仅增加了用人单位、劳动者的负担，也使行政机关疲于奔命，无法正常、高效地履行其监管职能。并建议由劳动保障主管部门制定格式劳动合同示范文本，采取事前审查制和事后介入制相结合的规制模式；建立劳动者对不公平格式劳动合同的申诉和举报制度，健全救济性措施。②

（二）对用人单位与劳动者解除劳动合同情况的监察

劳动合同法草案征求意见稿规定监察事项包括用人单位与劳动者订立和履行劳动合同的情况；用人单位与工会组织或职工代表平等协商，订立和履行集体合同的情况；二审稿规定用人单位招用劳动者办理用工手续的情况；用人单位提供劳动合同文本的情况等。有学者对此提出批评，指出《条例》规定对订立劳动合同产生的纠纷由劳动监察处理，履行劳动合同的纠纷由劳动仲裁来处理，而劳动合同法草案规定对履行中

---

① 参见《企业职工档案管理工作规定》（1992 年 6 月 9 日，劳力字［1992］33 号）、《劳动部关于加强劳动合同管理完善劳动合同制度的通知》（1997 年 4 月 3 日，劳部发［1997］106 号）、《劳动合同鉴证实施办法》（1992 年 10 月 22 日，劳力字［1992］54 号）、《劳动部关于企业职工流动若干问题的通知》（1996 年 10 月 31 日，劳部发［1996］355 号）和《劳动力市场管理规定》（2000 年 12 月 8 日，劳动和社会保障部第 10 号令）。

② 参见高圣平：《格式劳动合同的行政规制论——兼评〈中华人民共和国劳动合同法（草案）〉第五章》，载《法学杂志》，2007（2）。

的劳动合同纠纷也由劳动监察处理。劳动合同履行中涉及的纠纷将会非常广泛，都将交给劳动监察来处理，劳动监察根本没有能力来进行这种监督。草案倾向于保护劳动者的利益，这种立法思想是正确的，但将劳动监察定位为对用人单位和劳动者一切的具体争议进行监督处理，与劳动监察的性质不但不符，也会造成实践中的混乱。①

劳动合同法的规定与相关条文比较，缩小了监察范围，同时针对实践中大量借解除劳动合同侵犯劳动者权益的现象，突出了对用人单位与劳动者解除劳动合同情况的监督管理，体现了劳动保障监察的宗旨。针对实践中可能存在用人单位与劳动者终止或解除劳动合同却扣押劳动者档案或其他物品的，解除或终止劳动合同不依法向劳动者支付经济补偿，不依照规定向劳动者出具解除或终止劳动合同的书面证明的情况，本法第84条、第87条对这几种情形下劳动监督检查职责及用人单位应当承担的法律责任作了明确的规定。劳动合同法第84条规定了劳动保障监察部门的职责，这些为劳动合同保障监察提供了依据。

三、对劳务派遣单位与用工单位遵守劳务派遣有关规定的情况的监察

劳务派遣是近年来出现的一种新型雇佣劳动现象，并在我国迅速发展。它与劳动关系不同，是派遣机构与劳动者订立劳动合同后，依据与接收单位订立的劳务派遣协议，将劳动者派遣到接收单位工作。由于其涉及法律关系较复杂，缺乏明确的法律规范，一旦出现纠纷，派遣机构与接收单位往往互相推诿，侵害劳动者权益的情形屡有发生。加强对劳动派遣单位和用工单位遵守劳务派遣情况的监督检查，有利于保护劳动者的合法权益，因此是十分必要的。《劳动合同法》第92条专门规定了劳动保障监察机关对劳动力派遣单位和用工单位遵守劳务派遣有关规定的情况的监督检查。规定劳务派遣单位违反本法规定的，由劳动行政部门和其他有关主管部门责令改正；情节严重的，以每人1 000元以上5 000元以下的标准处以罚款，并由工商行政管理部门吊销营业执照。

四、对用人单位遵守工作时间和休息休假规定、用人单位支付劳动合同约定的劳动报酬和执行最低工资标准的情况的监察

工作时间和工资报酬是劳动基准法规制的重要内容。劳动监察的产

---

① 参见翟玉娟：《劳动部门为什么屡屡败诉——对〈劳动合同法（草案）〉有关劳动监察规定的分析》，载中国劳动和社会保障法律网，http://www.cnlsslaw.com/list.asp? unid= 2859。

生和存在的必要正在于实施劳动基准。劳动监察旨在实现为劳动基准所规定的劳动者的最低利益。劳动监察所管辖的事项正应当是实现劳动者最低利益相关的事项。且劳动监察在劳动行政部门的各项事务中是约束力最大、程序最严格的行政手段，其对事范围不宜广泛，而劳动基准的实施情况应当是劳动监察的重心。《劳动法》、《条例》及《劳动合同法》对涉及用人单位违反工资基准、工时基准的法律责任均作了明确规定。

《劳动合同法》第17条第1款第5项、第6项分别规定，劳动合同应当具备工作时间和休息休假及劳动报酬条款。第20条规定："劳动者在试用期的工资不得低于本单位相同岗位最低档工资或者劳动合同约定工资的百分之八十，并不得低于用人单位所在地的最低工资标准。"第30条规定用人单位应当按照劳动合同约定和国家规定，向劳动者及时足额支付劳动报酬。第31条规定了用人单位安排加班的，应按照国家有关规定支付加班费。第38条确认用人单位未及时足额支付劳动报酬的，劳动者可以通知用人单位解除劳动合同。第55条规定了集体合同中劳动报酬和劳动条件等标准不得低于当地人民政府规定的最低标准；用人单位与劳动者订立的劳动合同中劳动报酬和劳动条件等标准不得低于集体合同规定的标准。第60条规定，劳务派遣单位不得克扣用工单位按照劳务派遣协议支付给被派遣劳动者的劳动报酬。《劳动合同法》对非全日制用工的工资标准亦作了规定。第72条规定了非全日制用工小时计酬标准及结算支付周期，并在第85条中规定了用人单位未依照劳动合同的约定或者未依照本法规定支付劳动者劳动报酬的；低于当地最低工资标准支付劳动者工资的；安排加班不支付加班费的情形的法律责任。

五、对用人单位参加各项社会保险和缴纳社会保险费的情况的监察

劳动者在劳动过程中存在劳动风险，社会保险正是为了确保劳动者的生存和劳动力的再生产，国家和社会对因丧失劳动能力和劳动机会而不能劳动或暂时终止劳动的劳动者，采取的通过给予一定物质和帮助，使其至少能维持基本生活需要的制度。[①]

社会保险主要包括养老保险、失业保险、工伤保险、医疗保险、生育保险等。社会保险体现的是一种社会政策，具有保障社会安定的职

---

① 参见王全兴主编：《劳动法学》，452页，北京，人民法院出版社、中国人民公安大学出版社，2005。

能。我国《劳动法》第 100 条规定："用人单位无故不缴纳社会保险费的，由劳动行政部门责令其限期缴纳；逾期不缴的，可以加收滞纳金。"《劳动合同法》第 17 条规定，劳动合同应当包括社会保险条款；第 38 条规定，用人单位未依法为劳动者缴纳社会保险费的，劳动者可以通知用人单位解除劳动合同；第 50 条规定，用人单位应当在解除或者终止劳动合同后 15 日内为劳动者办理档案和社会保险关系转移手续。第 59 条规定，劳务派遣协议应包括社会保险条款。社会保险具有强制性，由国家立法强制实行，且维护社会安定秩序，提供基本的生活保障亦为政府之职能，将用人单位参加社会保险和缴纳社会保险费的情况列入劳动监察的范围也是十分必要的。

六、对法律法规规定的其他劳动监察事项的监察

本项为兜底条款，主要涉及劳动合同实施中涉及劳动安全、卫生、女职工权益保护等事项的监督检查。《劳动合同法》第 17 条确认劳动合同中应具备劳动保护和劳动条件的条款。第 31 条规定用人单位应当严格执行劳动定额标准，不得强迫或者变相强迫劳动者加班。第 32 条规定劳动者拒绝用人单位管理人员违章指挥、强令冒险作业的，不视为违反劳动合同。劳动者对危害生命安全和身体健康的劳动条件，有权对用人单位提出批评、检举和控告。这里的"检举"和"控告"即指向劳动保障行政部门检举和控告。第 38 条赋予劳动者在用人单位未按照劳动合同约定提供劳动保护和劳动条件时的解除劳动合同的权利。在用人单位以暴力、威胁或者非法限制人身自由的手段强迫劳动者劳动的，或者用人单位违章指挥、强令冒险作业危及劳动者人身安全的情形，劳动者可以立即解除劳动合同，不需事先告知用人单位。第 42 条对患病、负伤、女职工三期（孕期、产期、哺乳期）等情形解除合同的条件作了限制。第 88 条规定了用人单位非法强迫劳动、违章指挥或冒险作业、侮辱、体罚、殴打、非法搜查或者拘禁劳动者以及劳动条件恶劣、严重侵害劳动者身心健康情形下应承担的行政处罚责任及其他法律责任。

【理解与适用】

我国现行法律对劳动争议设置了公法、私法两条并行救济途径。《条例》第 21 条规定，用人单位违反劳动法给劳动者造成损失的，虽然在劳动监察的范围内，但劳动者与用人单位就赔偿发生争议的，依照国家有关劳动争议处理的规定处理。同时,《规定》第16条对该种劳动争议类型作了进一步列举。对应当通过劳动争议处理程序解决的事项或者已经按照劳动争议处理程序申请调解、仲裁或者已经提起诉讼的事项,劳动保障行政部门应当告知投诉人依照劳动争议处理或者诉讼的程序办理。

《条例》第11条列举了劳动保障监察的事项,相对于《劳动合同法》的规定,其监察范围更广,对禁止使用童工的规定,女职工和未成年工特殊劳动保护规定等亦作了明确规定。而劳动合同除了国家必须予以规制的内容,更多的应该体现意思自治。劳动合同法还有其私法性质的一面,由于劳动关系的特殊性,劳动监察应该对严重违反法律的严重行为进行重点监督,让违法者承担公法责任,而不应该对双方之间的具体争议大包大揽。劳动监察和劳动仲裁有不同的处理程序不同的处理机制不同的举证责任,对于属于私权自治的范围,例如双方在履行合同中的纠纷,对于劳动者和用人单位的具体争议应当通过私法的途径进行处理,使劳动监察回归本来的性质和角色定位,充分发挥劳动监察行政执法的作用。①

第七十五条 (监督检查的职权、程序)

县级以上地方人民政府劳动行政部门实施监督检查时,有权查阅与劳动合同、集体合同有关的材料,有权对劳动场所进行实地检查,用人单位和劳动者都应当如实提供有关情况和材料。

劳动行政部门的工作人员进行监督检查,应当出示证件,依法行使职权,文明执法。

【相关法条】

《劳动法》

第八十六条 县级以上各级人民政府劳动行政部门监督检查人员执

---

① 参见翟玉娟:《劳动部门为什么屡屡败诉——对〈劳动合同法(草案)〉有关劳动监察规定的分析》,载中国劳动和社会保障法律网,http://www.cnlsslaw.com/list.asp?unid=2859。

行公务，有权进入用人单位了解执行劳动法律、法规的情况，查阅必要的资料，并对劳动场所进行检查。

县级以上各级人民政府劳动行政部门监督检查人员执行公务，必须出示证件，秉公执法并遵守有关规定。

《劳动保障监察条例》

第十四条　劳动保障监察以日常巡视检查、审查用人单位按照要求报送的书面材料以及接受举报投诉等形式进行。

…………

第二十二条　劳动保障行政部门应当建立用人单位劳动保障守法诚信档案。用人单位有重大违反劳动保障法律、法规或者规章的行为的，由有关的劳动保障行政部门向社会公布。

第二十四条　用人单位与劳动者建立劳动关系不依法订立劳动合同的，由劳动保障行政部门责令改正。

劳动和社会保障部《关于实施〈劳动保障监察条例〉若干规定》（劳动和社会保障部令第 25 号）

第四条　劳动保障监察实行回避制度。

第六条　劳动保障行政部门对用人单位及其劳动场所的日常巡视检查，应当制定年度计划和中长期规划，确定重点检查范围，并按照现场检查的规定进行。

第七条　劳动保障行政部门对用人单位按照要求报送的有关遵守劳动保障法律情况的书面材料应进行审查，并对审查中发现的问题及时予以纠正和查处。

第八条　劳动保障行政部门可以针对劳动保障法律实施中存在的重点问题集中组织专项检查活动，必要时，可以联合有关部门或组织共同进行。

第九条　劳动保障行政部门应当设立举报、投诉信箱，公开举报、投诉电话，依法查处举报和投诉反映的违反劳动保障法律的行为。

【草案相关条文比较】

劳动合同法草案征求意见稿第 45 条规定："县级以上地方人民政府劳动保障主管部门和乡、镇人民政府实施监督检查时，有权查阅与订立和履行劳动合同、集体合同有关的材料，有权对劳动场所进行实地检查,用人单位和劳动者都应当如实提供有关情况和材料。"该规定突破了《条例》的规定,扩大了执法主体,直接确认了乡、镇人民政府为监察主体,引发了众多争议。后在征求各界人士意见后,《劳动合同法》删除了关于乡、镇人民政府的监督检查的规定,并在二审稿中增加规定了劳动行政执法时应当出示证件,依法执法,文明执法,强调了行政机关执法的程序和执法的形象。

【法条评析】

本条是关于劳动保障监察的执法主体和执法程序、措施的规定。

关于劳动保障监察的主体,征求意见稿第74条的规定,扩大了执法主体,确认乡、镇人民政府的监督检查权,引发了一些学者的批评。有学者提出,执法主体的扩大使职能划分不清,乡镇政府与县级劳动保障部门职能划分的模糊将带来执法的不确定性。如果要在乡镇政府设单独的部门,还不如直接加强县级劳动保障部门的执法能力。劳动监察是一种复杂的职业,要求很高的职业水平,需要职业培训、工作能力和高度的责任感。劳动保障监察是行政执法活动,包括行政处理、行政处罚,对执法的要求比较严格,劳动执法涉及的法律法规规章较多,执法错误要承担法律责任。乡镇地方政府劳动监察非专业人员对法律掌握的水平有限,是否能够胜任劳动监察,是一个值得怀疑的问题。乡镇政府进行劳动保障监察,还可能使劳动保障监察更加受制于地方政府。① 针对这一点,劳动合同法采纳了社会意见,删除了关于乡、镇人民政府的监督检查的规定。

关于执法程序和执法措施,《劳动合同法》特别强调县级以上各级人民政府劳动行政部门在劳动合同制度实施的监督管理中,应当听取工会、用人单位代表组织以及有关行政主管部门的意见。并指出在监督检查时,有权查阅与劳动合同、集体合同有关的材料,有权对劳动场所进行实地检查,应当出示证件,依法执法,文明执法。《条例》及《规定》对劳动保障监察程序、措施作了详细规定。

---

① 参见翟玉娟:《劳动部门为什么屡屡败诉——对〈劳动合同法(草案)〉有关劳动监察规定的分析》,载中国劳动和社会保障法律网,http://www.cnlsslaw.com/list.asp? unid=2859。

【理解与适用】

劳动保障行政执法要求劳动保障行政部门在行政执法时严格依照法定程序进行，依法采取适当的执法措施。《条例》及《规定》对劳动保障监察程序、措施作了详细规定。《行政处罚法》亦规定了行政机关作出行政处罚时的程序规则。如回避规则，调查、检查程序规则，处理、处罚规则等。

据监察形式不同，劳动合同保障监察程序一般可分为普通不立案检查程序和普通立案检查程序。普通不立案检查程序，即指尚未发现用人单位有违法行为而不立案，仅对用人单位进行例行检查、不定期检查的程序。① 该种程序规则比较简单，主要包括现场检查和书面查询。普通立案检查程序，即立案查处违反劳动法案件的程序。具体包括：（1）立案受理。（2）承办人员的回避。（3）调查、检查。（4）处理、处罚等。

劳动保障行政部门在对劳动合同制度实施情况进行监督检查过程中，应树立依法行政的理念，严格依照法定程序办案，文明执法，依法行使职权。

第七十六条 （其他有关主管部门的监督管理）

县级以上人民政府建设、卫生、安全生产监督管理等有关主管部门在各自职责范围内，对用人单位执行劳动合同制度的情况进行监督管理。

【相关法条】

《劳动法》

第八十七条 县级以上各级人民政府有关部门在各自职责范围内，对用人单位遵守劳动法律、法规的情况进行监督。

第九十四条 用人单位非法招用未满十六周岁的未成年人的，由劳动行政部门责令改正，处以罚款；情节严重的，由工商行政管理部门吊

---

① 参见王全兴主编：《劳动法学》，556 页，北京，人民法院出版社、中国人民公安大学出版社，2005。

销营业执照。

第九十六条 用人单位有下列行为之一，由公安机关对责任人员处以十五日以下拘留、罚款或者警告；构成犯罪的，对责任人员依法追究刑事责任：

（一）以暴力、威胁或者非法限制人身自由的手段强迫劳动的；

（二）侮辱、体罚、殴打、非法搜查和拘禁劳动者的。

《劳动合同法》

第七十四条 ……

县级以上各级人民政府劳动行政部门在劳动合同制度实施的监督管理工作中，应当听取工会、用人单位代表组织以及有关行业主管部门的意见。

第八十四条 用人单位违反本法规定，扣押劳动者身份证等证件的，由公安机关责令限期退还劳动者本人，可以依照有关法律规定给予处罚。

第九十三条 劳务派遣单位违反本法规定的，由劳动行政部门责令限期改正；情节严重的，按每一名劳动者一千元以上五千元以下的标准处以罚款，并由工商行政管理部门吊销营业执照。被派遣劳动者权益受到损害的，由劳务派遣单位和用工单位承担连带赔偿责任。

《劳动保障监察条例》

第三条 ……

县级以上各级人民政府有关部门根据各自职责，支持、协助劳动保障行政部门的劳动保障监察工作。

第五条 县级以上地方各级人民政府应当加强劳动保障监察工作。劳动保障监察所需经费列入本级财政预算。

第十八条 ……

发现违法案件不属于劳动保障监察事项的，应当及时移送有关部门处理；涉嫌犯罪的，应当依法移送司法机关。

第三十五条 劳动安全卫生的监督检查，由卫生部门、安全生产监督管理部门、特种设备安全监督管理部门等有关部门依照有关法律、行政法规的规定执行。

【法条评析】

相关行政部门的劳动合同监督检查是劳动合同监督检查体系中的重

要组成部分，指县级以上各级人民政府有关部门，在各自职责范围内，对用人单位执行劳动合同制度的情况进行的监督管理。

在劳动合同监督检查体系中，之所以把相关行政部门监督检查作为必要的组成部分，这是因为：（1）劳动合同法与其他法律部门在内容上存在交叉，有的违法行为既违反了有关劳动合同法律法规、规章，也同时违反了工商、公安、卫生等方面的法律、法规的规定，需要其他行政部门与劳动行政部门配合处理。如非法用工单位不仅违反了劳动法，而且违反了工商方面的法律。企业场所、设备管理不符合安全卫生标准，不仅违反了劳动法，而且也违反了相关卫生法律。（2）各类行政机关都承担着行政执法的职责，但各自的职责权限和执法手段有所不同，某些特定的制裁措施只能由劳动行政部门以外的特定行政部门实施，例如，吊销营业执照的权力专属工商行政部门，治安处罚的权力专属公安部门，对企业有关责任人员的行政处分只能由其上级主管部门决定。[1] 为了保障劳动合同制度的全面实施，应当由相关行政部门在各自职责范围内，对劳动合同制度实施的情况实行监督。《劳动合同法》第84条、第89条、第93条也作了规定，特别强调了县级以上人民政府建设、工商、卫生、安全生产监督管理等有关主管部门在各自职责范围内，对用人单位执行劳动合同制度的情况进行监督管理。

一、相关行政部门监督检查的类型与特点

相关行政部门监督可大致分为两类：（1）用人单位主管部门的监督。这些主要涉及特殊行业。例如矿山企业主管部门应当把检查矿山企业遵守矿山安全法规的情况作为其首要管理职责；建设行业主管部门对工程建设企业、卫生主管部门对医疗器械设备生产企业的监督管理。（2）工商、公安、卫生等专项执法部门的监督。如公安部门对以暴力、威胁或者非法限制人身自由的手段强迫劳动的；违章指挥或者强令冒险作业危及劳动者人身安全的；侮辱、体罚、殴打、非法搜查或者拘禁劳动者的等情况的监督。

劳动合同保障监察过程中，涉及工商、公安、卫生、税务、医疗保险部门在各自的权限范围内管理特定的事项，需要这些机关运用自己的职权来保证实施。《上海市实施〈劳动保障监察条例〉若干规定》第3

---

[1]　参见王全兴主编：《劳动法学》，311页，北京，人民法院出版社、中国人民公安大学出版社，2005。

条第 3 款也明确规定："本市公安、工商、财政、税务、人事和医疗保险等有关部门应当依法履行各自职责，协同劳动保障行政部门做好劳动保障监察工作。"

相关行政机关的监督具有不同于劳动行政机关的监督的特点，除主体不同，还有以下区别①：一是监督范围不同。劳动行政机关的监督对企业遵守和执行劳动法律、法规、规章的情况进行全面监督检查，相关行政机关只是在自己特定的权限范围内对劳动法律、法规、规章某一方面的实施情况进行监督检查。如企业主管部门只履行对所属企业的监督检查权，工商行政管理部门只是当企业违反劳动法律、法规后，根据有关规定应予吊销其营业执照时才能作出处罚决定。二是监督过程中的职权不同，劳动行政机关的一些监督职权是其他机关不能享有的。同样，一些特定机关的特定权限也只有其他行政机关在履行职责时享用，劳动行政机关不得享用。

二、相关行政机关开展监督检查的方式②

相关行政部门监督的方式主要有三种：（1）依法独立开展劳动监督活动。一般是在依法行使职权、进行其他执法活动的同时，对有关单位和个人遵守劳动法律、法规的情况进行监督检查；（2）依据有关规定，对劳动行政部门、其他行政部门和工会组织的建议进行调查处理；（3）会同劳动行政部门、工会组织等监督主体实施劳动监督。如集中开展监督检查活动等。

【理解与适用】

一、劳动保障监督检查与其他行政部门的权限分工和配合

《劳动合同法》第 76 条规定："县级以上人民政府建设、卫生、安全生产监督管理等有关主管部门在各自职责范围内，对用人单位执行劳动合同制度的情况进行监督管理。"因此，对于不属于劳动保障监察部门职权范围内的事项，应交由其他部门处理，而不应越权执法。如《劳动合同法》第 92 条也规定劳务派遣单位违反本法规定的，由劳动行政部门责令改正；情节严重的，按每人 1 000 元以上 5 000 元以下的标准处

---

① 参见关怀主编：《劳动法》，2 版，312 页，北京，中国人民大学出版社，2005。
② 参见上书，312～313 页。

以罚款，并由工商行政管理部门吊销营业执照。对吊销营业执照专属于工商行政管理部门权限范围内的事项，应交由工商行政管理部门执法。而在大多数劳动保障监察执法中，要注重与相关行政部门的配合。如《条例》第14条规定，对因违反劳动保障法律、法规或者规章的行为引起的群体性事件，劳动保障行政部门应当根据应急预案，迅速会同有关部门处理。《规定》第8条规定，劳动保障行政部门可以针对劳动保障法律实施中存在的重点问题集中组织专项检查活动，必要时，可以联合有关部门或组织共同进行。

二、监察执法与社会监督的配合

劳动保障监察工作综合性强，其职能涉及方方面面。贯彻实施劳动保障法律法规的过程中，需要劳动保障行政部门与政府有关部门及社会组织相互支持、密切配合，共同推进劳动保障法律监督制度建设。在机构经费方面还要加强与编制、财政部门的沟通。在具体工作中，在与公安、工商、建设、税务、卫生等有关方面的协调配合的同时，也要加强工会、妇联、共青团等组织的监督，充分发挥这些组织中劳动保障法律监督员的法律监督作用，推进劳动保障法律法规的贯彻实施；要加强新闻监督，对违反劳动保障法律法规、严重侵害劳动者合法权益的用人单位和有关组织予以曝光，积极宣传全面落实法律规定、维护职工权益的典型单位，营造守法光荣、违法可耻的社会氛围；要发挥社会监督作用，建立健全举报制度，鼓励劳动者和广大群众向劳动保障行政部门和有关新闻单位举报反映违法行为，以便监察机构准确掌握违法行为的线索，对违法行为及时纠正并依法处理。通过各方面的协调，确保劳动保障监察工作的贯彻实施。

第七十七条　（劳动者权益救济途径）

劳动者合法权益受到侵害的，有权要求有关部门依法处理，或者依法申请仲裁、提起诉讼。

【相关法条】

《劳动保障监察条例》

第二十一条　用人单位违反劳动保障法律、法规或者规章，对劳动者造成损害的，依法承担赔偿责任。劳动者与用人单位就赔偿发生争议的，依照国家有关劳动争议处理的规定处理。

对应当通过劳动争议处理程序解决的事项或者已经按照劳动争议处理程序申请调解、仲裁或者已经提起诉讼的事项，劳动保障行政部门应当告知投诉人依照劳动争议处理或者诉讼的程序办理。

劳动和社会保障部《关于实施〈劳动保障监察条例〉若干规定》(劳动和社会保障部令第 25 号)

第十五条　有下列情形之一的投诉，劳动保障行政部门应当告知投诉人依照劳动争议处理或者诉讼程序办理：

（一）应当通过劳动争议处理程序解决的；

（二）已经按照劳动争议处理程序申请调解、仲裁的；

（三）已经提起劳动争议诉讼的。

第十六条　下列因用人单位违反劳动保障法律行为对劳动者造成损害，劳动者与用人单位就赔偿发生争议的，依照国家有关劳动争议处理的规定处理：

（一）因用人单位制定的劳动规章制度违反法律、法规规定，对劳动者造成损害的；

（二）因用人单位违反对女职工和未成年工的保护规定，对女职工和未成年工造成损害的；

（三）因用人单位原因订立无效合同，对劳动者造成损害的；

（四）因用人单位违法解除劳动合同或者故意拖延不订立劳动合同，对劳动者造成损害的；

（五）法律、法规和规章规定的其他因用人单位违反劳动保障法律的行为，对劳动者造成损害的。

第十七条　劳动者或者用人单位与社会保险经办机构发生的社会保险行政争议，按照《社会保险行政争议处理办法》处理。

【法条评析】

实践中，劳动者合法权益受到侵害后，有多种救济途径。除劳动者与用人单位自行协商或由企业调解委员会调解处理外，劳动保障监察和劳动仲裁、诉讼则是最重要的两种。

劳动争议仲裁是指劳动争议仲裁机构对当事人请求解决的劳动争议，依法居中公断的执法行为，包括对劳动争议依法审理并进行调解、裁决的一系列活动。在我国的劳动争议处理体制中，它作为诉讼前的法定必经程序，是处理劳动争议的一种主要方式。劳动诉讼是指法院在劳动争议双方当事人和其他诉讼参与人的参加下，依法审理和解决劳动争议案件的活动。它在劳动争议处理过程中，是解决劳动争议处理过程中的最后阶段。[①]

劳动监察与劳动仲裁有重大区别[②]：（1）劳动仲裁机构由劳动行政部门、工会和用人单位团体三方代表组成，劳动监察则是劳动行政部门的职能机构。（2）劳动仲裁是一种社会干预行为；劳动监察是一种行政执法行为。（3）劳动仲裁直接以处理劳动争议为目的；劳动监察直接以查处、纠正监察相对人违反劳动法行为、督促监察相对人遵守劳动纪律为目的。（4）劳动仲裁机构应劳动争议当事人的请求而实施仲裁；劳动监察主体对其职权范围内的事项则应当主动进行监察。（5）劳动仲裁所依据的实体法既可以是强制性规范也可以是任意性规范，并且还能够依据合法有效的合同条款、企业内部劳动规则进行调解和裁决；劳动仲裁所依据的实体法应只限于强制性规范，不得以合同条款和企业内部劳动规则作为监察决定的依据。（6）劳动仲裁时效为劳动争议发生之日起60日；劳动监察时效则为用人单位违法之日起2年。（7）劳动仲裁机构无权对劳动争议当事人进行处罚，但对劳动争议有调解权；劳动监察主体对违反劳动法的监察相对人则有一定的处罚权，但对劳动监察事项无调解权。（8）劳动争议当事人不服仲裁裁决，按我国现行规定，可依法提起民事诉讼；劳动监察相对人不服劳动监察决定，可依法申请行政复议或提起行政诉讼。

关于劳动保障监察和劳动仲裁的关系，有学者主张，劳动保障监察和劳动仲裁"两者毕竟性质不同，在处理上有着不同的力度。劳动仲裁在追究法律责任上一般限于民事责任，这是一种赔偿性的责任；而劳动保障监察则除追究民事责任外，还可追究具有惩罚性的行政责任"[③]。属于作为劳动争议处理的，监察就不处理；应当作为争议处理的，监察就不处理。也有学者主张二者是互补的关系。《条例》第21条的规定本

---

① 参见王全兴主编：《劳动法学》，516、525页，北京，人民法院出版社、中国人民公安大学出版社，2005。

② 参见上书，549页。

③ 董保华：《劳动保障监察与劳动仲裁选择或互补》，载《中国劳动》，2005（1）。

意是想将监察和仲裁分开。但在操作层面上，可作为行政方式和仲裁诉讼方式是两个互补关系，已经受理的，经过仲裁处理的，仲裁处理优先。[①]

我们认为，劳动仲裁与劳动保障监察应成为一种互补的制度。《劳动合同法》该条规定，劳动者权益受到侵害时，可以自己向有关行政部门投诉，也可由其他组织或个人向劳动保障行政主管部门举报。劳动保障监察与劳动仲裁、诉讼是两种性质不同的救济手段。劳动保障监察具有主动性，而劳动仲裁和诉讼则遵守不诉不理、不告不理原则，没有当事人申请，不会主动涉入，审理的范围也仅限于劳动者的请求事项。而且"劳动者在这两套制度中所处的法律地位不同，其维权成本不同，劳动者可以针对同一问题选择不同的处理方式"[②]。

【理解与适用】

《条例》和《规定》中对不属于劳动监察而属于劳动争议的事项作了排除式列举（如《条例》第21条，《规定》第15条、第16条）。但实践操作中仍有一定难度。主要存在如下问题需要协调：

1. 仲裁时效和监察时效

《劳动法》第82条规定，提出仲裁要求的一方应当自劳动争议发生之日起60日内向劳动争议仲裁委员会提出书面申请。这里，劳动争议发生之日起60日内一般应该理解为劳动者知道或者应该知道自己的权益受到侵害，并且因和用人单位对该项侵害的认识不同，而发生争议之日起计算。《条例》第20条规定，违反劳动保障法律、法规或者规章的行为在2年内未被劳动保障行政部门发现，也未被举报、投诉的，劳动保障行政部门不再查处。前款规定的期限，自违反劳动保障法律、法规或者规章的行为发生之日起计算；违反劳动保障法律、法规或者规定的行为有连续或者继续状态的，自行为终了之日起计算。

实践中可能会出现如下问题：仲裁时效过期后，如在监察时效内，监察机关是否有权继续查处？目前学者观点不统一。有学者主张，因为我们现有的劳动争议处理体制的制度设计是仲裁前置，当劳动仲裁过期

---

① 参见蒋飞：《点评〈劳动保障监察条例〉》，载《中国劳动》，2005（1）。

② 董保华：《劳动保障监察与劳动仲裁选择或互补》，载《中国劳动》，2005（1）。

也就无法进行诉讼，因此仲裁失效后，诉讼也就无法实现。所以，劳动保障监察将时效设置为 2 年是很有必要的，凡是属于劳动保障监察职权范围之内的，劳动保障监察都应该继续管，这样更有利于维护劳动者的权益。也有学者提出，将劳动保障监察的时限规定为 2 年，当然更有利于保护劳动者的合法权益，也更有利于社会资源的合理配置，但该条款在设计上存在不足。①

此外，实践中可能出现劳动者对劳动保障监察的结果并不满意，或者监察的结果认定为应当由劳动者申请劳动仲裁，而劳动者却因过了劳动仲裁申请期限丧失劳动仲裁权和随后的劳动诉讼权。从而使劳动者劳动保障权利的救济方式由国家公权干预和个人自治主张两种方式变为只能二者择一。有学者建议在劳动仲裁申请期限制度中增加中止或中断的规定，即将劳动保障行政部门对违反劳动保障法律、法规或者规章的行为进行调查的时间排除在劳动仲裁申请期限之外，暂时停止计算劳动仲裁申请时间，待劳动保障监察终结后继续计算；或者在劳动保障行政部门对违反劳动保障法律、法规或者规章的行为进行调查时，劳动仲裁申请时效中断，待劳动保障监察终结后重新计算劳动仲裁申请期限。并提出当劳动者将应当通过劳动争议处理程序解决的事项向劳动保障行政部门投诉后，劳动保障行政部门应当进行调查和处理。当劳动保障监察终结后，如果劳动者未能得到其主张的结果或者对监察结果不满意时，仍可依照劳动争议处理或者诉讼的程序行使相应的权利。②

2. 劳动仲裁和劳动保障监察的范围界定

关于对劳动仲裁和劳动保障监察处理的划分标准，有学者主张，劳动保障监察以查处违法行为为主，与劳动仲裁的范围应该分开，属于劳动争议处理的，监察就不再处理。劳动保障监察的职责就是责令企业改正，凡是涉及具体数字的不是监察查处的权限，裁定数额属于仲裁的职责范围。也有学者提出相反观点，主张劳动保障监察一旦处理了就应该处理到底。监察不要只处罚违法行为而不说明处罚数额，这样的处罚是不完整的。会造成企业的执行难，而且要求当事人自己到仲裁申请裁定数额，对劳动者和企业来说是增加讼累。虽然从应然层面来看，劳动保

---

① 参见蒋飞：《点评〈劳动保障监察条例〉》，载《中国劳动》，2005（1）。

② 参见黎建飞：《关注〈劳动保障监察条例〉在实施中的协调性》，载《中国劳动》，2005（1）。

障监察和劳动仲裁应该分别属于公法范畴和私法范畴。两者应该是各有管辖范围，互不交叉的。但实然的情况是，由于我国劳动基准制定得过高，从而使公法的范围很大，缩小了私法的范围，使当事人自治的空间很小。这种公私法的不合理分配就造成了劳动保障监察和劳动仲裁的不合理分工。监察的范围很大，而仲裁的范围小。对社会资源的配置也是不合理的。① 我们主张从合理分配的角度，可以适当把部分监察的受理范围划给仲裁。

第七十八条 （工会监督检查的权利）

工会依法维护劳动者的合法权益，对用人单位履行劳动合同、集体合同的情况进行监督。用人单位违反劳动法律、法规和劳动合同、集体合同的，工会有权提出意见或者要求纠正；劳动者申请仲裁、提起诉讼的，工会依法给予支持和帮助。

【相关法条】

《劳动合同法》

第四条 ……

用人单位在制定、修改或者决定直接涉及劳动者切身利益的劳动报酬、工作时间、休息休假、劳动安全卫生、保险福利、职工培训、劳动纪律以及劳动定额管理等规章制度或者重大事项时，应当经职工代表大会或者全体职工讨论，提出方案和意见，与工会或者职工代表平等协商确定。

……………

第六条 工会应当帮助、指导劳动者与用人单位依法订立和履行劳动合同，并与用人单位建立集体协商机制，维护劳动者的合法权益。

第四十三条 用人单位单方解除劳动合同，应当事先将理由通知工会。工会认为不适当的，有权提出意见。用人单位违反法律、行政法规规定或者劳动合同约定的，工会有权要求用人单位纠正。用人单位应当

---

① 参见蒋飞：《点评〈劳动保障监察条例〉》，载《中国劳动》，2005（1）。

研究工会的意见，并将处理结果书面通知工会。

第五十六条　用人单位违反集体合同，侵犯职工劳动权益的，工会可以依法要求用人单位承担责任；因履行集体合同发生争议，经协商解决不成的，工会可以依法申请仲裁、提起诉讼。

第七十三条　……

县级以上各级人民政府劳动行政部门在劳动合同制度实施的监督管理工作中，应当听取工会、企业方面代表以及有关行业主管部门的意见。

《劳动法》

第八十八条　各级工会依法维护劳动者的合法权益，对用人单位遵守劳动法律、法规的情况进行监督。

《劳动保障监察条例》

第七条　各级工会依法维护劳动者的合法权益，对用人单位遵守劳动保障法律、法规和规章的情况进行监督。

劳动保障行政部门在劳动保障监察工作中应当注意听取工会组织的意见和建议。

《工会法》

第二十条　……

企业违反集体合同，侵犯职工劳动权益的，工会可以依法要求企业承担责任；因履行集体合同发生争议，经协商解决不成的，工会可以向劳动争议仲裁机构提请仲裁，仲裁机构不予受理或者对仲裁裁决不服的，可以向人民法院提起诉讼。

第二十一条　企业、事业单位处分职工，工会认为不适当的，有权提出意见。

企业单方面解除职工劳动合同时，应当事先将理由通知工会，工会认为企业违反法律、法规和有关合同，要求重新研究处理时，企业应当研究工会的意见，并将处理结果书面通知工会。

职工认为企业侵犯其劳动权益而申请劳动争议仲裁或者向人民法院提起诉讼的，工会应当给予支持和帮助。

第二十二条　企业、事业单位违反劳动法律、法规规定，有下列侵犯职工劳动权益情形，工会应当代表职工与企业、事业单位交涉，要求企业、事业单位采取措施予以改正；企业、事业单位应当予以研究处理，并向工会作出答复；企业、事业单位拒不改正的，工会可以请求当地人民政府依法作出处理：

（一）克扣职工工资的；

（二）不提供劳动安全卫生条件的；

（三）随意延长劳动时间的；

（四）侵犯女职工和未成年工特殊权益的；

（五）其他严重侵犯职工劳动权益的。

《工会劳动法律监督试行办法》

第二条　工会劳动法律监督，是各级工会依法对劳动法律法规的执行情况进行的有组织的群众监督，是我国劳动法律监督体系的重要组成部分。

【法条评析】

一、工会劳动合同监督检查的法律地位

工会劳动合同监督即工会对用人单位实施劳动合同制度的情况所进行的监督。工会对劳动法执行情况进行监督，是具有中国特色的一项劳动监督检查制度。[①]《工会法》第6条规定："维护职工合法权益是工会的基本职责。工会在维护全国人民总体利益的同时，代表和维护职工的合法权益。"因此，工会对劳动合同制度实施情况进行监督检查是劳动法和工会法赋予工会的一项基本职责，是工会性质的必然要求。

工会监督是一种最重要的社会监督。《劳动法》第88条规定："各级工会依法维护劳动者的合法权益，对用人单位遵守劳动法律、法规的情况进行监督。"《条例》第7条规定："各级工会依法维护劳动者的合法权益，对用人单位遵守劳动保障法律、法规和规章的情况进行监督。劳动保障行政部门在劳动保障监察工作中应当注意听取工会组织的意见和建议。"

二、工会劳动合同监督检查的范围

工会监督对劳动合同的监督主要体现在：（1）对用人单位制定、修改、实施规章制度的监督。本法第4条规定，用人单位在制定、修改或者决定有关劳动报酬、工作时间、休息休假、劳动安全卫生、保险福利、职工培训、劳动纪律以及劳动定额管理等直接涉及劳动者切身利益

---

① 参见郑尚元主编：《劳动法学》，299页，北京，中国政法大学出版社，2004。

的规章制度或者重大事项时，应当与工会或者职工代表平等协商确定。
在规章制度和重大事项决定实施过程中，工会或者职工认为不适当的，
有权向用人单位提出，通过协商予以修改完善。（2）对订立、履行合同
的监督。本法第 5 条明确规定建立劳动关系三方机制，即县级以上人民
政府劳动行政部门会同工会和企业方面代表，建立健全共同研究解决劳
动关系方面的重大问题。第 6 条规定了工会的职责，即工会应当帮助、
指导劳动者与用人单位依法订立和履行劳动合同，并与用人单位建立集
体协商机制，维护劳动者的合法权益。（3）对经济性裁员和解除劳动合
同的监督。本法第 41 条、第 43 条针对用人单位裁员、单方解除劳动合
同情形，规定了工会的监督权。规定用人单位在法定情形需要裁减人员
20 人以上或者裁减不足 20 人但占企业职工总数 10％以上的，应当提前
30 日向工会或者全体职工说明情况，听取工会或者职工的意见。用人
单位单方解除劳动合同，应当事先将理由通知工会。用人单位违反法
律、行政法规规定或者劳动合同约定的，工会有权要求用人单位纠正。
用人单位应当研究工会的意见，并将处理结果书面通知工会。（4）对集
体合同的监督。本法第 56 条针对用人单位违反集体合同，侵犯职工劳
动权益的情况，规定工会可以依法要求用人单位承担责任；因履行集体
合同发生争议，经协商解决不成的，工会可以依法申请仲裁、提起诉
讼。（5）对劳务派遣的监督。如本法第 64 条规定："被派遣劳动者有权
在劳务派遣单位或者用工单位依法参加或者组织工会，维护自身的合法
权益。"

【理解与适用】

根据《工会法》第三章"工会权利义务"及《工会劳动法律监督试
行办法》第 5 条的规定，工会在进行劳动合同法律监督方面依法享有以
下权利：（1）知情权。即工人具有了解用人单位执行劳动法律、法规的
情况的权利。（2）独立调查权。工会有权进行现场调查，了解情况、收
集材料，听取各方面意见。（3）建议权。对于违反劳动法律、法规的用
人单位，对职工权益造成损害的，工会并没有直接的行政处罚权，但有
向相关部门建议处罚的建议权。（4）建议组织职工撤离危险现场的权
利。工会在执行劳动法律、法规监督检查时，发现用人单位违章指挥、
强令劳动者冒险作业，或者在生产过程中发现明显的生大事故隐患和职

业危害，有权向用人单位提出建议，当发现危及职工生命安全的情况时，有权组织劳动者撤离现场。（5）参与事故调查，并向有关部门提出处理意见的权利。（6）运用舆论的监督权利等。

《劳动合同法》本条中突出了工会的建议权，即有权对用人单位违反劳动法律、法规和劳动合同、集体合同的，工会有权提出意见或者要求重新处理；并强调了工会在劳动者申请仲裁或提起诉讼时，有依法给予支持和帮助的义务。

第七十九条 （违法行为的社会监督）

任何组织或者个人对违反本法的行为都有权举报，县级以上人民政府劳动行政部门应当及时核实、处理，并对举报有功人员给予奖励。

【相关法条】

《劳动法》

第八十八条 ……

任何组织和个人对于违反劳动法律、法规的行为有权检举和控告。

《劳动保障监察条例》

第九条 任何组织或者个人对违反劳动保障法律、法规或者规章的行为，有权向劳动保障行政部门举报。

劳动者认为用人单位侵犯其劳动保障合法权益的，有权向劳动保障行政部门投诉。

劳动保障行政部门应当为举报人保密；对举报属实，为查处重大违反劳动保障法律、法规或者规章的行为提供主要线索和证据的举报人，给予奖励。

劳动和社会保障部《关于实施〈劳动保障监察条例〉若干规定》

第九条 劳动保障行政部门应当设立举报、投诉信箱，公开举报、投诉电话，依法查处举报和投诉反映的违反劳动保障法律的行为。

第十条 任何组织或个人对违反劳动保障法律的行为，有权向劳动保障行政部门举报。

第十一条 劳动保障行政部门对举报人反映的违反劳动保障法律的行为应当依法予以查处，并为举报人保密；对举报属实，为查处重大违反劳动保障法律的行为提供主要线索和证据的举报人，给予奖励。

第十二条　劳动者对用人单位违反劳动保障法律、侵犯其合法权益的行为，有权向劳动保障行政部门投诉。对因同一事由引起的集体投诉，投诉人可推荐代表投诉。

第十五条　有下列情形之一的投诉，劳动保障行政部门应当告知投诉人依照劳动争议处理或者诉讼程序办理：

（一）应当通过劳动争议处理程序解决的；

（二）已经按照劳动争议处理程序申请调解、仲裁的；

（三）已经提起劳动争议诉讼的。

《上海市实施〈劳动保障监察条例〉若干规定》

第九条（举报奖励）

对为查处重大违反劳动保障法律、法规或者规章的行为提供主要线索和证据的举报人，劳动保障行政部门可以给予奖励。

举报奖励的具体办法由市劳动保障行政部门会同市财政部门另行制定。

【法条评析】

一、社会监督的法律地位

社会监督是指劳动行政部门、其他行政部门、工会组织以外的任何组织和个人对于违反劳动法律、法规的行为进行监督的法律制度。[①] 它是对劳动合同实施情况监督的重要组成部分。《劳动法》第 88 条第 2 款规定："任何组织和个人对于违反劳动法律、法规的行为有权检举和控告。"在我国，劳动者是国家的主人翁，这种地位决定了人民群众享有广泛的法律实施监督权。对劳动法的执行情况的监督检查直接关系到劳动者的劳动权利和物质利益，因此国家不仅将对劳动法的执行情况的监督检查权利赋予有关国家机关，同时也把这一权利交给广大劳动者，充分发挥其在这方面的作用，进一步督促用人单位严格遵守劳动法律、法规，切实保障劳动者的合法权益。劳动合同法的该条正是关于社会监督的规定，它强调任何组织或者个人对于违反本法的行为都有权举报，并规定县级以上人民政府劳动行政部门应当及时核实、处理，并对举报有

---

① 参见郑尚元主编：《劳动法学》，299 页，中国政法大学出版社，2004。

功人员给予奖励。

在劳动监督体系中，社会监督是对行政监督和工会监督的必要补充。其主要特点是：(1) 监督主体具有分散性和广泛性。任何组织和个人，都有权对劳动法的遵守情况进行监督。(2) 监督方式具有特定性和任意性。即社会监督的方式只限于举报和申诉，具有特定性；但可采用口头形式或书面形式，由当事人自由选择，又具有任意性。

二、社会监督的形式：

社会监督的形式主要有三种：

1. 直接的口头和书面监督

即群众对有关单位、部门执行劳动法的情况有权以口头或书面形式直接询问、批评和建议。群众有权直接提出询问、要求、批评和建议等，对于劳动行政机关和用人单位及其工作人员的失职和违法行为，有权提出控告。受理机关不得把群众的控告转给被控者本人。

2. 报刊传媒进行监督

社会监督，包括新闻监督，新闻传媒在信息社会发挥着越来越突出的作用，其监督功能是其他社会监督所无法比拟的。通过新闻媒体对用人单位违反劳动法律、法规，严重侵害劳动者合法权益事件的曝光，既可以直接对违法行为的当事人制造压力，同时，也可协助有关行政部门调查违法行为，并查处违法行为等。

3. 群众组织的监督

共青团、妇联等组织是群众性自治组织。《劳动法》赋予了上述社会团体的监督权利。这些组织密切联系相关群众，能够反映群众呼声。它们不仅吸引、动员群众参加国家管理活动，而且也能够有组织地监督劳动法律、法规的实施。有地方性法规进一步规定，工会、妇联、残联等单位依法对用人单位遵守劳动保障法律、法规的情况进行监督，在监督过程中发现违法行为，可提请劳动保障行政部门依法进行处理。劳动保障行政部门应当将处理结果告知提请部门。①

---

① 参见《银川市劳动保障监察条例》第 6 条规定："工会、妇联、残联等单位依法对用人单位遵守劳动保障法律、法规的情况进行监督，在监督过程中发现违法行为，可提请劳动保障行政部门依法进行处理。劳动保障行政部门应当将处理结果告知提请部门。任何组织和个人对违反劳动保障法律、法规的行为，有申诉、检举和控告的权利，并受法律保护。"

【理解与适用】

一、关于举报和投诉

《劳动合同法》该条规定："任何组织或者个人对于违反本法的行为都有权举报，县级以上人民政府劳动行政部门应当及时核实、处理，并对举报有功人员给予奖励。"并未对举报和投诉进行区分。而《条例》区分了举报和投诉。《条例》第 9 条规定："任何组织或者个人对违反劳动保障法律、法规或者规章的行为，有权向劳动保障行政部门举报。劳动者认为用人单位侵犯其劳动保障合法权益的，有权向劳动保障行政部门投诉。劳动保障行政部门应当为举报人保密；对举报属实，为查处重大违反劳动保障法律、法规或者规章的行为提供主要线索和证据的举报人，给予奖励。"《规定》对之进一步细化，规定劳动保障行政部门应当设立举报、投诉信箱，公开举报、投诉电话，依法查处举报和投诉反映的违反劳动保障法律的行为。任何组织或个人对违反劳动保障法律的行为，有权向劳动保障行政部门举报。劳动保障行政部门对举报人反映的违反劳动保障法律的行为应当依法予以查处，并为举报人保密；对举报属实，为查处重大违反劳动保障法律的行为提供主要线索和证据的举报人，给予奖励。并在第 12 条、第 13 条、第 14 条规定了劳动者投诉和用人单位受理投诉的具体程序。《上海市实施〈劳动保障监察条例〉若干规定》对举报奖励作了专门规定，规定："对为查处重大违反劳动保障法律、法规或者规章的行为提供主要线索和证据的举报人，劳动保障行政部门可以给予奖励。举报奖励的具体办法由市劳动保障行政部门会同市财政部门另行制定。"

举报、投诉制度是劳动保障行政部门对于任何组织和个人对用人单位违反劳动保障法律、法规行为的举报，以及劳动者认为用人单位侵犯其劳动保障权益的投诉，进行调查并作出处理的行政执法活动。这是劳动保障监察采取的重要形式。对举报和投诉的区分，主要是更加明确劳动保障行政部门在处理举报和投诉时的不同职责：对举报用人单位违反劳动保障法律、法规或者规章的行为的举报人，劳动保障行政部门要为其保密，并对为查处重大违法行为提供主要线索和证据的举报人，给予奖励；对劳动者认为用人单位侵犯其劳动保障合法权益的投诉，劳动保障行政部门应及时进行审查，属法定受理范围的，依法履行保护其劳动保障权利的职责。

二、关于受理劳动者投诉的时效问题

为提高劳动保障监察效率，引导劳动者及时正确地运用法律手段维护自身合法权益，《条例》第 15 条明确劳动保障违法行为在 2 年内未被劳动保障行政部门发现，也未被举报、投诉的，劳动保障行政部门不再查处。实践中，对超过劳动争议仲裁时效后劳动者投诉应否受理？我们认为，对因超过时效未被仲裁委员会受理的诉求、仲裁裁决后因超过时效未得到支持的诉求，以及因超过仲裁时效自行撤诉的诉求，劳动者在劳动保障监察时效内又向劳动保障监察机构投诉的，劳动保障监察机构经审查符合受理条件的，应当受理。

三、关于对举报人的奖励问题

《劳动合同法》及《条例》、《规定》均对举报奖励作了规定。《上海市实施〈劳动保障监察条例〉若干规定》进一步规定举报奖励的具体办法由市劳动保障行政部门会同市财政部门另行制定。而 2006 年 9 月 18 日江苏省劳动保障厅发布施行的《江苏省举报重大劳动保障违法行为奖励办法（试行）》对之作了规定。该规定明确了举报可以获奖励的具体范围为：（1）用人单位存在使用童工行为的；（2）同一用人单位有 50 人以上未签劳动合同或未参加社会保险的；（3）单位机构骗取社会保险待遇或者社会保险基金支出的；（4）其他重大违反劳动保障法律、法规或者规章规定的行为。主要涉及重大的用人单位违法行为。并针对不同情况规定了具体奖励标准。在程序方面，规定各级劳动保障监察机构负责受理管辖范围内的违法案件。劳动保障行政部门应当建立举报奖励审批制度。此外，对奖金的领取办法方式做了详细规定，并规定劳动保障行政部门的劳动保障监察机构应当公布举报地址，设立举报信箱（包括电子邮件）和电话，并严格执行举报保密制度。国家机关及其工作人员有违反规定使用、骗取奖励资金的，视情节轻重给予行政处分；构成犯罪的，依法追究刑事责任。

第七章　法律责任

第八十条　（规章制度违法的法律责任）

用人单位直接涉及劳动者切身利益的规章制度违反法律、法规规定的，由劳动行政部门责令改正，给予警告；给劳动者造成损害的，应当承担赔偿责任。

【相关法条】

劳动部《关于〈中华人民共和国劳动法〉若干条文的说明》（劳办发〔1994〕289 号）

第八十九条　……

本条中的"法律、法规"主要是指劳动法律、行政法规、地方法规和国家技术标准等。

《违反〈中华人民共和国劳动法〉行政处罚办法》（劳部发〔1994〕532 号）

第三条　用人单位制定的劳动规章制度违反法律、法规规定的，应给予警告，并责令限期改正；逾期不改的，应给予通报批评。

劳动部《关于对新开办用人单位实行劳动规章制度备案制度的通知》（劳部发〔1997〕338 号）

最高人民法院《关于审理劳动争议案件适用法律若干问题的解释》（法释〔2001〕14 号）

第十九条　用人单位根据《劳动法》第四条之规定，通过民主程序制定的规章制度，不违反国家法律、行政法规及政策规定，并已向劳动者公示的，可以作为人民法院审理劳动争议案件的依据。

【草案相关条文比较】

关于用人单位制定的规章制度在违反法律、行政法规情况下，用人单位应承担的法律责任在劳动合同立法过程中是有争议的。征求意见稿草案第51条第2款规定："用人单位制定的规章制度违反法律、行政法规，或者应当通过集体合同规定的事项未订立集体合同，对劳动者造成损害的，用人单位应当承担赔偿责任。"二审稿第79条规定："用人单位制定的劳动规章制度违反法律、法规规定的无效，由劳动行政部门给予警告，责令改正；对劳动者造成损害的，用人单位应当承担赔偿责任。"三审稿与二审稿规定相同。但是，四审稿以及最终稿在根据《劳动合同法》关于劳动规章的规定的变化而将前提限定在"直接涉及劳动者切身利益的规章制度违反法律、法规规定的"，由劳动行政部门责令改正，给予警告；对劳动者造成损害的，用人单位应当承担赔偿责任。

【法条评析】

一、前提：用人单位直接涉及劳动者切身利益的规章制度违反法律、法规规定

《劳动合同法》第4条规定："用人单位应当依法建立和完善劳动规章制度，保障劳动者享有劳动权利、履行劳动义务。用人单位在制定、修改或者决定有关劳动报酬、工作时间、休息休假、劳动安全卫生、保险福利、职工培训、劳动纪律以及劳动定额管理等直接涉及劳动者切身利益的规章制度或者重大事项时，应当经职工代表大会或者全体职工讨论，提出方案和意见，与工会或者职工代表平等协商确定。在规章制度和重大事项决定实施过程中，工会或者职工认为不适当的，有权向用人单位提出，通过协商予以修改完善。用人单位应当将直接涉及劳动者切身利益的规章制度和重大事项决定公示，或者告知劳动者。"该规定从程序和实体两方面确立的用人单位制定劳动规章制度权利的行使规则，并且，在第4条的规定中突出地强调了"涉及劳动者切身利益的规章制度或者重大事项"应该要经过职工代表大会或全体职工讨论。第80条因此也相应地规定了"涉及劳动者切身利益的规章制度违反法律、法规"。

二、结果：用人单位承担相应的法律责任——行政责任、民事责任

根据条文规定用人单位的法律责任有行政责任和民事责任两类。行

政责任为"劳动行政部门责令用人单位改正，并给予警告"①。根据《行政处罚法》第 8 条关于行政处罚的种类的规定，"责令改正"并非严格意义上的行政责任，而根据《行政处罚法》第 23 条规定，"行政机关实施行政处罚时，应当责令当事人改正或者限期改正违法行为"。因此，"责令改正"只是一种实施行政处罚时，对于相对人违法行为的附带性要求。但是，从广义上看，可以将其理解为一种行政责任。

此外，用人单位还可能因为直接涉及劳动者切身利益的规章制度违反法律、法规规定而承担民事赔偿责任，但是，其前提条件是违法的规章对劳动者造成损害的，也就是说规章违法与劳动者所受的损害应该具有直接因果关系。

【理解与适用】

一、如何确定违反法律、法规的规章为直接涉及劳动者切身利益的规章制度

本条强调了用人单位承担法律责任的前提是"直接涉及劳动者切身利益的规章制度"违法。那么哪些是属于直接涉及劳动者切身利益的规章制度呢？《劳动合同法》第 4 条第 2 款例举了"有关劳动报酬、工作时间、休息休假、劳动安全卫生、保险福利、职工培训、劳动纪律以及劳动定额管理等"为直接涉及劳动者切身利益的规章制度或者重大事项。但是，我们知道此处的"等"是属于不完全例举。因此，尽管立法者期望通过将本条的前提限定在"直接涉及劳动者切身利益的规章制度"，但是这可能成为一柄双刃剑，最终的裁判者掌握着决定权。

二、用人单位直接涉及劳动者切身利益的规章制度违反法律、法规规定是否就无效呢

三审稿第 80 条规定，用人单位制定的规章制度违反法律、行政法规在被确定为无效时，用人单位才承担法律责任。也就是说，用人单位承担法律责任，是以其制定的规章制度无效为前提的。我们认为，用人单位内部规章违反法律、法规的规定并不必然无效。对于规章效力的判

---

① 劳动部 1996 年 9 月 27 日制定的《劳动行政处罚若干规定》第 6 条规定："责令改正是行政机关在行政过程中采取的一种行政管理措施。实施时，按照《行政处罚法》第二十三条的规定执行。"由此可见，责令改正并不是一种行政责任，而是一种行政管理措施。

断，一方面应该要严格依照《劳动合同法》第 4 条的规定；另一方面，基于我们对于规章的性质的认定，其作为合同的内容之一，应该还可以根据《劳动合同法》第 26 条的相关规定来认定效力。因此，我们根据合同条款效力判断的理论应该要区分其违反的是禁止性规范还是取缔性规范。①

三、行政责任的评注——责令改正、警告

上文已经分析，责令改正不是《行政处罚法》意义上的行政责任，根据《行政处罚法》第 20 条以及《劳动行政处罚若干规定》第 6 条规定，责令改正应该是行政机关对于相对人实施的违法行为追究行政责任的一种附带性的管理措施。但是，在《劳动合同法》第七章法律责任的条文中充斥着"责令改定"这种广义的行政责任，而关键问题是较多条文都是将"责令改正"单独规定，而没有规定相应的行政责任。那么，如何使这种广义的行政责任得到落实，让权益受到侵害的劳动者真正地获得补救呢？立法者泛化地使用"责令改正"这种广义的行政责任，使得追究违法者的行政责任可能落空。

本条规定是上述情形的例外，因为其将《行政处罚法》第 8 条第 1 项的责任形式"警告"与"责令改正"同时规定，使得"责令改正"得以体现其本质。但是，从形式上看，立法的语言表述似乎存在一定的问题：一方面，"由劳动行政部门责令改正，给予警告"似乎将二者的顺序颠倒了，应该是"劳动行政部门给予警告，并责令改正"；另一方面，其间用逗号隔开，从立法技术来看，很难将二者解读为并列适用。还需要提醒大家的是，在整个《劳动合同法》的法律条文中，"警告"作为一种最轻的行政处罚的种类仅在此条文中出现。

第八十一条　（未载明必备条款或未交付劳动者的法律责任）

用人单位提供的劳动合同文本未载明本法规定的劳动合同必备条款或者用人单位未将劳动合同文本交付劳动者的，由劳动行政部门责令改正；给劳动者造成损害的，应

---

① 尽管如此，有学者建议结合我国《合同法》规定，就劳动规章制度无效作如下规定：其一，劳动规章制度的绝对无效；其二，劳动规章制度的相对无效。参见高圣平：《用人单位劳动规章制度的性质辨析》，载《法学》，2006（10）。

当承担赔偿责任。

【相关法条】

劳动部《关于贯彻执行〈中华人民共和国劳动法〉若干问题的意见》(劳部发〔1995〕309 号)

16. 用人单位与劳动者签订劳动合同时,劳动合同可以由用人单位拟定,也可以由双方当事人共同拟定,但劳动合同必须经双方当事人协商一致后才能签订,职工被迫签订的劳动合同或未经协商一致签订的劳动合同为无效劳动合同。

47. 由于各用人单位千差万别,对工作内容、劳动报酬的规定也就差别很大,因此,国家不宜制定统一的劳动合同标准文本。目前,各地、各行业制定并向企业推荐的劳动合同文本,对于用人单位和劳动者双方有一定的指导意义,但这些劳动合同文本只能供用人单位和劳动者参考。

《上海市劳动合同条例》

第九条 ……

劳动合同文本可以由用人单位提供,也可以由用人单位与劳动者共同拟定。由用人单位提供的合同文本,应当遵循公平原则,不得损害劳动者的合法权益。

【草案相关条文比较】

关于用人单位提供的劳动合同文本未载明本法规定的劳动合同必备条款,用人单位承担的法律责任,征求意见稿、二审稿、三审稿与四审稿规定是相同的。但不同的是,四审稿规定用人单位未将劳动合同文本交付劳动者,用人单位亦应承担法律责任。

【法条评析】

本条是关于用人单位提供的劳动合同文本未载明必备条款或未交付劳动者的法律责任的规定,其具体的责任形式为行政责任和民事赔偿责任。本条的要点在于:

（一）用人单位提供的劳动合同文本未载明本法规定的劳动合同必备条款

责任的承担以违法行为的存在为前提，在此种情形下，之所以要求用人单位承担法律责任，其原因在于用人单位违反了《劳动合同法》第17条第1款规定："劳动合同应当具备以下条款：（一）用人单位的名称、住所和法定代表人或者主要负责人；（二）劳动者的姓名、住址和居民身份证或者其他有效身份证件号码；（三）劳动合同期限；（四）工作内容和工作地点；（五）工作时间和休息休假；（六）劳动报酬；（七）社会保险；（八）劳动保护、劳动条件和职业危害防护；（九）法律、法规规定应当纳入劳动合同的其他事项。"

法条中规定为"未载明"，可以理解为既包括未载明第17条第1款中的多项内容，也包括未载明其中的某项内容。此外，我们认为未载明不仅包括未约定某条款，还应该包括条款约定不明确的情形。

（二）用人单位未将劳动合同文本交付劳动者的

《劳动合同法》第16条第2款规定："劳动合同文本由用人单位和劳动者各执一份。"但是，实践中，由于用人单位和劳动者之间的实力悬殊，使得劳动者订立劳动合同附和化。因此，本条中为了平衡劳动者和用人单位的悬殊地位，规定了用人单位未将劳动合同文本交付劳动者的，应该承担相应的法律责任。

【理解与适用】

本条的立法目的从根本上是为了推广和强化劳动合同制度，而在劳动力市场整体的供大于求的情形下，用人单位居于强势地位，他们为了逃避责任总是想方设法地限制劳动者的权利，实践中，不签订劳动合同的情形、签订劳动合同但是不交给劳动者的情形以及劳动合同中权利义务约定不明的情形都大量存在。因此，立法者期望通过《劳动合同法》的法律责任机制来强化用人单位在订立完善的劳动合同方面的责任。

本条中存在的疑惑是，法律责任是以违反法定或者约定义务的行为存在为前提，本条规定"用人单位未提供的劳动合同文本、用人单位未将劳动合同文本交付"的法律责任，而结合《劳动合同法》最终稿的整体规定，《劳动合同法》都没有规定用人单位有提供劳动合同文本以及交付劳动合同文本的义务。因此，责任的存在从法律本身而言，是缺乏恰当性的。当然，可以从上述事实上劳动合同的附和化来理解，还可以将本条适用强行限定在用人单位提供劳动合同的情况下。但是，从草案条文的立法演变来看，我们认为这里可能存在立法体系性问题，因为，征求意见稿以及二审稿都明确了"劳动合同文本由用人单位提供"，而三审稿删除该规定后，相应的责任却保留了。

第八十二条　（未订立书面和无固定期限劳动合同的法律责任）

用人单位自用工之日起超过一个月不满一年未与劳动者订立书面劳动合同的，应当向劳动者每月支付二倍的工资。

用人单位违反本法规定不与劳动者订立无固定期限劳动合同的，自应当订立无固定期限劳动合同之日起向劳动者每月支付二倍的工资。

【相关法条】

《劳动法》

第九十八条　用人单位违反本法规定的条件解除劳动合同或者故意拖延不订立劳动合同的，由劳动行政部门责令改正；对劳动者造成损害的，应当承担赔偿责任。

劳动部《关于贯彻执行〈中华人民共和国劳动法〉若干问题的意见》（劳部发〔1995〕309号）

17. 用人单位与劳动者之间形成了事实劳动关系，而用人单位故意拖延不订立劳动合同，劳动行政部门应予以纠正。用人单位因此给劳动者造成损害的，应按劳动部《违反〈劳动法〉有关劳动合同规定的赔偿办法》（劳部发〔1995〕223号）的规定进行赔偿。

《违反〈中华人民共和国劳动法〉行政处罚办法》（劳部发〔1994〕532号）

第十六条　用人单位未按《劳动法》规定的条件解除劳动合同或者故意拖延不订立劳动合同的，应责令限期改正；逾期不改的，应给予通报批评。

《违反〈劳动法〉有关劳动合同规定的赔偿办法》（劳部发〔1995〕223号）

第二条　用人单位有下列情况之一，对劳动者造成损害的，应赔偿劳动者损失：

（一）用人单位故意拖延不订立劳动合同，即招用后故意不按规定订立劳动合同以及劳动合同到期后故意不及时续订劳动合同的……

《劳动保障监察条例》（国务院令［2004］423号）

第二十四条　用人单位与劳动者建立劳动关系不依法订立劳动合同的，由劳动保障监察部门责令改正。

劳动部《关于贯彻执行〈中华人民共和国劳动法〉若干问题的意见》（劳部发［1995］309号）

最高人民法院《关于审理劳动争议案件适用法律若干问题的解释》（法释［2001］14号）

第十六条　……

根据《劳动法》第二十条之规定，用人单位应当与劳动者签订无固定期限劳动合同而未签订的，人民法院可以视为双方之间存在无固定期限劳动合同关系，并以原劳动合同确定双方的权利义务关系。

【草案相关条文比较】

征求意见稿对此没有规定。二审稿第82条规定："用人单位自办理用工手续之日起超过一个月不与劳动者订立书面劳动合同的，应当支付劳动者劳动应得报酬二倍的工资。"三审稿与二审稿规定相同。二审稿第86条规定："违反本法规定不签订无固定期限劳动合同的，在解除或者终止劳动合同时，用人单位应当按照本法第四十六条规定的经济补偿标准的二倍向劳动者支付赔偿金。"三审稿与二审稿的规定相同。四审稿将两条内容合并规定，但第2款规定："用人单位违反本法规定不与劳动者订立无固定期限劳动合同的，自应当订立无固定期限劳动合同之日起向劳动者每月支付二倍的工资。"

【法条评析】

本条是关于用人单位不签订书面劳动合同和不订立无固定期限的劳动合同的法律责任的规定。《劳动合同法》第10条规定："建立劳动关系，应当订立书面劳动合同。已建立劳动关系，未同时订立书面劳动合同的，应当自用工之日起一个月内订立书面劳动合同。用人单位与劳动者在用工前订立劳动合同的，劳动关系自用工之日起建立。"第14条规定："无固定期限劳动合同，是指用人单位与劳动者约定无确定终止时间的劳动合同。用人单位与劳动者协商一致，可以订立无固定期限劳动合同。有下列情形之一，劳动者提出或者同意续订、订立劳动合同的，除劳动者提出订立固定期限劳动合同外，应当订立无固定期限劳动合同：（一）劳动者在该用人单位连续工作满十年的；（二）用人单位初次实行劳动合同制度或者国有企业改制重新订立劳动合同时，劳动者在该用人单位连续工作满十年且距法定退休年龄不足十年的；（三）连续订立二次固定期限劳动合同，且劳动者没有本法第三十九条和第四十条第一项、第二项规定的情形，续订劳动合同的。用人单位自用工之日起满一年不与劳动者订立书面劳动合同的，视为用人单位与劳动者已订立无固定期限劳动合同。"根据以上两条规定用人单位应该与劳动者订立书面的劳动合同并且于符合第14条第2款规定的情形订立无固定期限的劳动合同。因此，违反以上两条规定应该要向劳动者承担每月支付2倍的工资的责任。

第1款规定为"用人单位自用工之日起超过一个月不满一年未与劳动者订立书面劳动合同的"，实际是根据《劳动合同法》第10条第2款以及第14条第3款的相关规定确立的期限限制。而对于第2款我们需要注意的是用人单位每月支付2倍工资的责任的起算点是"应当订立无固定期限劳动合同之日"。具体根据第14条第2款、第3款的规定确立，应该是符合第2款规定的劳动者提出或者同意续订、订立劳动合同之日起计算，以及用人单位不与劳动者订立书面劳动合同的自用工之日起满1年时开始计算。

【理解与适用】

从国外立法看，无固定期限的劳动合同被一致肯定为劳动合同的常态，是劳动关系存续的一般形式，只要不出现法定的单方解除合同的情形，劳动关系就一直持续下去，直到职工退休。[①]法律对固定期限劳动

---

① 有关国外立法的情况，参见郑爱青：《限制固定期限劳动合同的应用》，载北京市劳动和社会保障法学会编：《劳动与社会保障》，2006（1）。

合同的严格限制，主要是为了避免劳动者因年龄原因失去工作给再就业带来的困难。随着我国劳动用工合同制的不断发展，"合同短期化"、"使用劳动者青春期"现象普遍存在，这不仅使劳动关系缺乏稳定性，而且使劳动者缺乏安全感。本条实际上也是立法者意图推广书面劳动合同制度的体现，同时也是为了抑制劳动合同短期化的问题，推广无固定期限的劳动合同制度。从《劳动合同法》的规定来看，立法者意图限制固定期限劳动合同的适用，推广无固定期限劳动合同，具体做法有：（1）从第14条第2款的规定来看，限制了固定期限合同的次数和期限；（2）确立了一定情形下，劳动者请求订立无固定期限劳动合同的权利，那么相反则是用人单位的义务；（3）对于长期不签订书面劳动合同的情形，推定为订立无固定期限劳动合同；（4）在经济性裁员中，对于订立较长期限的固定期限劳动合同以及无固定期限劳动合同的劳动者优先留用的权利。

此外，需要注意的是无固定期限的劳动合同，是指用人单位与劳动者只约定了起始日期而未约定终止日期。但是，无固定期限的劳动合同绝不是"永远"的劳动合同，只要符合法定条件还是可以解除的。用人单位向劳动者每月支付2倍的工资，具有惩罚性赔偿的性质，应以累进为计算根据，即用人单位在法定期限内不与劳动者订立书面劳动合同，或者用人单位违反本法规定不与劳动者签订无固定期限劳动合同，用人单位每延长一个月就要向劳动者支付2倍的工资。

第八十三条 （违法约定试用期的法律责任）

用人单位违反本法规定与劳动者约定试用期的，由劳动行政部门责令改正；违法约定的试用期已经履行的，由用人单位以劳动者试用期满月工资为标准，按已经履行的超过法定试用期的期间向劳动者支付赔偿金。

【相关法条】

劳动部《关于贯彻执行〈中华人民共和国劳动法〉若干问题的意见》（劳部发［1995］309号）

40. 劳动者依据劳动法第三十二条第（一）项解除劳动合同，用人单位可以不支付经济补偿金，但应按照劳动者的实际工作天数支付工资。

劳动部办公厅《关于试用期内解除劳动合同处理依据问题的复函》
(劳办发［1995］264 号)

【草案相关条文比较】

征求意见稿第 50 条规定："用人单位违反本法规定与劳动者约定的
试用期无效，由劳动行政部门责令用人单位依照本法规定改正，违法约
定的试用期已经履行的，由用人单位以劳动者月工资为标准，按违法约
定的试用期的期限向劳动者支付赔偿金。"二审稿第 83 条、三审稿第
83 条规定与上述规定基本相同，只是在权力主体上改为"劳动行政部
门责令改正"。四审稿和最终稿删除了"用人单位违反本法规定与劳动
者约定的试用期规定为无效"的表述，并将前几稿中"按违法约定的试
用期的期限向劳动者支付赔偿金"改为"按已经履行的超过法定试用期
的期限向劳动者支付赔偿金"。此外，四审稿进一步明确了赔偿金的标
准是"劳动者试用期满月工资"。

【法条评析】

一、用人单位违法约定试用期的情形

试用期既是用人单位考察劳动者是否具备录用条件的考察期，也是
劳动者选择用人单位的选择期。《劳动合同法》第 19 条对于试用期分别
规定了试用期期限、禁止重复试用、禁止约定试用期以及试用期的瑕疵
认定。因此，根据本条适用的前提为"用人单位违反本法规定与劳动者
约定试用期的"中"违反本法规定"的具体情形为：(1) 超长约定试用
期，即违反《劳动合同法》第 19 条第 1 款规定："劳动合同期限三个月
以上不满一年的，试用期不得超过一个月；劳动合同期限一年以上不满
三年的，试用期不得超过二个月；三年以上固定期限和无固定期限的劳
动合同，试用期不得超过六个月。"(2) 重复试用。即违反《劳动合同
法》第 19 条第 2 款规定："同一用人单位与同一劳动者只能约定一次试
用期。"(3) 禁止约定试用期而约定的。即违反《劳动合同法》第 19 条
第 3 款规定："以完成一定工作任务为期限的劳动合同或者劳动合同期
限不满三个月的，不得约定试用期。"

二、用人单位违法约定试用期的法律责任

用人单位违反本法规定与劳动者约定试用期的，由劳动行政部门责令改正，违法约定的试用期已经履行的，由用人单位以劳动者试用期满月工资为标准，按已经履行的试用期的期限向劳动者支付赔偿金。按已经试用期满后的月工资向劳动者支付赔偿金，而并非根据第 20 条"劳动者在试用期的工资不得低于本单位相同岗位最低档工资或者劳动合同约定工资的百分之八十，并不得低于用人单位所在地的最低工资标准"的规定，按照相关标准的 80% 支付赔偿金，强化了对劳动者试用期内实际履行劳动合同的权利保护。

【理解与适用】

一、违反《劳动合同法》第 19 条第 4 款规定，即仅约定试用期情形的，是否需要承担本条规定的责任

《劳动合同法》第 19 条第 4 款规定："劳动合同仅约定试用期的，试用期不成立，该期限为劳动合同期限。"如果当事人仅约定试用期，用人单位是否承担本条规定的责任？而这个问题的关键是如何理解本条中的"违反本法规定"以及"违法约定的试用期已经履行的，由用人单位以劳动者试用期满月工资为标准，按已经履行的超过法定试用期的期限向劳动者支付赔偿金"。我们认为，从本条的整体规定来看，似乎用人单位承担责任的基础在于违法约定试用期导致其因为违反本法规定而无效的情形，而第 19 条第 4 款规定则将约定试用期认定为劳动合同期限，因此，用人单位应该不承担本条规定的责任。

二、违反《劳动合同法》第 20 条规定，是否需要承担本条规定的责任

《劳动合同法》第 20 条规定："劳动者在试用期的工资不得低于本单位相同岗位最低档工资或者劳动合同约定工资的百分之八十，并不得低于用人单位所在地的最低工资标准。"如果试用期间约定的工资违反本法规定，那么可能存在本条规定的责任和《劳动合同法》第 85 条第 1 项规定情形下的责任竞合问题，即"未按照劳动合同的约定或者国家规定及时足额支付劳动者劳动报酬的"。对此，我们认为，在具体的适用上可能应该要从有利于劳动者的原则出发，选择适用哪个条文来追究用人单位的责任。

三、超长约定试用期时，本条的责任范围如何确定

《劳动合同法》第 19 条第 1 款规定："劳动合同期限三个月以上不满一年的，试用期不得超过一个月；劳动合同期限一年以上不满三年的，试用期不得超过二个月；三年以上固定期限和无固定期限的劳动合同，试用期不得超过六个月。"如果用人单位违反该规定超长约定试用期，那么，其承担的给付赔偿金的责任是按照约定的全部试用期还是仅仅以超过法定期限的部分来确定呢？一方面，根据超长约定试用期的性质认定，应该为超过部分无效；另一方面，根据本条规定"按已经履行的超过法定试用期的期限向劳动者支付赔偿金"。因此，应该按照已经履行的超过法定试用期的期限的部分来确定其给付赔偿金责任。

此外，对于用人单位在试用期内约定不办理社会保险或者提供必要的劳动保护条件，是否适用该责任规定，可能也会存在不同理解，但是从根本上而言，上述情形下，不仅仅是试用期条款的效力问题，而是可能影响整个合同的效力，因此，根据本法第 86 条的规定，"劳动合同依照本法第二十六条规定被确认无效，给对方造成损害的，有过错的一方应当承担赔偿责任"。

四、给付赔偿金，不免除用人单位对于已付劳动支付劳动报酬的责任

本条尽管只明确了用人单位违反本法规定与劳动者约定试用期，对于违法约定的试用期已经履行的，用人单位给付赔偿金的责任，但是，用人单位应当向已付劳动的劳动者支付劳动报酬。《劳动合同法》第 28 条规定："劳动合同被确认无效，劳动者已付出劳动的，用人单位应当向劳动者支付劳动报酬。劳动报酬的数额，参照本单位相同或者相近岗位劳动者的劳动报酬确定。"该规定中"劳动合同被确认无效"包括部分无效的情形。

此外，对本条所规定的"用人单位违反本法规定与劳动者约定试用期的"，可能在实践中也会存在理解的分歧，因为对于什么情况下约定的试用期属于用人单位违反本法规定，也就是如何证明违反本法规定约定的试用期是由于用人单位的原因的问题各方观点并不一致。根据《劳动合同法》第 3 条的规定劳动合同是当事人双方协商一致订立的，那么如何认定约定的试用期无效或者部分无效是用人单位的责任呢？我们认为，本条规定从征求意见稿就存在，而在征求意见稿和二审稿中，都规定"劳动合同文本由用人单位提供"，而由于各方对此异议较大，从三审稿起删除了"劳动合同文本由用人单位提供"的规定，但是与该规定

有关的责任却保留了下来，所以，关于本条的理解存有这样的疑义。

第八十四条 （扣押劳动者身份证等证件和收取劳动者财物的法律责任）

用人单位违反本法规定，扣押劳动者居民身份证等证件的，由劳动行政部门责令限期退还劳动者本人，并依照有关法律规定给予处罚。

用人单位违反本法规定，以担保或者其他名义向劳动者收取财物的，由劳动行政部门责令限期退还劳动者本人，并以每人五百元以上二千元以下的标准处以罚款；给劳动者造成损害的，应当承担赔偿责任。

劳动者依法解除或者终止劳动合同，用人单位扣押劳动者档案或者其他物品的，依照前款规定处罚。

【相关法条】

《劳动力市场管理规定》（劳社部发［2000］10号）

第十条 禁止用人单位招用人员有下列行为：

（一）提供虚假招聘消息；

（二）招用无合法证件的人员；

（三）向求职者收取招聘费用；

（四）向被录用人员收取保证金或抵押金；

（五）扣押被录用人员的身份证等证件；

（六）以招用人员为名牟取不正当利益或进行其他违法活动。

第三十四条 用人单位违反本规定第十条规定的，由劳动保障行政部门责令改正，并可处以1 000元以下罚款；对当事人造成损害的，应承担赔偿责任。

劳动部、公安部、全国总工会《关于加强外商投资企业和私营企业劳动管理切实保障职工合法权益的通知》（已失效，劳部发［1994］118号）

二、企业不得向职工收取货币、实物等作为"入厂押金"，也不得扣留或者抵押职工的居民身份证、暂住证和其他证明个人身份的证件。

对擅自扣留、抵押职工居民身份证等证件和收取抵押金（品）的，公安部门、劳动监察机构应责令企业立即退还职工本人。

劳动部《关于贯彻执行〈中华人民共和国劳动法〉若干问题的意见》（劳部发〔1995〕309号）

24. 用人单位在与劳动者订立劳动合同时，不得以任何形式向劳动者收取定金、保证金（物）或抵押金（物）。对违反以上规定的，应按照劳动部、公安部、全国总工会《关于加强外商投资企业和私营企业劳动管理切实保障职工合法权益的通知》（劳部发〔1994〕118号）和劳动部办公厅《对"关于国有企业和集体所有制企业能否参照执行劳部发〔1994〕118号文件中的有关规定的请示"的复函》（劳部发〔1994〕256号）的规定，由公安部和劳动行政部门责令用人单位立即退还给劳动者本人。

最高人民法院《关于审理劳动争议案件适用法律若干问题的解释（二）》（法释〔2006〕6号）

第五条　劳动者与用人单位解除或者终止劳动关系后，请求用人单位返还其收取的劳动合同定金、保证金、抵押金、抵押物产生的争议，或者办理劳动者的人事档案、社会保险关系等转移手续产生的争议，经劳动争议仲裁委员会仲裁后，当事人依法起诉的，人民法院应予受理。

【草案相关条文比较】

本条立法有一定程度的变化。征求意见稿草案第84条规定，用人单位违反本法规定，要求劳动者提供担保、向劳动者收取财物或者扣押身份证等证件的，由劳动行政部门责令限期退还劳动者本人，按每一名劳动者500元以上2 000元以下的标准处以罚款；对劳动者造成损害的，用人单位应当承担赔偿责任。劳动者依法解除劳动合同，用人单位扣押劳动者档案或者其他物品的，依照前款规定处罚。三审稿第84条规定："用人单位违反本法规定，扣押劳动者身份证等证件的，由公安机关责令限期退还劳动者本人，可以依照有关法律规定给予处罚。"同时，三审稿第85条规定，用人单位违反本法规定，要求劳动者提供担保、向劳动者收取财物的，由劳动行政部门责令限期退还劳动者本人，按每一名劳动者500元以上2 000元以下的标准处以罚款；对劳动者造成损害的，用人单位应当承担赔偿责任。劳动者依法解除、终止劳动合同，用人单位扣押劳动者档案或者其他物品的，依照前款规定处罚。四审稿第

83 条将三审稿第 84 条、第 85 条合并为一条三款，使立法设计更加合理、科学。

【法条评析】

本条规定是用人单位违反《劳动合同法》第 9 条以及第 50 条第 1 款规定而应该承担的法律责任。一方面，其立法目的在于强化对于劳动者人身权、财产权的保护；另一方面，则是对于我国劳动实践中广泛存在的，用人单位利用求职者急于就业的心理，以各种名义向求职者收取"入厂押金"、"风险金"、"保证金"、"培训费"、"集资款"等以及扣押劳动者的档案等物品的违法行为的立法反馈。

《居民身份证法》第 1 条规定："为了证明居民在中华人民共和国境内的公民身份，保障公民的合法权益，便利公民进行社会活动，维护社会秩序，制定本法。"居民身份证是国家统一颁发的，公民个人持有的法定身份证件。它的作用可概括为：证明居民身份；便利公民进行社会活动；维护社会秩序；保障公民的合法权益。《居民身份证法》第 14 条规定："有下列情形之一的，公民应当出示居民身份证证明身份：（一）常住户口登记项目变更；（二）兵役登记；（三）婚姻登记、收养登记；（四）申请办理出境手续；（五）法律、行政法规规定需要用居民身份证证明身份的其他情形。依照本法规定未取得居民身份证的公民，从事前款规定的有关活动，可以使用符合国家规定的其他证明方式证明身份。"第 15 条第 3 款规定："任何组织或者个人不得扣押居民身份证。但是，公安机关依照《中华人民共和国刑事诉讼法》执行监视居住强制措施的情形除外。"因此，《劳动合同法》第 9 条规定："用人单位招用劳动者，不得扣押劳动者的居民身份证和其他证件，不得要求劳动者提供担保或者以其他名义向劳动者收取财物。"如果用人单位违反上述规定，扣押劳动者身份证等证件的，由劳动行政部门责令限期退还劳动者本人，依照有关法律规定给予处罚。①

---

① "扣押"一词的字面含义是拘留或扣留之意。但是，作为法律术语的"扣押"，则主要是指国家司法机关依法定程序，对特定的财产所采取的一种限制性措施，不具有处罚的性质。扣押的目的是保证诉讼的顺利进行。例如，在刑事诉讼中，侦查人员对有关物品、邮件、电报等进行侦查扣押。又如，在民事执行程序中，法院执行人员有对被执行的财产采取执行扣押。

此外，我们认为用人单位扣押劳动者档案或者其他物品是侵权行为。《劳动合同法》第50条第1款规定："用人单位应当在解除或者终止劳动合同时出具解除或者终止劳动合同的证明，并在十五日内为劳动者办理档案和社会保险关系转移手续。"这是用人单位在劳动合同解除或终止后对劳动者所负的附随义务。此外，档案等物品对于劳动者而言具有人身属性，具有不得扣押的属性，对于重新就业或维持生计具有重要意义。因此，从根本上而言，用人单位扣押劳动者档案或者其他物品是侵权行为。

【理解与适用】

本条在适用时应注意：（1）本条的运用应该要结合《劳动合同法》第9条的规定，还应该包括违反规定查验、扣押其他证件，诸如对户口本、护照、学历证、资格证、人事档案等个人有效证件的扣押。（2）本条将责令限期退还的权力机关确定为劳动行政部门，而责令退还并不是行政处罚法上所明确的一种行政责任，因此，在实践中对于拒不退还的用人单位，是否可以由劳动行政部门依法行政强制执行仍有疑义。当然，扣押身份证的行为由于构成侵权，劳动者应该可以通过诉讼的途径请求强制执行。

第八十五条　（未依法支付报酬和经济补偿金的法律责任）
用人单位有下列情形之一的，由劳动行政部门责令限期支付劳动报酬、加班费或者经济补偿；劳动报酬低于当地最低工资标准的，应当支付其差额部分；逾期不支付的，责令用人单位按应付金额百分之五十以上百分之一百以下的标准向劳动者加付赔偿金：

（一）未按照劳动合同的约定或者国家规定及时足额支付劳动者劳动报酬的；

（二）低于当地最低工资标准支付劳动者工资的；

（三）安排加班不支付加班费的；

（四）解除或者终止劳动合同，未依照本法规定向劳动者支付经济补偿的。

【相关法条】

劳动部《关于贯彻执行〈中华人民共和国劳动法〉若干问题的意见》（劳部发［1995］309 号）

91. 劳动法第九十一条的含义是，如果用人单位实施了本条规定的前三项侵权行为之一的，劳动行政部门应责令用人单位支付劳动者的工资报酬和经济补偿，并可以责令支付赔偿金。如果用人单位实施了本条规定的第四项侵权行为，即解除劳动合同后未依法给予劳动者经济补偿的，因不存在支付工资报酬的时间，故劳动行政部门只责令用人单位支付劳动者经济补偿，还可以支付赔偿金。

《违反〈中华人民共和国劳动法〉行政处罚办法》（劳部发［1994］532 号）

第六条　用人单位有下列侵害劳动者合法权益行为之一的，应责令支付劳动者的工资报酬、经济补偿，并可责令按相当于支付劳动者工资报酬、经济补偿总和的一至五倍支付劳动者赔偿金：

（一）克扣或者无故拖欠劳动者工资的；

（二）拒不支付劳动者延长工作时间工作报酬的；

（三）低于当地最抵工资标准支付劳动者工资的；

（四）解除劳动合同后，未依照法律、法规规定给予劳动者经济补偿的。

·············

《违反和解除劳动合同的经济补偿办法》（劳部发［1994］481 号）

第三条　用人单位克扣或者无故拖欠劳动者工资的，以及拒不支付劳动者延长工作时间工作报酬的，除在规定的时间内全额支付劳动者工资报酬外，还需加发相当于工资报酬百分之二十五的经济补偿金。

第四条　用人单位支付劳动者的工资报酬低于当地最低工资标准的，要在补足低于标准部分的同时，另外支付相当于低于部分百分之二十五的经济补偿金。

第五条　经劳动合同当事人协商一致，由用人单位解除劳动合同的，用人单位应根据劳动者在本单位工作年限，每满一年发给相当于一个月工资的经济补偿金，最多不超过十二个月。工作时间不满一年的按一年的标准发给经济补偿金。

第七条 劳动者不能胜任工作，经过培训或者调整工作岗位仍不能胜任工作，由用人单位解除劳动合同的，用人单位应按其在本单位工作的年限，工作时间每满一年，发给相当于一个月工资的经济补偿金，最长不超过十二个月。

第八条 劳动合同订立时所依据的客观情况发生重大变化，致使原劳动合同无法履行，经当事人协商不能变更劳动合同达成协议，由用人单位解除劳动合同的，用人单位按劳动者在本单位工作的年限，工作时间每满一年发给相当于一个月工资的经济补偿金。

【法条评析】

本条是关于用人单位违反给付劳动报酬的义务以及本法关于给付经济补偿金的规定，应该向劳动者给付惩罚性的赔偿金的法律责任的规定。

（一）用人单位有违反给付劳动报酬的义务以及本法关于给付经济补偿金的规定的行为

1. 未依照劳动合同的约定或者国家规定及时足额支付劳动者劳动报酬的

给付劳动报酬是用人单位向劳动者承担的主要义务，《劳动合同法》第 30 条规定："用人单位应当按照劳动合同约定和国家规定，向劳动者及时足额支付劳动报酬。用人单位拖欠或者未足额支付劳动报酬的，劳动者可以依法向当地人民法院申请支付令，人民法院应当依法发出支付令。"根据《工资支付暂行规定》的相关条文，用人单位应该及时、足额地向劳动者支付工资。其第 7 条规定：工资必须在用人单位与劳动者约定的日期支付。如遇节假日或休息日，则应提前在最近的工作日支付。工资至少每月支付一次，实行周、日、小时工资制的可按周、日、小时支付工资。而用人单位违反法律规定或者合同约定未及时、足额支付劳动者劳动报酬，不仅应该要支付尚未支付的报酬，还应该要承担给付赔偿金的责任。

2. 低于当地最低工资标准支付劳动者工资的

《劳动法》第 48 条规定："国家实行最低工资保障制度。最低工资的具体标准由省、自治区、直辖市人民政府规定，报国务院备案。用人单位支付劳动者的工资不得低于当地最低工资标准。"《劳动合同法》中也强调了最低工资标准的强制性，在试用期工资以及被派遣劳动者的工资上都要求不低于最低工资标准。劳动部《关于贯彻执行〈中华人民共和国劳动法〉若干问题的意见》第54条规定："劳动法第四十八条中的'最低工资'是指劳动者在法定工作时间内履行了正常劳动义务的前提下，由其所在单位支付的最低劳动报酬。最低工资不包括延长工作时间的工资报酬，以货币形式支付的住房和用人单位支付的伙食补贴，中班、夜班、高温、低温、井下、有毒、有害等特殊工作环境和劳动条件下的津贴，国家法律、法规、规章规定的社会保险福利待遇。"

3. 安排加班不支付加班费的

加班是指法定工作时间外履行额外的劳动义务。对此，用人单位应该根据其劳动者的工资来确定加班工资的数额。《劳动合同法》第30条规定："用人单位应当严格执行劳动定额标准，不得强迫或者变相强迫劳动者加班。用人单位安排加班的，应当按照国家有关规定向劳动者支付加班费。"

4. 解除或者终止劳动合同，未依照本法规定向劳动者支付经济补偿的

经济补偿金是指劳动合同解除或终止后，用人单位依法一次性支付给劳动者的经济上的补助。[1]关于经济补偿金的性质，理论上有不同的主张，如劳动贡献补偿说、法定违约金说、社会保障说或社会保障金说。[2] 从我国目前劳动立法的实际情况看，对经济补偿金的性质采取了兼收并蓄的做法。根据《劳动合同法》第46条、第47条的规定，用人单位应该支付经济补偿金。

（二）劳动行政部门责令限期支付，逾期不支付的，用人单位按应付金额50%以上100%以下的标准向劳动者加付赔偿金

一般而言，补偿金具有损害填补功能，而赔偿金除了损害填补之外，还具有一定程度的惩罚性功能。根据本条规定，用人单位未依照约定或者法律规定支付劳动报酬、经济补偿金、加班工资以及低于最低工

---

[1] 参见刘京州：《浅议解除劳动合同的经济补偿》，载《甘肃科技》，2006（6）。转引自林嘉主编：《劳动法评论》，第1卷，15页，北京，中国人民大学出版社，2005。

[2] 需要说明的是，有学者在分析了上述几种学说后认为："经济补偿金应被视为是劳动法上特有的和独立的解约补偿形式，是对因用人单位解除合同而遭受损失的劳动者进行的补偿……"林嘉、杨飞：《劳动合同解除中的经济补偿金、违约金和赔偿金问题研究》，载林嘉主编：《劳动法评论》，第1卷，16～19页，北京，中国人民大学出版社，2005。

况而定，并且可能存在双方均无过错的情形，那么双方都应该不承担赔偿责任了，而是损失自担。

【理解与适用】

本条中的关键在于对于过错以及赔偿范围的确认，结合《劳动合同法》第 3 条第 1 款以及第 26 条的规定，要根据具体的案情确定过错方。一般而言，实施欺诈、胁迫和乘人之危行为的人为过错方，以及第 26 条第 2 项规定的情形下的用人单位是存在过错的。

第八十七条 （违法解除或终止劳动合同的法律责任）

用人单位违反本法规定解除或者终止劳动合同的，应当依照本法第四十七条规定的经济补偿标准的二倍向劳动者支付赔偿金。

【相关法条】

《劳动法》

第二十三条　劳动合同期满或者当事人约定的劳动合同终止条件出现，劳动合同即行终止。

劳动部办公厅《关于终止劳动合同支付经济补偿金有关问题的复函》（劳办发［1996］243 号）

一、关于"生活补助费"与"经济补偿金"的含义问题。国有企业职工在终止劳动合同时，企业发给的生活补助费是依据目前仍然有效的《国营企业实行劳动合同制暂行规定》（国发［1986］77 号）中的有关规定作出的；而"经济补偿金"是指在劳动合同解除时，企业按照《劳动法》及其配套规章《违反和解除劳动合同的经济补偿金办法》（劳部发［1994］481 号）的规定，支付给职工一定数量的补偿金。

《违反〈劳动法〉有关劳动合同规定的赔偿办法》（劳部发［1995］223 号）

第二条　用人单位有下列情形之一，对劳动者造成损害的，应赔偿劳动者损失：

⋯⋯⋯⋯⋯

（四）用人单位违反规定或者劳动合同约定解除劳动合同的。

【草案相关条文比较】

关于用人单位违法解除或者终止劳动合同的赔偿问题，征求意见稿草案没有规定。二审稿第 86 条、三审稿第 88 条规定："违反本法规定不签订无固定期限劳动合同的，在解除或者终止劳动合同时，用人单位应当按照本法第四十七条规定的经济补偿标准的二倍向劳动者支付赔偿金。"四审稿第 86 条规定："违反本法规定不签订无固定期限劳动合同的，在解除或者终止劳动合同时，用人单位应当按照本法第四十七条规定的经济补偿标准的二倍向劳动者支付赔偿金；但是，劳动者要求继续履行劳动合同，用人单位继续履行的除外。"

立法过程中大家争议的焦点有：（1）对用人单位违法解除或者终止劳动合同赔偿是仅局限于用人单位不与劳动者签订无固定期限的劳动合同，还是将其范围扩大于所有用人单位违法解除或者终止劳动合同的情形；（2）劳动者要求继续履行劳动合同的，是否免除用人单位的赔偿责任。

【法条评析】

本条是关于用人单位非法解除和终止劳动合同的情形下应给付赔偿金的法律责任的规定。其立法目的在于，限制目前人单位随意解除或者终止劳动合同侵害劳动者权益。目前我国，由于劳动力市场供大于求现象十分突出，使得一些用人单位无故解除或者终止与劳动者的劳动合同，不仅给劳动者及其家庭生活、生产等带来了极大的负面影响，而且给社会的繁荣、稳定造成了威胁。本条基本的构成要件为：

一、用人单位违法解除和终止劳动合同

责任的承担是以行为人的不当行为为前提。本条为用人单位的赔偿金责任规定，其前提是用人单位违法解除和终止劳动合同。从反面看，如果用人单位严格依照《劳动合同法》的相关规定解除和终止劳动合同则不应承担给付赔偿金的责任。因此，用人单位根据《劳动合同法》第 21 条试用期解除、第 36 条协商解除、第 39 条过失解雇解除、第 40 条非过失性解雇解除、第 41 条经济性裁员解除以及第 44 条终止劳动合同，并且不违反第 42 条的限定性规定，则用人单位不承担给付赔偿金责任。

二、赔偿金标准——第 47 条规定的经济补偿标准的 2 倍

《劳动合同法》第 47 条规定："经济补偿按照劳动者在本单位工作的年限，每满一年支付一个月工资的标准向劳动者支付。六个月以上不满一年的，按一年计算；不满六个月的，向劳动者支付半个月工资的经济补偿。劳动者月工资高于用人单位所在直辖市、设区的市级人民政府公布的本地区上年度职工月平均工资三倍的，向其支付经济补偿的标准按职工月平均工资三倍的数额支付，向其支付经济补偿的年限最高不超过十二年。本条所称月工资是指劳动者在劳动合同解除或者终止前十二个月的平均工资。"此外需要注意《劳动合同法》第 97 条关于溯及力的规定，其中涉及经济补偿的规则适用问题。

【理解与适用】

本条在适用时应注意的问题有：根据《劳动合同法》第 48 条的规定，"用人单位违反本法规定解除或者终止劳动合同，劳动者要求继续履行劳动合同的，用人单位应当继续履行；劳动者不要求继续履行劳动合同或者劳动合同已经不能继续履行的，用人单位应当依照本法第八十七条规定支付赔偿金。"因此，在用人单位违反本法规定解除或者终止劳动合同的情况下，劳动者可以在请求继续履行和请求给付赔偿金行使选择权。

第八十八条　（侵犯劳动者人身权利的法律责任）

用人单位有下列情形之一的，依法给予行政处罚；构成犯罪的，依法追究刑事责任；给劳动者造成损害的，应当承担赔偿责任：

（一）以暴力、威胁或者非法限制人身自由的手段强迫劳动的；

（二）违章指挥或者强令冒险作业危及劳动者人身安全的；

（三）侮辱、体罚、殴打、非法搜查或者拘禁劳动者的；

（四）劳动条件恶劣、环境污染严重，给劳动者身心健康造成严重损害的。

【相关法条】

《劳动法》

第九十六条　用人单位有下列行为之一，由公安机关对责任人员处十五日以下拘留、罚款或者警告；构成犯罪的，对责任人员依法追究刑事责任：

（一）以暴力、威胁或者非法限制人身自由的手段强迫劳动的；

（二）侮辱、体罚、殴打、非法搜查和拘禁劳动者的。

劳动部《关于〈中华人民共和国劳动法〉若干条文的说明》（劳办发〔1994〕289号）

第九十八条　……

对劳动者实施了本条所禁止的行为，公安机关将根据本法和《治安管理处罚条例》第22条等、人民法院将根据《刑法》第134条、第143条、第144条等追究当事人的法律责任。

【草案相关条文比较】

本条在立法过程中有细微的变化。征求意见稿第60条、二审稿第87条规定："用人单位有下列行为之一，构成犯罪的，依法追究刑事责任；有违反治安管理行为的，依法给予行政处罚；对劳动者造成损害的，用人单位应当承担赔偿责任：（一）以暴力、威胁或者非法限制人身自由的手段强迫劳动的；（二）违章指挥或者强令冒险作业危及劳动者人身安全的；（三）侮辱、体罚、殴打、非法搜查或者拘禁劳动者的。"三审稿第89条规定："用人单位有下列行为之一，构成犯罪的，依法追究刑事责任；有违反治安管理行为的，依法给予行政处罚；对劳动者造成损害的，用人单位应当承担赔偿责任：（一）以暴力、威胁或者非法限制人身自由的手段强迫劳动的；（二）违章指挥或者强令冒险作业危及劳动者人身安全的；（三）侮辱、体罚、殴打、非法搜查或者拘禁劳动者的；（四）劳动条件恶劣、环境污染严重，对劳动者身心健康造成严重损害的。"四审稿采纳了三审稿的规定。但是，结合起来看，四审稿强化了对于第4项规定的要求，其增加了"职业危害防护"作为劳动合同的必备条款。

【法条评析】

一、本条的立法背景

目前，我国不少用人单位基于利益驱动，在盲目追求经济效益的情况下，忽视了对劳动者生命权、健康权、人格权的保护。例如，近几年以来矿难事故的频繁，多是用人单位违法、违规所致，使许多劳动者失去了宝贵的生命。特别是近期曝光的山西洪洞"黑砖窑事件"，为本条立法规定的现实意义作了令人深省的注释。

二、用人单位承担责任的前提——用人单位侵害劳动者的人身权

人身权，是指民事主体依法享有的，与其自身不可分离亦不可转让的没有直接财产内容的法定民事权利。本条列举的四种情形，包括用人单位限制劳动者人身自由强迫劳动，劳动条件恶劣、环境污染严重等，这些行为对劳动者的生命、健康、人格危害极大。因此，本条实际上是关于劳动者的人身权利的保护的规定，其理论基础在于实现劳动者的体面劳动，即劳动者能够有尊严地劳动。

三、用人单位的责任形式

本条中对于用人单位的责任形式，主要列举了行政责任、刑事责任以及民事赔偿责任。当用人单位实施上述的行为时，可能导致三种责任同时存在。注意对于用人单位的违法用工行为可能在刑法上构成数罪，可能需要根据刑法的数罪理论确定其最终的刑事责任。

【理解与适用】

本条在适用时应注意的问题是：在此应该从广义上理解用人单位，应该包括用人单位的管理人员利用职务实施的上述规定的四种行为；此外，对于具体的赔偿范围，应该根据人身损害赔偿的规定，不仅赔偿物质上的损失，还应该可以请求精神损害赔偿。此外，劳动者对于已经付出的劳动，应该还可以请求给付报酬。

第八十九条　（用人单位未出具离职证明的法律责任）

用人单位违反本法规定未向劳动者出具解除或者终止劳动合同的书面证明，由劳动行政部门责令改正；给劳动

者造成损害的，应当承担赔偿责任。

【相关法条】

《劳动合同法》

第五十条　用人单位应当在解除或者终止劳动合同之时出具解除或者终止劳动合同的证明，并在十五日内为劳动者办理档案和社会保险关系转移手续。

劳动者应当按照双方约定，办理工作交接。用人单位依照本法规定应当向劳动者支付经济补偿的，在办结工作交接时支付。

用人单位对已经解除或者终止的劳动合同的文本，至少保存二年备查。

劳动部《关于实行劳动合同制度若干问题的通知》（劳部发［1996］354号）

15. 在劳动者履行了有关义务终止、解除劳动合同时，用人单位应当出具终止、解除劳动合同证明书，作为该劳动者按规定享受失业保险待遇和失业登记、求职登记的凭证。

证明书应写明劳动合同期限、终止或解除的日期、所担任的工作。如果劳动者要求，用人单位可在证明中客观地说明解除劳动合同的原因。

【法条评析】

本条款规定了用人单位违反出具离职证明书的规定的法律责任。

（一）劳动者离职时，出具书面离职证明（"解除/终止劳动关系决定书"）是用人单位的义务

在劳动法律关系中，用人单位向劳动者承担的义务主要包括：给付工资报酬的义务、劳动保护的义务以及保护照顾的义务，其中用人单位在解除或终止劳动合同时应当出具离职证明的义务属于保护照顾义务的一部分。《劳动合同法》第50条第1款明确了用人单位的出具书面离职证明的法定义务。

（二）用人单位违反该义务的法律责任形式

从本条规定看，涉及两个方面：一是广义的行政责任，即由行政机关责令改正；二是损害赔偿责任，但前提是用人单位的行为给劳动者造成了实际的损害，如：由于用人单位拒不出具离职证明，导致劳动者失

去新的就业机会等。这两个方面的责任其根本目的是强化对于劳动者的保护，行政机关责令改正的结果是，用人单位按照法律规定为劳动者出具书面的离职证明。

【理解与适用】

一、离职证明的重要意义

为劳动者出具书面的离职证明是用人单位的义务。而对于劳动者而言离职证明意义重大，主要原因在于：一方面，离职证明是劳动者工作履历的证明之一，尤其是在当今求职履历造假的现象较为普遍的情形下，使得新的用人单位对劳动者的履历有充分的信任；另一方面，离职证明说明劳动者已经不存在其他劳动关系，而可以与其他用人单位建立新的劳动关系，而使新用人单位不会因为招录尚未解除劳动关系的劳动者而承担相应的法律责任。

二、离职证明的内容

由于缺乏统一规定，《劳动合同法》没有明确具体的离职证明事项。因而，实践中各用人单位出具的离职证明也是繁简不一。但是，一般而言，根据实际情况一份离职证明应该包括以下几个方面：

（1）劳动者个人的身份信息，包括：姓名、性别、身份证件号；

（2）劳动者在用人单位的工作岗位以及工作起始年限；

（3）用人单位对于劳动者工作表现的基本评价；

（4）用人单位与劳动者是否存在保密协议或竞业禁止约定；

（5）用人单位的签章。

需要注意的是第（3）项内容，有些用人单位可能利用此作出对劳动者不利的评价从而限制劳动者"跳槽"。一般而言，用人单位负有协助离职劳动者尽快找到新的工作岗位的义务，因此，用人单位对劳动者工作表现作出评价时应该尽量作出积极评价。

三、实践中，有些用人单位为了限制劳动者"跳槽"，会以签订保守商业秘密协议或者竞业禁止协议作为出具书面离职证明的前提条件

我们认为，这种做法是违反《劳动合同法》的相关规定的：

一是，《劳动合同法》第50条第1款明确了用人单位出具书面离职证明的义务，所以，用人单位不得单方设定义务履行的条件；

二是，保守商业秘密协议或者竞业禁止协议必须是双方平等协商一

致达成的，如果用人单位以出具离职证明作为条件，则会有胁迫劳动者的意思，因此，所达成的协议的效力也是存有瑕疵的；

三是，从利益衡量的角度，离职证明是为了劳动者重新就业，因此关系劳动者的劳动权利、生存权，而用人单位商业秘密权则从属于经营权，从根本上是具有财产权属性，因此，从权利的位阶来看，劳动者的生存权是应该高于用人单位商业秘密权的。

附：离职证明参考文本

离职证明

_____（身份证号：_____），自_____年_____月_____日起在我单位担任_____职务，至_____年_____月_____日因_____原因解除/终止劳动关系。在此工作期间，无不良表现。

已办理相关交接手续。公司未与其签订相关保密协议和竞业禁止协议。

特此证明

单位名称
盖章
_____年_____月_____日

第九十条 （劳动者的赔偿责任）
劳动者违反本法规定解除劳动合同，或者违反劳动合同中约定的保密义务或者竞业限制，给用人单位造成损失的，应当承担赔偿责任。

【相关法条】

《劳动法》
第一百零二条 劳动者违反本法规定的条件解除劳动合同或者违反劳动合同中约定的保密事项，对用人单位造成经济损失的，应当依法承担赔偿责任。

劳动部《违反〈劳动法〉有关劳动合同规定的赔偿办法》（劳部发
〔1995〕223号）

第四条　劳动者违反规定或劳动合同的约定解除劳动合同，对用人单位造成损失的，劳动者应赔偿用人单位下列损失：

（一）用人单位招收录用其所支付的费用；

（二）用人单位为其支付的培训费用，双方另有约定的按约定办理；

（三）对生产、经营和工作造成的直接经济损失；

（四）劳动合同约定的其他赔偿费用。

第五条　劳动者违反劳动合同中约定的保密事项，对用人单位造成经济损失的，按《反不正当竞争法》第二十条的规定支付用人单位赔偿费用。

【法条评析】

本条是关于劳动者对用人单位造成经济损失的赔偿责任的规定，该责任的确立须满足以下两个要件：

（一）劳动者存在违约行为

1. 劳动者违反本法解除劳动合同

该要件的前提是"违反本法"，因此只要劳动者按照本法规定解除劳动合同就应该不符合本条件。而《劳动合同法》关于劳动者合同解除权的规定分别为：第36条协议解除权；第37条法定辞职权，即提前30日以书面形式通知用人单位，可以解除劳动合同，以及试用期解除权；第38条规定推定解雇制度，即基于用人单位违约行为或违法行为而产生的解除权。因此，只要劳动者基于以上三条规定解除劳动合同就应该能够免除其赔偿责任。

2. 劳动者违反保密约定

《劳动合同法》第23条规定："用人单位与劳动者可以在劳动合同中约定保守用人单位的商业秘密和与知识产权相关的保密事项。对负有保密义务的劳动者，用人单位可以在劳动合同或者保密协议中与劳动者约定竞业限制条款，并约定在解除或者终止劳动合同后，在竞业限制期限内按月给予劳动者经济补偿。劳动者违反竞业限制约定的，应当按照约定向用人单位支付违约金。"

3. 劳动者违反竞业限制约定

《劳动合同法》第24条规定："竞业限制的人员限于用人单位的高

级管理人员、高级技术人员和其他负有保密义务的人员。竞业限制的范围、地域、期限由用人单位与劳动者约定，竞业限制的约定不得违反法律、法规的规定。在解除或者终止劳动合同后，前款规定的人员到与本单位生产或者经营同类产品、从事同类业务的有竞争关系的其他用人单位，或者自己开业生产或者经营同类产品、从事同类业务的竞业限制期限，不得超过二年。"

（二）该行为给用人单位造成经济损失

给用人单位造成的经济损失包括：招录费、培训费、对生产经营造成的直接经济损失以及违反保密约定造成的损失等。

【理解与适用】

一、违反劳动合同期限解除劳动合同是否需要承担赔偿责任

《劳动合同法》限制约定违约金的适用其仅规定在"服务期"以及竞业禁止的情形下能够约定违约金。但劳动部办公厅《关于试用期内解除劳动合同处理依据问题的复函》（劳办发〔1995〕264号）规定：如果是由用人单位出资招用的职工，职工在合同期内（包括试用期）解除与用人单位的劳动合同，则该用人单位可以按照《违反〈劳动法〉有关劳动合同规定的赔偿办法》第4条第1项（即用人单位招收录用其所支付的费用）规定向职工索赔。我们认为该规定欠妥当：

首先，从法律责任的本质来看，它是对于违法者的惩罚和受害人的救济。而前提是行为人的行为具有一定的违法性。但是，劳动者根据《劳动合同法》第37条规定行使法定解除权和试用期解除权是属于权利的正当行使，就应该无所谓法律责任了。

其次，该规定强加劳动者利用试用期条款解除劳动合同的赔偿责任，违背了劳动法设立试用期制度的目的。

最后，从企业的经营来看，招工费用是用人单位必需的经营成本。并且，其并非是仅用于某个招收对象，将招收费用转嫁给劳动者，似乎有违常理。

二、违反保密约定和服务期约定的违约金和赔偿金适用

《劳动合同法》第25条规定："除本法第二十二条和第二十三条规定的情形外，用人单位不得与劳动者约定由劳动者承担违约金。"因此，在实践中会出现违反保密约定和服务期约定的违约金和赔偿金同时出

现，并且数额不一致的情形下，应该如何适用的问题。

赔偿金分为惩罚性赔偿金和补偿性赔偿金。我国以补偿性赔偿金为原则，以惩罚性赔偿金为例外。《合同法》第 114 条规定："当事人可以约定一方违约时应当根据违约情况向对方支付一定数额的违约金，也可以约定因违约产生的损失赔偿额的计算方法。约定的违约金低于造成的损失的，当事人可以请求人民法院或者仲裁机构予以增加；约定的违约金过分高于造成的损失的，当事人可以请求人民法院或者仲裁机构予以适当减少……"在司法实务中一般也认为违约金和损害赔偿不能并用，对于约定违约金低于造成的损失的，则由法官酌情调整。在劳动法领域，关于违法金和赔偿金的适用有不同观点：

有学者认为，当劳动合同违约金数额低于非违约方的实际损失时，立法应允许在违约方支付违约金后，非违约方就违约金没有填补的部分请求损害赔偿。[1]

有学者认为，当违约方所支付的违约金低于非违约方的实际损失时，立法可以通过赋予法院权利依当事人的请求调高违约金数额。[2]

以上两种观点的核心都在于弥补非违约方的损失，只是采取的具体协调方式不同而已。一般而言，在实践中可能通过法官调整违约金数额的方式较为通行。

第九十一条　（用人单位的连带赔偿责任）

用人单位招用与其他用人单位尚未解除或者终止劳动合同的劳动者，给其他用人单位造成损失的，应当承担连带赔偿责任。

【相关法条】

《劳动法》

第九十九条　用人单位招用尚未解除劳动合同的劳动者，对原用人

---

① 参见林嘉、杨飞：《劳动合同解除中的经济补偿金、违约金和赔偿金问题研究》，载林嘉主编：《劳动法评论》，第 1 卷，北京，中国人民大学出版社，2005。

② 参见冯彦君、刘松珍：《我国劳动合同违约金立法研究》，载林嘉主编：《社会法评论》，第 2 卷，北京，中国人民大学出版社，2007。

单位造成经济损失的，该用人单位应当依法承担连带赔偿责任。

劳动部《关于〈中华人民共和国劳动法〉若干条文的说明》

第九十九条　用人单位招用尚未解除劳动合同的劳动者，对原用人单位造成经济损失的，该用人单位应当依法承担连带赔偿责任。

本条中的"依法"是指《中华人民共和国民法通则》等。

《劳动合同法》

第九十条　劳动者违反本法规定解除劳动合同，或者违反劳动合同中约定的保密义务或者竞业限制，给用人单位造成损失的，应当承担赔偿责任。

劳动部《关于实行劳动合同制度若干问题的通知》（劳部发〔1996〕354号）

17. 用人单位招用职工时应查验终止、解除劳动合同证明，以及其他能证明该职工与任何用人单位不存在劳动关系的凭证，方可与其签订劳动合同。

劳动部《违反〈劳动法〉有关劳动合同规定的赔偿办法》（劳部发〔1995〕223号）

第六条　用人单位招用尚未解除劳动合同的劳动者，对原用人单位造成经济损失的，除该劳动者承担直接赔偿责任外，该用人单位应当承担连带赔偿责任。其连带赔偿的份额应不低于对原用人单位造成经济损失总额的70%。向原用人单位赔偿下列损失：

（一）对生产、经营和工作造成的直接经济损失；

（二）因获取商业秘密给原用人单位造成的经济损失。

赔偿本条第（二）项规定的损失，按《反不正当竞争法》第二十条的规定执行。

《反不正当竞争法》

第二十条　经营者违反本法规定，给被侵害的经营者造成损害的，应当承担损害赔偿责任，被侵害的经营者的损失难以计算的，赔偿额为侵权人在侵权期间因侵权所获得的利润；并应当承担被侵害的经营者因调查该经营者侵害其合法权益的不正当竞争行为所支付的合理费用。

被侵害的经营者的合法权益受到不正当竞争行为损害的，可以向人民法院提起诉讼。

【草案相关条文比较】

征求意见稿、二审稿、三审稿、四审稿草案的条文表述完全一致，"用人单位招用与其他用人单位尚未解除或者终止劳动合同的劳动者，给其他用人单位造成损失的，应当承担赔偿责任。"但是最终稿增加了责任形式的规定为："连带"。

【法条评析】

本条是关于招用尚未解除劳动合同劳动者，对原用人单位造成经济损失的赔偿责任的规定。从条文来看，该责任的认定和承担存在以下几要件：

（一）招用对象为尚未解除或者终止劳动合同的劳动者

该责任产生的前提和重要的连接点是"尚未解除或者终止劳动合同的劳动者"，因而，存在原用人单位与新用人单位的权益冲突问题，所以，才出现一个用人单位对另一个用人单位承担责任的问题。

（二）给原用人单位造成经济损失

根据《劳动合同法》其他相关规定，我们发现劳动合同法强调赔偿与损失的对应性，也就是说劳动合同法突出了赔偿金的损害弥补的功能。因此，在此明确了用人单位向原用人单位承担赔偿责任的前提是原用人单位受到经济损失。

【理解与适用】

一、责任形式的确立

《劳动法》第99条明确用人单位承担连带责任，即由用人单位和劳动者承担连带赔偿责任。在劳动部《违反〈劳动法〉有关劳动合同规定的赔偿办法》（劳部发［1995］223号）第6条的规定中进一步明确了用人单位承担的"连带赔偿的份额应不低于对原用人单位造成经济损失总额的70％"。

然而，在草案中没有明确用人单位的责任形式，是"是与劳动者承担连带责任或按份责任"甚或是单独承担责任？但是在最终稿中明确了责任形式为连带。即原用人单位既可以向劳动者也可以向新的用人单位请求履行所有的赔偿责任。至于在劳动者和新的用人单位内部在责任分配上，是否还会按照劳动部《违反〈劳动法〉有关劳动合同规定的赔偿办法》的规定执行，则需要相应的法规或者司法解释予以明确。

二、该条款与《劳动合同法》第 39 条第 4 项规定的协调

《劳动合同法》第 39 条规定："劳动者有下列情形之一的，用人单位可以解除劳动合同：……（四）劳动者同时与其他用人单位建立劳动关系，对完成本单位的工作任务造成严重影响，或者经用人单位提出，拒不改正的……"该规定可以解读为我国劳动合同法原则上同意"双重劳动关系"的存在，但是前提条件是：一是不得影响在先的合同的履行；二是在先的用人单位同意。而《劳动合同法》第 91 条则是与该规定配套适用，主要是指劳动者或者其他用人单位违反第 39 条的规定，未经在先用人单位同意的情况下，建立劳动关系，而给在先用人单位造成损害的应当承担损害赔偿的连带责任。因此，对于用人单位而言在招用新员工时需要注意以下几点：一是，应该要首先查阅劳动者的离职证明（《劳动合同法》第 50 条第 1 款），并且为了稳妥起见，用人单位的负责招录的人员可以与原用人单位联系核实相关情况。此外，用人单位在决定招用该劳动者后，应该保留该离职证明原件；二是，在招录已经与其他用人单位存在在先劳动关系的劳动者时，应该要求劳动者提供原用人单位对其建立双重劳动关系表示同意的书面证明。

第九十二条 （劳务派遣单位的法律责任）

劳务派遣单位违反本法规定的，由劳动行政部门和其他有关主管部门责令改正；情节严重的，以每人一千元以上五千元以下的标准处以罚款，并由工商行政管理部门吊销营业执照；给被派遣劳动者造成损害的，劳务派遣单位与用工单位承担连带赔偿责任。

【相关法条】

最高人民法院《关于审理劳动争议案件适用法律若干问题的解释（二）》

第十条 劳动者因履行劳动力派遣合同产生劳动争议而起诉，以派遣单位为被告；争议内容涉及接受单位的，以派遣单位和接受单位为共同被告。

《北京市劳务派遣组织管理暂行办法》

【法条评析】

劳务派遣的用工方式是近年在我国出现的一种新型用工方式，调整这种新型用工方式的法律规范不甚健全，实践中，由于劳务派遣所涌现出的问题也较多。《劳动合同法》中明确了有关劳务派遣的规定，本条是关于劳务派遣单位的法律责任的规定。

（一）行政责任

根据《劳动合同法》规定，劳务派遣单位是依照公司法设立的独立法人，其注册资本不少于 50 万元人民币。并且明确了派遣单位与劳动者之间的关系，以及派遣单位对于劳动者所负的义务。如果用人单位违反本法的设立规定或者义务，则应该承担相应的行政责任。本条根据派遣单位违法情节的轻重，对于其法律责任分为两个层次：一是，责令改正；二是，情节严重的，要按照每一名劳动者 1 000 元以上 5 000 元以下的标准处以罚款，并由工商部门吊销营业执照。

（二）民事责任

派遣单位的违反本法的行为给被派遣的劳动者权益造成损害的，应该向其承担损害赔偿的责任，并且用工单位承担连带赔偿责任。

【理解与适用】

一、派遣单位资产不足以同时缴纳罚款和给付损害赔偿时，应该优先向被派遣劳动者赔偿

本条同时规定了派遣单位的承担罚款的行政责任和对于被派遣劳动者的赔偿责任，而实践中可能出现派遣单位资产不足以同时缴纳罚款和给付赔偿的情况，对此，我们应该贯彻民事赔偿优先的原则，优先给付被派遣劳动者的赔偿金。其原因在于：

一是，赔偿责任的成立是以被派遣劳动者权益受损为前提，因此，民事赔偿具有损害填补功能；而罚款则仅具有惩罚功能。

二是，民事赔偿是私法责任，关涉私主体的权益；而行政赔偿为公法责任，私法权益的优先保护是现代法治的核心理念。

二、用工单位承担连带责任

由于对劳务派遣中派遣单位、用工单位与被派遣劳动者三者之间法律关系的认识分歧以及相关法律规范的不完善，使得实践中被派遣劳动者权益受到侵害之后，派遣单位和用工单位相互推诿，被派遣劳动者得不到及时有效的救济。《劳动合同法》第58条第1款规定："劳务派遣单位是本法所称用人单位，应当履行用人单位对劳动者的义务。"该规定明确了派遣单位为用人单位，应该履行用人单位的职责，因此，相应的责任认定也更为明确。

连带责任是指债权人或者债务人为数人时，各债权人均有权请求债务人履行全部债务，各债务人均负有全部给付的义务，且全部债权债务因一次给付而归于消灭。本条明确了派遣单位和用工单位向被派遣劳动者承担连带责任，将用工单位也增加为责任承担主体，增强了对于被派遣劳动者的救济。对于派遣单位与用工单位承担连带责任的基础，我们认为主要是原因在于：尽管《劳动合同法》第五十八条规定："劳务派遣单位是本法所称用人单位，应当履行用人单位对劳动者的义务。"但是，用工单位基于派遣协议享有派遣单位让渡的指示命令权利，为实际上的用工者，其二者与劳动者之间形成的事实上的"双重劳动关系"，并且二者之间的行为具有关联性。

第九十三条 （非法经营的用人单位的法律责任）

对不具备合法经营资格的用人单位的违法犯罪行为，依法追究法律责任；劳动者已经付出劳动的，该单位或者其出资人应当依照本法有关规定向劳动者支付劳动报酬、经济补偿、赔偿金；给劳动者造成损害的，应当承担赔偿责任。

【相关法条】

《劳动合同法》

第二条　中华人民共和国境内的企业、个体经济组织、民办非企业单位（以下称用人单位）与劳动者建立劳动关系，订立、履行、变更、解除或者终止劳动合同，适用本法。

国家机关、事业单位、社会团体和与其建立劳动关系的劳动者，订立、履行、变更、解除或者终止劳动合同，依照本法执行。

《劳动保障监察条例》（国务院令第 423 号）

第三十三条 对无营业执照或者已被依法吊销营业执照，有劳动用工行为的，由劳动保障行政部门依照本条例实施劳动保障监察，并及时通报工商行政管理部门予以查处取缔。

【草案相关条文比较】

在草案中，关于本条的表述变化较大，征求意见稿第 61 条规定："无营业执照或者未依法登记、备案的单位以及被依法吊销营业执照或者撤销登记、备案的单位招用劳动者的，由劳动保障主管部门按每一名劳动者1 000元以上5 000元以下的标准处以罚款，并由工商行政管理部门予以取缔；劳动者已付出劳动的，由出资人（发包人）向劳动者支付劳动报酬。"二审稿、三审稿和四审稿的表述基本一致："无营业执照经营的单位被依法处理，该单位的劳动者已经付出劳动的，由被处理的单位或者其出资人向劳动者支付劳动报酬。"最终稿的该条规定与草案条文相比变化较大，其立法背景在于在四审稿提交表决前，媒体曝光了山西省洪洞县的"黑砖窑事件"。据事后的调查，山西小砖窑、小采矿、小冶炼的问题主要有三个问题：一是不法窑主以高薪诱骗农民工到砖窑当工人，限制自由，强迫劳动。二是非法使用童工。三是大量砖窑厂无照经营。[1] 其中"整个洪洞县的砖窑数目，当地政府披露为 93 座，95％以上无合法手续"[2]。因为，开办一个正规砖窑需要如下手续：同村集体签订土地承包合同，支付承包金以及土地赔偿金、土地平整费；办理相关证件，包括工商登记、乡镇企业登记、到国土部门办理采矿许可证、税务登记、环保审批、安监审批、公安审查（用外地民工要办理暂住证等）、劳动监察部门审批等，而缺少任何一个手续就可能导致其营业资格的瑕疵。所以，最终稿将草案中的"无营业执照或者未依法登记、备案的单位以及被依法吊销营业执照或者撤销登记、备案的单位"变更为"不具备合法经营资格的用人单位"，扩大了该规定的适用对象，从而能够更好地保护劳动

---

① 参见《全国人大常委会组成人员抨击山西黑砖窑事件》，载新华网，http：//news. xinhuanet. com/politics/2007-06/24/content_6285025. htm。

② 《揭秘洪洞黑砖窑》，载人民网，http：//pic. people. com. cn/GB/1098/5910774. html。

者利益。此外，最终稿强化了"不具备合法经营资格的用人单位"的违法责任，草案条文只是明确其承担给付劳动报酬的责任，对于其违反行为所应承担的其他责任没有规定，如刑事责任等，则没有规定。并且最终稿增列了"向劳动者支付经济补偿、赔偿金以及损害赔偿责任"。

【法条评析】

本条是关于"不具有合法的经营资格"的用人单位单位违法犯罪行为的法律责任的规定，其基本的构成要件为：

（一）主体：不具有合法的经营资格的用人单位

草案中条文只是强调了无照或者吊销营业执照的用人单位，但是实践中，各个行业基于监管需要，除了办理相应的工商登记取得营业执照之外，还需要特定的资质许可，如：广告公司经营需要取得广告经营许可证。因此，如果缺乏相应的经营许可证件就可能导致经营资格的瑕疵，洪洞县的小砖窑就是如此。根据 2003 年 3 月 1 日起施行的《无照经营查处取缔办法》的规定，无照经营的情形主要包括：（1）应当取得而未依法取得许可证或者其他批准文件和营业执照，擅自从事经营活动的无照经营行为；（2）无须取得许可证或者其他批准文件即可取得营业执照而未依法取得营业执照，擅自从事经营活动的无照经营行为；（3）已经依法取得许可证或者其他批准文件，但未依法取得营业执照，擅自从事经营活动的无照经营行为；（4）已经办理注销登记或者被吊销营业执照，以及营业执照有效期届满后未按照规定重新办理登记手续，擅自继续从事经营活动的无照经营行为；（5）超出核准登记的经营范围、擅自从事应当取得许可证或者其他批准文件方可从事的经营活动的违法经营行为。

（二）客观要件：存在违法犯罪行为

从客观要件来看，本条突出强调了不具有合法的经营资格的用人单位存在违法犯罪行为，并且，没有将违法犯罪行为限定在劳动用工的范围，而可能是多方面。并且，根据行为的违法程度可以作适当的区分：（1）违法行为，主要是指行为违法程度较轻，还没有构成犯罪的情形，主要是适用行政责任；（2）犯罪行为，指行为的违法程度较重，已经构成犯罪，不仅仅承担行政责任，还需要对于单位或者直接责任人追究刑事责任。

（三）责任形式：行政责任、刑事责任以及民事责任

本条规定"依法追究法律责任"，从其含义来看，应该包括了行政责任、刑事责任以及劳动法上的责任。但是，本条突出地规定了其民事的责任，对于劳动者已经付出劳动的，应当依照本法有关规定向劳动者支付劳动报酬、经济补偿、赔偿金，并且对造成的损害承担赔偿责任。以上四者具有聚合性，即劳动者同时享有以上四项责任的请求权。《无照经营查处取缔办法》第14条规定："对于无照经营行为，由工商行政管理部门依法予以取缔，没收违法所得；触犯刑律的，依照刑法关于非法经营罪、重大责任事故罪、重大劳动安全事故罪、危险物品肇事罪或者其他罪的规定，依法追究刑事责任；尚不够刑事处罚的，并处2万元以下的罚款；无照经营行为规模较大、社会危害严重的，并处2万元以上20万元以下的罚款；无照经营行为危害人体健康、存在重大安全隐患、威胁公共安全、破坏环境资源的，没收专门用于从事无照经营的工具、设备、原材料、产品（商品）等财物，并处5万元以上50万元以下的罚款。"

需要注意的是该条规定的民事责任主体为"该单位或者其出资人"，应该说二者之间具有补充关系，一方面，如果由于单位的违法犯罪行为，导致吊销营业执照或者因其自始就没有营业执照而没有责任能力时，出资人则承担上述法律责任；另一方面，当单位的责任承担能力有限的情形下，出资人应该承担补充责任。

【理解与适用】

前述的不具有合法的经营资格的用人单位的具体类型可概括如下：

1. 无营业执照经营的或者吊销执照的情形

根据《劳动合同法》第2条关于用人单位的规定可知，所有的用人单位包括机关法人、事业单位法人、社会团体法人、企业法人、合伙企业以及个体经济组织（个体工商户和个人独资企业），除机关法人、事业单位法人和社会团体法人外，其中企业和个体经济组织都需要办理工商登记领取营业执照。

根据相关法规规定，无营业执照的情形具体应该包括以下几种：（1）未经工商行政管理部门依法核准登记注册的；（2）已在工商行政管理部门取得企业名称核准通知书，未领取营业执照的；（3）超过核准的

营业期限，未办理延期变更登记的；（4）被工商行政管理部门依法收缴、吊销、注销营业执照的；（5）依法取得政府其他行政管理部门许可的批准文件，应当申请办理登记注册领取营业执照而未申办的；（6）未经工商行政管理部门核准登记擅自设立分支机构经营的；（7）法律、法规规定的其他无照经营行为。对被工商行政管理部门或其他行政管理部门责令停业整顿期间继续经营的，视同无照经营。

此外，对于因为从事违法犯罪行为，被工商行政部门吊销营业执照的，也会导致其主体责任的灭失。

2. 没有取得特定行业的营业许可的情形

由于各个行业监管的需要，各行业主管部门往往对其经营能力等多方面进行审查，要求从事该行业的经营者办理相关的许可，如果没有取得相关的经营许可而从事相关行业的经营则属于不具有营业资格的情形。如：《广告经营许可证管理办法》（国家工商行政管理总局令第16号）第2条规定："从事广告业务的下列单位，应依照本办法的规定向广告监督管理机关申请，领取《广告经营许可证》后，方可从事相应的广告经营活动。"

3. 超越经营范围经营的情形

根据行政许可取得的经营资格限定在一定的范围，如果用人单位超越许可的范围从事经营活动则应该属于不具备经营资格的情形。

第九十四条 （个人承包经营者的连带赔偿责任）

个人承包经营违反本法规定招用劳动者，给劳动者造成损害的，发包的组织与个人承包经营者承担连带赔偿责任。

【草案相关条文比较】

征求意见稿第63条规定："个人承包经营招用劳动者的，由发包的个人或者组织作为劳动者的用人单位。"二审稿第72条规定："经批准个人承包招用劳动者的，发包的个人或者组织适用本法用人单位的有关规定。用工单位适用本法第五章第二节用工单位的有关规定。个人承包招工违反本法规定给劳动者造成损害的，发包的个人或者组织与用工单位承担连带赔偿责任。"三审稿第73条规定："个人承包经营招用劳动者违反本法规定给劳动者造成损害的，发包的个人或者组织与个人承包经营者承担连带赔偿责任。"四审稿与最终稿本条的规定相同。条文的变化反映的立法争议在于：（1）如何确定发包人、个人承包人以及劳动者之间的法律关系？征求意见稿是直接规定发包的个人或者组织作为劳动者的用人单位，但是，个人作为用人单位则违反了第 2 条关于用人单位的规定；二审稿则是借鉴了劳务派遣中的三方关系，但是这种借鉴缺乏合理性。最终稿则是绕过法律关系的认定，直接规定发包方和个人承包经营者对于劳动者的损害承担连带赔偿责任。（2）责任主体的规定，征求意见稿、二审稿和三审稿都是"发包的个人或者组织"，但是，四审稿和最终稿去掉了"个人"，而该为"发包组织与个人承包经营者承担连带责任"。（3）草案中本条的变化还体现在条文所处位置的改变，征求意见稿将该条放在第七章附则部分，而二审稿、三审稿将该条文放在第五章特别规定中，并且与非全日制劳动合同的规定共同存在于第三节其他用工形式；四审稿及最终稿将条文放在第七章法律责任中，而位置的尴尬，反映出立法者对于该条文定位以及其与整个劳动合同法的关系认识的矛盾。

【相关法条】

最高人民法院《关于审理劳动争议案件适用法律若干问题的解释》（法释［2001］14 号）

第十二条　劳动者在用人单位与其他平等主体之间的承包经营期间，与发包方和承包方双方或者一方发生劳动争议，依法向人民法院起诉的，应当将承包方和发包方作为当事人。

【法条评析】

本条是关于个人承包经营招用劳动者违反法律给劳动者造成损害的责任承担方式，即由发包人与个人承包经营者承担连带赔偿责任的规定。通过增加责任承担者的方式，保证受到损害的劳动者的利益能够切实得到补偿，是劳动法倾斜保护劳动者利益的具体体现。本条款的适用存在三个条件：

一、适用对象为个人承包经营

《劳动合同法》第2条规定："中华人民共和国境内的企业、个体经济组织、民办非企业单位（以下称用人单位）与劳动者建立劳动关系，订立、履行、变更、解除和终止劳动合同，适用本法。国家机关、事业单位、社会团体与公务员和参照公务员法管理的工作人员以外的劳动者建立劳动关系，订立、履行、变更、解除和终止劳动合同，依照本法执行。"从此可知，个人并不能成为劳动法的用人主体。因此，一方面，为了防止发包方通过将工程项目发包给个人承包经营者的方式规避用工风险，使得相关劳动者的利益失去劳动法的倾斜保护；另一方面，则是从责任承担能力来看，个人承包经营者以个人财产承担无限责任，一般而言其个人责任能力有限，可能使得受到损害的劳动者不能得到补偿。所以，本条明确为"个人承包经营者"，并将其与"法人或者个体经济组织承包经营"相区分。

二、个人承包经营者招录使用劳动者过程中存在违反劳动合同法情况

一般而言，所谓责任是指行为人对自己的不当行为所应承担的法律后果。因此，责任的确立前提是存在不当行为，因此，本法明确为"个人承包经营招用劳动者违反本法规定"的行为。

三、该违法行为导致劳动者受损

赔偿责任的功能在于补偿和惩罚，一般认为弥补损失是其首要功能。因此，赔偿责任的确立以及责任范围的确立都跟劳动者基于个人承包经营者的违法行为所受损害相关。需要强调的是，在此劳动者的损害可能表现为多方面的，既包括个人承包经营者的违法行为导致的人身权利的损害，如未能依法提供安全的劳动条件导致安全事故发生；也包括个人承包经营者的违法行为导致的财产损失，如未按时给付劳动报酬等。

四、连带责任人为发包的组织和个人承包经营者

二审稿、三审稿都是规定为"发包的个人或者组织与个人承包经营者承担连带赔偿责任"。而最终稿将发包方为个人的情形排除在外，而只规定了"发包的组织与个人承包经营者承担连带赔偿责任。"我们认为，该变化主要是为了适应《劳动合同法》第2条关于用人单位的规定，将不具有用人单位主体资格的发包个人排除，使得发包组织因为符合用人单位的主体资格，所以，其与劳动者之间的关系有被认定为劳动关系的可能。

【理解与适用】

纵观本条文在《劳动合同法》立法不同阶段的表述，尽管形式各异，但是其实质都为强化对于劳动者的保护。实际上，基于劳动合同法的体系架构，本条尽管处于第五章第三节"其他用工形式"中，但是可能适用于整个法律更为准确，既包括非全日制劳动者，也包括全日制劳动者。从该条立法的实践基础来看，可能是源自近年建筑行业"包工头"拖欠农民工工资的情况，对此先后出台了《国务院办公厅转发建设部等部门关于进一步解决建设领域拖欠工程款问题意见的通知》（国办发〔2004〕78号）、《关于印发〈建设领域农民工工资支付管理暂行办法〉的通知》（劳社部发〔2004〕22号）等规定，其中相关的规定也初步地体现了《劳动合同法》第73条的规定理念，即通过增加责任承担者的方式来强化对劳动者的保护。

第九十五条 （主管部门及其工作人员不履行职责或违法行使职权的法律责任）

劳动行政部门和其他有关主管部门及其工作人员玩忽职守、不履行法定职责，或者违法行使职权，给劳动者或者用人单位造成损害的，应当承担赔偿责任；对直接负责的主管人员和其他直接责任人员，依法给予行政处分；构成犯罪的，依法追究刑事责任。

【相关法条】

《劳动法》

第一百零三条 劳动行政部门或者有关部门的工作人员滥用职权、玩忽职守、徇私舞弊，构成犯罪的，依法追究刑事责任；不构成犯罪的，给予行政处分。

《国家赔偿法》

《刑法》

《公务员法》

《行政机关公务员处分条例》

【草案相关条文比较】

三审稿第 95 条规定："劳动行政部门和其他有关主管部门及其工作人员不履行法定职责或者违法行使职权，侵犯用人单位或者劳动者合法权益造成损害的，应当承担赔偿责任；对直接负责的主管人员及其他直接责任人员依法给予行政处分；构成犯罪的，依法追究刑事责任。"有些常委会委员提出，劳动领域中行政机关不作为的现象比较多，因此产生的社会危害也比较严重，劳动合同法对这个问题应作出更有针对性的规定。① 此外，山西省洪洞县"黑砖窑事件"中大量存在的行政主管部门玩忽职守行为，使得劳动合同立法确立针对性的责任机制具有重要的现实意义。因此，四审稿中增加了"玩忽职守"的规定。

【法条评析】

本条是关于行政机关不履行职责或违法行使职权的法律责任的规定：

（一）国家赔偿责任

本条规定，"劳动行政部门和其他有关主管部门及其工作人员不履行法定职责或者违法行使职权，侵犯用人单位或者劳动者合法权益造成损害的，应当承担赔偿责任"，应该认定为该赔偿责任为国家赔偿。《国家赔偿法》第 4 条规定："行政机关及其工作人员在行使行政职权时有下列侵犯财产权情形之一的，受害人有取得赔偿的权利：（一）违法实施罚款、吊销许可证和执照、责令停产停业、没收财物等行政处罚的；（二）违法对财产采取查封、扣押、冻结等行政强制措施的；（三）违反国家规定征收财物、摊派费用的；（四）造成财产损害的其他违法行为。"国家在承担赔偿责任后，根据行为人的过错程度可以行使追偿的权利。

（二）主管人员和直接责任人的行政处分

主管人员和直接责任人应当承担相应的行政处分，对此，《公务员

---

① 参见郭晓宇：《劳动合同法草案今天交付表决 再作五方面修改》，载人民网，ht-tp://npc.people.com.cn/GB/14957/53049/5928316.html。

法》第55条规定："公务员因违法违纪应当承担纪律责任的，依照本法给予处分；违纪行为情节轻微，经批评教育后改正的，可以免予处分。"第56条规定："处分分为：警告、记过、记大过、降级、撤职、开除。"

（三）刑事责任

《刑法》第397条规定："国家机关工作人员滥用职权或者玩忽职守，致使公共财产、国家和人民利益遭受重大损失的，处三年以下有期徒刑或者拘役；情节特别严重的，处三年以上七年以下有期徒刑。本法另有规定的，依照规定。国家机关工作人员徇私舞弊，犯前款罪的，处五年以下有期徒刑或者拘役；情节特别严重的，处五年以上十年以下有期徒刑。本法另有规定的，依照规定。"

因此，对于劳动行政部门和其他有关主管部门及其工作人员不履行法定职责或者违法行使职权，侵犯用人单位或者劳动者合法权益造成损害，符合玩忽职守罪和滥用职权罪等犯罪的构成要件的，应当依法追究刑事责任。

【理解与适用】

需要注意区分劳动行政部门和其他有关主管部门的工作人员的职务行为和个人行为导致的用人单位和劳动者的权益损失，并且，本条主要是针对不履行职责或违法履行职责的行为而规定的相关的责任形式。

第八章 附 则

第九十六条 （事业单位聘用制劳动合同的法律适用）

事业单位与实行聘用制的工作人员订立、履行、变更、解除或者终止劳动合同，法律、行政法规或者国务院另有规定的，依照其规定；未作规定的，依照本法有关规定执行。

【相关法条】

《劳动法》

第二条 在中华人民共和国境内的企业、个体经济组织（以下统称用人单位）和与之形成劳动关系的劳动者，适用本法。

国家机关、事业组织、社会团体和与之建立劳动合同关系的劳动者，依照本法执行。

劳动部《关于贯彻执行〈中华人民共和国劳动法〉若干问题的意见》（劳部发〔1995〕309号）

3. 国家机关、事业组织、社会团体实行劳动合同制度的以及按规定应实行劳动合同制度的工勤人员；实行企业化管理的事业组织的人员；其他通过劳动合同与国家机关、事业组织、社会团体建立劳动关系的劳动者，适用劳动法。

4. 公务员和比照实行公务员制度的事业组织和社会团体的工作人员，以及农村劳动者（乡镇企业职工和进城务工、经商的农民除外）、现役军人和家庭保姆等不适用劳动法。

国务院办公厅转发人事部《关于在事业单位试行人员聘用制度的意见》（国办发〔2002〕35号）

最高人民法院《关于人民法院审理事业单位人事争议案件若干问题的规定》（法释〔2003〕13号）

【草案相关条文比较】

二审稿第 94 条规定："本法第 2 条第 3 款规定的事业单位实行聘用制的劳动合同，国务院另有特别规定的，依照其规定；由国务院人事行政部门负责对其劳动合同制度实施的监督管理。"三审稿删除了"由国务院人事行政部门负责对其劳动合同制度实施的监督管理"的表述。四审稿在三审稿的基础上增加了"未作规定的，依照本法有关规定执行"。草案就该条文的表述变化与本法第 2 条的立法规定息息相关，从整体上而言，草案条文的变化体现了立法者意图在扩大劳动合同法的适用范围与维持事业单位用工制度的稳定之间实现平衡。在草案的二次审议过程中，立法者认为事业单位与实行聘用制的工作人员订立的劳动合同有些特殊性，并从当前部门分工的实际情况出发，在附则中增加了该条（二审稿第 94 条）规定。① 该条文几经变化在最终稿确定下来，确立了事业单位适用劳动合同制度的基本的规则，即特殊规定优先适用，没有特别规定适用劳动合同法的规定。

【法条评析】

一、本条的立法目的

本条是对于《劳动合同法》第 2 条第 2 款中关于事业单位依照本法执行的限缩性规定，即对于第 2 条第 2 款中事业单位实行聘用制的劳动合同，如果国务院另有特别规定适用该特别规定，如果没有特别规定则适用劳动合同法的规定。这主要是根据我国目前事业单位人事制度改革进程的不统一的情况而作出的过渡性规定。因为，由于部分事业单位实行改革后已经纳入劳动法的调整范围，而还有部分事业单位正在或者尚未进行改革。在劳动合同法草案的审议过程中，有的常委会组成人员提出，目前事业单位对工人以外的工作人员实行的是聘用制，与企业全面实行的劳动合同制有许多不同之外，纳入本法调整范围需要慎重，建议本法的调整范围还是与劳动法的规定相一致为妥。有些常委会委员认

---

① 参见全国人大法律委员会：《关于〈中华人民共和国劳动合同法（草案）修改情况的汇报〉》（二次审议稿）。

为，事业单位中实行聘用制的工作人员如不纳入本法调整范围，就没有法律依据对其合法权益给予有效保护，建议本法根据事业单位的实际情况作出相应的规定。因此，法律委员会建议将这一规定修改为："国家机关、事业单位、社会团体和与其建立劳动关系的劳动者，订立、履行、变更、解除或者终止劳动合同，依照本法执行。"同时规定："事业单位与实行聘用制的工作人员订立、履行、变更、解除或者终止劳动合同，法律、行政法规或者国务院另有规定的，依照其规定；未作规定的，依照本法规定执行。"① 但是，从劳动法制化进程的发展来看，应该在实现事业单位用工制度的平稳过渡基础上，逐步地推进事业单位的人事改革，实现劳动法制的统一。全国人大法工委行政法室主任李援表示，事业单位改革仍然要按照国家统一部署进行，但是将事业单位人员纳入这部法律，应该能够起到推动事业单位改革的作用。②

二、优先适用的规范来源——法律、行政法规或者国务院另有规定

在此需要强调的是对于优先适用的规范来源，本条例举了法律、行政法规或国务院另有规定。根据立法法的相关规定，法律是指全国人大及其常务委员会所制定的规范性法律文件。行政法规是指国务院根据宪法和法律制定的规范性法律文件。至于国务院的规定的性质，从法律体系来看，其并不是规范性法律文件。但是，本条将其作为具有优先适用效力的规范来源，其具体上可能指国务院就相关问题的通知或者政策性文件。

【理解与适用】

国务院办公厅转发人事部《关于在事业单位试行人员聘用制度的意见》（国办发［2002］35号）发布后，对于事业单位的用人制度改革基本沿着以下三条路径展开。其一，比照公务员序列管理。将一些法律授权服务社会公益事业兼有执法职能的事业单位比照公务员序列管理。人事关系的性质在法律上归属于行政法律关系，劳动者的权益由相应的公法性质的"人事法规"调整。其二，直接划入劳动法调整。这主要是一

---

① 《劳动合同法草案修改强调保护劳动者合法权益》，载新浪网，http: //news. sina. com. cn/c/2007-06-25/082313303953. shtml.
② 参见程刚、崔丽：《劳动合同法试图破解难题 推动事业单位体制改革》，载http: // news. sohu. com/20070630/n250841118. shtml.

些科研机构在改制时同时明确为"企业化管理的事业单位",由劳动法调整,原人事关系转变为劳动法律关系。其三,以科、教、文、卫系统为代表的事业单位正在实行聘用制。[1] 人事部《关于印发事业单位试行人员聘用制度有关问题的解释的通知》(国人部发[2003]61号)第1条关于聘用制度实施范围的规定:"1. 事业单位(含实行企业化管理的事业单位)除按照国家公务员制度进行人事管理的以及转制为企业的以外都要逐步试行人员聘用制度。2. 试行人员聘用制度的事业单位中,原固定用人制度职工、合同制职工、新进事业单位的职工,包括工勤人员都要实行聘用制度。3. 事业单位的党群组织专职工作人员,在已与单位明确了聘用关系的人员范围内,按照各自章程或法律规定产生、任用。"《公务员法》第106条规定:"法律、法规授权的具有公共事务管理职能的事业单位中除工勤人员以及的工作人员,经批准参照本法进行管理。"

第九十七条 （劳动合同法的溯及力规定）

本法施行前已依法订立且在本法施行之日存续的劳动合同,继续履行;本法第十四条第二款第三项规定连续订立固定期限劳动合同的次数,自本法施行后续订固定期限劳动合同时开始计算。

本法施行前已建立劳动关系,尚未订立书面劳动合同的,应当自本法施行之日起一个月内订立。

本法施行之日存续的劳动合同在本法施行后解除或者终止,依照本法第四十六条规定应当支付经济补偿的,经济补偿年限自本法施行之日起计算;本法施行前按照当时有关规定,用人单位应当向劳动者支付经济补偿的,按照当时有关规定执行。

【相关法条】

《劳动合同法》

第十四条 无固定期限劳动合同,是指用人单位与劳动者约定无确

---

[1] 参见姜颖:《劳动合同法论》,北京,法律出版社,2006。

定终止时间的劳动合同。

用人单位与劳动者协商一致，可以订立无固定期限劳动合同。有下列情形之一，劳动者提出或者同意续订、订立劳动合同的，除劳动者提出订立固定期限劳动合同外，应当订立无固定期限劳动合同：

....

（三）连续订立二次固定期限劳动合同，且劳动者没有本法第三十九条和第四十条第一项、第二项规定的情形，续订劳动合同的。

....

第四十六条　有下列情形之一的，用人单位应当向劳动者支付经济补偿：

（一）劳动者依照本法第三十八条规定解除劳动合同的；

（二）用人单位依照本法第三十六条规定向劳动者提出解除劳动合同并与劳动者协商一致解除劳动合同的；

（三）用人单位依照本法第四十条规定解除劳动合同的；

（四）用人单位依照本法第四十一条第一款规定解除劳动合同的；

（五）除用人单位维持或者提高劳动合同约定条件续订劳动合同，劳动者不同意续订的情形外，依照本法第四十四条第一项规定终止固定期限劳动合同的；

（六）依照本法第四十四条第四项、第五项规定终止劳动合同的；

（七）法律、行政法规规定的其他情形。

《劳动法》

第二十八条　用人单位依据本法第二十四条、第二十六条、第二十七条的规定解除劳动合同的，应当依照国家有关规定给予经济补偿。

【草案相关条文比较】

三审稿第97条规定："本法施行前已依法订立且在本法施行之日存续的劳动合同，继续履行；本法第14条第二款第三项规定连续订立固定期限劳动合同的次数，自本法施行后再次续订固定期限劳动合同起始计算。本法施行前已建立劳动关系，尚未订立书面劳动合同的，应当自本法施行之日起一个月内订立。本法施行之日存续的劳动合同在本法施行后解除或者终止，依照本法第四十六条规定应当支付经济补偿的，经济补偿年限按劳动者在本单位连续工作的年限计算。"四审稿主要变化体现在第3款规定："本法施行之日存续的劳动合同在本法施行后解除或者终止，依照本法第四十六条规定应当支付经济补偿的，经济补偿年限自本法施行之日起计算；本法施行前按照当时有关规定，用人单位应当向劳动者支付经济补偿的，按照当时有关规定执行。"最终稿与四审稿相比并无变化。立法过程中，对于该条规定的分歧集中在第3款的规定，即对于经济补偿金的计算年限的起算方式，是按照"劳动者在本单位连续工作的年限计算"，还是从劳动合同法实施之日起计算？

【法条评析】

本条是关于《劳动合同法》的溯及力的规定，是新法与旧法规定适用衔接的一种过渡性规定。

本条第1款是关于《劳动合同法》对其颁布实施前已经存在书面劳动合同，规定为不具有溯及力，其可以继续履行。明确了《劳动合同法》第14条第2款第3项规定的情形累计计算的起始日期。对于"连续二次订立固定期限的"次数计算的起算点，是《劳动合同法》施行之日，即2008年1月1日。

第2款是关于《劳动合同法》对于颁布实施前未订立书面劳动合同的溯及力的规定，也规定为不具有溯及力。《劳动合同法》第10条第1款、第2款规定："建立劳动关系，应当订立书面劳动合同。已建立劳动关系，未同时订立书面劳动合同的，应当自用工之日起一个月内订立书面劳动合同。"但是，应该在《劳动合同法》施行之日起1个月内订立书面的劳动合同。

第3款规定是关于《劳动合同法》对其施行之日存续的劳动合同在其施行后解除或者终止时经济补偿金的计算年限的溯及力规定。比较《劳动法》第28条规定的用人单位给付经济补偿金的适用情形，《劳动合同法》第46条的规定有较大的变化，既有对《劳动法》第28条规定情形的增加，又有对《劳动法》第28条规定情形的限缩。因此，为了妥善处理法律适用的过渡，本条以《劳动合同法》实施日为界点来分别适用，对于本法施行之日存续的劳动合同在本法施行后解除或者终止，依照本法第46条规定应当支付经济补偿的，经济补偿年限自劳动合同法施行之日起计算；而对于本法施行前按照当时有关规定，用人单位应当向劳动者支付经济补偿的，按照当时有关规定执行。

【理解与适用】

对于本条的适用，其分别针对不同的情形作出了规定，总体上确立不溯及既往的原则。但是对于该条第 3 款的规定，我们认为，从学理的解析来看，本款存在一定的表述不清的问题，可能导致实践中出现理解分歧，而分歧的焦点将会集中在后半句"本法施行前按照当时有关规定，用人单位应当向劳动者支付经济补偿的，按照当时有关规定执行。"不同理解具体为：

第一种理解，前半句相对明确，而对于后半句则理解为，《劳动合同法》实施之日前已经解除或者终止的劳动合同，按照当时有关规定，用人单位应当向劳动者支付经济补偿的，按照当时有关规定执行。即完全地以《劳动合同法》施行之日为界限，对于施行之日当日及以后解除和终止的劳动合同，根据前半句确定经济补偿金的年限，而对于施行之日前解除和终止的劳动合同，则根据后半句确立。那么可以将第 3 款解读为不溯及既往。如：2005 年 1 月 1 日，张某与某公司签订了为期 5 年的劳动合同，至《劳动合同法》实施之日（2008 年 1 月 1 日），合同已经履行 3 年，如果 2010 年 12 月 31 日合同期限届满前，用人单位经济性裁员将张某解雇，那么按照第一种理解，则张某是只能根据本条规定，请求用人单位从 2008 年 1 月 1 日起计算经济补偿年限，即 2 年的。

第二种理解，前半句理解不变，但是后半句理解发生变化。因为，经济补偿金的年限长短是根据劳动者在本单位工作的年限来计算，所以，在此理解为对于在本法实施以前工作的年限，尽管不能按照《劳动合同法》第 46 条规定计算在经济补偿金年限中，但是，如果按照当时有关规定，用人单位应当向劳动者支付经济补偿的，按照当时有关规定执行。如同上例，那么张某根据本款前半句规定，则是可以根据《劳动合同法》第 46 条规定要求用人单位从 2008 年 1 月 1 日起计算经济补偿年限，即两年的。同时，根据后半句规定，根据《劳动法》第 28 条规定要求用人单位计算从 2005 年 1 月 1 日至 2007 年 12 月 31 日的经济补偿金期限。此种理解也可以将此解释为不溯及既往。

第三种理解较为复杂，主要是根据新旧法关于经济补偿金的规定的比较来确定适用本款前半句还是后半句。从立法制度的衔接上来看，相比于《劳动法》以及劳动部《违反和解除劳动合同的经济补偿办法》

（劳部发［1994］481号）等关于给付经济补偿金的规定，《劳动合同法》第46条规定主要增加了推定解雇情形下（第46条第1项）给付经济补偿金以及劳动合同期满，用人单位不同意续约或者因低于原来的条件和待遇而导致续约失败的情形下（第46条第4项）给付经济补偿金的规定。因此，根据原则上不溯及既往的原则，第46条新增加的规定，只能从《劳动合同法》实施之日起适用，而不能溯及到实施以前。

以上三种理解分歧的原因在于"本法实施前"缺少主语，即主语是"本法施行之日存续，在本法施行后解除或者终止的劳动合同"，还是"本法施行之日前已经解除或者终止的劳动合同"呢？第一种理解的主语是"本法施行之日前已经解除或者终止的劳动合同"，而第二、三种理解的主语都是"本法施行之日存续在本法施行后解除或者终止的劳动合同"。只是第二种理解以合同期限为分析的起点；第三种理解则是以新旧法给付经济补偿金的理由区别为分析起点。我们认为，其主语应该为"本法施行之日存续在本法施行后解除或者终止的劳动合同"，并且第二、三种理解都具有合理性。其原因为：

第一，基于立法技术和法律条文表述的统一性来看，根据整个第97条的整体理解，该条第1款的意思相对清晰，且也存在以分号分隔的前后半句。第3款在形式上与第1款具有相似性，而第1款后半句与前半句共用主语"本法施行前已依法订立且在本法施行之日存续的劳动合同"，因此，可以从此推断第三款后半句也应该与前半句共用主语。

第二，从立法宗旨来看，《劳动合同法》第1条明确地侧重保护劳动者的权益，因此，该宗旨应该体现在具体的制度上。比较三种理解，其中第二、三种理解较好地体现了侧重保护劳动者利益的原则。

第三，从经济补偿金年限计算的具体的制度来看，无论是《劳动合同法》第47条还是《劳动法》相关规章都明确为"经济补偿按劳动者在本单位工作的年限"计算，因此按照第一种理解来适用则无论是按照新法还是旧法都缺乏正当性。而第二种理解则能较好地遵守经济补偿金年限长度确立的通用标准。

第四，从用人单位给付经济补偿金的理由来看，如何实现《劳动合同法》第46条规定与《劳动法》第28条规定的协调与劳动关系法制的稳定，如果按照第一种理解，那么有些情形下可能会出现新旧法无法衔接，而劳动者无法请求给付经济补偿金的问题。如：本法施行之日存续、在本法施行后解除或者终止的劳动合同，劳动者主动提出解除合同的情形下，就无法根据第46条规定请求经济补偿金。

因此，我们认为第二、三种理解比较符合立法的逻辑，并且能较好地体现立法的宗旨。当然，以上论述仅仅是学理上的讨论，还需要相关的行政法规、规章和司法解释来进一步诠释第97条的真正含义。

第九十八条 （实行时间）
本法自2008年1月1日起施行。

【法条评析】

本条是《劳动合同法》施行日期的规定。

【理解与适用】

结合《劳动合同法》第97条的规定，实行日期与确立劳动合同法的溯及力具有重要作用。此外，还需要注意，《劳动合同法》自2007年5月29日表决通过之日到实行之前的期间，尽管对于司法审判和行政执法没有效力。但是，我们不能简单地将新法理解为无效。因为，该期间实际是规范的准备期，在此期间应该为新法的实行扫清障碍营造环境，包括：现行的低位阶的规范清理，加快《劳动合同法》配套的规定的制定，以及在整个社会上来推广宣传《劳动合同法》等。

图书在版编目（CIP）数据

劳动合同法条文评注与适用/林嘉主编.
北京：中国人民大学出版社，2007
（中国法评注与适用丛书·社会法系列/林嘉总主编）
ISBN 978-7-300-08312-4

Ⅰ．劳…
Ⅱ．林…
Ⅲ．①劳动合同法-法律解释-中国
　　②劳动合同法-法律适用-中国
Ⅳ．D922.525

中国版本图书馆 CIP 数据核字（2007）第 103972 号

中国法评注与适用丛书·社会法系列
总主编　林　嘉
劳动合同法条文评注与适用
主　编　林　嘉

出版发行	中国人民大学出版社			
社　　址	北京中关村大街 31 号		**邮政编码**	100080
电　　话	010 - 62511242（总编室）		010 - 62511398（质管部）	
	010 - 82501766（邮购部）		010 - 62514148（门市部）	
	010 - 62515195（发行公司）		010 - 62515275（盗版举报）	
网　　址	http://www.crup.com.cn			
	http://www.ttrnet.com（人大教研网）			
经　　销	新华书店			
印　　刷	河北三河市新世纪印务有限公司			
规　　格	155 mm×235 mm　16 开本		**版　　次**	2007 年 7 月第 1 版
印　　张	27.75		**印　　次**	2007 年 7 月第 1 次印刷
字　　数	449 000		**定　　价**	35.00 元